# 医学生心理健康教育
# （第二版）

杨贵英　徐浩岚　主　编
宋　杨　冯淑丹　宋丽娟　副主编

科学出版社
北　京

## 内 容 简 介

本书在促进医学生心理健康这一框架下，对自我认识与探索、医学生人格养成、生涯规划、学业发展、情绪管理、人际交往、两性关系、压力管理、挫折应对、生命教育、危机干预、异常心理、心理咨询、积极心理等方面进行了独具特色的探讨。

本书集理论、思辨、探索、实践为一体，特别适合医学生学习参考，也普适于其他非医大学生群体和心理学爱好者作为自我修养、心理保健的读本，还可作为医务工作者、教育工作者，特别是心理健康教育工作者的参考用书。


**图书在版编目(CIP)数据**

医学生心理健康教育 / 杨贵英，徐浩岚主编. —2版. —北京：科学出版社，2020.8 (2022.8 重印)

ISBN 978-7-03-065642-1

Ⅰ. ①医… Ⅱ. ①杨… ②徐… Ⅲ. ①医学院校-大学生-心理健康-健康教育 Ⅳ. ①G444

中国版本图书馆 CIP 数据核字 (2020) 第 118707 号

责任编辑：李小锐 / 责任校对：彭 映

责任印制：罗 科 / 封面设计：墨创文化

科学出版社出版

北京东黄城根北街16号

邮政编码：100717

http://www.sciencep.com

成都锦瑞印刷有限责任公司印刷

科学出版社发行 各地新华书店经销

*

2015年5月第 一 版 开本：787×1092 1/16

2020年8月第 二 版 印张：18 1/2

2022年8月第八次印刷 字数：427 000

**定价：48.00 元**

（如有印装质量问题，我社负责调换）

# 《医学生心理健康教育》（第二版）
# 编委会

**主　编**　杨贵英　徐浩岚

**副主编**　宋　杨　冯淑丹　宋丽娟

**编　委**　（以姓氏拼音为序）

冯淑丹　韩玉果　康　燕　宋　杨

宋丽娟　汪　枭　徐浩岚　杨贵英

游向宇　张介平　张瑞雪

# 本书导读

“大学和我想的不一样，我不知道每天应该做什么，很迷茫。”

“在寝室中，很想和大家融洽相处，但自己总格格不入，很想念高中同学，感觉好孤独。”

“入学一段时间，尝试了很多事情，参加科研小组、面试学生会，但总是受挫，觉得自己和其他同学相比很差劲。”

“医学学制好长，课程繁重，感觉像上了一个假大学，压力好大！”

…………

这些情境、想法和感受常存在于大一新生中，因为大学与高中的差异、人际关系的变化、个体发展的丰富性等都会带来适应性问题。面对、接纳并解决问题的过程同时也是发现自我、提升自我、创造自我的极佳时期。迷茫苦闷的孩子们需要方向的引领。

如果以问题为导向，寻找方法和途径应对问题，这是一种积极的成长，在本书中你会找到解决问题的“钥匙”。本书第四章“做好生涯规划　发展相应能力”会带你进入生涯之旅，规划和创造属于你的生涯之路；第五章“学业学习为主　拓展人文根基”能够帮助你了解大学尤其是医学的学习特点与方法，消除你的迷茫；第七章“快乐与人交往　知彼解己双赢”和第八章“学习两性交往　品味酸甜苦辣”可以增强你正确处理人际关系和两性关系的能力。

如果以个人为导向，通过问题认识自己，你会更理性地看待问题，因为“问题”会说话，在表达一个不一样的你，在本书中你能够召唤出“隐藏的你”“未知的你”“潜在的你”。本书第三章“体察认识自我　悦纳创造自我”带你回答“神秘三问”：我是谁？我从哪里来？我要去哪里？你兴许会更好地理解过去而认真对待现在；第六章“体验管理情绪　保持良好心境”会消除你过往对情绪的误解，得到善待它的良方，并获得通往内心最隐秘的地图；第九章“主动管理压力　有效应对挫折”会让你发现生命的弹性和自己的潜能。

如果以时间为导向，已然发生的和可能发生的会带来一种线索，让你看到更大的生命空间。本书第一章“重视心理健康　善用心理咨询”将引领你去了解“心理花园”和建构属于自己的“心理花园”；第二章“培养健全人格　预防异常心理”将带领你从多方面去了解独一无二的自己，以及如何健全自己的人格；第十章“肯定生命价值　应对心理危机”将带你从生死的两端去看待生命，以医学生的视角领悟生命价值的丰富性；第十一章“构筑积极心理　乐享阳光生活”如影片一样让你看到故事的另一种可能性，帮助你重拾生命内在的另一种力量，带来新的人生领悟。

本书适宜两类读者：第一类是医学院校大一学生，也可延展至所有大学生群体；第二类是资深的心理教师。基于以上两类读者的设定，整合实务工作者、研究者与教学者的经验，本书的取向是贴合学生的实际需求，集理论、思辨、探索、实践为一体，以期提高学生的心理素养，践行“我是重要的，他人是友善的，世界是美好的”。

# 前　言

这不是开端，也不是结局，这是一段心智成熟的旅程。

近年来，大学生的心理健康问题一直是人们关注的焦点。作为未来的医务工作者，医学生是否具有良好的心理素质、心理是否健康，不仅关乎他们能否应对现有的学习生活压力，也将影响到他们未来的工作能力，还将影响到他们接触的患者以及与患者相关的人对医生、医院、医疗行业的认识，进而影响到社会的和谐稳定。因此，关注医学生心理健康对于他们自身的成长和构建和谐社会具有极其重要的现实意义。

自 1998 年以来，西南医科大学在校园及社区开展心理健康讲座、团体心理辅导、个别心理咨询、电话心理咨询等多种形式的心理健康教育活动并从中发现，心理健康是每个学生的渴求，要满足学生们的需要，课堂教学是必经之路。

大学生的心理健康教育课程学什么？德国两百年前的教育宣言指出，教育的目的，不是培养人们适应传统的世界，不是着眼于实用性的知识和技能，而是要去唤醒学生的力量，培养他们自我学习的主动性、抽象的归纳力和理解力，以使他们在目前无法预料的种种未来局势中，自我做出有意义的选择。自我要做出有意义的选择，宣言里提到的种种能力是必要的，但更重要的是对自我的了解和把握，是对自己、对他人、对世界获得积极的体验，是对身心健康理念的不断践行和内化。

本着这样的认识，自 2007 年起，西南医科大学为本科及专科大一学生开设了心理健康教育课程，将“我是重要的，他人是友善的，世界是美好的”作为核心理念，贯穿在教学的各环节，引导学生充分认识自我，处理好与自己的关系、与他人的关系以及与世界的关系。课程深受学生欢迎。正如有些学生在作业中提道：“大学开设的课程种类繁多，诸如英语、医学细胞生物学等，然而我最钟爱的还是心理健康。”“每一堂心理课都有不同的教师带领我们认识所不熟悉的自己，使我们发现灵魂深处自己的模样，进而正确地衡量自己并不断提高与完善自身。11 次心理课，11 次心灵与大脑的洗礼，使我得以了解自己，收获良多，获益匪浅。”

每一堂心理课都有不同的教师带领。是的，我们是一个教学团队，每名教师在把握课程整体结构的基础上就各自的专题深入研究，在教学过程中不断调整，积累了丰富的经验和案例，十分契合学生的需要，并于 2007 年和 2015 年分别编撰《医学生心理健康》和《医学生心理健康教育》教材付梓使用。《医学生心理健康教育》从 2015 年使用至今，学生们反馈良好，但在此过程中，知识的更新、教师们的成长、学生们的需求增长使本教学团队的教师们不断获取了新知识、体验和感受。我们迫不及待想要分享给我们的受众群体，于是就有了第二版的诞生。新版教材主要有两个新的特点：一是注重知识更新和文字表达的优化；二是增加诸如“想一想”“练一练”“测一测”等模块内容，更注重知识的分享、体验与实践的结合。

全书框架结构由杨贵英统筹，内容由杨贵英、徐浩岚、宋杨、冯淑丹、宋丽娟校改。各章编者分别为：第一章杨贵英、第二章游向宇、第三章宋杨、第四章宋丽娟、第五章张瑞雪、第六章冯淑丹、第七章康燕、第八章韩玉果、第九章徐浩岚、第十章张介平、第十一章汪枭。本书的编写参考了大量同行的研究，在此，谨向他们表示诚挚的谢意。

学生们常把学习心理健康课称为心智成熟的旅程，最难忘的是闭上眼睛由轻声到大声再到呐喊出："我是重要的，他人是友善的，世界是美好的。"在生活中践行它，由此带来的美好感受非语言能形容。

# 目　　录

# 第一章　重视心理健康　善用心理咨询

**【内容导读】** 赫伯特·斯宾塞说过："良好的健康状况和由之而来的愉快情绪，是幸福的最好资本。"现在，很少有人会把健康仅仅理解为身体健康，与身体健康息息相关的心理健康日益受到大众的重视。作为未来的医务工作者，医学生将要肩负解除人类病痛、助健康之完美的神圣使命，他们的心理健康水平将直接影响个人的成长成才乃至社会的和谐稳定。因此，医学生群体的心理健康状况理应受到社会更多的关注。那么，什么是心理健康、如何评判自己的心理是否健康、自己可以采用哪些办法在多大程度上自助、什么情况下需要寻求他人和专业帮助、通过心理咨询可以达到什么样的目的……现在，带着这些不解，来开启心理健康教育旅程的第一站吧！

**【核心词汇】** 健康；心理健康；心理咨询

随着社会主义市场经济的发展和高等教育改革的深化，大学生面临的竞争日趋激烈，心理压力不断加大，心理障碍和异常情况时有发生。为适应这一新情况，加强大学生的心理健康教育和引导，满足大学生心理健康发展的需要，成为摆在高校教育工作者面前一项十分重要而紧迫的任务。对此，党中央十分关注，教育部更是数次发文强调：各高等院校务必科学规范地开展大学生心理健康教育。

作为大学生，尤其是医学院校的大学生，有责任和义务关注自身的心理健康，有必要学习心理健康知识，提高自身的心理健康水平。现在，让我们先来做一个练习，看看我们的心理健康水平如何，再学习心理健康知识。

**【测一测】**

90 项症状自评量表（SCL-90）

以下列出了 90 项症状，请仔细阅读每一项，然后根据你最近 1 个月内的实际感觉，在 A、B、C、D、E 中选择一个。

A 表示没有：自觉无该项症状。

B 表示轻度：自觉有该项症状，但发生得并不频繁、严重。

C 表示中度：自觉有该项症状，对你有一定影响。

D 表示偏重：自觉有该项症状，对你有相当程度的影响。

E 表示严重：自觉有该项症状，频度和强度都十分严重。

1.头痛

2.神经过敏，心中不踏实

3.头脑中有不必要的想法或字句盘旋

4.头昏或昏倒

5.对异性的兴趣减退
6.对旁人责备求全
7.感到别人能控制你的思想
8.责怪别人制造麻烦
9.忘性大
10.担心自己的衣饰整齐及仪态的端正
11.容易烦恼和激动
12.胸痛
13.害怕空旷的场所或街道
14.感到自己的精力下降，活动减慢
15.想结束自己的生命
16.听到旁人听不到的声音
17.发抖
18.感到大多数人都不可信任
19.胃口不好
20.容易哭泣
21.同异性相处时感到害羞、不自在
22.感到受骗、中了圈套或有人想抓住你
23.无缘无故地突然感到害怕
24.自己不能控制地发脾气
25.怕单独出门
26.经常责怪自己
27.腰痛
28.感到难以完成任务
29.感到孤独
30.感到苦闷
31.过分担忧
32.对事物不感兴趣
33.感到害怕
34.感情容易受到伤害
35.旁人能知道你私下的想法
36.感到别人不理解你、不同情你
37.感到别人对你不友好，不喜欢你
38.做事必须做得很慢以保证做得正确
39.心跳得很厉害
40.恶心或胃部不舒服
41.感到比不上别人
42.肌肉酸痛
43.感到有人在监视你、谈论你
44.难以入睡
45.做事必须反复检查
46.难以做出决定
47.怕乘电车、公共汽车、地铁或火车
48.呼吸有困难
49.一阵阵发冷或发热
50.因为感到害怕而避开某些东西、场合或活动
51.脑子变空了
52.身体发麻或刺痛
53.喉咙有梗塞感
54.感到没有前途、没有希望
55.不能集中注意力
56.感到身体的某一部分软弱无力
57.感到紧张或容易紧张
58.感到手或脚发重
59.想到死亡的事
60.吃得太多
61.当别人看着你或谈论你时感到不自在
62.有一些不该有的想法
63.有想打人或伤害他人的冲动
64.醒得太早
65.必须反复洗手、点数目或触摸某些东西
66.睡得不稳不深
67.有想摔坏或破坏东西的冲动
68.有一些别人没有的想法或念头
69.感到对别人神经过敏
70.在商店或电影院等人多的地方感到不自在
71.感到任何事情都很难做
72.一阵阵恐惧或惊恐
73.感到在公共场合吃东西很不舒服
74.经常与人争论
75.单独一人时神经很紧张

76.别人对你的成绩没有做出恰当的评价

77.即使和别人在一起也感到孤单

78.感到坐立不安、心神不定

79.感到自己没有什么价值

80.感到熟悉的东西变得陌生或不像是真的

81.大叫或摔东西

82.害怕会在公共场合晕倒

83.感到别人想占你的便宜

84.为一些有关“性”的想法而很苦恼

85.你认为应该因为自己的过错而受到惩罚

86.感到要赶快把事情做完

87.感到自己的身体有严重问题

88.从未感到和其他人很亲近

89.感到自己有罪

90.感到自己的脑子有毛病

计分：A、B、C、D、E 分别计 1 分、2 分、3 分、4 分、5 分，总分在 160 分以上要引起注意，多关注自身心理健康。

# 第一节　医学生心理健康导论

## 一、认识健康

人怎样才算健康？有人说：“身体没有疾病就是健康。”这种看法至少存在两个误区：一是只关注生理健康而忽视了心理健康，其实心理健康是联合国教科文组织衡量人是否健康的重要标准之一；二是只看到了健康的底线，其实健康不仅指人体没有疾病，还包括能充分发挥自身效能、实现自身价值。

人是一个身心统一体，健康是身心健康的统一体，相应地，人的健康包括生理健康和心理健康。生理健康是为了保持一个健康的体魄；心理健康则是保持一个健康的心理状态。心理健康能直接影响人的生理健康，如情绪低落会导致食欲不振，心情烦躁会导致失眠、心悸等。因此，从某种程度上说，心理健康比生理健康更为重要。心理健康是一个人可以依赖的最重要的内在资源。我们每个人都有许多资源，包括内在的与外在的。外在资源小到亲友、熟人、陌生人等，大到时间与空间；内在资源则包括诸如身体状况、心智水平、各种身心调节机能以及生理和心理健康状况等。一般来说，人的内在资源大于外在资源。心理健康是个人内在资源的核心。有心理健康做基石，人的其他内在资源才有可能获得最高效的利用和提升。

人既是一个生物体，又是有复杂的心理活动、生活在一定社会环境中的完整的人。1948 年世界卫生组织(WHO)成立时，把健康定义为：“一种生理、心理和社会适应都臻于完满(well-being)的状态，而不仅仅是没有疾病和虚弱的状态。”根据此定义，世界卫生组织提出了健康的十大标准：①有充沛的精力，能从容不迫地担负日常工作和生活，不感到疲劳和紧张；②积极乐观，勇于承担责任，心胸开阔；③精神饱满，情绪稳定，善于休息，睡眠良好；④自我控制能力强，善于排除干扰；⑤应变能力强，能适应外界环境的各种变化；⑥体重得当，身体匀称；⑦眼睛炯炯有神，善于观察；⑧牙齿清洁，无空洞，无痛感，无出血现象；⑨头发有光泽，无头屑；⑩肌肉和皮肤富有弹性，步履轻松自如。

上述对健康较详细的解释均表明，健康同时包括了生理健康和心理健康两个方面，一个人生理、心理和社会适应都处于完满状态，才算真正的健康。

实践证明，人的生理活动和心理活动是密切相关、互为依存的。不存在无生理活动的心理活动，也不存在无心理活动的生理活动。因此，人的生理健康与心理健康是辩证统一的。第一，当生理或心理方面产生疾病时，会产生情绪低落、烦躁不安、较易发怒等症状；当面临重要事件而紧张焦虑时，则会出现食而无味、食欲不振、失眠头痛、易疲劳等症状。研究表明，情绪与健康的关系非常密切。长寿学者胡兰夫德指出："一切对人不利的影响中，最能使人短命和夭亡的是不良的情绪和恶劣的心境。"第二，生理健康是心理健康的基础，心理健康能促进生理健康。这正是"我健康，我快乐""我快乐，我健康"。所以，善于调节情绪，经常保持心情愉快，可以起到未病先防、有病早除的效果。

心理卫生学认为健全的心理寓于健康的身体，而健康的身体有赖于健全的心理。现在，很多人都懂得身体健康的重要性，但对心理健康却知之甚少，甚至往往忽视。这种情况必须改变。诚然，心理和身体是分不开的，但身体健康的人，其心理并不一定也是健康的。如有一位大学生，身体一直很健康，从小几乎没有得过什么病，发育良好，中学和大学入学前后进行过多次体格检查，身体健康状况总评都是"良好"，可他的心理却很不健康。每次考试前总是特别紧张，因担心考不好而苦恼、焦急；不能安心复习功课，考试时总是不能发挥出他的实际水平；常常很不愉快，不是担心同学们看不起他，就是怀疑有人在背后议论他。像这种身体健康而心理不健康的人很多。因此，在保证身体健康的同时，还必须保证心理健康。还有一个问题也很重要，身体不健康的人是不是可以心理健康呢？回答是肯定的。这不仅可能，而且实际上做到的人很不少。报纸杂志上常常介绍"身残志坚"的令人敬佩的人物，他们心理上都相当健康。

健康与疾病之间并没有一条明确的界线。同样，健康本身也有不同的水平。如一个人工作八小时后感到劳累，这自然不能算病，但显然没有每天工作八小时后精力依然充沛的人的健康水平那么高。不论讨论心理还是身体，我们最好把健康或者健全看作一种理想。一个人的心理跟身体一样，很难说任何时候任何一点小毛病都没有。所以我们把心理健康当作理想是跟实际情况相对而言的。由于很多人的健康状况都很不理想，我们才有必要大张旗鼓地开展健康教育。不只是少数人要重视，而是人人都要重视。正是由于追求的是一种理想，我们才必须不断努力去提高健康水平。就像"活到老，学到老"一样，只要还活着，我们就要为健康这个理想而努力。理想是激励人们前进的巨大力量。我们把健康看作一种理想，这是一条最重要的理由。

## 二、认识心理健康

### (一)什么是心理健康

有人认为：心理健康是指一个人在各种环境中能保持一种良好的心理效能状态。人在生活实践中，要不断与外界环境(包括自然的和社会的)发生某种关系与相互作用，接受环境的影响并反作用于环境，以取得与外界环境的平衡和协调。一个心理健康的人，应当能随环境条件的变化而不断地调整自己的心理结构，以达到与外界的平衡。心理健康对人的成长与发展有着重要影响。

心理卫生学告诉我们：心理卫生又称精神卫生、精神保健，也指心理健康。其原名为“mental hygiene”，“hygiene”一词是古希腊健康女神的意思，后来以“health”代替“hygiene”，应该称为“心理健康”，但人们仍惯称“心理卫生”。现在的“心理卫生”具有多种含义：①心理卫生是维护和增进心理健康的措施与技术；②心理卫生是一门跨学科的应用科学，即心理卫生学；③心理卫生是人们身心健康的状态。前面所引的“心理健康”的概念，主要是指“心理卫生”的第三种含义。人们有了身心健康的状态，就能够精力充沛地搞好学习、工作和生活，就能够搞好人际关系，就能够与社会的法律、伦理道德、精神文明、行为规范等取得平衡，人的社会功能就会日臻良好。

### （二）心理健康的评判标准

怎样才算心理健康？21 世纪以来，相关专家发表过许多卓越的见解。有一位专家认为，除了自己以外能够爱至少一个人，是心理健康的重要标志。这个提法相当深刻而富于启发性。这里所说的爱，是真正的爱，是主动的爱，是对人性的崇拜。它意味着对另一个人深入地了解、尊敬、信任、关心和体贴，愿意为所爱的人做出必要的牺牲，也毫不计较别人的报答，能够体验到爱的力量和幸福，绝不意味着占有或控制别人。把这个提法反过来也许更正确，也就是说，除了自己以外谁也不爱的人毫无疑问是心理不健康的。

爱当然非常重要，但人的心理极为复杂。因此，不少人认为，人的心理不是爱这一个字所能包括的。

#### 1.许又新的三标准

我国研究心理健康的先驱者许又新提出了三条衡量心理健康的标准：体验标准、操作标准、发展标准。如果只考虑其中任何一条，恐怕都有失偏颇，所以最好把它们综合起来加以考虑。

1）体验标准

体验标准是以个人的主观体验和内心世界作为衡量心理健康的标准。以下主要讨论两点：良好的心情和恰当的自我评价。

首先是良好的心情。一个人经常或长期不愉快，我们就可以毫不犹豫地说，他的心理不健康。我们在书信的末尾和贺年卡上常常写上“祝你愉快”或“新年快乐”之类的话，在朋友见面或各种聚会上也常常说这一类话。这种祝愿之词反映了一种普遍的看法：愉快是幸福生活不可缺少的一个重要方面。愉快是值得人们去追求的，它不仅是一种满足和享受，也是一种奖励，激发人们去追求更加美好的明天。愉快对于身体健康有着不可低估的促进作用。许多调查表明，长寿老人都是乐观愉快的。相反，心情不愉快的人往往容易患病。更重要的是，愉快还有道德的含义。谁愿意瞧着你整天愁眉苦脸或者怨气冲天呢？只有一颗愉快的心才能给另一颗心带来愉快。可见，愉快不仅是个人的追求，也是为别人服务的手段。为了自己，我们要愉快；为了别人，我们更要愉快。因此，我们有理由把愉快提到人生价值的高度上加以肯定。

人们常常谈到自我控制和自我调节。要做到自我控制和自我调节，心情愉快是必要的。大家一定都有体会：愈是心情不好，自我控制能力就愈差；反之，心情愉快时，即使别人冒犯了自己或者个人出了什么事，也不至于产生过激的情绪和行为反应。有人为了追求名誉或财富，过分约束自己，造成心情不好，致使自我控制能力下降。这些人感到迷惑不解的是，自己已经在极力控制了，为什么反而越来越控制不了？问题在于这些人牺牲了愉快的心情。请问：如果名誉和财富不能带给我们愉快，我们要它干什么呢？

运动过量，肌肉会酸痛；吃得太多，肚子会难受。总之身体不适感告诉我们，身体可能出了问题。同样，心情不愉快告诉我们，我们的精神生活可能有问题。当心情由愉快开始转变为不愉快时，如果能及时调整自己的行为和态度，不愉快就有可能又转变为愉快。经常不愉快的人对不愉快的体验已经丧失了敏感和警觉，因而不能及时调整自己的认知、行为和态度，难免出现行为失当或者不能客观地看待问题。经常心情愉快的人对不快体验很敏感，因而能及时自我调节，使认知、行为和态度一开始出现偏差就得到纠正。可见，要有良好的自我调节能力，保持心情愉快实属必要。如此说来，心情的变化可以看作是一个人自我调节的信号、一种维护健康的安全阀门。

良好的心情还包括适当的紧张，并且紧张和松弛可以主动变换。当然，不同的任务要求不同程度的紧张。有人因一点小事就很紧张，这无异于小题大做，过分紧张造成精力的浪费，效率反而下降。更糟糕的是，过分紧张时间长了，会感到很难受，并且也不容易松弛下来。弦老是绷得太紧容易断，人的精神状况也一样，不能长期紧张，紧急任务一过去，或者工作学习暂告一段落，就必须松弛下来。心理健康的表现之一，就是既能够在必要时紧张起来，也能够在休息时使自己放松，心情不愉快往往伴随着持续的紧张，因此，心情不愉快的人容易疲劳，累了还松弛不下来，得不到适当的休息。

良好的心情还蕴含着一种跃跃欲试的动机作用。尽管心里无忧无虑，可长期什么都不想干，这并不是心理健康的表现。良好的心情对人起推动作用而不是制动作用，它意味着主动、积极、好奇、欢迎变化，时刻准备接受来自客观世界的意外或挑战。相反，消极、被动、对什么都不感兴趣、厌恶新鲜事物、害怕变化、一有风吹草动就惶恐不安，都是心理不健康的表现。心情受环境的制约，但人能够改造环境。刺激过度或者刺激不足都不利于保持良好的心情。如何改善自己的处境，每一个人都可以有所作为。

其次是恰当的自我评价。为什么说恰当的自我评价是衡量心理健康的一个重要标准呢？道理并不难懂。自我评价过低就会缺乏信心，做什么都畏首畏尾，顾虑重重，缺乏勇气和毅力，聪明才智难以得到充分发挥。并且，自我评价过低和心情不愉快是一对孪生子。自卑是痛苦的，这样说，是不是自我评价过高就好呢？表面上看，自我评价过高的人可能显得神气十足，自信满满。但由于自我评价过高，目标也就定得过高，这就潜伏着自我挫折和苛求自己的危险。这种人特别爱面子，听不得批评，经受不了失败的打击，为什么不少自高自大的人在经历一次或几次失败以后就变得自卑呢？原因一方面在于自大背后必隐藏着自卑，只有故意或不自觉地不看自己短处和缺点的人，才会自大，但短处和缺点人人都有，它总会显露。一旦遇到挫折或失败，短处和缺点无法掩盖，隐藏着的自卑便在意识里清楚地浮现。另一方面在于自卑背后必隐藏着自大，因为自卑的人总是在心目中虚悬着某种高不可攀的标准，他认为“我应该怎样怎样”，实际上却办不到，所以自卑。而高不可攀的标准乃是自我评价过高的产物，只是本人察觉不到罢了。

缺乏恰当自我评价的人的心情是不稳定的，容易在两极之间摇摆。这种人极为看重周围人的评价，赞扬和鼓励使他们沾沾自喜、忘乎所以，而批评和谴责又会使他们悲从中来、不可断绝。

人们常说，人贵有自知之明。所谓自知之明，主要就是对自己有恰如其分的评价，优点和长处、缺点和短处都看得清楚。这是很不容易做到的。苏格拉底说：“认识你自己。”这可以当作每个人的座右铭，或者，当作一种理想的境界，终生为之努力。但是，相对心理健康意味着对自己的评价偏差不大，这是我们都可以做到的。

2)操作标准

对于人的心理，我们可以从不同的角度和用不同的方法进行研究。如果着重在一个人的主观感觉，用内省的方法，我们所研究的便是他的体验。如果着重在心理活动的过程和效应，用观察、实验和测验等方法，我们所研究的便是操作。通俗地说，操作标准也可以称为效率标准，因为用这种标准衡量一个人心理是否健康及其水平时，效率是个核心的概念。用体验标准衡量的心理健康水平与用效率标准衡量的心理健康水平二者互相影响。例如，某人有不安全感，做事总是犹豫不决，总怕出错或者疏忽遗漏，做什么事都反复检查核对，效率很低。不安全感减轻后，效率也就随之提高。又如，某中学生“不开窍”，只会死记硬背，学习效率不高，成绩不佳，因而有些自卑。在教师的启发指导下，这个学生的思想活跃了，想象丰富了，学习方法有了很大改进，效率大为提高，因而自信心加强，对学习的兴趣日益浓厚，心情也变得愉快起来。可见，我们要不断通过实践，提高效率，从而改善心情和纠正不恰当的自我评价。同时，我们也要正视自己，尽量对自己做出比较恰当的评价，纠正对生活的偏颇态度，保持心情愉快，从而促进效率的提高。

操作标准主要有两条，一是个人心理的效率，二是个人的社会效率或社会功能。前者是心理学标准，后者是社会标准。

可以就各种不同的心理过程，如从知觉到行为反应的灵敏性和准确性，想象的形象性、新奇性、创造性，记忆功能如何，思维是否敏捷等，对效率加以测验和评定。

由于很多人都特别关心记忆，我们不妨把它作为效率标准的一个例子加以讨论。

记忆是人最基本的心理活动之一。可以说，没有记忆，一切心理活动都谈不上。

什么该记，什么不必记，这个问题无疑比记忆本身重要得多，因为一个人的记忆毕竟有限而知识却是无穷的。爱因斯坦说：“凡是手册、教科书上很容易就查到的东西，我都不去记它。”对于爱因斯坦来说，记忆是他的奴仆或工具，他用智慧和判断力指挥记忆为他的科学事业服务。这一点值得我们学习。把记忆看得过分重要的人尤其要好好体会一下这个道理。

再举一些相反的例子。智力低下者中有极少数人的死记能力特别强，法国精神病学家称之为“白痴学者”。里博特在他所著的《记忆的疾病》(1881 年法文初版)一书中描述了几个很有趣的例子，一位“白痴”先生“能记住过去 35 年里他那个教区内所有死者埋葬的日期，对每一位死者的名字和年龄，每次复述都正确无误。但他除此以外几乎一无所知，也不能对任何提问做出可理解的回答，甚至不能料理自己的饮食。”里博特还谈到一个智力低下者，你向他念一段书，他听一遍后马上能一字不误地背诵出来，却完全不懂意思，也始终无法认识任何一个字母。

文献里还有这样的“日历专家”。一对双生子从小对日历感兴趣，他们的父亲送给他们一本“万年历”。这对双生子花了十几年把这本 400 年的日历全都背了下来，只要你说出年月日，他们马上就能准确无误地回答出是星期几。研究发现，他们完全靠死记，并且，除了背日历以外，任何别的知识他们都一无所知。

可见，死记能力太强不见得是一件好事，因为死记能力也像别的心理功能一样，即使有一定的先天禀赋作为基础，也需后天的练习才可能得到发展，而除了智力低下者以外，谁会花十多年的宝贵光阴去背一本400年的历书呢？

精神科医生都有这样的经验：那些记忆功能遭到严重损害的人都不以健忘为苦，他们甚至觉察不到自己记忆有缺陷，而那些反复诉说记性坏极了的人，他们的主要精神障碍却不在于记忆。这是发人深省的事实。

显然，苦于记忆不好的人面临着一个矛盾：他们想记住自己所记不住的东西。这个矛盾后面往往隐藏了两个问题。

第一个问题是，你对你要记住的事情由衷地感兴趣吗？记住某些事情这一过程本身能给你带来满足和愉快吗？如果回答是否定的，也就是说，你对记忆材料根本不感兴趣，记起来枯燥乏味，甚至不时在脑海里浮现这样的疑问：记住这些有什么意义？我这样死记苦学究竟为了什么？难道不是为他人作嫁衣吗？何必自找苦吃。那么，请你最好不要奢望能够记住它们。即使勉强记住了，很快也会忘掉。要知道，决定记忆最强有力的因素是记忆的动机和过程给人精神上的“报酬”。这里有一个要点必须明确，就是“报酬”来自记忆过程本身才是最强有力而持久的。孩子把课文背了下来，父亲立即表扬他，这当然很起作用。但如果父亲不表扬，孩子就不背课文了，那就说明，孩子所得到的“报酬”来自记忆以外而非记忆本身。为考试而念书，为提薪升级而参加学习，为出国镀金而学外语，往往学不好，道理就在于此。不少父母告诫他们的子女：“高考临近了，你还看小说，还不抓紧时间复习数理化，看你将来考不上怎么办！”这话有时不起作用，因为小说里的人物和情节深深地吸引了他们，他们在阅读过程本身得到了“报酬”——精神上巨大的满足。

第二个问题是，你是不是忘不了你想要忘掉的许多事情？你是不是经常极力控制自己不去想某些事情？如果回答是肯定的，那么，请你一定要正视自己的内心，弄清楚你究竟有什么心事和烦恼，不解决这些问题而想有良好的记忆不大可能，因为不良的心情是妨碍记忆的一大原因。

俗话说，一心不可二用，不论干什么事，最重要的是专注，我们必须把精力集中于我们的事业。前面说过，良好的心情是心理健康的指征之一。现在联系记忆这一心理功能，我们可以体会得更加具体而深入。关于神经衰弱的精神障碍，著名的医师钟友彬说过：“烦恼的事忘不了，学习工作的事记不住。”这是很精彩的典型化描述。一个忘不了，一个记不住，二者之间有内在联系。

假定上述两个问题都解决了或都不存在，那么，剩下的就只是有关记忆的知识和技巧了。

有两种不同性质的记忆：短期记忆和长期记忆。二者之间存在着辩证关系。所有长期记忆都由短期记忆转变而来。短期记忆所没有的，长期记忆里不可能有。因此可以说，短期记忆决定着长期记忆的内容。反之也一样。长期记忆是个性的一个重要方面，它是一个人全部生活经验的浓缩和结晶；它在很大程度上是兴趣和爱好的产物，特长和专业的体现；它决定着知觉的选择性和意识活动的倾向性，也就决定着短期记忆的内容。例如，一位建筑师、一位商人和一位人民警察，三个人第一次到北京，一起在北京市区游览了一圈，他们的感官所接触到的事物大体相同，但游览以后的短期记忆却差别很大，其中一位记得特别清楚的细节很可能被另外两位所忽略，甚至毫无印象。这个例子也说明，要比较任意两个人记忆的好坏，是一件很不容易的事情。用什么记忆材料测验一个人的记忆才算公平合理呢？一般记忆测验主要测的是短期记忆，似乎还没有什么好方法测验长期记忆。

长期记忆是保持多年甚至终生不忘的记忆。本族语言构成每一个人长期记忆的重要内容，同时，它对几乎所有其他记忆起着媒介和组织作用。语文一定要学好，这是理由之一。短期记忆总是在不断产生和不断消逝，只有很少一部分在逐渐转变为长期记忆。我们从开始懂事以来，一日三餐，吃过多少顿饭，每顿饭吃了些什么，在饭后不久我们都能记得，可这么大量的短期记忆现在剩下了多少？几乎全部忘掉了。人跟岩石不同。岩石将亿万年来客观世界在它身上所起的作用全都保留了下来，正因如此，岩石成了地球历史的忠实见证者，成了地质学家研究的客体。人却不然，来自客观世界几乎无穷的信息，首先要通过感官的“过滤”，只有很少一部分进入大脑；其次，短期记忆大部分都会随时忘掉，只保留很少一部分，然而，这些却是精华。没有遗忘，便没有记忆。岩石没有遗忘，我们也就不认为它有记忆。有人说，善于记忆者必善于遗忘。这话很深刻，符合辩证法。对于人来说，遗忘和记忆同样重要。不记得火烧手指的痛苦，我们很可能早已被烧死。假如我们对每一次痛苦的经验都记得像当时一样清楚，我们很可能都已经自杀了。

短期记忆转变为长期记忆主要有两种方式：一是重复；二是与长期记忆产生密切的联系。后一种情况比较少见，几乎只限于带有强烈情感的经验。可见，重复是使知识和技巧免于遗忘的基本方式。遗憾的是，那些一心想得到记忆窍门的人总是低估了甚至忽视了重复的重要性。

重复并不等于死记。如记数学公式，在运用公式做题的过程中重复，就比孤立地死记那种重复要好得多。零碎的和主要靠死记的东西当然有，但数量不会太多，并且随着学习的深入，原来死记下来的东西自然会与其他东西发生各种联系。如果感到要死记的东西太多而实在无法记住，就得想想是否学习方法有问题。

我们学汉字，只在开始识字时才一笔一画地记。学会一定数量的汉字以后，便以偏旁部首等为单位进行记忆，这表明记忆方式已由低级发展到了高级水平，也表明学习有了良好的基础。要学好任何一门学科，都必须如此，这一点很重要，有人学了几年英语，仍然一个字母一个字母地记单词，不会以音节和词根词缀为单位记，更不会把单词嵌在句子里记，这本就表明学习方法的失败，记不住是怪不得记忆的。

有些人脑子里装的东西并不少，但乱七八糟，用的时候常常想不起来。长期记忆最可贵的是它的系统性结构，就像有完善分类和索引的图书馆一样，查阅方便，也就很容易回忆。良好的记忆系统从何而来？这要靠从童年到青年逐渐发展而来。很多成人记忆不好，并不在于记忆功能本身，而是未成年时没有建立起一个初具规模的记忆“图书馆”。当然，亡羊补牢，犹未为晚。那就得下功夫打基础，而不是幻想会有一种“补脑”的灵丹妙药。

前面提到过，要比较两个人的记忆能力很不容易，记得快忘得也快的人与记得慢却记得牢的人相比互有短长，前者适合做多变的工作，后者适合做少变的工作。如果我们把知觉、想象、记忆、思维等都综合起来评定两个人的高低，就更加困难。对于评定一个人的心理健康水平，不在于判断他聪明才智的高低，而是看他的聪明才智是不是得到了充分发挥，也就是看他的心理效率如何。有人知识水平有限，但能充分发挥出来，效率高。就这一点而言，他的心理健康水平是高的。

俗语云：“穷极智生。”可见，动机和情绪对于认知的充分发挥起着很大的作用。这种作用也可以是阻碍性的，如冲突的动机和苦恼的情绪可以使人手足无措，左右为难，无所作为。可见，心理活动之间相互协调很重要。

从实践的角度看，人的效率是不能就孤立的个人加以评价的。记一些毫无用处的东西，即使记得快而牢，对社会又有什么价值呢？对于评定心理健康水平来说，社会标准比心理学标准更重要。

社会标准主要有两条：工作(包括学习)效率高与人际关系和谐。

工作效率是就社会对个人的要求而言的。没有职业的人在家庭中也承担着一定的义务，既无职业又无家庭的流浪者和靠乞讨为生的人，工作效率几乎为零。

孟子说过：“天时不如地利，地利不如人和。”这大概可以说明，我国的文化传统很重视人际关系。确实，人际关系很重要，良好的人际关系不仅是心理健康的标志，而且对心理健康是一种强有力的促进。很多有精神障碍的人表现为严重的人际关系问题。现代医学认为，除了物理、化学和生物因素以外，心理社会因素也可以致病。所谓心理社会因素，其主要的内容就是人际关系。

一位青年向精神科医生诉述他“悲观厌世”，医生鼓励他谈谈人际关系问题。他说：“我早就与世无争了，还有什么人际关系问题？”医生告诉他：“英文 misanthropy 源于希腊语，由两节合成，前一节源于希腊文的 miseo，意思是‘恨’，后一节源于希腊文的 anthropos，意思是‘人’。可见，希腊人认为‘厌世’实际上是‘恨人类’。如果一个人对别人有深厚的爱，他会不想活下去吗？既然恨人类，怎么能说没有人际关系问题呢？德国人叔本华是个著名的悲观主义者。这位先生从小就跟母亲关系不好，长大以后成了厌恶女人的人，把所有女人都说得一无是处，这实在是很不幸的。叔本华的智慧极高，精神状况却很不健康。”这位青年听了以后颇受感动，表示愿意与医生深谈。接着，他谈道：“我自幼父母离异，跟父亲和继母生活，受歧视，从来没有体验过母爱。”医生指出，被爱固然是幸运的，但主动去爱别人才是真正的幸福。一个月以后，这位青年写信告诉医生，他已经有了一位知心的女朋友，心情比过去好多了，不再悲观厌世了。

临床实践表明，神经症性的情绪障碍，不论是烦恼或焦虑，还是苦闷或忧郁，都跟人际关系不良有密切的联系。

3)发展标准

前面讨论的两种标准都主要着眼于横断面，或者说，主要考虑的是一个人的精神现状。而发展标准不同，它主要着眼于纵断面，既回顾过去，也展望将来，把一个人的精神状况放在时间坐标上加以考察和分析。

从我们出生起，精神面貌逐渐由低水平走向高水平，这就叫做发展。在过去，一个人经历了怎样的发展，这是衡量心理健康很重要的标准。但仅仅这一条还不够，还要估计未来发展的可能性和趋势。

人们心理上的差异，恐怕没有什么比得上不同年龄的心理差异那么显著、深刻而具有普遍性。因此，评定心理健康状况时，千万不要忘了年龄因素。

过去有一段时期，精神病学教科书和专著的作者们常常把人格障碍视为不成熟的人格，现在已很少这么说了。这是由于，健全人格的发展并非只有一条路可走和限于一种模式，再者，关于成熟最重要的指征是什么，学者们的见解还存在分歧。若把儿童不同于成人的心理特点都说成是不好的，岂不是抹杀了人性中最可贵的东西。抛开理论问题不谈，对于成人来说，成熟仍然是衡量心理健康的一把很有用的尺子，尽管这把尺子不是很精确，如情绪不稳定、一脑袋的幻想、极力吸引别人的注意、自控能力差、缺乏毅力、暗示性高和盲目的模仿倾向、心目中没有确定的自我形象、没有长远的计划、性冷淡或过分害羞等都是不成熟的表现。一个成人如果这些特点突出，心理恐怕就不是很健康。反之，一个人老奸巨猾，当然不值得称赞，却很难说他心理不健康，这是心理健康与道德评价不完全相同的地方，政客式的人物大多如此，五代十国时期的冯道就是这种人的一个典型。

我们必须看到，每一个人都有无限发展的可能性，关键在于如何把潜在的可能性变成现实。学习和研究心理健康这门综合性的和跨学科的科学分支，对此是大有裨益的。

2.其他有关心理健康标准的论述

第三届国际心理卫生大会曾这样定义心理健康："所谓心理健康是指在身体、智能以及情感上与他人的心理健康不相矛盾的范围内，将个人心境发展成最佳的状态。"还具体地指明心理健康的标志是：①身体、智力、情绪十分调和；②适应环境，人际关系中彼此能谦让；③有幸福感；④在工作和职业中，能充分发挥自己的能力，过有效率的生活。

美国人格心理学家奥尔波特提出了六条心理健康的标准：①力争自我的成长；②能客观看待自己；③人生观的统一；④有与他人建立亲密关系的能力；⑤人生所需的能力、知识和技能的获得；⑥具有同情心，对生命充满爱。

美国人本主义心理学家马斯洛等提出了十条心理健康的标准：①充分的安全感；②充分了解自己，并对自己的能力做适当的评估；③生活的目标能切合实际；④与现实环境能保持接触；⑤能保持人格的完整与和谐；⑥具有从经验中学习的能力；⑦能保持良好的人际关系；⑧适度的情绪表达及控制；⑨在不违背团体要求的情况下，能做有限度的个性发挥；⑩在不违背社会规范的前提下，能适当地满足个人的基本需求。

《简明不列颠百科全书》认为，心理健康的具体标准是：①认知过程正常，智力正常；②情绪稳定乐观，心情舒畅；③意志坚强，做事有目的；④人格健全，性格、能力、价值观等均正常；⑤养成健康习惯和行为，无不良行为；⑥精力充沛地适应社会，人际关系良好。

中国学者归纳的心理健康的八条标准：①智力正常；②情绪稳定；③意志健全；④行为协调；⑤个性良好；⑥自我意识正确；⑦人际交往和谐；⑧心理特点与年龄相符。

3.大学生心理健康的标准

我国学者郑日昌在其主编的《大学生心理卫生》一书中，参照上述心理健康的一般标准，并结合我国大学生的现状，提出了我国大学生心理健康的标准：①具有独立生活能力；②具有独立思考、判断能力；③能够从心理上接纳自己；④勇于面对现实，同时又对生活、对自己充满信心；⑤具有较强的自我调节能力，能积极主动地适应新环境，调节、平衡各方面的心理冲突；⑥人际关系良好；⑦学习方法得当；⑧能应付一定的挫折，如失恋等。

## 第二节 心理咨询

心理咨询是 20 世纪人类一项令人惊奇的发明。自 20 世纪 20 年代出现心理咨询以来，在许多国家和地区，心理咨询已成为人们生活中的一个重要内容。每当人们遭遇挫折、心情烦躁、紧张焦虑、矛盾冲突时都可以咨询心理医生。一些发达国家早就开设了心理咨询门诊、心理热线电话或心理危机求救电话，为千万生活在心理阴霾中的人们点燃了希望的火花，挽救了许多精神濒临崩溃的人。

### 一、心理咨询概述

心理咨询，作为一种抚慰个体心灵的方法，在普通人眼里它意味着什么？这是一个很难回答的问题。自 1900 年弗洛伊德在维也纳以“精神分析”治疗来访者，1907 年韦特墨创办《临床心理学》杂志，1908 年帕森斯开办“就业辅导局”，心理咨询作为一种职业实践活动和理论学科诞生以来，其就存在着多种多样的定义，每种心理咨询流派从自己的学科背景和发展阐释它，而且每种定义都强调了心理咨询作为帮助方式的不同理念和原则。但本领域的理论专家、临床工作者普遍认为，心理咨询是心理咨询师协助来访者解决心理问题的过程，是一个受过职业培训的专业人员和来访者之间的职业关系。

与心理咨询一样，在日常生活中还有许多其他的职业可以称为帮助性职业，如教师、护士、社工等。若心理咨询师与来访者之间存在着心理深层次的互动，形成心灵与心灵之间的对话，在这种关系中，来访者的心理问题不仅能够得到解决，其在认知、情感、行为等心理要素方面可能也会发生变化，这是其他帮助方式无法企及的。

在心理咨询成为一种精神性工作以后，心理咨询理论呈现出多样且彼此竞争的局面。根据英国阿伯泰邓迪大学心理咨询教授约翰·麦克里奥德 1995 年的统计，1980 年以前全世界有 400 多种心理咨询与心理治疗的理论(流派)，1980 年以后，出现各种理论融合和统一的趋势，心理学、医学界普遍认为精神分析(心理动力学)、认知行为主义、人本主义这三种理论代表着人类情绪、行为问题的最基本方式。目前中国国内的心理咨询实践也说明，心理咨询师在咨询中采用的理论和方法是以这三种理论为参照，而其他一些流派都是从上述三种理论中派生出来的，虽名目繁多，但万变不离其宗，它们恪守的宗旨依然有精神分析(心理动力学)、认知行为主义、人本主义的身影。

自我实现是心理咨询最主要的实践立足点。它最初是以解决个体的生活困境、情绪焦虑为目标的，但随着社会生活的急剧变化，个体与环境不协调的日益增加，个人内心冲突的不断加剧，就业指导、婚姻辅导、青少年成长教育、员工心理援助、精神病性障碍治疗和社会危机事件干预等“生活事件”也开始进入心理咨询的视野。尽管心理咨询业已渗透到人们生活的方方面面，但有一点没有发生变化，即它最根本的目的仍然在于帮助来访者完善人格和实现自我。

我们不能把心理咨询简单地理解为“聊天”“谈话”等日常生活的话语沟通，更不能将它与思想政治工作画等号。因为心理咨询孕育于精神病学、心理学两个母体，它与思想政治教育等以谈话形式为主的工作的最大区别在于，它以来访者个体的需要为出发点探讨解决问题的最佳方法。

## 二、心理咨询的类型

根据不同的分类方法，心理咨询可以分为多种类型。我们可以权衡利弊，选择适合的心理咨询类型。

### (一)按咨询内容分类

按咨询内容分类，心理咨询可分为健康咨询和发展咨询。

#### 1.健康咨询

健康咨询也称为障碍咨询，是指对存在程度不同的非精神病性心理障碍、心理生理障碍者的咨询，以及某些早期精神病患者的诊断、治疗或康复期精神病患者的心理指导，重点是去除或控制症状、预防复发。从事这类咨询的人员需要受过充分的精神医学和临床心理学训练，咨询的地点一般为专门的心理卫生机构、综合性医院下设的心理咨询机构、社区心理卫生机构以及由专业人员开设的私人诊所等。

2.发展咨询

发展咨询是指帮助来访者更好地认识自己和社会，充分开发潜能，增强适应能力，提高生活质量，促进人的全面发展。咨询的内容十分广泛，凡是在人生各时期出现的各种心理问题都可以咨询，如工作、学习、恋爱、婚姻、家庭生活、职业选择等。从事这类咨询的人员除了需有坚实的心理学基础外，还要具有哲学、社会学、教育学、文化人类学等方面的知识，咨询的地点一般为非医疗机构，如学校、社区、企业等。

需要指出的是：①健康咨询与发展咨询是相互联系的，去除心理障碍为心理发展奠定了基础，而良好的心理发展将减少心理障碍的发生；②在具体实施时，有时很难将两者完全割裂开来，有些咨询既属于健康咨询，也属于发展咨询。

### (二)按咨询对象的多少分类

按咨询对象的多少分类，心理咨询可分为个别咨询和团体咨询。

1.个别咨询

个别咨询是指咨询师与来访者之间的单独咨询。它是心理咨询最常见的形式之一，它的优点是针对性强、保密性高、咨询效果明显，但咨询成本较高，需要双方投入较多的时间、精力。

2.团体咨询

团体咨询也称集体咨询、小组咨询，指根据来访者所提出的问题，按性质将他们分成若干小组，咨询师同时对多个来访者进行咨询。其突出的优点是咨询面广、咨询成本低。不足之处是同一类问题也可能因个体差异而表现出明显的个体性，单纯的团体咨询往往难以兼顾每个个体的特殊性。为此，应扬长避短，在团体咨询中，辅以个别咨询。

团体咨询又可细分为以下两种。

(1)重点放在个体身上。这类咨询虽然也重视团体成员交互作用的意义，但主要还是把咨询方法、干预手段直接应用于每个成员，如讲座、训练等。正因如此，这类团体咨询又被称作团体讲座、团体训练。

(2)重点放在团体成员的交互作用上。这类咨询主要是通过团体成员相互作用所产生的影响力而使成员调整自己的思想、情感和行为。国外流行的各种咨询小组大多属于这一类，如交朋友小组、“心理剧”疗法、游戏疗法、格式塔疗法、敏感训练小组等。

严格上讲，团体咨询主要指第二种形式，因为团体咨询的本质含义是指借助团体成员相互作用的力量产生建设性影响的帮助活动。

### (三)按咨询方式分类

按咨询方式分类，心理咨询可分为门诊咨询、现场咨询、信函咨询、专栏咨询、电话咨询和互联网咨询。

1.门诊咨询

门诊咨询指在专科医院、综合性医院和诊所开设的心理咨询，它是心理咨询最常见的方式之一。由专业咨询工作者与咨询对象直接见面，能进行深入的交流，及时发现问题、解决问题，咨询效果好，但门诊咨询对异地来访者不大方便。

2.现场咨询

现场咨询指咨询师在学校、机关、企业、部队、城乡社区、家庭、医院病房等现场，对咨询对象提出的各种心理问题给予咨询帮助。现场咨询对那些只有心理问题，或虽有心理障碍，但本人由于各种原因又不能到门诊咨询的人最为合适。

3.信函咨询

信函咨询指以通信的方式进行心理咨询。咨询师根据咨询对象来信描述的情况或提出的问题，以通信方式解答疑难，疏导情绪。优点是简单方便，尤其是对异地的患者及一些有心理问题又羞于面见咨询师的人非常适合。缺点是有些人由于文化程度低和相关知识少，来信对问题、症状叙述不全面或不准确，咨询师不能全面深入地了解情况，不利于问题的解决，必要时应门诊咨询。

4.专栏咨询

专栏咨询指针对公众关心的一些较为普遍的心理问题，通过报纸、杂志、电台、电视台等大众传播媒介进行专题讨论和答疑。随着互联网的发展，专栏咨询又逐渐扩展到专门的网站或网页上进行。这种方式便于普及心理卫生知识，影响面广，缺点是针对性差。

5.电话咨询

电话咨询指用电话的方式开展心理咨询，主要适用于有心理危机或自杀观念、自杀行为的人。国外一些国家设有心理咨询专线电话，只限于心理危机者使用，主要目的是防止自杀。目前北京、上海、天津、南京、广州等地已建立了各种心理咨询热线，除了处理各种心理危机外，也为有其他心理问题的人提供服务。优点是快捷、方便、保密性强，但由于缺乏咨询师与咨询对象之间面对面的交流，难以进行准确的心理评估，限制了咨询师的干预能力。

6.互联网咨询

互联网咨询指借助互联网进行心理咨询。这是近年来逐渐兴起的一种新型的心理咨询方式。互联网咨询与信函咨询有某些相似之处，如对语言文字的依赖性强，咨询效果受咨询对象文化程度、语言表达能力的影响很大；不同点在于互联网咨询沟通迅速、快捷，但需要咨询对象具备一定的设备条件和比较熟练的电脑操作技能。对于那些由于个人身体条件、地域环境限制而不能直接、方便地寻求心理咨询者，以及由于个人生活习惯、认知习惯，不愿意面对咨询师的人来说，采用互联网咨询尤为适宜。这种咨询形式也可能成为序列心理咨询过程中的第一步，能为今后的全面咨询打下基础。

需要指出的是，以上各种心理咨询方式是互为补充、互为促进的。许多来访者通过专栏咨询，了解了自己的心理问题或症状，再进行信函咨询、门诊咨询、电话咨询或互联网咨询；有些门诊咨询来访者，回到异地工作、学习或生活处所后，通过信函咨询、电话咨询、互联网咨询继续得到咨询师的指导；现场咨询中发现心理障碍严重的来访者，需要转到医院进行门诊咨询。因此，多种形式配合，有利于心理咨询的广泛开展和咨询效果的提高。

### (四)按咨询时间长短分类

按咨询时间长短分类，心理咨询可分为长期咨询、短期咨询和限期咨询。

心理咨询的期限并无硬性规定，要根据来访者的意愿、咨询的内容、咨询师的建议以及现实情况(包括来往的方便与否、咨询费的负担)等因素而定。

#### 1.长期咨询

长期咨询指咨询的时间较长，一般超过三个月，甚至达数年。长期咨询的目的不仅在于问题的解决和症状的消除，还在于改善性格及行为方式，促进心理成长。长期咨询的重点放在深层心理的探讨、心理与行为改进的维持上。那种长期性的追踪式诊察与支持性咨询，一般不被视为长期心理咨询。

#### 2.短期咨询

短期咨询的时间较短，至于多长期限为短期，则说法不一，可能是三四次会谈，也可能是十次左右，时间为一两个月。短期咨询的重点在于问题的解决和症状的消除。做短期咨询时，要把咨询的重点弄清楚，不把范围无限制地扩大，以至于无法在短期内结束。

#### 3.限期咨询

限期咨询指在咨询开始前，咨询师与来访者共同订立了咨询计划，对咨询的次数或期限做了规定，如五次、十次，或两个月等。这种事先确定咨询期限的做法，目的在于让彼此有个事先的计划与了解，并可针对约定的期限，努力求得具体的改善。

大多数来访者受时间、费用、交通条件及其他因素的制约，倾向于做短期咨询或限期咨询；只有特别的情况，在双方同意的原则下，才会做长期咨询。

很多人对接受心理咨询有顾虑，总觉得咨询心理咨询师是很丢面子的事，总怕因此而被人说成“有病”或“不正常”。但世界上根本不存在完全正常的人，就是心理咨询师或精神科医生也不例外。更何况，出现心理问题常常是一个人面临着成长的转折点，因此只要有效处理问题，心理危机就会成为心理转机。所以，我们不必有顾虑，如果走不出困惑，就要尽快向专业人员求助，那会让我们少走很多弯路。同时要明白，心理咨询师和医生一样，没有灵丹妙药，所以我们不能指望接受几次心理咨询就解决一切问题。心理咨询师能为我们做的是：帮助我们调动机体的自愈潜能，使我们学会借助自身力量恢复健康。此外，心理咨询师也各有专长，如果你在某个心理咨询师那里接受一段时间的咨询后仍不见改善，你就要考虑换个心理咨询师咨询。其实，这和治疗躯体疾病一样，如果医生没治好你的病，你需要质疑的只应是这个医生，而不应是医学。

一个好的心理咨询师不仅可以帮助我们解决心理问题，更能帮助我们发现并实现自身的潜能，提升我们的生活质量。但是，能为我们做到这点的并非只有心理咨询师。如果我们自己能够做到这一切，使自己得以成长和发展，得以充满幸福感地享受生活，那我们就成了自己的心理咨询师，而且一定会是最好的。因为没有一个心理咨询师能比我们更渴望了解自己，也没有一个心理咨询师能比我们更急切地想要实现自我。更何况每个人的心理都如同躯体一样，存在着极为奇妙而又神奇的自调节功能，只要你有心去寻找、去体验，你就能得到它们的鼎力相助。

“哪里有愿望，哪里就有道路”，所以，我们一定能成为自己最好的心理咨询师，只要我们愿意！只要我们有自我心理保健的意识和愿望！

## 第三节　医学生的心理健康

### 一、医学生心理健康的现状与特点

“恰同学少年，风华正茂；书生意气，挥斥方遒。”“少年不识愁滋味，爱上层楼。爱上层楼，为赋新词强说愁。”大学阶段是青年学生人生观、世界观、价值观塑造和形成的关键时期，他们通过不断地思考、探索与选择，在认知、思维、情感与人格等方面逐渐走向成熟。但当今社会价值观的多元化、社会竞争的加剧、道德伦理的失衡与重塑、独生子女的特殊成长环境等因素，使得大学生各种心理问题日益凸显。

诸多研究结果表明，我国大学生的心理健康状况令人担忧。医学生作为大学生的一个群体，其学习生活有着一定的特殊性。首先，与其他专业相比，医学专业的学制长、内容多。医学专业学制一般为5～6年，专业课课程多、内容量巨大，因此要学习的知识总量要远大于其他专业。其次，在学习方法上，医学类课程以记忆为主，学习方法较为单一，学习过程单调而枯燥。加之繁重的学习任务限制了医学生自由发展和自主活动的时间，使得医学生的学习生活沉闷而缺乏活力。再次，医学生进入见习实习阶段后，经常接触受疾病之苦的患者，亲临生离死别的场景，也会使医学生产生较大的心理压力。而现代医学模式已经由生物医学模式转变为“生物—心理—社会医学模式”。在疾病的发生、发展、防治过程中，社会因素和患者的心理因素日益受到人们的关注。新的医学模式不仅需要医学生具备全面的医学知识、严谨认真的学习工作态度、熟练的医疗技巧和经验，更需要其有稳定和乐观的情绪、敏捷的思维、坚强的意志、良好的沟通能力、良好的共情力、较强的心理承受力等。因此，无论是自身心理健康的需求还是作为医疗职场人的需求，医学生的心理健康教育都显得尤为重要。

对医学生心理健康状况的评估，国内研究者多采用症状自评量表 SCL-90。总体而言，与其他专业的学生相比，医学生有较多的 SCL-90 因子分达到中度以上，心理问题的类型以焦虑、抑郁和精神病性为主。西安交通大学医学院的张仁汉教授提出医学生“三年级病”现象(也称“医学生综合征”)，即医学生进入大学三年级时，其学习处于由基础医学向临床医学的过渡阶段，在此阶段，往往教师讲到什么病，他们就怀疑自己患有什么病，根据教师所讲的症状对号入座。

## 二、医学生心理健康的自我保健

医学生已具备了不少躯体自我保健的常识，这对预防躯体疾病，促进身体健康发挥了较大作用；如果同时也具备基本的心理保健常识，那不仅有助于避免心理疾病，有助于与他人共享生活，有助于生命潜能得到最充分的发挥，而且能使未来的从医生涯愉快顺利、充满成就感。在日常生活中，可以从以下几方面入手进行心理健康自我保健。

### (一)具备基本的健康理念

#### 1.确立大健康意识

所谓大健康，一是指躯体健康和心理健康缺一不可；二是指健康不仅仅意味着没有疾病，还意味着一种更为积极的身心幸福感。按照以往的习惯，只要提到“健康”这个概念，人们想到的就只有躯体健康。这是一个误区，其实健康是一个大概念，它不仅包含躯体健康，而且包含心理健康，二者相辅相成，缺一不可。没有疾病只是追求大健康的初级目标，而具备身心幸福感是追求大健康的更高目标。有时候心理健康比躯体健康更为重要。例如，一个心理不健康的人，即使没有疾病也很难有身心幸福感。相反，一个身患重病但心理健康的人，仍然能有幸福的体验。身心健康当然很好，如果不幸身患疾病也不要灰心，一要积极就医，使自己尽快康复；二要特别注意自己的心理保健，健康的心态不仅会对躯体康复起积极作用，尤为重要的是，它能使人在逆境中保持乐观与斗志，并能极大地调动人的生命潜能。

#### 2.要有对自己健康负责的意识

长期以来，人们习惯了把自己的健康问题交给医生负责，但事实上，每个人都对自己的健康负有责任，因为很多危害身心健康的因素是个人完全可以控制的，如保持良好的心态、改变不良行为和生活习惯、养成良好的生活与工作习惯等。不仅如此，患病以后，能否积极、主动寻找并配合医生治疗也反映了一个人能否对自己的健康负责，凡是能对自己健康负责的人，其康复过程一定比不能对自己健康负责的人快许多，当然，这是假定两个有同样医疗条件的患同样病的人。

1970 年以来，应用心理学中兴起了一门分支学科：健康心理学。其核心理念便是在身心健康问题上，人应该对自己负起责任。

3.要有使自己保持良好心情的意识

也许很多人会说，谁都愿意有一个好心情，可是生活中让人烦心的事太多，怎么可能总是有好心情。生活中的确存在许多烦心事，但应注意到这样一个事实：两个面临完全同样烦心事的人，如下岗，一个泰然处之，另一个却惊慌失措。对此现象，心理治疗家有专门的表述：不是已发生的事件决定了人们的情绪，而是人们对事件的看法或评价（心理学上称之为“信念”）决定了人们的情绪或行为反应。所以，关键不在于有没有发生事件，而在于如何去看待、评价并解释所面临的事件。因此我们需具备这样一种信念：无论发生什么，都要使自己保持或迅速恢复良好的心情。因为情绪先行。所谓“当局者迷”，就是因为情绪让他迷乱并且困惑，所以，他只有先调节好情绪，才能解决好问题。一个人在日常生活中具备使自己保持良好心情的意识，不仅可以降低其不良情绪的发生率，而且在面对问题时，其也能较快恢复理性和有效处理问题。

### （二）掌握一定的心理健康自我保健法

1.认识自己，知道“我是谁？”

从宏观上看，自我认识是一辈子的事，因为人在不断地成长与发展，所以会对自己有不断的认识与发现。从微观上看，自我认识是指对自己一些最基本的情况的了解，包括了解自己的身体特点如外貌、躯体健康状况；自己的心理特点如智力水平、性格、兴趣、爱好、能力、志向、抱负等；自己的身份特点如家庭背景、学历、社会角色、性别角色、人际关系角色等；自己具有哪些可以依赖的外在资源等。有关自我认识的这些最基本的问题不解决，人生中的许多问题都会受到负面影响。如一个高考生不了解自己有什么能力，他就难以为自己确立合适的专业方向；一个退休的人不了解他新的社会角色，他就很难适应退休生活。

**【练一练】**

自我认识的方式有许多种：自我反思、读书、与别人讨论、在行动中认识等，关键是要有自我认识的意识。以下介绍一个小活动，大家了解后还可以举一反三，加以扩展。

请在一张纸上写下四类40个以上的“我……”。

类一：有关体貌和躯体健康状况的（如“我身高××米，……”）。

类二：有关心理及健康状况的（如“我性格……”）。

类三：有关自己身份特点的（如“我生在一个……家庭”）。

类四：有关自己外在资源的（如“我有……个朋友”）。

仔细看看自己所写下的有关自己的种种情况，有什么新的自我发现？这类新发现对你有什么启发？和同伴互换并交流感受。

2.确立目标，知道“我到底想要什么？”

请在一张纸上按重要程度依次写下自己最想实现的三个目标，然后从第一个目标开始，逐个问自己：“这真是我想要实现的目标吗？如果没有外界的压力或影响，如果不是为了虚荣或面子，我还想实现这个目标吗？”自问以后，把不是你自己真想实现的目标删去，然后认真想想自己到底想要实现什么目标，把它写下来，最后和你的伙伴分享并且讨论这样做后的感受。

对人生目标做分解，可以将其分为职业规划和生活规划。做规划时需要考虑以下几点。

(1)要清楚自己到底想要什么，自己到底想去往何处。很多时候我们追求的并不是内心真正想要的，虽然追求成功了，但体验不到快乐，那时再想做自己真想要做的，又会受时间、年龄、精力、社会角色等因素的约束，结果往往成为一个郁郁寡欢的成功者。现在的社会风气很浮躁，能够抵御环境诱惑，做自己想做和能做的事，要付出巨大代价，如被亲友误解、被环境诱惑得心烦意乱等。不论做自己还是随波逐流都要付出代价，只是两种选择间的差异在于：后者关系你眼前的状况，而前者关系你日后长远的发展与快乐。

(2)要清楚自己能够要什么。这涉及对自己主客观条件的了解，如你是色盲，但一心想做油画家，其结果可想而知。人有无限发展的潜能，但潜能分布是不均衡的，要尽可能去发掘自己的优势潜能，扬长避短。如色盲去做油画家，显然就是扬短避长。

(3)要清楚自己想要的，与社会利益有没有本质上的冲突。与社会利益有本质上的冲突的目标，早晚会被淘汰出局。此外，在文明发展的进程中，人类的良知系统已发育得较为成熟，选择损害社会利益的目标，除了要做好被绳之以法的准备外，还要做好付出种种心理上的代价，如不安、紧张、担惊受怕、自责等的准备。这也就是为什么绝大多数做了错事、坏事的人总要给自己找理由的缘故。这个世界上的确存在犯了罪却毫无内疚与担心的人，这种人在变态心理学上被认为患有“反社会型人格障碍”，他们在做了损害社会利益的事后不会有不安、紧张、担惊受怕、自责等心理上的压力。但是患有这种人格障碍的人毕竟是极少数。所以，选择与社会根本利益一致的目标，或最低限度遵守道德底线(决不以任何理由伤害他人、决不以任何理由做错事)，对人的心理健康有十分重要的意义。1990 年世界卫生组织扩展的有关“健康”的概念应能给我们启发：健康包括躯体健康、心理健康、社会适应良好、道德健康四个方面。

当然，人对自己的认识是逐渐深入的，也许在现有目标上工作一段时间后，你对自己的潜能又有了新发现，那就有必要为自己设计新的、更高的人生目标。

3.能建设性地满足自己的需要

每个人都有物质需要和精神需要，它们是与生俱来的，不存在好坏之分，但是满足需要的方式却有优劣之别。有的人以破坏性方式满足自己的需要，结果使自己陷入困境，如以作弊的方式满足自己对好成绩的需要，或以打架斗殴的方式解决人际冲突等。能建设性地满足自己的需要则是指用能使自己进入良性循环的方式满足自己的需要，如通过努力学习满足自己对好成绩的需要、通过努力工作满足自己对金钱的需要、通过沟通解决人际冲突等。“需要”(need)不是“愿望”(want)。很多人感觉痛苦，并不是因为需要受挫，而是因为愿望受挫。比如：一个人的中餐只需要三两主食，外加三菜一汤就足够满足他对食物的需要，但他希望顿顿都吃“满汉全席”。如果这个人因为他的这个愿望不能被满足感到不快乐甚至痛苦而去咨询心理咨询师，心理咨询师首先要做的是帮助他认识到自己的愿望不合理，然后帮助他调节自己的愿望。

### 4.能与自己友好相处

对自己友好就是不要苛求自己，学会以喜悦、欣赏的态度接纳自己，对自己与生俱来的尊严和价值怀有坚定的信心，并以扬长避短或取长补短的方式发展自己。以下介绍一些简便易行的与自己友好相处的方法，可以称之为：心理保健操。

(1)每天在自己的生活中找出至少三件能让自己微笑的事。

(2)每天在自己做的事中找出三件值得自己夸自己的事。(有一种说法，一个新行为倾向可以在21天中形成，并在90天中固定下来。心理保健和躯体保健一样，是需要行动的。)

(3)每天主动做至少两件能使自己快乐的事，即使小到为自己买份小零食都可以。(按照心理学上的交互抑制原理，两极情绪不可能同时存在，也就是说人不可能同时既痛苦又快乐。所以，经常做一些让自己快乐的事，会有效抑制负性情绪的发生。)

(4)如果自己确实做错了事，最多只允许自己难受一天，然后就要振作起来去做该做的事。

### 5.能与他人友好相处

能与他人友好相处指不苛求他人，能容忍别人的弱点，能发掘他人的长处，能和他人友好合作，共享生活。这不仅可以满足与人交往的社会需求，使自己多一份好心情，还有助于建立强大的社会支持系统。

**【练一练】**

(1)每天为自己所不喜欢的某个人找出至少一个优点，连续完成一个月。

(2)向一个与你有小过节而你又希望与之和好的人寻求一个小小的帮助，如借一支钢笔、请教一个简单的电脑知识等，总之是那人力所能及的事，这会有效改善你们的关系。

一个对自己友好的人通常都会很自然地与他人友好相处。而凡是不能接纳自己的人通常也无法与他人友好相处，因为他不喜欢自己，他就认为别人也不喜欢他，很自然地，他也就不可能去喜欢别人。所以，要想学会与他人友好相处，就要先学会与自己友好相处。

### 6.能保持开放的心态

开放的心态指能敞开心扉面对世界，让欣赏和选择多于批判和拒绝。保持开放的心态能使我们与世界保持良好的接触与交流，有助于保持心情舒畅。此外，也指应具备终身学习的理念，如果不具备这种理念，不要说成长与发展，可能连生存都成问题。

**【练一练】**

(1)请在一张纸上列出你平时不感兴趣的事，仔细看一看，对它们中哪一部分的忽略限制了你的视野，影响了你对社会的适应和你的生活质量。

(2)请以月为单位，试着去培养对影响自己生活质量的事物的兴趣。

7.注意躯体健康

健康的身体不仅有助于人们处理与应对工作和生活中的问题，而且也是人们享受生活与工作的前提。一个总被躯体疾病折磨的人，即使他很坚强，他的生活质量也会大受影响。所以，躯体健康对人的心理健康有重要意义。要保持躯体健康，就要从培养健康的生活方式或健康的生活习惯入手。

8.善于享受工作和生活

工作乐趣是人生三大乐趣之一(其他两项是生活与感情，这是心理治疗家的说法之一)，工作为我们享受其他两种人生乐趣提供了物质条件。要做到享受工作，从操作上看，就是尽可能去做自己喜欢的工作，如果暂时做不到，那就努力去喜欢自己现有的工作。很多人暂时没条件从事自己感兴趣的工作，又不肯试着去喜欢自己现有的工作，结果使工作、生活、情绪甚至感情都受到很大影响。其实，不论是从事自己喜欢的工作还是去喜欢自己现有的工作，都是对个人能力的检验，完全可以将其视作一种智力游戏，去锻炼并表现自己的能力。要做到享受生活，首先需要学会区分自己在生活与工作中的两种角色，并处理好其间的关系。要知道，地球缺了谁都会转动，但亲友缺了你，生活质量就会下降许多。

9.要建立一个社会支持系统

建立社会支持系统，首先要具备社会支持理念，人们生活在这个世界上，需要彼此支持，共同发展。人有助人的需要，在力所能及的情况下，助人会使自己感到快乐并有助于提高人们的亲密程度。其次，要懂得区分社会支持系统中不同关系所具有的不同功能。一个人求助失败，不是因为他没有社会支持系统，而是因为他不懂得区分远近亲疏。换言之，就是对人际距离缺乏了解。再次，对别人的支持，要有感恩的心，要懂得感激和回报。如果不能享受助人的快乐，只是为了回报而助人，那么就要慎重考虑是否选择助人。在这点上，中国传统文化早有约束助人者和被助者，使双方避免坏心情的说法：“施恩不图报，受恩不忘报”。尽管人离不开社会支持，但是在遇到困难时，还是要尽可能依靠自己或有可能依赖社会服务机构的就不要求助于个人。这样不仅能有效解决自己的困难，而且是对他人的体谅。现代生活节奏十分快，人人都很忙，加上你并不是别人所认识的唯一一个人，因此，能不给别人添麻烦就不添。最后，作为他人社会支持系统的一部分，既要具备利他与助人的精神，又要学会量力而行。每个人的能力都有限，实在帮不上忙的事就要及时、明确地告诉别人，以免耽误别人的事。最忌当时满口答应，结果却食言，这是最容易损害社会支持系统的行为。

10.要懂得劳逸结合

要学会富有创造性地休息。比如：尽可能多地做能使自己快乐的事、具备广泛的兴趣爱好、做些多年来想做却总抽不出时间来做的事。还要为自己留出能使自己更新、成长、补充能量的时间，如通过各种方式给自己"充电"，读一些与工作无关但能帮助自己成长的书。

## (三)培养应对问题的技能

**【练一练】**

请在一张纸上列出你当前所遇到的问题并依次排列，将前三个逐个写在另一张纸上，并写下你能想出来的各种解决方法。

一个人活在世上，总会碰到不顺心的事情，会遇到各种各样的问题。心理学上有一种观点：很多时候人们的情绪受到困扰，甚至积郁成疾，实际上只是由于缺乏处理问题的能力。因此，要想避免心理问题，做好自我心理保健，就需要具备一定的解决问题能力。这可以从以下几方面入手。

1.具备处理问题的责任意识

当一个人突然遇到挫折时，他的心理防御机制往往会下意识地把责任推给各种环境因素，这样可以暂时缓解自己的焦虑感，减轻自己的内疚与自责。但从长远看，却会妨碍问题的根本解决，有时还会使自己陷入更大的困境。因此，问题当前，首先要学会对问题采取负责任的态度。

2.学会客观地看待问题

能否客观知觉现实，是一个人能否有效应对现实的前提。同样是与领导闹矛盾，甲实事求是地评价为：我与领导在这个问题上意见不合；而乙知觉为：领导根本看不起我。两种知觉，两种处理结果，甲可能会想办法说服领导，乙却可能一蹶不振甚或自暴自弃。所以，除了要求自己客观看待问题外，还有必要学会设身处地从他人的角度看问题，这样不仅有利于稳定自身情绪，也有助于解决问题。

3.学会恰当地表达情绪

当你为某事而痛苦、悲伤、愤怒或者抑郁时，要寻找一种表达自身情绪的方法，因为一个人只有妥善处理好了自己的情绪，才有可能集中精力去处理问题。情绪可以向亲友、专业人员或者直接向"肇事者"表达，但表达是有原则的：第一，对事不对人。例如，可以说"这件事让我很伤心(生气、心烦……)"，而不说"你这个人让我伤心、生气……"第二，对自己情绪的描述一定要准确，不要夸大其词，比如把"生气"说成"愤怒"。如果真的感觉愤怒，那也可以表达。

4.懂得寻求社会支持

必要时勇于向他人，或各种服务性机构求助。懂得求助也包括善于主动寻求并听取他人的意见和忠告，借助他人的知识、经验、思维方式，使自己摆脱困境，有人将这称之为“利用外脑”。但求助时要体谅他人，不要强人所难。

5.具备解决问题的能力

要想解决问题，首先应了解生活永远是变化的，因此，掌握了解决问题的技巧并不意味着从此可以驾驭生活中的一切，而仅仅意味着增加了一些适应生活的能力。其次，一题往往有多解，因此，面临问题时，要尽可能多地设想各种可能的解决办法，心理学上将之称作“头脑风暴”。再次，要明白无论什么事都会有得有失，不可能只得不失，因此，问题解决的过程就是权衡取舍的过程，也即选择的过程。选择一旦做出，就要同时准备承受其双重结果：好的与不好的。很多人遇事时优柔寡断，其原因就在于他只想得不想失。可事实是世界上不存在可以只得不失的事。

心理咨询师所采用的问题解决模式很多，以下是最便于个人操作的一种：

| | | | | | |
|---|---|---|---|---|---|
| 待解决的问题 | 对策一 | 利 1 | 利 2 | 利 3 | 利…… |
| | | 弊 1 | 弊 2 | 弊 3 | 弊…… |
| | 对策二 | 利 1 | 利 2 | 利 3 | 利…… |
| | | 弊 1 | 弊 2 | 弊 3 | 弊…… |
| | 对策…… | | | | |

选择解决问题的方法时可以遵循的原则：在遵循底线伦理的前提下，尽可能选择利多弊少的解决办法。换言之，两害相权取其轻，两利相权取其重。

6.认知再评价

有些事件发生后就很难改变，但可以通过改变对事件的评价来缓解内心冲突。如失恋了，可以说“长痛不如短痛，总比结婚后再发生要好”。此外，任何事件的发生都有利有弊，即使最糟糕的事也一样，最低限度它可以成为个人成长的经验和教训之一。因此，事件发生后，与其让悲观的评价腐蚀情绪，不如寻找一个能使自己尽快恢复心理平衡的乐观解释，因为很多时候，是观念而非事实本身使我们产生困扰。

7.学会忍受现实

生活中还有这样一类事件，它的发生是不可逆的，并且它带给当事人的痛苦是永久性的，如亲人离世等。面对这类事件，能为自己做的最具建设性的事就是：正视现实，学会忍受痛苦，把自己的能量用到有意义的、能使自己摆脱痛苦并且有助于个人成长的事上。将痛苦转化为激励自己成长的动力，那么，这些痛苦就没有白受。

### （四）产生心理困扰时懂得寻求帮助尤其是专业帮助

产生心理困扰时，前面大多谈的是自助和向亲友寻求帮助。当这些都不能帮助我们解除困扰时，我们一定要寻求专业帮助，换言之，就是要向心理咨询师求助。

**【回顾与思考】**

(1)结合本章知识和自己的实际情况，谈一谈影响你心理健康的主要因素有哪些。

(2)你认为大学生维护自身心理健康的方法和途径有哪些？

(3)你认为大学生心理健康的标准是什么？

(4)你知道如何寻求心理咨询吗？

**【扩展阅读】**

## 心理危机的识别与处理

心理危机是指当个体面临突然的、重大的生活事件，既不能回避，又无法用常规方法来解决问题时所出现的一种特殊的心理失衡状态。心理危机并不可怕，只要正确处理，它就有可能成为个体成长难得的机遇。

**一、心理危机的识别**

(1)情绪的改变：情绪明显不同于往常，焦虑不安，无故哭泣。

(2)行为的变化：饮食、睡眠出现反常，个人卫生习惯变差等。

(3)学习兴趣下降：上课无故缺席，常迟到早退，成绩陡然下降。

(4)丢弃或损坏个人平时十分喜爱的物品。

(5)流露自伤、自杀意图，如谈论自己的死或与死有关的问题，或写下遗嘱之类的东西。

(6)存在伤人意图，想伤人的意图难以排解，甚至计划实施伤人行为。

**二、心理危机的处理**

当发现同学处于心理危机状态时，应及时采取下列措施。

(1)尽快与辅导员、年级主任、学生科长、院系分管学生工作领导联系。

(2)不能让其独处，与其保持连续接触。

(3)对其表现出非常关心及深切同情，设法提出一些良好建议。

(4)设法将周围可能对其造成伤害的器具除去。

当意识到自己处于心理危机状态又无法进行有效自我调节时，可采取下列措施。

(1)尽早求助心理健康教育中心的教师或附属医院心理咨询治疗科的医生。

(2)将自己目前的状况告诉家长、信任的教师和同学，求得他们的支持。

(3)避免独处。

(4)周围不放置可能对自己或他人造成伤害的器具。

# 第二章　培养健全人格　预防异常心理

**【内容导读】**　一说起异常心理，很多人往往想到的是各种影视作品中心理变态的人，或者被称为“疯子”“精神病”的人，他们看上去行为举止怪诞，他们怎么会变成那样？他们是不是非常可怕？大学生读书“读傻了”会不会也变成别人眼中这样的人？异常心理的人是不是很可怕？以后我的医学工作中会不会碰到这样的人？碰到以后我该怎么处理？而我自己又会不会是有异常心理的人？本章将一步步进行分析。与此同时，我们会发现人人都是不一样的，不仅仅是生理上的差异，每个人的精神面貌也都不尽相同，正常与异常永远是相对而言的。

**【核心词汇】**　异常心理；变态心理；人格

## 第一节　大学生常见的心理困惑及异常心理

大学生正处在青年期(也称成年前期)，生理、心理发育逐渐趋于成熟。但这个时期是人一生中心理变化最激烈、最明显的时期。心理发展不平衡，情绪不稳定，会使人面临一系列现实问题。特别是21世纪以来，随着中国经济、社会文化建设高速发展，人们的经济生活、价值观念、思维方式、人际关系等都发生了巨大的变化。在这样复杂的社会环境中，人们的心理状态特别是正处于青年期的大学生的心理状态自然会受到很大影响。而且，市场经济时代对人才提出了更高要求，使大学生难免在学习、生活、前途方面产生一些心理冲突和困惑，如环境适应不良反应、人际关系障碍、性意识困惑、学习和生活的挫折、就业困难等，都是大学生中常见的心理困惑、心理障碍，甚至心理疾病。正确认识和分析大学生的心理状况，加强大学生心理健康教育，指导他们保持身心健康，预防各种心理疾病是时代发展的必然要求。

### 一、大学生常见的心理困惑

曾经，很多人喜欢把大学生称为“天之骄子”，把大学生看成是社会的精英，认为他们是国之栋梁、未来的希望。但随着中国大学教育体制的改革，大学已经从精英教育逐步走向大众教育。这种教育方式的转变带来了一系列变化，如学习方式的转变、人际关系的变化、就业难度的加大，大学生也从“稀罕物”变成了“大众品”。而在这个转变过程中大学生必然会对自己的学习、生活以及前途产生许多心理困惑，如不能很好应对这些困惑，将可能给自己带来心理问题，甚至发展为心理疾病。以下就浅显地探讨一下大学生常见的心理困惑以及应对措施。

## （一）学习中的困惑

大学之前的教学方式一般都是填鸭式，学生学习的方向、目标、内容一般都已事先确定，教师讲什么，学生就接受什么，学生只需按照教师的要求学习即可，常常都是被动接受知识，而缺少学习的自主性，容易养成依赖性学习习惯。中学期间的学习通常受到学校、家庭，甚至社会的层层保护，较少受到外界干扰，可以真正做到“两耳不闻窗外事，一心只读圣贤书”。但自进入大学的那一天起，其角色就开始从高中生向大学生转变。这不仅是环境的巨大改变，还包括学习习惯的明显变化。大学的管理较为松散，家庭和社会也不会再把重心过多地放在大学生身上，大学生有大量自主安排的时间，这就要求大学生的学习习惯需从依赖性向自主性转变。而在转变过程中，不少大学生由于不能很好地适应这种变化，逐渐出现了许多心理困惑，如我到底为了什么在学习、我的学习目的是什么、我的学习方法是不是不对等。

在高中阶段，大部分学生的学习目标基本上是比较明确的——通过高考。虽然每个学生的动机可能有些不同，如有的学生参加高考是为了完成家庭成员或其他人的愿望、有的学生是为了达成自己的愿望、有的学生是为了实现自我价值，但是进入大学后，很多大学生及其家庭成员经过了“炼狱”般的高中后都开始松懈下来，认为目标已经完成，暂时或者以后都不需要设定目标来给自己压力。这时候有的大学生每天都无所事事，课前不再预习，上课也不认真听讲，课后也不复习，考前临时抱佛脚，浑浑噩噩地过日子。等到大学结束时才发现虚度了自己最美好的时光，有的就开始自责、痛苦、抑郁、焦虑等。根据心理学的压力与效率曲线理论，在一定范围内，压力和效率是正相关的，也就是说在一定范围没有学习压力也就没有学习效率。所以不管在人生的哪个阶段，都应根据自身情况设定合适的目标，这个目标既包括长远目标，也包括中短期目标。对于长期目标，可以是 5 年、10 年，甚至是 20 年以上的人生规划，这个目标可以定得稍微高一点。对于中短期目标，可以是一年、一月、一天，甚至是一小时的学习计划，这个目标可以定得稍微低一点，这样自己可以比较容易完成，也就容易获得成功的喜悦。目标特别是长期目标一旦设定就不要轻易改变，但可以随着外在情况的变化做出一些适当的调整，主要调整和修正的是短期目标。如大学生一旦设定好目标后，就会有前进的方向、学习的动机、进步的动力，就不容易出现“我到底是为了什么在学习”“我学习的目的是什么”的困惑。

在心理咨询过程中，常有大学生提出“我学习的目标很明确，也想努力学习，但为什么总是在学习上失败”或者“我为什么总是听不进去教师讲的课呢”的困惑。这就涉及学习效率不高的问题。学习效率不高的原因非常多，主要有以下三点：①学习无计划或者计划制订得不合理。有些大学生在高中时期就制订过学习计划，但是这些计划很多都是由家长、教师和本人共同制订的，或者就是教师和家长给学生制订的，较少由学生本人单独制订。这就造成学生本人不会制订计划，或者制订的计划不合理。②计划执行差。中学期间，学生的计划执行常有家长和教师的共同监督，可以很好地执行，但是到了大学需要自己独立执行计划时，有的大学生因自我约束能力不足，造成计划执行较差。特别是对医学生来说，大学的学习周期长，学习任务繁重，理论及实践操作要求高，就更容易出现学习计划执行困难的问题。③计划执行受到其他因素的干扰。学习计划的执行一般是一个长期过程，必然会经常受到内在和外在因素，如感情问题、人际交往问题、身体状况等的影响，继而影响心理及生理状况，最后导致计划执行受阻。大学生要合理应对以上问题，首先需制订合理有效的学习计划，俗话说“磨刀不误砍柴工”，行动前的充分准备是一件事情能否完成的关键环节，而制订合理计划是行动前准备的重要组成部分。其次需提高自我约束力，先把自己的计划文字化、条理化，定期回顾自己的计划执行情况，完成情况良好的给予自我表扬，可以是精神上的，也可以是物质上的。最后，当计划受到一些外在或内在因素干扰时，要客观、准确地认清哪些干扰是可以解决的，哪些干扰是暂时不能解决的。对于那些能够解决的干扰，应尽可能地解决，而对于那些暂时不能解决的干扰，可以调整一下学习计划。

**【想一想】**

你在大学中是否遇到过学习方面的困惑？如果有，它最有可能是哪种原因造成的？

### (二)生活中的困惑

大学生的生活环境既不像高中那样较为单纯、封闭，也不像社会那样较为复杂、开放，它是相对特殊的一种生活环境。大学生在这种环境中一边相对自由地安排自己的时间，一边要受到学校各种规章制度的约束。与高中生相比，大学生有了较多的时间与周围的人和环境接触。在这一过程中，有的大学生由于各种原因出现了一些生活上的困惑，如环境适应障碍、人际交往困难、失恋、失去朋友、家庭发生重大变故、经济困难等。以下我们重点讨论环境适应障碍和人际交往困难。

进入大学后，面对新的环境、新的生活方式、新的学习特点，一些大学生出现了独立与依赖的矛盾。有的大学生不能适应环境，从而产生失意、压抑、焦虑等情绪，甚至出现适应障碍。对于这种情况，大学生要知道从一个熟悉的环境到一个陌生的环境时，需要一个适应的过程。笔者在做心理咨询的时候，经常给环境适应不良的来访者传达这样一个观点，当你无法改变你所处的环境而你又不能离开它时，你唯一可做的是改变你自己的观念和想法。对于大学生而言，也就是意味着要正视自己已经是大学生的角色，并且需要全方位地接受这个角色，根据这个角色的要求，主动、积极、全身心地投入到大学的生活和学习环境中。

某女，23 岁，一年级研究生。因“情绪低落，不能适应环境”来就诊。患者为家中独女，自幼聪明伶俐，学习成绩好，深得父母及长辈宠爱，父母视其为掌上明珠。父母从不让患者在家中做任何事，希望其专心学习，以后能出国深造。患者高中毕业后顺利考上某重点大学，父母仍经常到学校看望，帮助其整理床铺，打扫寝室卫生，并将患者的换洗衣物带回家中清洗。患者大学毕业时因学习成绩优异，被学校推荐到英国继续深造。患者初到英国时，人地生疏，英语又不好，上课听不懂教师所讲内容，课后常需要花比别人多几倍的时间复习功课。教师布置的课后读物很多，经常看书至深夜，但不能完成作业。上课教师提问，因听不懂教师的问题而无法回答，羞愧难当。感觉压力非常大，孤独，找不到朋友。不习惯当地的饮食和生活习惯，又不会自己做饭，经常吃不饱。每到夜深人静时，常想起自己在国内学校是何等优秀，在家是多么温暖。患者渐渐出现情绪低落，不愿与人交谈，常一个人在房间里哭泣，觉得自己很差，不想继续在英国学习，很想回家，但又觉对不起父母和原学校的教师。睡眠差，常通宵不能入睡，第二天又觉得头昏脑涨，不能集中注意力。后被家人从英国接回家。经过治疗后，患者决定不再回英国读书，在原大学继续攻读研究生课程。

有的大学生在与陌生人打交道时表现得害羞、害怕、恐惧、退缩，甚至与熟悉的人交往时也出现口吃、脸红等人际交往问题。人际关系已成为当代大学生的一个敏感问题，不少人常常处于矛盾之中。有些大学生一方面不愿敞开心扉，自我封闭；另一方面，又迫切希望社交，得到友谊，这对于沟通不良、有性格缺陷的大学生必然产生难以解除的矛盾。环境的变化、社会思潮的影响、人们交往方式的变化，又会加深这一矛盾。还有极少数学生缺乏社交的基本态度和技能，经验不足，导致人际关系紧张，而陷入孤独境地。特别是互联网高度普及的时代，网络沟通一方面成为当今社会重要的人际交往方式，一方面又阻碍了现实生活中的人际交流。有的人在现实生活中独来独往，情感木讷，少言寡语，不善言辞，而在网络世界里却呼风唤雨，情感丰富，如鱼得水，能言善辩。特别是部分大学生在现实生活中遭遇学习、生活及人际关系挫折后，开始沉迷于网络，忽视或拒绝与自己周围的人交往，从而导致人际关系变差。良好的人际关系，可使人们心情舒畅，生活愉快，它也是团队合作最后能否成功的重要因素。若人处在一种紧张的人际关系中，心情就会不愉快，甚至产生敌对、憎恶的态度，从而影响工作及学习。建立良好人际关系的关键是需要意识到他人的存在，理解他人的感受，既要满足自己的需求，又要尊重别人的观点，即遵循以下原则：①真诚原则。真诚是打开别人心灵的金钥匙，因为真诚的人可使人产生安全感，减少自我防卫。越是好的人际关系越需要关系的双方暴露一部分自我，也就是与对方交流自己的真实想法。当然，这样做也会冒一定风险，但是完全把自我包装起来是无法获得别人信任的。②主动原则。主动对人友好，主动表达善意能够使人产生受重视的感觉。主动的人往往令人产生好感。③交互原则。人们之间的善意和恶意都是相互的，一般情况下，真诚换来真诚，敌意招致敌意，如能做到以德报怨，那就更完美。因此，与人交往应以良好的动机出发。④平等原则。任何好的人际关系都会让关系双方体验到自由、无拘无束的感觉。如果一方受到另一方的限制，或者一方需要看另一方的脸色行事，就无法建立起良好的人际关系。所以大学生只有在人际交往中做到真诚、主动、交互、平等，才有可能建立良好、健康的人际关系。

**【视窗 1】**

能否处理好宿舍人际关系，关乎大学生能否有个愉快的心境度过整个大学生活。西南大学文化与社会发展学院周永康认为，中学教育忽视了对学生人际交往能力与协作意识的培养，导致了学生相应技能的缺失。“中学阶段，学生的所有精力都在考试上，造成一些问题和矛盾暂时被遮蔽，推迟了爆发，从而潜伏下来。”他说，到了大学之后，大学生集中在一个较小的寝室空间里，自由度大大增加，让很多问题集中爆发。所以，寝室矛盾也在大学阶段凸显出来。辅导员、生活老师等一定要重视大学生的求助信号，及时疏导化解。

### (三)对前途的困惑

前途指前面的路程，比喻将来的光景。经常有大学生提出“我觉得我没有前途”“我不想工作，我害怕工作”“我不知道以后该怎么过”这样的问题。有的人完成人生最重要的考试——高考，顺利进入大学成为大学生后，学习开始懈怠，人生开始没有目标。特别是随着高等学校毕业生分配制度改革的不断深入，一方面市场带给大学生更多的择业机遇和更大的择业自由度；另一方面也增加了择业难度，加重了大学生的行为责任和心理压力。而大学毕业生自身的素质、性别、专业以及社会关系等又制约着他们的择业自主权，对于少数大学生来说，甚至毕业就意味着失业。这一变化对那些受“进入大学门，就是国家人，就可以端铁饭碗吃皇粮”的传统观念影响，以及性格内向、心理承受力较差、心理适应力差的大学毕业生来说，是难以解决的现实矛盾。恐惧、焦虑、烦躁打破了他们的心理平衡，使他们产生抑郁情绪，对生活缺乏信心，对前途失去希望，对处境无能为力，更有甚者觉得生存没有意义。有的大学生由于就业困难或者对自己的能力缺乏信心而害怕就业，从而待在家中由父母供养，这就是社会上所称的“啃老族”。那些正处在大学学习中有前途困惑的大学生该怎么办呢？首先要静下来思考一下自己以后想成为什么样的人，自己是不是很确定想成为那样的人。一旦确定后，就要制订人生规划，确定人生目标，特别是大学毕业以后的规划。规划目标越清晰、越具体，对前途的困惑就会越少。

**【测一测】**

我想干什么：________________________________

我能干什么：________________________________

我还差什么：________________________________

## 二、大学生常见的异常心理

“异常”是相对于“正常”而言的、“变态”是相对于“正态”而言的。“异常”“变态”就是“不同于正常或正态”，它并不是单纯的负性或贬损的意思。在最一般的意义上，正常和异常就是统计(至少是常识的统计经验)上的区分。自然界和社会中各种各样的随机现象，如果是一种连续型的随机变量，那么其概率密度分布主要是一种正态分布。也就是说，大量随机现象的分布总是围绕在它的平均数两侧，越偏离到两个极端的分布越少。可见，“异常”是对平均值区域的偏离，它是极端化和少数化的随机现象。然而，“异常”这种偏离却有两个走向：要么高于平均值，走向极端的少数区域，叫作“超常”；要么低于平均值，走向极端的少数区域，叫作“低常”。所以，“异常”无非是“低常”和“超常”，“正常”走向“异常”就包括从“正常”到“低常”以及从“正常”到“超常”两个维度。

那么，异常心理是怎么发生的呢？目前学界已基本形成共识，认为异常心理是由生物—心理—社会因素共同作用的结果，也就颠覆了“心病只能心药医”的传统观念，为药物及其他躯体治疗提供了理论依据。以下简要讲述大学生群体易出现的心理疾病的表现及应对方法。

### （一）焦虑障碍

焦虑是对现实潜在挑战或威胁的一种情绪反应，并与现实威胁的事实相适应，是人类在与环境斗争及生存适应过程中发展起来的基本情绪，也是伴随人一生的情绪。研究发现，焦虑、紧张虽然属于消极情绪，但适度的焦虑、紧张往往可以维持人们对任务的兴趣和警觉，从而提高学习和工作效率。但出现持续的、无具体原因的紧张不安或无现实依据地预感到灾难、威胁或大祸临头感，伴有明显的自主神经功能紊乱及运动不安，还常常伴随主观痛苦感或社会功能受损，这种焦虑称为病理性焦虑。有病理性焦虑的出现并符合一定诊断，称为焦虑障碍。焦虑障碍是最常见的精神障碍之一，全球的大学生可以使用焦虑自评量表（SAS）以及症状自评量表（SCL-90）做初步评判。如结果为轻度焦虑障碍，可进行自我调适或心理咨询；如结果为中重度焦虑障碍，需到专业机构进行治疗。焦虑障碍包括惊恐障碍、广泛性焦虑障碍、强迫障碍、恐惧障碍、急性应激障碍、创伤后应激障碍等。

(1) 惊恐障碍，又称急性焦虑发作，是一种突然发作的、不可预测的、强烈的焦虑、躯体不适和痛苦，症状在发生后约十分钟达到高峰，大部分患者体验到明显的躯体症状而情绪症状不突出。

(2) 广泛性焦虑障碍，以慢性、弥散性地对一些生活情景产生不现实的过度担心紧张为特征。常表现为持续性精神紧张，伴有头晕、胸闷、心悸、呼吸困难、口干、尿频、尿急、出汗、震颤及运动不安。

(3) 强迫障碍，是以强迫观念或强迫行为为主要表现的精神疾病，多起病于青春期或成年早期，症状具有反复恶化或缓解的慢性病程且治疗困难，给患者带来极大的痛苦或社会功能损害。

(4) 恐怖障碍，由外在特定的客观对象或情景所诱发，指向特定对象的焦虑，其程度与恐惧的对象不相符合，回避成为缓解焦虑的主要方式，患者能认识到其恐惧是不合理的，但不能控制。

(5) 急性应激障碍，又称急性心因性反应，是指在遭受躯体或（和）心理的严重创伤性应激后，出现的短暂的精神障碍。其表现为意识障碍、精神运动性兴奋或抑制，常在几天至一周内恢复，一般不超过一个月。如果应激源被及时消除，症状往往历时短暂，缓解完全，预后良好。

(6) 创伤后应激障碍，又称延迟性心因性反应，指遭受异乎寻常的威胁性或灾难性打击之后出现的延迟性和持续性精神障碍。其表现为创伤体验的反复出现、持续性回避、持续性的警觉性增高。

### (二)心境障碍

心境是指个体在一段时间(数小时至数日)内，持续性保持的一种情绪状态。心境的变化容易引起行为和认知的改变，心境愉悦时，个体对某些不愉快的事情可以一笑置之，而愤怒心境下，任何一件小事均可引起个体勃然大怒。心境障碍又称情感性精神障碍，是以显著而持久的情感性或心境改变为主要特征的一组疾病，表现为情绪高涨或低落，伴有相应的认知和行为改变，疾病有反复发作的倾向，包括抑郁症、躁狂症、双相心境障碍。

(1)抑郁症。抑郁症是常见病、多发病，根据世界卫生组织的统计，目前抑郁症的疾病负担在所有疾病中排名第四。该病的表现为情绪低落、思维迟缓、意志活动减退，易出现“三无”症状：无望、无助、无价值；在此基础上出现“三自”症状：自责、自罪、自杀。抑郁症最严重的后果是自杀。据统计，有 40%的抑郁症患者曾采取自杀行为，10%的患者最终死于自杀。抑郁症在大学生群体中也较为常见，经常有大学生患抑郁症而自杀的报道。判断有无抑郁症，需要精神科医师的临床诊断，但也可做一些相关心理测试初步筛查，如汉密尔顿抑郁量表(HAMD)、抑郁自评量表(SDS)等。如评定为轻度抑郁，进行自我心理调适或心理治疗即可；如评定为中重度抑郁，需予以心理治疗和药物治疗；对于有明显自杀观念，甚至有自杀行为的患者必须立即住院治疗。抑郁症预防的意义远远大于治疗。对于大学生来说，有意识地让自己变得外向、开朗、积极，对于预防抑郁症极其重要。

(2)躁狂症。躁狂症患者相对于抑郁症患者来说，其表现为另一个极端：情感高涨、思维奔逸、意志活动增强等。患者常表现出过分的、与外界环境不相称的欢乐、喜悦、高兴等，易激惹、冲动，显得过分自信，活动增多、精力充沛、睡眠要求少。躁狂症患者一般需要药物治疗。

(3)双相心境障碍。该类患者常为发作性病程，一段时间以抑郁发作，一段时间又出现躁狂的情况。双相心境障碍患者一般需精神科治疗。

**【视窗 2】**

自杀(suicide)又称自尽、自决、自裁、自灭、自诛、自终等，是指个体蓄意或自愿采取各种手段结束自己生命的行为。据世界卫生组织 2017 年统计，全世界每年约有 78.6 万人自杀，其比例为每年平均 10 万人中有 10.7 人，这意味着，每隔 40 秒就有一人自杀，而自杀未遂者的数量至少是自杀者数量的 10 倍。自杀往往有一个过程而且常常是对危机的反应，因此做好相应的预防和危机干预工作尤为重要。一个普遍的预防措施就是开展以降低自杀率为目标的教育计划。如对高危人群进行教育，特别是在学校设立相关的课程；专家深入学校或其他机构，教授人们解决生活压力和预防自杀的知识。此外，可建立自杀危机干预的专业机构，如开通自杀者救助热线、成立自杀者监护小组、完善各级心理卫生辅导中心等，及时对紧急情况做出反应，缓和或消除与自杀直接相关的危机，对自杀者进行必要的心理和药物治疗以及住院治疗。对自杀高危人群的心理治疗模式也已经发展起来，如大卫·鲁德(David Rudd)的认知行为疗法，其干预内容涉及问题解决途径、提高社会适应力、提高生活适应力、认识到情感和生活经历可以诱发自杀的企图和想法等。

### （三）精神分裂症

精神分裂症是一组病因未明的精神病，多在青壮年期起病，起病往往较为缓慢，临床上表现出思维、情感、行为等多方面的障碍以及精神活动不协调，患者主要出现幻觉、妄想、思维形式及内容障碍、行为异常、情感紊乱等。患者意识一般清楚，病程较为迁延，呈反复发作、加重或恶化，部分患者可出现精神衰退和精神残疾。大学生正处在青壮年时期，也是精神分裂症的高发年龄段。由于精神分裂症是精神疾病中较重的疾病且预后较差，一旦怀疑自己有精神分裂的可能，须立即寻求精神科医生的诊断和早期干预。

### （四）癔症

癔症的称呼在精神病学新的分类和诊断标准中已被弃用，目前把它称为分离（转换）障碍，指由于明显的心理因素，如生活事件、内心冲突或强烈的情绪体验、暗示或自我暗示等作用于易病个体引起的一组病症。主要表现为意识范围缩小、选择性遗忘或情感爆发等精神症状或各种各样的躯体症状，但不能查出相应的器质性损害。癔症主要是女性高发，男女发病比例为 1∶8。患者的人格表现为以自我为中心、富于幻想、情感丰富、暗示性高。癔症的症状具有表演、夸张的色彩，常在暗示下发病，也可在暗示下缓解，具有反复发作的特点。该疾病在大学生群体中也较为常见。治疗上主要以暗示治疗和催眠治疗为主。

### （五）躯体形式障碍

躯体形式障碍是一种以持久地担心或相信各种躯体症状的优势观念为特征的神经症。患者因这些症状反复就医，各种检查阴性和医生解释均不能打消其疑虑，即使有时存在某种躯体障碍，也不能解释所述症状的性质、程度，或其痛苦与优势观念。经常伴有焦虑或抑郁情绪。尽管症状的发生和持续与不愉快的生活事件、困难或冲突密切有关，但患者常否认心理因素的存在。本障碍患者男女均有，为慢性波动性病程。一般包括躯体化障碍、疑病症、慢性疼痛等。该障碍在大学生中并不少见，特别是医学生易出现。治疗上一般采取药物治疗配合心理治疗，药物方面主要是使用抗焦虑及抗抑郁的药物，心理治疗采取支持心理治疗、认知行为治疗、松弛治疗等。

### （六）心理生理障碍

心理生理障碍是一组与心理社会因素有关的，以进食、睡眠等异常为主的精神障碍。进食障碍主要包括神经性厌食、神经性贪食和神经性呕吐。三者均有严重的精神和躯体紊乱。潜在的生物易感性与特定的文化压力交互作用，导致相应的行为和心理症状产生，多见于青少年女性，为慢性病程。其中神经性厌食症的内科并发症最为常见，严重危害生理和心理健康。治疗上以认知行为治疗等心理治疗为主，药物治疗为辅。

1.神经性厌食

神经性厌食是一种多见于青少年女性的异常进食行为，是指在社会心理、个性、遗传及神经内分泌等多种因素的影响下，患者出现认知上的偏差和体像障碍，在临床上表现为节食失控，并不计后果地限制进食甚至拒绝进食。在信息化时代，美的标准全球化，身材苗条、纤细成为全世界众多女性追求的目标，最近的调查显示，大多数女中学生和女大学生曾经节食，这就增加了神经性厌食症患者的出现。经常有神经性厌食症患者由于过度节食导致身体机能衰竭而死亡的报道。

2.神经性贪食

神经性贪食是指发作性的、不可抗拒的摄食欲望及暴食行为，患者一餐可摄入大量食物，食后以呕吐、导泻、利尿、禁食或过度运动等方法来消除暴食引起的发胖，其临床表现为患者在进食上的严重失控。神经性贪食可与神经性厌食交替出现，两者具有相似的病理心理机制及性别、年龄分布。

吴某，女性，20 岁，大三学生。诊断为：神经性贪食。1 年前，患者学习压力较大，逐渐出现发作性的暴食，每次发作均是在晚餐后不久，出现想吃东西的欲望，控制不住地要去买大量零食，然后跑到无人处大吃，一次可吃甜腻的糕点 0.5 千克，酸奶 500 毫升，巧克力雪糕 3、4 支，一直要吃到肚胀或呕吐出来为止。每次暴食后很快后悔不已，害怕因此发胖，于是又自行催吐，将吃进的东西吐出来。最初这种发作仅仅在不顺心的时候出现，每月发作 2、3 次。最近 3 个月，因与室友发生矛盾，病情加重，暴食发作次数增加，每周 3 次以上，有时一天内暴食后催吐，吐后又暴食，反复 3、4 次。患者出现情绪低落、焦虑，对自己的暴食行为越来越频繁而感到担心，认为自己很无能，活着很累，有时在暴食后痛恨自己不能自控，甚至有轻生的念头。

3.神经性呕吐

神经性呕吐又称心因性呕吐，女性容易发生，常与心理社会因素有关，表现为进食后不久突然发生呕吐，呕吐内容物为刚吃进的食物，呕吐有时是自发的，有时是故意诱发的。呕吐后可以继续进食，食欲和食量都不受影响。患者通常没想要减轻体重，因此体重保持在正常体重的 80%以上，一般也没有明显的营养障碍，不会并发其他疾病。

4.睡眠障碍

睡眠障碍是指个体由于受心理和环境因素，或各种精神疾病、神经系统疾病、躯体疾病，或各种药物和精神活性物质的影响所产生的睡眠发动和维持障碍、过度睡眠障碍、睡眠觉醒节律障碍以及与特定睡眠阶段有关的各种功能障碍的总称。睡眠障碍在人群中极为常见。为引起人们对睡眠健康及质量的关注，世界卫生组织把每年的 3 月 21 日定为“世界睡眠日”。睡眠障碍不仅仅指失眠，还包括多种形式的睡眠问题。

(1) 境遇性(一过性) 失眠症，是由于生活环境的临时改变，如搬迁、换房间、换床铺等，或由于生活规律的临时改变，如工作时间的改变、作息时间的改变等，或由于生活事件如考试、失业、失恋等的影响，造成患者出现短暂失眠的情况，表现为入睡困难、睡眠中觉醒次数增多、自感睡眠不深、多梦、缺乏睡眠感等。这种情况在大学生中较为常见，也是影响大学生生活、学习的重要因素之一。处理方法主要是对患者进行正确的睡眠卫生知识教育和宣传，使其懂得睡眠卫生的必要知识和睡眠的一些基本规律。特别是要使其明白睡眠时间因人而异，睡眠时间的变化和许多外界因素有关，暂时的失眠不会对人体产生很大的影响，而对睡眠的严重担心反而会严重影响到个体的身心健康。此外，还应对患者的睡眠卫生提出建议和指导。

(2)失眠症，是一种持续相当时间的睡眠的质或(和)量令人不满意的状况，表现为难以入睡、睡眠不深、睡后易醒、自觉多梦、早醒、醒后不易入睡、醒后感到不适或疲乏，或白天思睡，或入睡而缺乏睡眠感等情况。长期睡眠障碍的人可出现疲乏、萎靡不振、注意力不集中、记忆力下降、情绪不稳定等症状。处理上可给予药物和心理治疗。

(3)睡行症，又称梦游症，指睡眠与觉醒同时存在的意识分离现象，表现为睡眠后出现夜间起床在室内或户外活动，这种活动可以是较为简单、单调的，如围着床转圈、来回走动等；也可以是较为复杂的，如操作电脑、打开电视机等。患者此时的意识水平低下，但很多患者能够自己回到床上继续睡觉，次日对夜间的经历不能回忆。该病一般在儿童中容易出现，是由于神经系统发育不成熟，在白天经历一些心理因素后较易出现。一般不需特殊处理，主要加强防护，避免危险，发作频繁时可使用安定类药物治疗。

### (七)性心理障碍

性心理障碍又称性变态，是一类以异常性行为为主要表现的心理障碍。常有以下特征：患者对不能引起正常人性兴奋的物体、对象或环境有强烈的性兴奋；患者追求或者采用与常人不同的性行为方式来满足自己的性欲；患者有强烈的改变自身性别身份的欲望。性心理障碍患者对正常性活动没有兴趣、缺乏驱动力甚至心怀恐惧；但对偏离正常的变态性行为却极为热衷，这些行为具有冲动性、强迫性、重复性和顽固性的特点。性心理障碍一般在青春期前后起病。治疗上常采取心理治疗加药物治疗。以下简要阐述常见的性心理障碍。

(1)易性癖，又称性别改变症，指个体心理上对自身性别的认定与解剖生理上的性别恰好相反，并持续存在改变本身性别的解剖生理特征以达到性别转换的强烈意愿。该类患者具有强烈改变目前性征的愿望，甚至达到偏执的程度。例如，男患者以女性的角色出现，着女装，穿高跟鞋，蓄女士长发，涂口红，戴耳环，行走、说话、手势均如女性，为了改变自己的生理特征，有的自服认为可以使体态向异性化方面转化的药物，有的割伤、刺伤自己的外生殖器，或者要求医生给自己做变性手术。

(2)恋物癖，是指个体反复出现的、强烈的以无生命的物体(常为女性物品，如内衣、内裤等)作为性幻想、性唤起、性冲动或其他形式性活动的行为。该病起病于青春期，大多为男性患者。恋物癖患者为了获得偏好的物品，常会花大量的时间和精力不择手段地去搜寻、偷窃。

(3)露阴癖，是指个体反复出现强烈的以向不期而遇的陌生人暴露自己生殖器作为性唤起、性冲动和性活动方式的行为。受害者的反应，或者想象中受害者的反应在患者变态行为的发生和维持中发挥了重要作用。本病患者几乎都是男性，起病多在20岁左右。患者多在偏僻或黑暗角落处守候，当异性走近时突然露出生殖器。露阴的目的是引起女方强烈的情绪反应，如震惊、惊吓、逃跑等，他们从女方的这种反应中获得很大的性快感。

## 第二节　大学生人格发展与心理健康

### 一、人格的概述

人格(personality)又称为个性，是个体在行为上的内部倾向，它表现为个体适应环境时在能力、情绪、需要、动机、兴趣、态度、价值观、气质、性格和体质等方面的整合，是具有动力一致性和连续性的自我，是个体在社会化过程中形成的、给人以特色的心身组织，也是人的价值观、道德观、思维方式和心理素质的综合体现。健全的人格是人格的健康和全面发展，它是人格的四个要素——价值观、道德观、思维方式和心理素质与外界社会发展的完美结合。

人格理论是心理学家对人格问题所做的系统性、理论性解释。由于各个心理学家的观点不同、研究方法不同，人格理论有数十种之多。其中著名的和有代表性的有心理动力学理论、人本主义理论、人格特质理论和行为主义人格理论。心理动力学理论由奥地利精神病学大师弗洛伊德创立，他认为人格由本我、自我和超我三部分组成。人本主义理论认为一个人在特定时间内的行为主要由该人对世界的知觉所决定，自我实现是人性的本质，其代表人物有马斯洛和罗杰斯等。人格特质理论认为人格是由个人所具有的、强度不同的、种类广泛的、稳定的人格品质所构成，其代表人物有奥尔波特、卡特尔、艾森克。行为主义人格理论认为人格是个人行为的总和，而人的行为是学习的结果，其代表人物有斯金纳、班杜拉等。

我国心理学家大多认为人格可以分为人格倾向、人格的心理特征和自我意识三个方面。人格倾向是指人对社会环境的态度和行为的动力特征，包括需要、动机、兴趣、理想、信念、价值观等。人格的心理特征包括能力、气质、性格。自我意识是个体对自己的意识，传统的自我意识包括自我认知、自我体验和自我控制三个方面。

一些理论家认为人格是人生而具有的；另一些理论家认为人格有一个形成和发展的过程；还有的理论家认为人格是由婴幼儿时期的早期经验决定的。从大的方面讲，一个人的人格形成由两个方面的因素决定：遗传生物因素和环境因素。性别、神经系统、内分泌系统和体形等因素是由遗传决定的。没有与生俱来的生物性个体，人格便无从产生。环境因素是个体所处的外部世界，凡能引起行为的各种事物和情景都包括在内。没有环境因素为基础，人格也不能产生。因而，大多数学者认为人格的发展是遗传生物因素和环境因素交互作用的结果。

个人与环境保持和谐状态、心情愉快、情绪积极有助于形成健康的人格，而不能与环境保持和谐状态则表现为适应障碍(adjustment disorder)。适应障碍可能是暂时性的，也可能是持久性的。持久性的适应障碍属于变态心理学范畴的人格障碍(personality disorder)。人格障碍表现形式不一，其显著特点是行为怪僻异常，对工作环境与人际关系均难以适应，但又无明显的精神病性症状(该方面的详细知识见有关变态心理学文献)。人格障碍往往给患者及其周围的人带来痛苦和不幸。

## 二、大学生的人格特征

近年来，人们已逐渐形成一种共识，影响大学生成才的因素除了智力因素外，更主要的是非智力因素，其中相当重要的因素是情商。情商这个概念是美国心理学博士丹尼尔·戈尔曼 1995 年提出的，他概括了情商的五个方面：认识自身的情绪、妥善管理情绪、自我激励、认识他人的情绪和人际关系的管理。毫无疑问，情商包含了丰富的人格因素，如独立性、自信心、勤奋、踏实、坚韧、耐心、恒心、创造性以及乐观、合作精神等。一些天资聪慧、富有才华者，终其一生碌碌无为，很大程度上与其人格素质的欠缺有关。

大学生正处于身心急剧发展和自我意识由分化、矛盾逐渐走向统一的特殊时期，因此大学阶段是大学生人格不断发展的重要时期。人格是社会文化的产物。改革开放的社会背景和校园文化氛围使大学生有了更大的适应性、灵活性和更多的发展可能，也为其人格塑造提供了广阔天地。在改革开放伊始，大学生强烈的主体意识显现为“寻找自我、渴望成才”，这是 20 世纪 80 年代大学生人格发展的显著特点。进入 20 世纪 90 年代以后，随着社会主义市场经济体制的建立，大学生逐步形成自立、平等、开放、竞争等人格特征。我国有关学者的研究表明，具有创造力的当代大学生的人格特征是：勇于创新和开拓、有努力取得成就的坚韧性、富有热情、自信心强等。然而，急剧变化、观念多元的社会文化又使人格的形成变得困难，变得更加不确定，从而使大学生的人格发展出现更多的迷茫和冲突。

根据国内外心理学家对人格素质结构的研究，结合我国当今社会发展的现状和大学生的实际表现，我们认为当代大学生在人格发展中呈现出如下几个方面的特征。

(1) 能正确认知自我。首先是能自我认可，基本上能接受一切属于自我的东西，从而形成对自己积极的看法；其次是自我客体化，对自己的所有与所缺都比较明确，理解现实自我与理想自我之间的差别。大多数人都有明确的奋斗目标和愿望，并为之而努力。

(2) 智能结构健全而合理。具有良好的观察力、记忆力、思维力、注意力和想象力，没有认知障碍，各种认知能力能有机结合并能发挥其应有作用。

(3) 对社会环境的适应能力较强，不断地进行社会化活动。当代大学生对外部世界有着浓厚的兴趣，有着广泛的活动范围和爱好，人际交往范围扩大，积极参与各种形式的社会实践。同时，能容忍别人与自己在价值观与信念上存在的差别，能根据事物的实际情况而不是自己的主观愿望来看待事物。

(4) 富有事业心，具有一定的创造性和竞争意识。能把事业看成生活的重要组成部分，在事业上有较强的进取心和责任感；具有竞争意识，具有开放性的思想观念，少有保守思想；喜欢创造，勇于创新，甘愿冒险，独立性强，富有幽默感，态度务实。

(5)情感饱满适度。情绪上稳定性与波动性、外显性与内隐性并存，情感丰富多彩，积极的情绪、情感体验在学习和生活中占主导。

以上特点表明，我国大学生的人格发展状况基本良好，大学生在人格教育方面具有良好的自觉性。但中国大学生与外国大学生相比，由于社会文化因素的重大区别，也呈现出不同的人格特征。中国大学生在谦让、克己、忍耐、谨慎等人格特征方面突出，在支配与冲动特征方面表现不突出；在社交方面倾向于积极进取；具有稳健、从众的人格特征，具有良好的社会化程度。虽然中国大学生在智慧、敏感等与智力有关的人格特征方面较好，但是他们的“独立成就”和灵活性相对较低。

进入 20 世纪 90 年代以后，中国大学生中的独生子女越来越多，独生子女的一些性格弱点也较多地暴露出来。从性格结构的四个方面来分析，一般而言，当代大学生的性格特征如下。

(1)性格的态度特征。在对社会、他人的态度方面，大学生主要表现出热爱祖国、关心集体、守纪律、乐观、富于同情心、助人为乐、正直诚实、有礼貌等良好的性格特征；也有大学生对祖国缺乏感情，具有自由散漫、冷漠、虚伪、粗暴等不良的性格特征。在对学习、工作、劳动的态度方面，有些大学生表现出勤奋、认真、细致、首创和节俭等良好的性格特征；有些大学生则表现出懒惰、粗心、保守、浮华、浪费等不良的性格特征。在对自己的态度方面，多数大学生具有严于律己、谦虚、自信、自尊、大方等良好的性格特征；少数大学生具有自负、自傲、自卑、羞怯等不良的性格特征。

(2)性格的意志特征。多数大学生表现出自觉、独立、主动、自制、果断、坚强、沉着、勇敢、持之以恒等良好的性格特征；少数大学生则表现出一定的盲目、依赖、被动、经常冲动或优柔寡断、软弱、慌张、敷衍等不良的性格特征。

(3)性格的情绪特征。有的大学生情绪一触即发，有的不易激动；有的喜怒无常，有的情绪很少起伏；有的情绪体验持久、深厚，有的稍现即逝；有的非常欢乐愉快，有的终日愁眉不展；有的沉着冷静，有的心浮气躁。

(4)性格的理智特征。大学生在认知的态度和活动方式上，经常表现出的特征是性格的理智特征。在感知、记忆、想象、思维等活动中，多数大学生是主动的而不是被动的，大胆而不妄为，是深思熟虑、细心谨慎而不是怕动脑筋、粗心轻率。

以上大学生性格结构的四个部分，不是彼此孤立的，而是相互联系的，构成了大学生性格的基本特征。

## 三、人格发展异常的表现与评估

人格形成与很多因素有关，比如个体的遗传素质、早年所受到的家庭和学校教育、早年所处的家庭环境以及父母的行为模式等均对个体的人格形成有重要作用。人格有一个从幼年到成年稳步、逐渐发展的过程。在人格发展的各个阶段总会出现一些问题，这是人格发展过程中必然要经历的问题。个体人格偏离常模越远，在人格发育过程中所面对的生活环境越不好，则其人格发育所受的影响就越大。个体人格发育不成熟可体现在以下几个方面：①过分依赖，这种人在精神上总是依附于别人，如依附于自己的父母、配偶、长辈、朋友等，他们在生活中总是难以独立做出重要的抉择或选择，总是希望得到别人的建议和指导。在失去依赖对象以后，个体会难以适应周围的环境，并出现明显的焦虑情绪。②价值取向不稳定，所谓个体的价值取向就是一个人的生活目标。有稳定价值取向的人在行动中才会具有较为稳定的和循序渐进的目标序列。而没有稳定价值取向的人，其行动往往带有明显的冲动性，缺乏明确的目标，有时容易产生不切实际的“雄心壮志”，或强烈地追求享乐的倾向，不能或不敢面对困难和挫折。③明显的以自我为中心，总是以自己为中心去考虑问题和处理人际关系，想当然地认为别人也是按自己的想法去想问题，难以考虑别人的想法和感受。④缺乏羞耻感或者有过分强烈的羞耻感。⑤性心理发育不成熟，主要表现在性幻想和现实生活中求偶行为方面的障碍。人格发展是一个循序渐进的过程，有的个体在成年后，人格仍然保留着许多不成熟的成分。如果一个人的人格偏离常模太远，对自身和他人的影响较大，就成为各种人格障碍的基础。

人格障碍是指个体的人格特征，如情感、认知、行为模式或待人方式等明显偏离大多数人的范围，当这些人格特征固定下来且出现适应不良时就会引起有意义的社会功能损害或精神痛苦。人格障碍的特点：①早年开始，于童年或少年起病，并长期存在至成年或终身。②严重的人格缺陷，人格严重偏离正常，不协调，且性格的某些特征过分发展。③人格偏离的牢固性一旦形成，矫正困难，预后不良。但到40～50岁以后可渐趋缓解。④对人格缺陷缺乏自知力，不能从过去的生活经验中吸取教训。⑤行为的目的和动机不明确，行为大多受情感冲动、偶然动机所驱使，缺乏目的性、计划性和完整性。⑥适应不良，自己感到痛苦又贻害于周围的人。在临床上常见的人格障碍有偏执型人格障碍、分裂型人格障碍、反社会型人格障碍、表演型人格障碍、强迫型人格障碍、焦虑型人格障碍等。以下简要阐述人格障碍的临床特征。

(1) 偏执型人格障碍是以明显的猜疑或偏执为主要特征的一类人格障碍，多见于男性。这类人表现得固执、敏感多疑、过分警觉、心胸狭隘、好嫉妒；自我评价过高，体验到自己过分重要，拒绝接受批评，对挫折和失败过分敏感，如受到质疑则出现争论、诡辩，甚至冲动攻击和好斗；常有某些超价观念和不安全感、不愉快，缺乏幽默感。这类人经常处于戒备和紧张状态中，寻找怀疑、偏见的根据，歪曲他人中性或善意的动作，而对其采取敌意和藐视，对事态的前后关系缺乏正确评价；容易发生病理性嫉妒、偏执狂或偏执型精神分裂症。

(2) 分裂型人格障碍一般在童年早期开始并长期存在。其主要表现为退缩、孤独、沉默、隐匿、不爱交往；情绪缺乏和冷漠，不仅自己不能体验欢乐，对他人也缺乏温暖，爱好不多；过分敏感、害羞、胆怯，而且有怪癖，对表扬和批评均反应不良；未丧失认识现实的能力，但常表现孤立行为，趋向白日梦和内省性隐蔽；活动能力差，缺乏进取性；对人际关系采取不介入的态度；缺乏性兴趣；缺乏亲密和知心朋友。这类人的特征是思维古怪，在感知、社会交往和行为上虽有异常，但未达到精神分裂症的程度，他们的思维特点是反常的、固执的，有时可见短暂的怪异思维发作、超价观念和特殊行为。这类人通常被认为患有边缘型精神分裂症。

(3) 反社会型人格障碍是人格障碍中对社会影响最为严重的类型。多见于男性。此类人的行为特征表现为：高度攻击性、无羞惭感、行为无计划性、社会适应不良。这类人在儿童少年期常有某种情节轻微的反社会行为，如学习成绩不良，逃学，违反校纪，反复说谎、偷窃、对抗长者，攻击人，参与或挑起斗殴等，或曾受学校惩罚或开除等。成年后情感肤浅而冷酷、脾气暴躁、自我控制不良、对人不坦率、缺乏责任感、与他人格格不入；缺乏计划性和目的性，经常更换职业；法纪观念淡薄，行为受本能欲望、偶然动机和情感冲动所驱使，有不符合行为准则或违反社会规范的行为，具有高度的冲动性和攻击性，如破坏公共财物、反复斗殴或攻击别人等。此类人一般不愿寻求医生帮助，因此门诊极为少见，他们往往因违犯社会法纪而被监禁。有时他们被迫就诊，大多表现出紧张、抑郁，认为周围的人歧视他。

(4) 表演型人格障碍又称癔症型人格障碍，是以高度情感性和夸张的行为吸引注意为主要特征的一类人格障碍。此类人格障碍一般在女性中较为多见，随年龄增长可逐渐改善。此类人格障碍可与边缘型人格障碍并存，主要表现为人格不成熟和情绪不稳定，常以自我表演、过分的做作和夸张的行为引人注意；暗示性和依赖性特别强，自我放任，不为他人考虑，高度的以自我为中心；极端情绪性，情感变化多端，易激动；对人情感肤浅，难以与周围人保持长久的社会联系；长久渴望得到理解和评价，感到容易受到伤害，高度的幻想性，往往把想象当成现实；不停地追求刺激，不能忍受寂寞，希望生活似演戏一样热闹和不平静；外表及行为显示不恰当的挑逗性，打扮得花枝招展，卖弄风骚；言语、举止和行为可能类似儿童，情绪不稳定。表演型人格障碍与癔症间虽有一定关系，但并不密切，癔症的病前人格为表演型者仅 20%，而非常严重的表演型人格障碍患者却可终身不发生癔症。表演型人格可作为抑郁症、焦虑症等精神病的病前特征。

(5) 强迫型人格障碍以过分要求严格与完美无缺为特征。患有此类人格障碍的男性人数是女性的 2 倍。这类人以十全十美的高标准要求自己，希望所做的事完美无瑕，事后反复检验，苛求细节，为此他们表现得焦虑、紧张和苦恼。他们的道德感和责任感过强、过于自我克制、过分自我关注，常表现为对任何事物都要求过严、过高，循规蹈矩，按部就班，不容改变，否则就会感到焦虑不安，并影响其工作效率；平时拘泥细节，小心翼翼，甚至对生活小节也要程序化，有的好洁成癖，若不按照要求做就感到不安，甚至需要重做；对自身安全过分谨慎，常有不安全感，往往穷思竭虑或反复考虑，对计划实施反复检查、核对，唯恐有疏忽或差错，思想得不到松弛；事先计划好所有动作，而且考虑过于详细；过分迂腐、刻板；主观，比较专制，要求别人也要按照自己的方式办事，否则即感不愉快，往往对他人做事不放心；遇到需要解决问题时常犹豫不决，推迟或避免做出决定；常过分节俭，甚至吝啬；过分投入工作，业余爱好较少，缺少社交。工作后缺乏愉快和满足的内心体验，相反常有悔恨和内疚。这类人虽然可以得到一个稳定的婚姻并在工作上取得成就，但很少有挚友。存在强迫型人格障碍的人容易发生强迫症。

(6) 焦虑型人格障碍在临床上以持久和广泛的内心紧张及忧虑体验为特征。如过分的敏感、不安全感及自卑感；一贯感到紧张、提心吊胆，总是需要被人喜欢和接纳，除非得到保证被他人所接受和不会受到批评，否则拒绝与他人建立人际关系；对拒绝和批评过分敏感，常夸大生活中潜在的危险而回避许多正常的社会活动，因此其生活方式受到明显的限制。

人格障碍的评估一般由心理医生或精神科医师通过临床病史、精神检查和使用评定工具来诊断。临床病史除询问本人外，知情者提供的信息非常重要。人格障碍的诊断与寻常精神病诊断的不同之处是要系统了解患者人格的重要方面，即其主要的行为模式。评定工具一般采取量表来评定，如使用明尼苏达多项人格测验量表、卡特尔 16 种人格因素问卷、人格障碍诊断问卷、米隆临床多轴问卷等。

## 四、大学生人格完善的途径和调适方法

对于当代大学生而言，具有健全的人格，能够良好地适应社会生活，保持内心的和谐和人格的完整，对于个人和社会都具有重要意义。因此大学生需要做到以下方面，以不断完善自我人格。

(1) 需要具有积极健康的主体意识，能自我尊重，且有能力感。积极健康的主体意识对于个人的人格完善有着十分重要的意义，尤其对主体意识淡薄、对自己和他人缺乏尊重的青少年的健康人格培养具有重要的意义。美国心理学家罗杰斯曾指出，积极的自我观念为我们正确对待生活提供了极大的有利条件，它是形成伟大的人格力量的基础。

(2) 需要正确了解、认识、评估自己，并能自我承认和接受这种评价。也就是奉行自我认可的原则，不抬高夸大自我，自以为是，也不妄自菲薄，过分贬低自己，而是实事求是地自我评价和自我定义。承认自己的能力和才干，同时又承认自己的不利条件和限制因素。只有认清自己，才能更好地朝着确定的方向去实现自我。

(3) 需要具有较强的自主性、独立性、能动性和创造性。能独立自主地看待和处理事情，具有较强的创造动机和创造才能；能通过积极的主体活动，把各种影响内化为自己的心理意识，并通过细致的鉴别吸收，最大限度地利用自己所接受的东西，开发自我能力与潜能，展示自我优点，用大无畏的创造精神去塑造新的自我，开创新的生活。

(4) 需要具有较强的开放性态度，能充分接受大量信息。这种开放不仅是对自身经验体会的开放，而且是对新的观察方法、新的存在方式、新的思想和概念的开放；不仅是对现实社会的开放，也是对中国传统社会的开放，还是对外国先进文化的开放。大学生必须对先进的科学技术、思想文化等，以积极的态度加以吸收，并将其整合内化为自我信息，同时，在现实生活中又能灵活地利用这些信息。

(5) 需要具备较强的适应能力与应变能力。人是在不断地适应中完善成长的。适应现实意味着跟上了时代的节奏，与时代的各种因素相和谐，也就意味着可以完好地保持自己的角色并努力去实现自我。同时，社会生活在一如既往地发生变化，大学生还必须具有敏锐的应变能力，以适应新的变化，能与变化的世界保持和谐的节拍。

(6) 需要具备较强的交际能力和良好的人际关系。交际包括现实生活的亲身交际和有虚拟意味的网络交际，需要协调好现实与网络的关系。21 世纪是信息和科技的时代，较强的交际能力和良好的人际关系可以获取丰富的信息，拓宽自己的知识面，由此才能更全面地塑造自我和实现自我。同时较强的交际能力和良好的人际关系也是人们追求亲情、友情、爱情等情感寄托的需要，并且还是大学生培养健康人格心理的需要。

(7) 需要在关注自我的同时，多关注社会生活、自然和他人，有较强的爱心和同情心，对人类怀有一种很深的认同、同情和爱。有的大学生只在乎自己的感受，而对周围人冷漠、毫不关心。因此应在关注自我的同时不失对社会、自然和他人的关怀，明确人是社会的人，人不仅仅为自己活着。能理解他人，有较强的奉献精神，兴趣爱好广泛，人际交往频繁，对社会生活抱比较积极的态度。这个特征是对“以自我为中心”的反省、拓展与开放，它将人置于一个更为广阔的空间，让人心怀天下。

(8) 不迷信自我，不迷信权威，有较强的判断能力和鉴别能力，能较理智地分析问题，不感情用事，能接受不同的观点，能接受科学、客观、正确的意见和建议。大学生应具有是非观，一方面要信赖自我经验，坚守自我深思熟虑后的选择判断；另一方面要对权威不盲从，甚至可持怀疑态度。

(9) 需要探寻精神生活，不过分看重物质利益。21 世纪人们追求经济效益、物质享受和感观刺激，对物质的过度崇拜造成了某些人追求的肤浅化。看重物质的同时，探寻精神的憩居点，是对商业社会把人们的全部活动简化为生产和消费过程，把人们的追求导向单极方向的反思及对新价值确定的努力。这种人格追寻人更高层次的需求，对物质享受不十分关心，其价值追求多样化，并且在努力寻找某种大于个人的意义和目的，希望能过一种内心和谐宁静的生活。

## 第三节　医学生综合征

### 一、关于医学生人格

1.医学伦理学和社会心理学视野中的人格

伦理学又称道德哲学，是对道德的哲学研究。道德是关于人类行为是非善恶的信念和价值，体现在关于人类行为的规则或准则中。伦理学则是对道德的哲学反思，对人类行为的规则或准则进行分析，提供论证，以解决在新的境遇中不同价值冲突引起的道德难题。而医学伦理学是运用伦理学的理论、方法解决医疗实践和医学科学发展中人与人、人与社会、人与自然关系的道德问题的一门学科。它不但研究医生应遵循的道德规范和准则，还研究医患之间、医务人员之间、医务人员与社会之间、医学与社会之间的关系。医学伦理学来源于医疗工作中医患关系的特殊性质。患者求医时一般要依赖医务人员的专业知识和技能，并常常不能判断医疗的质量；患者常要把自己的一些隐私告诉医务人员，这意味着患者要信任医务人员。这就给医务人员带来了一种特殊的道德义务：把患者的利益放在首位，采取相应的行动使自己值得和保持住患者的信任。公元前 4 世纪的《希波克拉底誓言》是医学伦理学的最早文献，其要旨是医生应根据自己的“能力和判断”采取有利于患者的措施，保守患者的秘密。世界医学会通过的两个伦理学法典，即 1948 年的《日内瓦宣言》和 1949 年的《医学伦理学法典》，都发展了《希波克拉底誓言》的精神，明确指出患者的健康是医务人员要首先关心、具有头等重要地位的问题，医务人员应无例外地保守患者的秘密，对同事如兄弟，坚持医业光荣而崇高的传统。这也使《希波克拉底誓言》成为西方医学道德的规范，其中提出的不伤害原则、为患者利益原则和保密原则至今仍有其现实意义。

我国传统医学道德强调的是济世救人和仁爱为怀的精神、廉洁正直和不为名利的道德品质、普同一等和尊重同道的待人态度、认真求实和精勤不倦的作风。近代和现代医学伦理学成为独立的学科以1803年英国的托马斯·帕茨瓦尔出版的《医学伦理学》为标志。此时，医学已发展成为一种集体和社会事业，它研究的医患关系是以医生为主体的人群和以患者为中心的群体之间的关系，同时也研究医学团体与社会的关系。因此，近代和现代医学伦理学除了美德和义务的理论和内容外，还增加了公益论。在医学伦理学中有四个最基本的原则，即尊重(自主)原则、不伤害原则、有利(行善)原则、公正原则。尊重原则是指医患双方应尊重对方的人格尊严，强调医务人员在诊疗、护理实践中，尊重患者的人格尊严及其自主性的尊重。主要表现为医师尊重患者的自主性，保证患者自主、理性地选择诊疗方案。不伤害原则是指医务人员在诊治、护理过程中避免患者受到不应有伤害的伦理原则，是医学原则的基本原则。有利原则是指把有利于患者健康放在第一位并切实为病人谋利益的伦理原则。医疗实践中，通常所说的有利原则是指医务人员的诊疗、护理行为对患者有利，既能减轻痛苦，又能促进健康，是狭义的有利原则。广义的有利原则是指医务人员的诊疗、护理行为不仅对患者有利，而且有利于医学事业和医学科学的发展，有利于促进人群、人类的健康和增强福利。公正原则是指在医学服务中公平、正直地对待每一位病人的原则，包括形式公平和内容公平。公正原则在讨论医疗卫生资源的宏观分配和微观分配时十分重要。

伦理表述的是社会规范的性质，道德表达的是最高意志，主要是一种精神和最高原则。道德是伦理的精神基础。伦理是指人际关系的法则。道德每一刻都在影响着伦理、法律以及整个社会。医学道德是指医务人员在长期的医疗实践中逐步形成的比较稳定的职业心理素质、职业习惯和传统，是社会一般道德在医学领域中的具体表达，是医务人员自身的道德品质和调节医务人员与患者、他人、集体及社会之间关系的行为准则、规范的总和。医学道德的基本原则是：防病治病，救死扶伤，实行人道主义，全心全意为人民健康服务。医学道德规范的内容主要有：公正与平等地对待患者；诚实与慎言守密；信任、尊重与爱护同行；热爱医学事业，不断进取，钻研与发展医学科学技术；廉洁奉公与文明行医等。以拯救生命为使命的医学，不能缺少抚慰生命的善意。没有抚慰生命的善意，还能有拯救生命的诚意吗？通过医学伦理学可以看出医学对医学生的人格要求非常高，医学伦理素质是医学生人格健康成长的重要因素。

当某医生的行为不符合有关医德时，我们有可能会说他“人格”低下。这里所讲的人格，便是纯伦理学的人格。因此，可以认为，伦理学重视人格的内容研究，心理学重视人格的结构研究。

社会心理学是研究个体和群体社会心理和行为规律的一门科学。它的重点是研究人的社会认知、态度和人际交往。研究结果表明：遗传是人格不可缺少的影响因素，但遗传因素对人格的作用程度因人格特征的不同而不同。通常在智力、气质这些与生物因素相关较密切的特征上，遗传因素较为重要；而在价值观、信念、性格等与社会因素关系紧密的特征上，后天环境因素更重要。后天环境因素是多种多样的，包括社会文化因素、家庭环境因素、儿童早期经验、学校教育因素和自然物理因素。而这些因素对大学生人格的发展更为重要。人格发展过程是遗传与环境交互作用的结果，遗传因素影响人格发展方向及形成的难易。在人一生的发展历程中有许多因素会影响到人格的发展。在人格培养过程中，既要看到个体的生物遗传影响，又要看到社会文化的决定作用。在人格的培育过程中，各种因素对人格的形成与发展起到了不同的作用。遗传决定了人格发展的可能性，环境决定了人格发展的现实性。

学校是同龄群体会聚的场所，也是人格社会化的主要场所，教师对学生人格发展具有导向作用，同伴群体对学生人格发展具有巨大的影响。医学工作要求医学工作者具有特殊的、良好的人格，因此医学生在学习阶段更需要有意识地培养自己的健康人格，而医学院校的教育也需要围绕培养医学生的健康人格来进行。

2.医学生人格特征及培养

不同职业或角色的人有不同的人格特质和行为模式，从而形成了人所特有的职业人格(employment personality)或角色人格(role personality)。职业人格是人为适应所从事的职业具有的稳固态度以及与之相适应的行为方式的独特结合，它是道德文化、价值取向、精神素养、理想情操和行为方式的综合体，包括职业心理、职业观念、职业性格、职业技能等。对于医学生而言，也需要在校学习期间形成适应医疗职业所需要的角色人格。医学生共同具备并能产生相同角色行为的特定心理过程或心理状态的结构的总和，称为医学生人格(medical personality)。

医学生人格是医学生个人的品格、素质，是在学医过程中表现出来的尊严、责任、价值及道德品质、能力、素质，即应有坚定的社会主义理想信念和“救死扶伤，实行革命人道主义”的高尚医德，应有严谨求实、奋发进取、钻研医术、精益求精的精神，应有与时代发展同步的价值观、知识和能力、思维方式、体魄和心理等方面的素质和品格。其基本特征是：①始终如一地热爱医学事业，善于学习、思维敏捷。②意志坚强、乐观开朗、情绪稳定、不畏艰难、耐心细心、谦虚谨慎。③团结同学、关心别人、乐于助人、诚实正派。

人格在极大程度上左右着一个人外显和内隐的行为。一个人的人格怎样，其认知模式、情感特征、态度倾向、行为方式、行为习惯便怎样，也就是俗话说的人格决定命运。具有健全的人格有助于人们适应急剧变化的社会并有效地为社会服务。时代的变革必然产生层出不穷的新观念、新事物，健全的人格是人们主动、积极地调节自我适应社会转变的根本保证。当代医学生，要适应社会发展的急剧变化，必须具有健全的人格。

当今社会知识经济的崛起，不仅为人类社会的生产生活方式带来了前所未有的改变，而且给传统教育体制和人才培养方式带来了巨大冲击。世界上许多国家都在探索教育改革。人格教育已成为当今世界的潮流：日本提出 21 世纪的教育目标是宽阔的胸怀、健壮的体魄、丰富的创造力、自由自律的精神；新加坡也从重视智商教育中摆脱出来，重视情操教育；美国提出教育的重要一环是品格教育；德国教育改革的一个重要范畴是学校不只传播知识，而且要关心学生品德、性格的培养。目前教育重心已开始从“智力开发”转向“人格培养”。

随着我国社会经济现代化进程的加快，社会竞争日益激烈，培养学生良好的心理素质和健康的人格越来越重要。大学生有着健康的人格才能适应社会激烈的竞争，才能在社会中生存与发展。一项调查表明，自 1982 年以来，心理障碍和人格障碍等心理疾病已取代传染性疾病成为大学生休学、辍学的主要原因。在大学生人群中，独生子女已占很大比重。多数独生子女没有经过真正意义上的艰苦生活的磨炼和心理挫折的考验，缺乏坚定的信仰和执着的追求，在长辈们过于悉心的照料和呵护下，部分学生形成了自私、利己、孤傲的性格，经不起打击和挫折。当大学生面临一些心理冲突时，焦虑程度增加，而他们又不能发现自我与环境的矛盾，加强了心理发展的不平衡性，种种人格问题的表现可能会一一暴露，如自我中心倾向、自卑、自我封闭、自我放任、自我冲突、过度自我关注、过分内向、孤僻、狭隘、偏执、抑郁、焦虑、冷漠等。多种变异的人格特征也随之出现，病态人格已成为阻碍少数学生发展的主要问题，人格障碍成为偏激行为的温床。这些都对大学生形成健康的人格有影响。

医学生中若存在以上人格问题，对其将来从事医生职业是极为不利的。学校有目的的培养和医学生自身的努力是造就医学生健全人格的必要条件。

## 二、医学专业的学习特点对医学生的影响

### 1.医学专业的学习特点

许多医学生在进入医学院校以前，往往对学习医学和将来从事医疗工作有着美好的憧憬，大多认为从事医疗工作是美好的、崇高的，工作性质稳定，工资收入很高等，对医学学习的过程并不了解，以至于许多医学生在进入医学院校后会感到不适应。首先是对学校的学习和生活环境不适应，与同学的关系不协调；然后是对医学知识学习的不适应。在医学知识的学习方面，医学生首先接触的是医学基础学科，其特点是科目多、内容多，需要记忆的内容也多(单凭理解是远远不够的)，同时学习又比较枯燥。这与中学的学习方式完全不同，是医学生最难以适应的方面，常常给医学生带来严重的心理压力。再加上有部分医学生错误地认为自己将来是一名临床医生，对基础学科不太重视，这也容易导致医学生学习基础学科不太认真、不太努力，学习成绩不好，甚至考试不及格，产生压力与不良情绪。但是，多数医学生通过自我摸索和同学、教师的帮助能够较快地适应。当医学生进入医学临床学科学习时，学习内容相对比较有趣、生动、贴近生活，学习的难度也比基础学科低，学习兴趣比较容易产生，其对专业学习的积极性往往也较高。

### 2.医学专业学习对身体的影响

大多数医学生通过对医学知识的学习能够更进一步地了解医学知识、了解身体、了解自我，也能够更加爱护自己的身体、锻炼身体、珍惜生命、努力学习。但医学专业必须修完的科目较多，内容也很多，不管平时学习认不认真、努不努力，考试前一段时

间，都需要医学生强化记忆或“背书”，如果医学生平时学习不认真、不努力，学习方法不当，面临考试的压力必然很大。医学生常常是考试前一段时间突击“背书”，熬夜，生活规律被打乱，生物钟被干扰，出现失眠、感冒、头昏、头痛、胃肠道问题，影响身体健康。也有的医学生进入大学以后，脱离了父母的管束，学习放松或者是害怕学习，生活散漫，迷恋网络，经常熬夜，甚至通宵达旦，也会严重影响身体健康。

3.医学专业学习对心理的影响

近年一项对医学生的调查表明，医学生中由癔症、抑郁、疑病构成的心理问题呈逐年上升趋势，与过去20年相比提升明显，尤其是女生这三类心理问题的提升趋势非常显著。

医学生先要学习人体解剖学、组织胚胎学、微生物学、寄生虫病学、生理学和病理学等医学基础学科，然后要学习内科学、外科学、妇产科学、儿科学、传染病学、神经病学和精神病学等专业学科。当医学生学习了一些医学理论知识，但对疾病的认识还不够深入时，尤其容易出现心理问题。如部分医学生学习了人体解剖学、组织胚胎学后，就开始感到恐惧和害怕；学习了微生物学、寄生虫病学后，就担心感染细菌、病毒和寄生虫病；学习了生理学和病理学后，就开始过分关注自己的身体，寻找和体验自己身体上的不良生理感觉，并怀疑或认为自己患有某种疾病。尤其是进入临床医学专业课的学习后，几乎每天都要接触和学习一些症状、体征、疾病，一些学生往往是学完什么就对号入座，怀疑自己患有某种疾病。许多学生为此而非常担心、紧张、恐惧和害怕，一部分学生不断到医院检查、化验，如反复地看医生或者做心电图、腹部B超、胃镜或血液化验检查等。因此，医学生是一个特殊的群体，他们对健康与疾病的认识不同于同龄的其他人群。

但是，多数医学生在校学习期间，能够形成良好的医学人格，培养和保持健康的心理素质。

## 三、医学生综合征的研究现状与相关问题

1.医学生综合征的定义

大学生作为中国社会中文化层次较高的群体，一向被认为是最活跃、最健康的群体之一。在躯体健康方面，由于学校、家庭的广泛关注，其总体水平较高，但从心理健康角度看则存在很多问题。有调查显示：大学生是心理障碍和心理疾病的高发人群，且心理障碍和心理疾病的程度较重。而医学生的心理健康状况又表现出一定的特殊性：医学专业的学制长、课程多、需记忆的内容多，学生的闲暇时间少，极易导致更重的心理负担。据国外资料报道，医学生中存在心理问题的占 9%～29%，主要表现为适应性反应以及抑郁、强迫、焦虑等神经性反应；国内资料报道医学生的心理问题主要为焦虑、疑病、人际关系障碍、强迫、抑郁和偏执。两者的差异体现了个性及社会环境不同等因素的影响效应。医学生作为一个特殊群体，其心理问题不容忽视，对其实施心理健康教育势在必行。随着我国医疗体制改革的推进，医学生又面临着严峻的就业形势，加之本身惯有的疑病倾向，导致医学生与其他专业的学生相比心理障碍或心理疾病的发病率更

高。面对这一情况，高等医学院校的教育工作者应高度重视，并建立行之有效的心理健康教育体系。

医学生是我国医药卫生事业的后备力量，他们的知识水平、创新能力、身体条件和心理素质关乎我国医学科学的发展。医学生毕业以后，将有大多数在临床一线进行防病、治病工作。他们除了需要掌握必需的医学知识和专业技能外，还需要具备良好的心理状态，以便更好地为人民服务。

曾经有学者针对医学生所出现的一系列心理和生理现象，提出是否可以归纳为一组疾病或者综合征。还有学者把医学生在学医过程中呈现的心理和生理现象称为“医学生病”，认为这是一种躯体化障碍的心理行为倾向。但是，该说法并不明确、不正规，也不系统和全面。本书将此类现象或表现统一称为“医学生综合征”(medical students' synthesization)。本书对医学生综合征的定义是：医学生综合征是一种心理障碍，表现为在一定人格基础上，个体由于学习医学知识而过度关注自身躯体的不适，进而体验到心理冲突并深感痛苦且持续地、日益严重地妨碍个体的心理、社会功能，但没有任何可证实的器质性病理基础。

**【测一测】**

## 衡量自身有无心理冲突

心理冲突(mental conflict)指的是：两种相互对立的情感或欲望并存于一个人的心里，当事人既不能放弃其中之一，又无法在更高的水平上将二者整合或统一协调起来，从而体验着紧张、不安，或其他不快甚至痛苦。

同时存在于我内心的对立情感：________________________________

同时存在于我内心的对立欲望：________________________________

2.医学生综合征与疑病症

疑病症(hypochondriasis)是一种对自己身体健康状况过分关注、担心或深信自己患有一种或多种躯体疾病，经常向他人诉说某些不适，反复就医，经多种检查均不能证实疾病存在的心理病理观念。患者诉躯体症状，反复就医，即使经反复医学检查显示阴性和医生给予没有相应疾病的医学解释也不能打消患者的顾虑，常伴有焦虑或抑郁。对身体畸形的疑虑或先占观念也属于本症。疑病症一般发生在 40 岁以后，女性患者多于男性患者。患者病前的个性常常是敏感、多疑、主观、固执、自我中心、自怜和孤僻。可因躯体疾病后衰弱状态而促发；也可由环境的变迁、个体生理心理条件的改变(如月经初潮、绝经期等的疑虑)、亲友或熟悉的人患病(如见友人死于心肌梗死)或医务人员言语不当、曲解了医生的言语和医学知识、误信了不正确的科普宣传造成。疑病症患者通常以身体的某个部位、某系统、某脏器有某种不适或疼痛证明自己患有某种疾病，通过自我暗示或条件联想，并不断加以强化，企图用各种办法获得别人的同情。根据患者知识水平的不同，分别认为自己受了“风”“寒”“病毒”等侵袭，患了“痹证”“肝炎”“肺病”“癌症”“心脏病”“艾滋病”等，主诉喉部有异物阻塞、肠子被扭曲、血液在皮下流动、小虫在体内行走，或为部位不恒定的疼痛。某些患者则诉述闻到某种难闻的气味、自身形态发生了奇异的变化等。常伴有明显的紧张、焦虑和抑郁，甚至惶惶不安，反复要求医生进行检查和治疗，并对检查结果的细微差异十分重视，认为这种差异“证实”了自己患病的事实。对于别人的劝说和鼓励不是从正面理解，而常认为是对自己的安慰，更证明自己疾病的严重性。患者受疑病观念的驱使，东奔西走，到处求医，寻求“最新”诊断，做了大量不必要甚至是重复的检查，对反复检查的阴性结果常感到不满，而对于偶然出现的“阳性”结果虽认为抓住了“证据”，但也常感到怀疑。患者除表现有日趋严重的疑病症状外，其他认识良好，主动求医，无任何精神衰退，体检或实验室检查均无异常发现，症状呈慢性波动性病程。一般诊断容易明确。医学生综合征从程度上讲，还没有达到疑病症的标准，医学生对自己身体的担心、焦虑和疑病没有达到坚信不疑的程度，持续的时间往往也不太长。

3.医学生综合征与心身疾病

心身疾病(psychosomatic disease)是指一组与心理和社会因素密切相关，在疾病的发生和发展中起主导作用，但以躯体症状为主要表现的疾病或综合征。由于它具有生理上的障碍，因此心身疾病又称为心理生理疾病。心身疾病是一种生理上的躯体疾病，但又与一般的生理性疾病不同，而且也不同于神经症，因为神经症只具有比较模糊的躯体症状，往往找不到具体的器质性改变。心身疾病是介于躯体疾病与神经症之间的一类疾病。它的发病、发展、预后、转归以及预防和治疗都与心理和社会因素密切相关。现代医学模式认为心身疾病是由多种因素综合造成的。尤其是一些在遗传上存在的易感性，以及过去经历中的心理反应模式，在个体遇到不良心理社会因素(如考试失败、恋爱失败、人际关系紧张等)的刺激后，就有可能引发某类疾病。

心身疾病诊断要点：①具有明确的躯体症状；②存在与躯体症状的发生、发展及变化有密切时间关系的心理社会因素；③疾病的发生与患者的性格和易感性有某些关系；④能够排除躯体疾病和神经症的诊断；⑤一般对症治疗效果不好。常见的心身疾病有高血压病、冠心病、消化性溃疡、支气管哮喘、甲状腺功能亢进等。

4.医学生综合征与应激障碍

应激(stress)通常指心理紧张、心理压力。当机体处于应激状态时，通过神经系统、神经生化、神经内分泌及免疫系统等一系列变化影响机体内环境平衡，出现器质功能障碍，进而产生结构上的改变。其对健康有双重作用。有利方面：可动员机体非特异性适应系统，产生对疾病的抵抗，增强体质和适应能力。不利方面：适应机制失效会导致不同程度的心理、行为及身体障碍，使人产生焦虑、恐惧、抑郁等情绪，表现为易波动、易激怒、易疲劳，进而注意力分散、记忆力下降、工作效率降低等。应激与某些精神疾病的发生密切相关，如神经症、心因性精神障碍、心身疾病、与文化密切相关的精神障碍等。与医学生综合征不同的是应激障碍以精神障碍或精神异常为主要表现，应激源是对自己来说能够成为灾难性事件或者长期持续的不良刺激。

## 四、医学生综合征形成的原因

1.社会因素

几乎所有医学生都不同程度地存在长期远离亲人的痛苦；对学校环境、生活改变和丧失了在家里的优越感的不适应；学习的科目多、内容多，需要记忆的内容也多而产生的压力。为顺利取得学位证书、毕业证书，部分基础差的医学生承受了很大的学业压力；在人际交往方面，与同学和朋友交往减少、不融洽或者出现严重的矛盾冲突；存在孤独感与缺乏安全感；因家庭经济水平差异造成的大学生活差距过大，给一些来自贫困地区的医学生的心理蒙上了一层阴影；青春期的生理萌动在成人化的大学阶段变得更加突出，恋爱的甜蜜和失恋的痛苦交织；大学扩招，就业制度改革带来的就业压力更成了大学生心中不解的结。这些既是锻炼医学生适应能力的因素，也是医学生出现医学生综合征的诱因。

2.心理因素

心理因素有许多分类方法，根据人们的生活习惯常常把它分为良性心理因素和不良心理因素两类。良性心理因素是指积极、健康的心理状态，主要表现为开朗、乐观、明智、沉着、冷静、坚定等；不良心理因素是指消极、不健康的心理状态，主要表现为抑郁、忧愁、悲观、焦虑、忙乱、缺乏理智、好发脾气等。良性心理因素有益于学生的身体健康；不良心理因素有损于学生的身体健康。

医学生不良心理因素形成的原因主要有两个：一是生活中外来事件的冲击，使人无法应付或使人的精神受到困扰。如对新的学习环境(学校)不适应，包括不适应长期离家、离开亲人，不适应集体生活，不适应学校当地的气候和饮食等；家庭经济水平差异造成的大学生活水平差异；医学专业学习的负担过重和不适应；与同学和教师的人际关系不协调或者出现矛盾等。二是自身缺乏适当的情感表达方式，不善于与同学、朋友、亲人或教师交流和沟通，也不善于运用运动、歌舞、社交甚至哭泣等方式宣泄情感，以致心理长期受压抑。

究竟是不良情绪引起躯体反应和症状，还是躯体反应和症状造成不良情绪？这种关系应该是辩证的。心理可以影响生理，生理反过来会影响心理。不良情绪可以导致躯体反应和症状，躯体反应和症状同样可以造成不良情绪，乃至改变人的个性。如果医学生长期存在不良情绪，会极易感到身体不适，表现出一些或许多躯体反应和症状，这样，他们更容易自觉或不自觉地关注自己的身体，并感到担心、紧张、害怕和恐惧等。要让一名情绪低落、躯体感觉不适的医学生强打精神产生一个轻松愉快的情绪相当困难。

3.素质因素

易感素质是重要的发病基础。存在易感素质的医学生的人格特征为敏感、多疑、主观、固执、谨小慎微，对身体过分关注，要求十分完美。日本著名的精神病学家森田正马(Morita Shoma)博士认为，这是一种疑病素质。所谓疑病就是疾病恐怖，担心自己患病。这是人生存欲望的反映，存在于所有人中。但是当其强度过分时，就开始形成一种异常的精神倾向，渐渐呈现出复杂、顽固的神经质症症状。森田正马根据症状把神经质症分成三类：①普通神经质症。表现为失眠症、头痛、头重、头脑模糊不清、感觉异常、极易疲劳、效率降低、无力感、胃肠神经症、自卑感、性功能障碍、头晕、书写痉挛、耳鸣、震颤、记忆不良、注意力不集中等。②强迫神经质症(恐怖症)。表现为对人恐怖、不洁恐怖、疾病恐怖、不完善恐怖、外出恐怖、口吃恐怖、罪恶恐怖、不详恐怖、尖锐恐怖、高处恐怖、杂念恐怖等。③焦虑神经质症(发作性神经症)。表现为焦虑发作、发作性心悸亢进、发作性呼吸困难等。在一定条件下任何人都有可能出现神经质症症状。如初次在众人面前露面，会感到紧张；听说别人发生心肌炎或者心脏病，总感到自己心慌、胸闷；煤气中毒事件后总觉得自家煤气阀门没关好，不反复检查就放心不下等。对于大多数人而言，这种紧张和不安的感觉是生活中正常的、必然的心理和生理现象，事过之后很快就会消失。但是，某些具有特殊性格或疑病素质的人会把正常的反应视为病态，拼命想消除它，结果反而使这种不安感被病态地固定下来，从而影响正常生活，形成神经质症。疑病素质直接与死亡恐怖有关。而死亡恐怖与生的欲望是一个事物的两个方面。生的欲望表现如下：①不想生病、不想死、想长寿。②想更好地活下去、不想被人轻视、想被人承认。③想有知识、想学习、想成为伟人、想幸福。④想向上发展。

疑病素质患者生的欲望过强，想达到完善的状态，反而容易陷入“死的恐怖”之中。此外，疑病素质者是内向型气质。内向型的人偏重于自我内省。因此，其对自己躯体方面或精神方面的不适或异常感觉特别关心，由于忧虑和担心而形成疑病，认为自己虚弱、异常、有病，并为此发愁、紧张、害怕与恐惧。这种倾向有的是幼儿期教养条件或生活环境的影响导致，有的则是因机遇性因素，即精神创伤而导致。总之，疑病素质是神经质症发生的根源。指因某种感觉偶尔引起对它的注意集中和指向，这种感觉就会变得敏感，感觉的敏感使注意力进一步固定于此感觉，感觉与注意彼此促进、交互作用，致使感觉更加敏感的精神过程。在此恶性循环过程中，患者产生心理、身体症状。当症状发生后，患者常被封闭在主观世界中，并为之苦恼。在这种状态下，患者容易产生预期焦虑或恐怖，由于自我暗示，其注意力会越来越集中。男同学病前常具有强迫人格，女同学发病则与癔症性格有关。

## 五、医学生综合征的主要表现

医学生综合征主要表现在以下两个方面。

1.疑病感觉

医学生感觉自己身体某部位不适或对某部位的敏感增加，进而疑病，描述的症状或形象逼真、生动具体，或含糊不清、部位不恒定。

(1)疼痛，是疑病最常见的症状，约有 2/3 的医学生有此症状，疼痛部位常为头部、颈部、腰部、四肢。这种疼痛多描述不清，有时甚至诉全身疼痛，但查无实据，常伴有失眠。

(2)躯体症状，涉及身体不同区域，表现多样而广泛，如恶心、吞咽困难、咽喉部异物感、反酸、胀气、腹痛、腹泻、心悸、胸闷、呼吸困难以及出汗异常。担心自己患有高血压、心脏病、喉癌、胃溃疡或胃癌。有些学生疑有五官不正，特别是鼻子、耳朵以及眼睛形状异样等。

(3)情绪障碍，表现为不同程度的焦虑、紧张、害怕、恐惧和抑郁等。

(4)社会功能受损，学习兴趣和主动性减退，社交及活动范围缩小，不愿与同学和教师交流和沟通，自信心下降，对生活缺乏勇气和信心。

2.疑病观念

对自己的身体过分关注，担心患有或将会患某种疾病，要求和希望做各种检查。

大多数医学生的疑病观念并不是很重，并没有达到焦虑症、强迫症、疑病症、恐惧症、躯体化障碍、抑郁症的程度，经过一段时间的自我心理调整、同学的帮助，或是去心理咨询机构咨询，或是经过检查得到正常结果以及医生的解释与保证后能够比较快地抛弃疑病观念，重新正确地认识自己，并对自己的身体有正确的评价，重新回到正常的学习生活中。如果疑病观念达到一定程度，也可发展演变为焦虑症、强迫症、疑病症、恐惧症、躯体化障碍、抑郁症等。

**【练一练】**

王某，一名来自农村的女大学生，身体健康，开朗活泼，非常喜欢医学，做一名白衣天使是她的梦想。但她考入医学院校一年以后，逐渐像变了一个人似的，整天闷闷不乐，疑神疑鬼，过分地爱干净，很少和同学来往，还容易与同学发生口角，后来发展到经常无缘无故哭泣。进入大三学习临床课以后，临床教师每讲一种病，她都怀疑自己的躯体症状和这种病相符，为此，常常到医院去看病，做检查，也服用了许多药物，但是，自己感觉病情没有一点好转。久而久之，她逢人就说自己全身疼痛，常常唉声叹气。尽管在医院查不出什么毛病，但她一直坚信自己身体有病。常常因病缺课，考试不及格，想退学。

请分析她怎么了？

## 六、医学生综合征的预防与矫治

对于医学生综合征的预防与矫治，重点在于让医学生了解医学生综合征，并对此有心理准备和采取积极的方式预防医学生综合征的出现。

（一）预防

相较于当今社会，未来社会对人在心理素质、身体素质、文化科学素质和思想道德素质等方面的要求将更加突出和严格。对现代人来说，机遇与挑战并存，要实现人生价值，要发展，就要拼搏奋斗，也必然会遇到种种不顺心的事情和不良的心理刺激，这是客观存在的，也是任何人无法避免的。对于医学生来说，要成为高素质的综合型医学人才，既要具有丰富的医学专业知识，又要具有良好的心理素质，且医学生应具有比其他专业学生更强的心理素质。

要预防医学生综合征的出现，首先是要正确认识医学生综合征，正确面对医学生综合征及其他各种疾病。其次，要在医学院校学习期间努力培养良好的医学生人格。改变自己原有的不良的认知模式、情感特征、态度倾向、行为方式、行为习惯等，培养自己对医学事业的热爱和献身精神，善于学习基础和专业知识，意志坚强、乐观开朗、情绪稳定、团结同学、善待他人。最后要努力提高自身的心理健康水平。要学会、掌握和熟练地运用一些心理应对技巧，多参与各种感兴趣、有意义、有价值的活动，要多做一些适应性训练，训练自己的适应力、自我控制力、应对能力和心理承受能力，以此提高心理健康水平。另外，设立和完善心理健康咨询服务机构、建立医学生心理健康档案、开通热线电话或网络咨询也有助于提高医学生的心理健康水平。

### (二)矫治

医学生综合征的矫治以心理治疗为主，药物治疗为辅。

#### 1.心理治疗

心理治疗和各种松弛疗法是常用的矫治医学生综合征的方法，但疗效如何，取决于医学生对医者的信任程度以及医者的态度。

(1)支持治疗：医生开始要耐心细致地听取医学生的诉述，让他们出示各种检查结果，持同情关心的态度，应尽量回避讨论症状，尽量不要他们承认疑病是不可信的，与医学生建立良好的关系。可申请亲属的协助，在取得医学生信赖的基础上，引导医学生认识疾病的本质不是什么躯体疾病，而是一种心理障碍。另外，转移医学生的注意力，引导医学生做一些有趣的事情，可获得一定的改善。

(2)认知行为治疗：短期并能治本的治疗，通过调整医学生曲解的认知，以合理认知进行替代，进而调节医学生的不良情绪和不适应行为(该方面的详细知识见有关心理咨询与治疗方面的文献)。

(3)森田疗法治疗：这是很适用于矫治医学生综合征的方法。当医学生出现症状时，越想克服症状，越会使自己内心的冲突加剧，苦恼更甚，症状就越顽固。此时应对其采取不在乎的态度，顺其自然，接受症状，不把其视为特殊问题，以平常心对待。顺其自然不是放任自流，无所作为，医学生一方面应自然接受自己的症状和情绪，另一方面应坚持去做自己应该做的事。但实际情况是医学生常常采取逃避的态度，如因有头痛感而不去上课和学习、因害怕感染疾病而不外出、因社交恐惧而不去交际。这种逃避的态度永远不可能适应现实生活。要想改变，必须做到无论多么痛苦，都直面生活，做应该做的事情，这样就可以在不知不觉中得到改善。就像不跳入水中永远也学不会游泳一样，不忍受痛苦坚持去做自己应该做的事情，从事积极、有效、建设性的活动，就永远不可能得到改善。只有把原来集中于自身的精神能量投向外部世界，在行动中体验到自信与成功的喜悦，医学生综合征症状才会淡化直到消失。性格不是固定不变的，也不是随着主观意志而改变的。无论什么性格都有积极面和消极面。疑病素质者有许多长处，如反省强、做事认真、踏实、勤奋、责任感强；但也有许多不足，如过于细心谨慎、自卑、夸大自己的弱点、追求完美等。其应该通过积极的社会生活磨炼，发挥性格中的优点，抑制性格中的缺点。疑病素质者共有的生活态度是看重情绪，常常感情用事。森田疗法要求对于不受意志支配的情绪不予理睬，让我们重视符合自己心愿的行动，唯有行动和行动的成果才能体现一个人的价值。“与其想，不如做。”对情绪既来之则安之，不受其控制，要为实现既定的目标去行动。疑病素质者有极强的追求完美的欲望，做事务求尽善尽美，对自己苛刻。事实上人无完人，我们每天都可能出现各种意想不到的失误。苛求自己的结果只能使自己感到失望、失败，从而失去信心。当事实与疑病素质者的主观愿望背道而驰时，他们就不可避免地为不完善恐怖，常常夸大自己的不足与弱点，并为此苦恼不堪，自卑自责，结果一事无成。自信产生于努力。陷入完善欲之中的医学生三思而再思，却不去行动，强调自己没有信心。认为有了信心才能去行动是荒谬的。当徘徊在做与不做之间时，就应该大胆去做，即使没有自信或可能失败，也必须去行动。只要努力就可能成功。

2.药物治疗

如有抑郁症状者可用抗抑郁类药物。焦虑状态突出者可辅以抗焦虑类药物。对失眠等症状，可酌情应用安定类药物。如有心悸等症状者可用 $\beta$ 受体阻滞剂如普萘洛尔等。在药物治疗时要注意药物的药理作用，以及剂量的增减、服用时间和个体差异等问题。此外，中医药治疗，若能辨证论治得当，则有意想不到的效果。

**【回顾与思考】**

(1)人格的定义是什么？

(2)人格障碍的表现有哪些？

(3)对于医学生综合征应该怎样预防和矫治？

**【扩展阅读】**

## 我有一只黑狗，它名叫抑郁

曾经我不知道什么是抑郁症，只认为是情绪化，只知道患上抑郁症的人都喜欢把自己囚禁在自己的世界中，甚至总是因自己不能达到亲人的期望而伤心不已。一次又一次地自责、痛哭，严重的时候甚至还想放弃生命。

就像一个视频中说的一样：我有一只黑狗，它名叫抑郁。每当这只黑狗出现，我就感到空虚，生活也慢了下来。它总不期而至地出现在我的面前。

黑狗让我变得像个老人一样，整个世界好像都在享受生活，而我却只能与黑狗相伴。那些曾带给我快乐的事情，忽然消失了。

黑狗让我失去食欲，蚕食掉我的记忆和集中精力的能力。拖着这只黑狗，无论到哪里或者做什么，都需要超人的力量。在社交场合，它总是找出我的自信，将其赶走。黑狗带来的羞愧和耻辱，我总是担心被别人知道。于是，我很用力地把它藏起来，掩藏情绪的生活让我筋疲力尽。黑狗让我消极地思考和言谈，它让我烦躁不安，难于相处。它夺走了我的爱，埋藏了我的温情。它最爱在半夜把我唤醒，让我心中只有那些消极的念头，意识到自己将会面对多么心力交瘁的一天。生活中有一只黑狗，不仅仅是感到一点低落、悲伤或者忧愁，最糟糕的时候，所有的感觉都会失去。

我一天天地老去，而黑狗却一天天地长大，它开始和我形影不离。我用尽了一切办法想把它赶走，但获胜的往往是它。与重新站起来相比，躺下很容易。我成了给自己开药的专家，但从未真的有效。最后，我感到自己和整个世界失去了联系，而黑狗彻底绑架了我的生活。

幸运的是，那个时候我寻求了专业的帮助。那是我迈向康复的第一步，也是生命中的转折点。我了解到，无论是谁都被这只黑狗侵扰过。

我还了解到，赶走这只黑狗，不存在什么灵丹妙药，药物对部分人或许有效，其他人还要辅以另外的手段。我还知道，向亲近的人表达出自己的真实情感，能起到关键作用。最重要的是，我学会了不再害怕黑狗，甚至向它耍了自己的一些花招。其实你越是疲劳、紧张，它就会越凶，所以你要让自己平静下来，这是很重要的。

事实证明，经常锻炼对于缓解轻或中度抑郁的效果不比吃抗抑郁的药差。去走走，走出只属于自己的那个世界；去跑跑，跑出自己的天地，找回属于自己的快乐，把这只黑狗甩在身后。

还可以记一份情绪日记，把想法写在纸上也是一种宣泄，它往往可以帮助我们看清楚问题，也可以记录下那些值得感恩、重要的事情。最重要的是你要记住，不管情况变得多么糟糕，只要你走向正确的方向，找到适合的人交流，被黑狗跟随的日子一定会过去的。

不说一定会感谢这只黑狗，但是它却是一个神奇的老师，它迫使我重新认识生活，重新回到生活的怀抱。也让我知道与其逃避所有的问题，不如拥抱它们。黑狗或许永远是我生命的一部分，但我了解到通过学习、锻炼、合理宣泄情绪等，即使是最凶狠的黑狗也可以被制服。

当你被抑郁这只黑狗缠身时，不要害怕，也不要放弃，更不要觉得人生没有了期望，要学会求助，这一点也不丢人，只有错过才是最遗憾的。人生是如此的美丽，我们不能让这份美丽失去它该有的光芒。

# 第三章　体察认识自我　悦纳创造自我

**【内容导读】**

你是谁？

你从哪里来？

你将去往哪里？

上面三个问题你有答案吗？回答起来是不是有些困难？那么回答以下两个问题，可能要容易一点。

你的想法——你是带着怎样的想法来到大学的？

是对选择的期待、对知识的渴求、对他人的好奇、对梦想的追寻？或是迷茫、空白、矛盾甚至悲观？

你的行为——你准备在此如何作为？

勤思善学、积极进取、丰富自我？或者悲观失望、碌碌无为？

你在回答这两个问题的时候，就是在进行“我是谁”的观察，同时体验了“我是否喜欢自己”，还对“我想成为什么样的人”有了思考。这些就是本章要探讨的关于自我意识的内容。

“我是谁”，是人们究其一生想要回答的问题。青春期之前的我们更多把目光投向外部世界，满怀好奇地探索自己的生活环境，很少自觉地想到自己存在的意义和价值。而踏入社会后的我们，将忙于应对生活中的各种压力，没有闲暇时间来审视自己，把自己的存在当作既成事实接受。唯有处于青年期的大学生，才会全神贯注地认识自我。而也只有在知道“我是谁”，并逐渐悦纳自我之后，才能明确“我将去往哪里”。因此，寻找自我、悦纳自我、创造自我的旅程一定是充满未知和惊喜的过程。

你准备好了吗？

**【核心词汇】**　自我意识；认识自我；悦纳自我；创造自我

## 第一节　自我意识概述

本节是对自我意识的界定和一些已有研究的呈现，期待你的思考和质疑，这样的过程会帮助你把文字概念内化为自己的知识。

## 一、自我意识的概念

自我意识是人的意识发展的高级阶段，它的内容主要包括生理的自我状态、心理的自我状态、社会关系的自我状态和道德的自我状态。经过笛卡尔、康德、黑格尔、马克思等哲学家的思考和研究，时至今日，自我意识的外延和内涵已经比较明确。虽然在一些细节上仍存在不同意见，但从根本上看，可将自我意识界定为：人对自己身心状态及对自己同客观世界关系的意识，是人意识活动的一种形式。

自我意识不是单一的，而是多维度、多层次的心理活动系统。这个心理活动系统表现为一个人对自己的思想认识、情感行为、个性特征以及人际关系等各方面的认知、感受、评价和调控。自我意识不仅是人脑对主体自身的意识与反映，同时也反映了人与周围环境之间的关系。虽然动物也能反映客观世界，但是人在反映客观世界的同时还能反映个体自身，能把自己与环境区分开来，这是人的心理演化过程的一个飞跃。

人类的自我意识会经历一个逐渐进化发展的过程。从个体自身发展而言，自我意识并不是与生俱来的，而是随着人的社会化发展而发展的：人自出生到七八个月，出现自我意识的萌芽；三岁以后，自我意识有了新的发展；从三岁至青春期开始，个体虽然意识到自己是一个主体，可以充分认识自己的行为，但却不了解自己的心理状态，而大多是照搬成人的观点，以此作为自己对世界的认识；从青春期开始到成年的时间里，个体的自我意识开始迅速发展，并逐渐趋向成熟，逐步获得心理自我，开始关心自己的形象，关注自己的心理活动，不再简单地认同别人的观点，而是有自己独特的见解，具有浓厚的主观性。这个时期自我意识变化最大，对自我的认识在不断的尝试中修正，并逐渐形成个体独特的认知方式，因而个体差异更加显著。

【视窗 1】

### 有趣的实验：自我意识的萌芽

研究者为了研究动物和人的自我意识，设计了这样一个实验：将一面镜子放入装有动物的笼子里，直到动物熟悉这面镜子后，给动物做短暂的麻醉，并在它们脸部的明显位置涂上红色颜料。动物苏醒后，它们在镜子前会发生什么样的事情呢？镜像实验由戈登·盖洛普(Gordon Gallup)在 1970 年设计。研究发现，成年黑猩猩和其他猩猩在看到镜子之后，会立刻摸它们脸上被涂上红色颜料的部位，成年海豚、成年大象和成年喜鹊也显示出它们在看镜中自己的迹象。然而其他动物则没有表现出对镜中“我”的认识。研究者将这个镜像实验稍加变化，然后用在人类身上，结果发现，人类并非都具有这样的认识能力，只有在出生 8 个月左右才开始识别“我”。

## 二、自我意识的发展规律

奥尔波特等认为个体形成自我意识是一个逐步的过程，这一过程可以分为三个阶段，即生理自我—社会自我—心理自我，分别代表了自我意识发生、发展和成熟的过程。

### (一)生理自我

生理自我是个人对自己身躯的认识，包括占有感、支配感和爱护感。这些认识能使个体感到自己的存在是寄托在自己身躯上的。前面已谈到自我意识不是生来就有的，婴儿刚出生时，并不能区分自己以及不是自己的东西，生活在主客体未分化的状态；七八个月的婴儿开始出现自我意识的萌芽，能意识到自己的身体，听到自己的名字会明确做出反应，会关心镜子中自己的形象；两岁左右的儿童，掌握第一人称“我”的使用，能够确定地认识镜子里自己的形象，是自我意识形成中的一大飞跃；三岁左右的儿童，出现羞耻感、占有心，自我意识有了新的发展。生理自我这一阶段的自我意识，是以躯体需要为基础的，幼儿的行为是一种以自我为中心的行为，以自己的身体为中心，以自己的想法和情感来认识和投射外部世界。这一时期是自我意识的发生和初步发展期，也是最原始的形态。

### (二)社会自我

从三岁到青春期(3～14 岁)开始，是个体接受社会教化影响最深的时期，也可称为“客观化时代”。个体从家庭步入社会，进入学校，通过游戏、学习、劳动等活动不断地练习、模仿和认同，逐渐形成各种社会角色观念，并有意识地控制自己的行为。在幼儿的游戏中，“过家家”“给洋娃娃打针”等活动都设置了不同的社会角色，如“爸爸”“妈妈”“医生”“患者”等。儿童通过对这些角色的扮演认识自我，认识角色的意义，这也是个体逐渐社会化的过程。在学校生活中，个体不再享有在家里“唯我独尊”的地位，而在与同学和教师的相处中，认识自我、发展自我。在这一阶段，个体虽然从对自我躯体的关注转向对社会的规范和认同的关注，但是还没有形成自己的价值观和世界观，个体还是主要以别人的观点去评价事物、认识他人，对自己的认识也服从于权威或者同伴的评价。因此，这个阶段的自我意识被称为社会自我的发展阶段。

### (三)心理自我

从青春期开始到成年的大约十年时间里，个体的自我意识急剧发展，出现了分裂—矛盾—统一的基本形式。随着个体进入青春期，生理和抽象思维能力得到发展，自我意识开始发生裂变，打破了已有的社会自我的体系，原有整体的“我”一分为二，一个是主体的我，一个是客体的我。个体通过主体我对客体我的认识，使得自我意识得到发展，同时也产生了矛盾。矛盾突出表现为“现实的我”与“理想的我”之间不能吻合、统一。这个阶段，由于矛盾和冲突，个体内心动荡不安，常常伴随着强烈的情绪体验。随着个体的社会化以及心理的发展，矛盾双方在不断的变化中推动了自我意识的发展，在个体新的认知水平上达到统一，自我意识得到发展并逐步成熟。这一时期个体能意识到自己的身体特征和生理状态，能认识并体验到自己的心理活动，能认识并感受到自己在社会和集体中的地位和作用。这一时期也是个体世界观、人生观和价值观的形成时期，是心理自我成熟的标志。

**【想一想】**

回忆你在生理自我、社会自我和心理自我三个自我意识发展阶段中的重要事件，可以通过一张照片、一个影像片段、他人的叙述来帮助你回忆。

## 三、自我意识的构成

自我意识是多层次、多维度的心理活动系统，从不同角度对自我意识有不同的划分标准。为了能多方面地分析和认识自我意识，下面按照不同的划分标准介绍自我意识的组成。

### (一)按构成要素划分

从构成要素看，自我意识同对客体的意识一样，也是由知、情、意统一组成，具体包括自我认识、自我体验和自我调节。这是常用的对自我意识的分类标准。

自我认识主要涉及“我是一个什么样的人”“我为什么是这样一个人”等问题，是人对自己的身体面貌、个性品质、自身社会价值、与周围世界关系等方面所进行的自我感觉、自我观察、自我分析和自我评价等。其中自我评价是自我认识的核心，也是自我体验和自我调节的基础，比如大学生通过对自己在外貌、学业、交往、能力等各方面的认识和评价来建构自我，回答“我是谁”这样的问题。从某种意义上而言，人认为自己是怎样的一个人比他真正是怎样的一个人更重要，因为每个人都是按照他认为自己是怎样一个人而行动的。

自我体验是人对自己情绪状态的体验，包括自我感受、自爱、自尊、自卑、责任感、义务感、优越感等。自我体验主要涉及“我是否满意自己”“我能否悦纳自己”等问题。一个人希望在某件事情上取得一定的成就，但他实际上失败了，他认识到行动的失败同他成功的需要相悖，他就会对自己产生不满的情绪体验。自我体验建立在自我认识的基础上并对个体的行为产生重要影响，大学生特别是大一新生在角色改变过程中常表现出情绪体验复杂、波动性大等问题，这主要是因为自我体验出现了问题。

自我调节是对自己的主观世界，包括行为、心理、个性品质及自身与社会的关系等方面的调节，主要涉及“我要怎么节制自己”“我怎样成为那样一个人”“如何改变我的状况，使我成为理想的那种人”等问题，包括自我检查、自我监督、自我激励、自我控制、自我奋斗、自我暗示、自我教育等形式。自我调节是自我认识和自我体验的行为表现和结果，大学生在成长过程中，是积极还是消极，意志是坚定还是薄弱，都是由在自我认识和自我体验的前提下对自己行为的调节和控制而决定的。

总的来说，自我认识、自我体验和自我调节这三部分是相互关联、相互作用的，自我认识的同时产生自我体验，并随之做出相应的自我调节。

**【做一做】**

你第一次思考“我是谁”“我的人生意义是什么”这样的问题是什么时候？你的答案有变化吗？

请你采访 10 名不同年龄阶段的人，倾听他们的“人生意义”是什么。注意在采访的时候不要评价，用尊重和开放的态度记录他们的答案。

采访完后，你的感受是：________________________________________。

### （二）按内容性质划分

按内容性质划分，自我意识可以分为身体自我、社会自我和精神自我。

身体自我是个体对自己身体、外貌、所有物等的认识和追求，比如在现今的审美导向下，骨感美成了几乎所有女性的追求，也因此减肥的热潮席卷了全世界，在某些地区一些女性因为节食甚至患上了神经性厌食症和神经性贪食症，但是出现了这样严重的后果仍然不能阻止她们对减肥的热衷。这就是自我意识中出现的身体自我的偏差。

社会自我是个体对自己在社会关系、人际关系中的角色和地位的意识，对自己所承担的社会义务和权利的意识。社会自我的发展是个体社会化的一个重要表现，也是个体适应社会的一个标志，对个体的成长有重要意义。在大学生群体中，由人际关系所产生的心理问题甚至心理障碍不断增多，特别是在处理寝室关系和社团关系中难以找准自我的角色定位，这就是社会自我发展不良所带来的问题。

精神自我是个体对自己的智力、人格特点、道德以及宗教信仰等的认识和评价，这是自我意识中很重要的一个组成部分。一些社会舆论误认为，20 世纪 80 年代后的一代是垮掉的一代，这是由于这一代人是在社会的变革、各种文化思潮的纷争中出生和成长起来的，其精神自我的发展在多元环境下，需要更多的思考，没有参照也没有模式，只有自我探索。这既是一种挑战也是一种机遇，学习运用批判性思维去看待多样的价值判断和准则，同时学会求同存异地吸收和发展，那么精神自我将更具力量。

### （三）按自我观念划分

按照自我观念划分，自我意识可以分为现实自我、投射自我和理想自我。现实自我是个人从自己的立场出发对自己目前的实际状况的看法，包括对自己躯体特点、行为特点、人格特点、角色特点等的认识，是自我意识的基础。投射自我也称镜像自我，是个体想象中他人对自己的看法，如想象他人对自己形象的看法、对自己的评价，由此而产生的自我感。现实自我与投射自我不一定相同，两者之间可能会有距离，当这个距离相差太大时，个体便会感到不被他人理解而与其产生隔阂。理想自我即个体对自己的期望，是个体追求的目标，如个体的生活目标、对将来的期待和想成为什么样的人等，与现实自我并不一定一致，但它对个体的认识、情绪和行为的影响很大，是个体行为的动力和参照。

## 四、自我意识的作用

自我意识是个体在社会化的进程中产生和发展起来的，对个体价值观、人生观的形成和发展起着至关重要的调控作用。

### （一）自我意识提高了人的认识功能

自我意识使人能把自己的心理活动当作客体加以反映，提高了个体认识活动的效能。人的认识活动不论感觉、知觉、记忆、想象、思维等，都因自我意识的存在而更加自觉、合理、有效。人不仅能对外部世界的事物进行感觉、知觉、记忆、想象和思维，还能对自己的这些认识过程本身进行认知。通过对这些认识过程的认知，人就可能发现自己原有认识活动的不足，从而选择和运用更好的认知策略，进而使认识活动更加完善。个体只有通过不断的社会比较、他人评价和自我审视，才能健全和完善自己的认识。大学生只有意识到自己是谁，应该做什么，才会自觉、自律地去行动，这是外在因素都无法达到的效果。在学习生活中只有意识到自己的长处和不足，才能发扬优点，克服缺点，取得自我教育的积极效果。

### （二）自我意识使人拥有丰富的情绪体验

情绪是一种高级的心理，动物只能对外部刺激做出直接的生物学意义上的反应，而不能体验自身的情绪。对于人类而言，随着自我意识的发展和逐渐成熟，心中的“自我”概念逐渐明晰、分化和稳定，个体意识到“自我”的独一无二，因此产生自豪感和孤独感；体验到自尊的需要，由此产生自尊感和自卑感；因自我意识的矛盾和冲突而产生苦闷、迷茫、彷徨等情绪体验。不管是积极的还是消极的情绪体验都是个体自我意识发展所带来的，它使个体的情绪生活变得日益丰富，对于个体智力的发展也有重要作用。在大学阶段，个体正处在自我意识发展的关键时期，对情绪的体验较为显著和激烈，也因此才能发现大自然的美丽、发现人类创造的神奇。

### （三）自我意识对个体行为的导向作用

自我意识是通过他人和社会评价以及对自我的内省和行为的认识而形成的，它对个体的行为有重要的导向作用。个体对自我状态的认识、对自我的评价和判断，以及在与外界交往过程中所形成的价值观，都会指导个体的行为。比如在自我认识的过程中，认为自己是成绩差的学生与认为自己是成绩好的学生的行为表现有很大差异。即便拥有同样经验的个体间，若对经验的解释不同，依然会导致情绪和行为的差异。积极的自我暗示对个体的发展有推动作用，而消极的自我暗示会对个体的发展起到阻碍作用，这也说明了自我意识对个体的影响和导向。

### （四）自我意识影响人的道德判断和个性的形成

人是生活在社会中的个体，其自我意识就必定受到社会规范的制约。就个体而言，其自我意识里，就包括了道德、信念和道德体验，以及与之相联系的诸如责任、义务、使命、荣誉等价值观方面的内容。每个个体在社会中都有一定的角色地位，社会对每一个社会角色都有一定的角色期望，这些角色期望便约束了个体的心理和行为。外在环境被个体认识，在自我意识中形成“我”的一个部分，并且通过“我”再作用于外在环境，形成自我的道德判断和个性特征。自我意识促使人不断地自我监督、自我修养、自我完善，影响着人的道德判断和个性形成，尤其对个性倾向性的形成更为重要。

## 五、自我意识的形成途径

了解自我意识的形成途径有利于自我意识的形成和发展，自我意识主要通过以下四个方面逐渐形成。

### (一)自我反思

曾子曰：“吾日三省吾身。”个体对自我的反思是自我意识形成非常重要的途径，主要运用内省的方式进行。这时个体的意识被分解为被观察者的“我”(me)和观察者的“我”(I)。当个体对被观察者的“我”进行观察时，得出的是自己对过去或者现在的某种感受的自我概念，而这样的观察常会涉及自我行为以及社会比较。根据自我知觉理论，当集中注意力于自己时，个体会根据内在的标准与价值观来对自己现在的行为进行评价和比较。如今的自我反思不单只是曾子所说的三条标准：为人谋而不忠乎？与朋友交而不信乎？传不习乎？而是拥有更多的标准和方式，后续章节会给大家一一分享。

### (二)自我行为

自我意识的获得不止自我反思，还要从自己的行为结果来了解自我。自我反思在某些时候存在局限性，会受到当时的情绪和自己的价值观所左右而难以客观地认识自我。通过观察自己的行为来认识自我，则能有较大的收获。自我知觉理论认为，在内部线索微弱或模糊的情况下，人们常常依据外在的行为来推断自己的特征。也就是说，在不确定自己的感受如何时，人们会从自己的行为来推论自己的感受。比如，一个学生会通过他参加公益事业的次数来判断自己是否有爱心，或者通过考试成绩来评价自己的学习能力等。通过对自我行为的观察来认识自我较为客观可行，也能及时对自己的行为进行调整。因此在一些心理自助的案例中，常常提供给人们一些自我记录生活事件发生频率的方法来更好地了解自己。

### (三)社会比较

符号互动学者库利提出了“镜中我”的概念，认为个体感知自己就像别人感知自己一样，镜子中的我或别人眼中的我就是个体感知的对象，个体常常依据别人如何对待自己来了解自己。米德指出：“自我只有在与其他自我的明确关系中才能存在。在自己的自我与他人的自我之间不可能划出严格的界限，只有当他人的自我存在并进入自己的经验时，自己的自我才能存在并进入自己的经验。”因此，自我与外部世界发生的交互作用是自我意识来源的重要因素。大学生正处于人生重要的成长阶段，人生目标、职业理想、生活态度等都在形成中，社会比较为大学生提供了认识自我、了解自我和发展自我的重要标尺。当然，在社会比较中也存在很多的认知偏差，对社会比较所持的认知态度也影响着大学生的生活与心理。社会比较的极端性和片面性不能真实反映自我，也不能给予自我一个发展的坐标，因而，在社会比较中怎么做到全面和科学、怎么做到积极地社会比较都是大学生应该思考和学习的内容。

#### (四)他人评价

在社会生活中，个体对自己的认识常常通过别人对自己的评价而形成，别人会对我们的品质、性格、外貌、能力等给予清晰的反馈，从而增强我们对自己的了解。当别人给予你一些建议或者意见时，能让你知道自己在哪些方面还存在问题，需要怎样改进。当教师给予学生的评价是“懒散，学习不够主动”时，对于这个学生而言，所认识到的自己就是学习态度不端正的消极状态，并会通过此认识影响自己的态度和行为。因此通过别人的评价来认识自我时需要分辨别人的评价，并结合前面讲到的方法来全面地认识自我，而不能以单一的方法来评价和判断自己。

## 第二节　医学生自我意识的特点及问题

医学生正处于从青年期到成年期的过渡阶段，同时也处于自我意识发展和完善的过程中。在中学阶段由于应试教育的影响，学业压力大，自我意识没有得到较好的发展。进入大学后，由于环境和角色的改变，个体的自我意识急剧发展，寻求对“我是谁”的解答。然而，医学院校的大学生不仅要完成繁重的学业任务、应对外在激烈的竞争，还要面临如何将医学知识与实践相结合、如何处理医患关系及医护人员关系等问题。相比其他院校的大学生，其在认识自我、接纳自我和调控自我等问题上有着自身特点，但也呈现出更多问题。

### 一、医学生自我意识的特点

医学生在社会中是一个较为特殊的群体，这与其将要担当的角色以及在大学期间的学习内容和环境密切相关。因而医学生在认识自我、接纳自我和调控自我的过程中，需要从整体上认识自我意识的阶段性特点，认识自己与这个群体的共性，才能更好地扬长避短。

#### (一)自我认识水平提高

初入大学的医学生，面对一个全新的环境，开始主动探索自我，经常反思“我是一个什么样的人”“我是否优秀”，这些问题都涉及自我认识。大学阶段学生的自我评价能力与中学阶段相比明显提高，变得较全面、客观，已从外部的、具体的、偶然的特点，发展到用概括的词语或方式来描述自己经常出现的心理特点，如用“富有个性”“特别的气质”等来形容自我，这说明他们对自我形象的概括水平有了明显提高。自我认识的主动性和自觉性达到一定程度后，他们不但能主动通过对比自己和周围的人来认识自我、评价自我，而且还常常参照书本或者社会媒介宣传来认识自我。而医学生在学习医学知识的过程中，医学的科学性、严密的逻辑性以及生物—心理—社会模式的指导，促进了他们自我认识水平的提高。研究发现，医学生理想我与现实我之间显著相关。医学生通过对自己进行分析评价，找到自己的优势，发现自己的不足，然后扬长避短，修正自我，使现实的我趋向于理想的我。

### (二)自我体验复杂强烈

大学阶段，医学生的自我体验复杂而强烈，表现出自我体验内容的丰富性、自我体验过程的波动性、自我体验的敏感性和情境性等特点。医学生不仅要面对繁重的学习压力，较为漫长的生涯探索，更加多元的人际环境，同时也比其他同龄人会更早地面对生命的复杂性，因此对于“我对自己满意吗？”“我能够做到吗？”“我的人生有意义吗？”等的自我体验更复杂多变。理想我与现实我的差异，他人我与现实我的不同，在这个时期也会导致情绪的两极化，因此自我体验也是强烈的。在一项关于大学生自我体验基本情况的调查中，研究人员列举了 20 对描述情感自我体验的具有相反意义的词语(如热情—冷漠、憧憬—悔恨)，要求被试者从中选出 10 个能表达自己近来心情的词语。结果显示，大学生自我体验的基调倾向于：热情、憧憬、自信、紧张、急躁等，情感体验较为丰富，波动性表现明显。而在医学院校这样一个特殊环境中，医学生的正常情绪在繁重的学业中不能得到排解，因此内心的体验更为激烈。大学阶段，对知识的渴求，对友情的需要和对爱情的憧憬以及在逐渐接触和了解社会过程中的一些挫折和思考，使得医学生的自我体验复杂而强烈。

### (三)自我调节的自觉性与独立性

医学生自我调节的自觉性体现在，随着知识以及生活阅历的增加，能够根据别人的评价对自己的行动结果进行反省，及时调整自己的行为以适应实现目标的要求。医学生有其特殊的社会责任，对生命和人生持积极的态度，具有强烈的自我设计的愿望，他们不仅思考“我是一个什么样的人”，而且还为自己设计了理想我的奋斗目标。现今的医学生不只是单纯地学习学校的课程，很多医学生还主动进行社会实践、创业以及学习规定课程以外的知识，根据自己的理想不断丰富和完善自己。由于医学专业的实践性很强，很多医学生在大一或大二的时候就主动到医院或诊所实习和观摩，这有利于快速将自己所学的专业知识与实践相结合。同时，医学生的自我设计表现出了很强的独立性。他们强烈地期望摆脱幼稚性和对他人的依赖，希望通过自己的言论、行动，运用自己的双手和智慧，去实现自我设计。

### (四)自卑感与自尊感交织

自卑感和自尊感是自我体验中一种两极的反应形式，在大学生中表现较为明显。自尊是对自我价值体系的认可，影响个体如何评价自己的特点和能力，表现为个体悦纳并尊重自我，对自己抱有积极的态度和情绪。根据马斯洛的需求层次理论，人的需求主要有五大类：生理需求、安全需求、社交需求、尊重需求和自我实现需求，其中尊重需求包括对他人的尊重和自尊。自尊感的获得有利于个体健康发展。研究得出，高自尊个体相对于低自尊个体更容易取得成功，并且愉悦感更强。自卑是指自我评价偏低、自愧无能而丧失自信，并伴有自怨自艾、悲观失望等情绪体验的消极心理倾向。处于自卑状态的医学生，在比较理想我与现实我时，对理想我期望较高，但无法达到；对现实我不满意，又无法改进。然而自卑感并不是如影随形地时时处处都会存在，其情景性仍然很明显，通常产生于失败的体验之后，尤其在经历过多次失败后，个体往往会怀疑自己的能力，就会对这种失败耿耿于怀而难以自拔，失去自信，从而把失败归咎于自己的无能。有自卑感的同学若一门功课不及格就认为自己缺乏学习能力，知心朋友少就认为自己社交能力差，甚至还毫无根据地臆造自己的许多弱点，这样的一种认知归因方式导致了自卑感的加重以及心理的不健康状态。自卑感也产生于别人的消极评价，尤其是这些消极评价来自权威人士时更为严重。医学院校的大学生，其自尊和自卑的体验相对于其他院校的大学生而言更为特殊，医学的学科性质就决定了医学生的学业压力较大，积极性易受到打击，更容易体验到自卑。

**【视窗 2】**

## 自我同一性

埃里克森认为自我同一性是指个体对自己的本质、价值、信仰及一生趋势的一种相当稳定一致和比较完整统一的意识。通俗地讲，就是个体在寻求“我是谁”这个问题的答案。埃里克森把人的一生分为既是连续的，又各有独特发展课题的八个发展阶段，并提出了著名的“循序渐进的发展学说”，认为人一生的发展要遵循胚胎的渐次生成原则。据此，他将人的一生从婴儿期到老年期分为八个发展阶段，每个发展阶段都有其独特的发展课题(表 3-1)。

**表 3-1 埃里克森人格发展八阶段**

| 阶段 | 年龄范围 | 心理社会品质 |
|---|---|---|
| 基本信任对基本不信任阶段 | 出生至 12～18 个月 | 希望 |
| 自主对羞愧与怀疑阶段 | 18 个月～3 岁 | 意志力 |
| 主动对内疚阶段 | 3～6 岁 | 目标、勇气 |
| 勤奋感对自卑感阶段 | 6～12 岁 | 能力 |
| 同一性对角色混乱阶段 | 青少年时期 | 忠诚 |
| 亲密对孤独阶段 | 成人早期 | 爱情 |
| 繁殖对停滞阶段 | 中年时期 | 关心 |
| 自我完整对失望阶段 | 老年时期 | 睿智 |

埃里克森认为，人生发展的八个阶段，每一个阶段都面临着特殊的发展任务。例如，在青年期个体将面临发展与完善自我同一性的任务，而自我同一性一旦确立则意味着个体对自身有了充分的了解，能够将自我的过去、现在和将来整合成一个有机体，确立了自己的理想与价值观念，并对未来的发展做出了自己的思考。进入青春期，青少年的心理和身体都经历着“疾风骤雨”般的变化，这种变化首先震撼了青少年自身，青少年对自身的关注变得敏感，诸如“我是谁”“我想成为什么样的人”等问题几乎引起了每个青少年的思索。随着年龄的增长，进入到大学这样一个全新环境中的青年，必须仔细思考自己以前积累的有关自己及社会的知识，并借此做出种种尝试性的选择，最后致力于某一生活策略。如果个体在这个阶段获得了积极的同一性而不是消极的同一性或角色混乱，他们就会形成忠诚的美德。忠诚意味着一个人有能力按照社会规范去生活，意味着我们能在既定的现实中找到自己的位置，在这个位置上能奉献自我，实现自己的价值，在有意义于社会的同时也感受自己生活的意义。

如果个体达不到同一性的确立，就有可能引起同一性扩散(又称同一性混乱)或消极同一性发展。个体在同一性确立的过程中，如果难以忍受这一过程的孤独状态，或者服从别人的意见，或回避矛盾，拖延时间，就不能正确选择适应社会环境的生活角色。这类个体无法“发现自己”，也不知道自己究竟是什么样的人和想要成为什么样的人。他们没有形成清晰和牢固的自我同一性。消极同一性是指个体形成与社会要求相背离的同一性，形成了社会不予承认的、反社会的或社会不能接纳的危险角色。但在此，“危机”有着发展的意义，它并不意味着灾祸临头，而是隐含着转折点，或者说是个体在发展过程中必须实现或完成的“发展课题”。的确，在大学阶段个体认识、整合、发展“我”的过程中，所经历的“矛盾—统一—发展”这样的自我认知并不是一直愉悦的，一定会有迷茫、冲突或者混乱出现。如果这些困扰没有严重影响到你的生活和学习，请继续积极探索，因为这是成长中会有的滋味；如果这些困扰让你难以应对，请积极寻求帮助，因为自我同一性危机期也是个体关键的成长期，能够在专业的帮助下更好地认识和整合自己，会让你成为更有力量、人格更为健全稳定的人。

## 二、医学生自我意识发展存在的问题

健康人格有三个核心标准：情绪健康积极、人际关系协调、自我感受良好。自我感受属于自我意识范畴，而自我意识在人格形成和人格结构中占有极其重要的地位。自我意识影响了个体的认知、情感、意志、信念等，对人格的健康发展具有重要意义。在大学阶段，医学生面对专业课程多、课程之间的跨度大、学习时间长、教学安排紧、交往的人群相对单一等问题，其人格的发展特别是自我意识的发展更易出现危机。危机不能得到及时解决常引发心理问题甚至心理障碍。

### (一)成就期望与现实失望的落差

医学是神圣的，很多学生带着医学梦走进医学院校，对理想中的自我充满信心和强烈的成就欲望。而现实自我的能力、知识、经验与理想自我的实现尚有很大距离。面对理想自我与现实自我的落差，医学生陷入趋避两难的冲突中：要么积极进取使现实自我向理想自我趋近，要么自认“志大才疏”放弃理想自我而自我消沉。在理想自我与现实自我之间徘徊的医学生很多，他们总是在寻找或者抱怨差距，而没有真正认识自己，这就是在自我同一性确立过程中没有全面地、发展地、积极地看待自己。在个体发展的过程中理想自我与现实自我存在差距是正常现象，若只是把眼光着眼于差距而看不到发展，则容易陷入自我困扰的局面。

### (二) 强烈的独立意识与难以摆脱的依附心理的冲突

进入大学，有的同学并没有清晰地认识到这是走向独立的第一步，仅片面地以为这样可以从家庭、父母的管教和约束中挣脱出来，而没有考虑到自己还不能完全脱离各种依附关系。理想自我给自己设计了一个经济、学习、生活乃至心理上完全独立的蓝图，这就是自我的独立意识。但是对医学生甚至所有的大学生而言，对学校、家庭、父母、教师、同学的依附心理是无法摆脱的。在经济上，医学生几乎完全依赖父母或学校的资助；在学习上，由于缺乏专业知识和专业技能，更无法摆脱对教师、学校和同学的依附；而对复杂生活环境和人事关系的决策和应变，也离不开同学、朋友、教师、父母的帮助；在情感上，对亲人、朋友的依附也是必然存在的。

### (三) 交往需要与自我封闭的矛盾

医学生在人际交往中有追求爱与归属的需要。他们从家庭中获取亲情、从同学和朋友中获取友情、从恋人那里获取爱情。他们愿与朋友分享快乐、分担痛苦、沟通信息和交流情感。但出于安全的需要，为了自我保护，医学生在人际交往中存有戒备心理，他们常常把自己内心世界的真实想法封闭起来，与他人保持一定的心理距离。这种盼望有个好人缘(理想自我)与社交恐惧(现实自我)的冲突常常使医学生无所适从，饱受孤独感的煎熬。再加上相对于综合性大学，医学院校的专业性较强，学生群体单一，医学生占了学生总人数的 80%以上，缺少文科和工科类学生，理科的思维模式使得医学生在交往中呈现一定的单调性和贫乏性。并且面对较大的学业压力和社会责任感，医学生在人际交往中出现的问题较多，在心理咨询中，医学生存在的问题很多来自人际关系的不和谐，在定位自己在社会、群体中的位置和角色时出现了问题，在个人表达和对待他人的方式和情感上出现了危机，在对亲密与疏远、片刻与长久等问题的思考中陷入了混沌，这些问题都是在自我同一性的发展中对自我认识不足、没有形成一个全面客观的价值观所造成的。

### (四) 自尊感与自卑感的冲突

医学生是同龄群体中的佼佼者。社会中医生的职业优越性及其地位对医学生的自我体验有一定影响。社会认同、长辈赞誉、同龄人羡慕，会使医学生产生优越感和自豪感。他们审视自己的智力、才能，对未来充满自信。而进入大学后，他们从布满鲜花的舞台上走下来回到了现实中，这才了解到“盛名之下，其实难副”“山外青山楼外楼”，与其他人相比自己并没有什么明显优势，特别是在学习、社交和文体活动中显现出劣势、不足或失误时(如考试不及格、人际关系紧张，或实验操作没达标等)，相当数量的医学生对自我的认识与评价会走向另一个极端——全盘怀疑、否定自己。特别是大学与中学所存在的诸多差异，比如在中学衡量学生优秀与否的标尺就只有学习成绩一个，而在大学衡量学生优秀与否的标尺很多，并且更倾向于能力方面，在一个实验操作中，学生的动手能力更为重要，而那些过去“死读书”的学生，较难适应医学院校注重实验和操作的环境，并且容易产生自卑的情感体验。因此这样的差异常使一些医学生出现焦虑、忧郁和悲观。这种从自尊到自卑的反差是医学生自我体验中的一对重要矛盾。

**【做一做】**

结合医学生自我意识存在的问题，写出你很想解决的 3 个问题，越具体越好。

采访 4 名不同年级的师兄、师姐，看看他们是怎么处理的。

## 第三节　医学生自我意识的调适和发展

古希腊人认为，认识自我才能富于智慧，也只有通过认识自我才能去认识世界。而现代人，特别是当今大学生常常挂在嘴边的一个词就是“迷茫”。为什么迷茫呢？“不知道自己要什么”“不知道什么才是适合自己的”“不知道我能做什么”“不知道……”，这些问题都表达了我们对自己的未知。迷茫是暂时的，甚至可以说是我们成长的一个阶段和过程，但我们需要找到正确的方法去拨开迷雾，看到那个真实的自己。

### 一、认识自我

随着知识经验的增加、实践活动的发展，人们在不断地认识自我，但真正彻底地、明确地认识自我的人不多。原因一方面在于人对自己的心理常常不能像测量自己的血压、身高那样做到一目了然，即使可以进行心理测量，也只能是心理状态的一种参照而不是定论；另一方面在于人们在认识自我时还缺乏一定的积极性、客观性和坚持性，因此，“当局者迷”的情况也就时有发生。现代人有很多文化经验、科学知识，可以说无所不知，但缺少自知。而自知乃是一个人自我意识发展的基础。

下面介绍一些常用的探索自我的方法，运用这些方法来分析自己，可更加全面和深入地认识自我，并且获得新的体验。

美国心理学家约瑟夫・鲁夫特(Joseph Luft)和哈林顿・英格拉姆(Harrington Ingram)提出了关于人自我认知的窗口理论，被称为乔韩窗口理论(图 3-1)。他们认为人对自己的认识是一个不断探索的过程。因为每个人的自我都有四部分：公开的我、盲目的我、秘密的我和未知的我。公开的我，也就是透明真实的自我，这是自己很了解，别人也很了解的部分；盲目的我是别人了解，自己却不了解的部分；秘密的我是自己了解但别人不了解的部分；未知的我，是别人和自己都不了解的部分，但可以通过一些契机激发出来。

| | 自知 | 自不知 |
|---|---|---|
| 他知 | A<br>公开的我 | B<br>盲目的我 |
| 他不知 | C<br>秘密的我 | D<br>未知的我 |

图 3-1　乔韩窗口理论

**【做一做】**

请依照图 3-1 中四个“我”的分布，画出你自己的四个“我”，通过自我反思写出公开的我和秘密的我，通过他人的反馈写出盲目的我，然后在未知的我中写下自己希望拥有的“我”。

在上面的练习中，大家对四个“我”的描述可能感到很吃力，似乎难以完成，不要着急，对自我的认识不单单是依靠想，还需要实践，在实践中观察和比较。可以通过以下途径认识自我。

### (一)积极参与社会交往

一个人要想全面客观地认识自我，首先必须积极进行社会交往，只有在社会交往的过程中，才能充分表现自我，才能发现自己的优点和不足，才能使自我的各个方面得以展现。如果画地为牢、故步自封，甚至孤芳自赏，就永远不能全面客观地认识自我。任何人关于自我的认识都不是与生俱来的，也不是凭空而来的，而是在社会交往中逐步获得的。离开了社会交往，一个人就难以获得有关自我的全面认识。米德强调，自我概念来源于社会交往。自我概念也只有在社会交往中才能形成，因此，社会交往对于人全面客观地认识自我具有极其重要的作用。

### (二)运用社会比较策略

社会比较是每个人全面、客观认识自我的重要方式。合理的社会比较策略，对于积极的自我概念的形成具有重要意义。不少同学在社会比较的过程中，常常出现严重的错误。有人找的是十分强大的参照对象，结果发现自己十分渺小；有人找的是很弱小的对手，结果觉得自己强大无比；有人专挑别人的长处与自己的缺点比较，越比越泄气。合理的社会比较，必然是综合的比较，既要横向比较，也要纵向比较，还要全面比较，绝不能无原则地比较。因为不同的人有不同的生活起点，譬如家庭背景、生理状况、智力程度、生活遭遇等，因此，在比较过程中必须综合考虑，切不可用片面的、静止的、孤立的眼光看问题，而要用全面的、发展的、联系的、历史的眼光看问题，这样自然而然就会形成积极的自我概念。所以，在与别人比较时，一定要注意可比性，看看双方的基础是否相当、双方的条件是否相同、双方的机会是否均等。只有具备了上述条件，比较才有意义，才能反映出自我的真实面。作为当代大学生，在衡量和评价自己时，应注意不仅要与自己表现差不多的同学相比，也要与表现强于自己或不如自己的同学相比；既要与同龄人相比，也要与不同年龄的人相比；既要与过去的自我相比，也要与理想的自我相比。当然在与一些伟大的人物相比较时，我们比较的不是成就，而应该是勇气、意志品质、理想、信念、社会历史条件等，并对这些差异进行思考和总结。

### （三）留意他人对自己的态度和评价

美国社会学家库利（Cooley）在其自我概念的理论中提出了“镜中我”的概念，他十分强调别人的态度、评价对自我概念形成的重要作用。他认为，个体的自我概念就是他人态度或评价在自我头脑中的反映。当然不同的人对同一个体的评价往往不同，同一个人对同一个体的评价在不同时期也会发生变化。每一种评价都不可能是对“自我”全面客观的评价，但只要把它们综合起来，就能得到比较全面客观的自我概念。因此在生活中，我们要留意父母、教师、同学、朋友等对自己的评价，这样我们就能够逐步形成对自我全面客观的认识。当然在听取别人的意见时必须虚心认真，敢于正视自己的缺点和不足，从而不断调整自我、战胜自我、完善自我。

### （四）以自己活动的结果为镜认识自我

行为是人心理的一面镜子。通过分析人的行为，能把握人的心理状态。人对外界的反应、改造活动，展示了人自身的体力、智力、品德、动机、兴趣等本身力量，使自己的内部世界对象化。因此，对自己活动结果的分析，是客观认识自我的途径之一。例如，通过自己记忆的速度、准确性、持久性，可以了解自己记忆的品质；通过分析自己在某些方面获得的成绩，可以得到对自己能力水平的认识。许多实验都表明，在个体进行自我归因中有一种将不成功的原因排除于自我之外，而将成功的原因归于自己的倾向。因而，要比较客观地认识自我，应该把别人对自己活动的认识和评价特别是自己活动的各项结果同自己的认识评价结合起来。

**【做一做】**

(1) 书写。请根据自己的实际情况，在3分钟之内写出20个关于“我”的句子。

(2) 观察。完成后，请观察你写的20个句子，分别是从哪些方面来描述自己的。

(3) 评价。回顾你所写的20个“我”，有什么感觉？你对自己的认识是积极的还是消极的？是多方面的还是较为单一的？注重了哪些方面？忽略了哪些方面？

(4) 交流。请和同伴交流各自的20个“我”，你又发现或者体验了什么？

(5) 思考。完成前面四个步骤之后，请回到自己，自由书写在这次活动中的观察和体验。

## 二、悦纳自我

悦纳自我的真实感受、悦纳自我的独特体验，是个体直面人生各种境遇的心理起点。悦纳自我就是要无条件地接受自己的一切，无论是好的或坏的、成功的或失败的、有价值的或无价值的。凡自身现实的一切都应该积极接受，要平静而理智地对待自己的长短优劣、得失成败，要乐观开朗，以发展的眼光看待自己。既不以虚幻的自我表现来补偿内心的空虚，也不消极回避自身的现状，更不能以哀怨、自责甚至厌恶来否定自己。一个人只有自我悦纳，才能被他人所悦纳。在悦纳自我的基础上，培养自信、自立、自强、自主的心理品质，从而发展自我，完善自我。可以通过以下途径积极悦纳自我。

### (一)合理定位理想自我

在现实生活中，一个人是否能积极悦纳自我，不仅与他是否能全面客观地认识自我有关，而且与他的个人抱负有关。要有适当的目标水平，合理的理想自我定位。目标水平过低虽然很容易达到，但所取得的成就并不能带来真正的满足感，而且也抑制了个人潜能的充分发挥。而当一个人的理想自我与现实自我差距太大时，个人再努力也难以实现，会降低其自信心，容易导致拒绝自我(如自卑、自杀)。因为每个人的能力都有一定的限度，如果一个人不能客观估量自己的能力，仅凭良好的愿望与热情去做事，结果往往会失败，导致个人心理蒙受打击，产生挫折感。对于医学生来讲尤其应当注意，因为医学生未来将承担重大的社会责任，对人的生命和价值应该有更深刻的思考和积极的判断，并且医学生正值青春年华，富于幻想，正在为自己的未来规划宏伟蓝图，往往对自己的期望很高，一旦遇到挫折，势必会产生悲观情绪进而拒绝自我。所以，在全面客观认识自我的基础上，建立适中的理想目标，对悦纳自我具有重要意义。因此医学生应尽可能使自己制订的目标与自己的能力及各方面条件相匹配，把近期目标和远期目标结合起来，既能调动自己的积极性，充分挖掘自身的潜力，又有实现预定目标的可能性。

**【视窗3】**

## 不要过分追求完美

每个人都希望自己是完美的，也都不同程度地追求自我完美。但在追求完美的过程中，如果对自己的要求过于严格，希望自己完美无缺，就很容易带来适应障碍。过分追求完美常常表现在相辅相成的两个方面：一方面是对自己持过高的要求，脱离了自己的实际状况，从而使自己的“完美”期待常常受挫；另一方面则是苛求自己，即对自己的“不完美”之处看得很重，有时候甚至连人人都会出现、人人都会遇到的小问题都不放过，结果难免自怨自艾。

其实，追求完美不仅不可能，甚至根本就没必要。心理学家研究发现，最受人欣赏的，并非完美或全能的人。在一项试验中，研究人员将不同的四卷访问录像带，分别播放给四组被试观看，让他们凭主观感觉评分，以表示他们对受访者的喜欢程度。录像的内容，都是访问者与受访者面谈，受访者身份是大学生。四卷录像带中的人物都一样，只是访问者的事先介绍以及访问过程有所不同。第一卷录像带中，访问者在介绍受访者时，将他描述成一个能力杰出的大学生，他是荣誉学生、校刊编辑、运动健将等。在访问过程中，受访者表现得格外轻松，对访问者提出的所有问题都毫不费力地答对了。如此，受访者给人的印象是完美无缺的。第二卷录像带的内容与第一卷大同小异，唯一不同的是，在访问过程中出现了一段小插曲：受访者表现有点紧张，不小心将咖啡打翻，弄脏了自己的衣服，场面相当尴尬。第三卷录像带中，访问者将受访者说成是一个普通的大学生，在访问过程中，受访者的表现也很普通。第四卷录像带的内容与第三卷大同小异，不同点与第二卷中的相同。经分析被试的评定，结果发现大家最喜欢的是第二卷中的受访者，其次是第一卷中的受访者，再次是第三卷中的受访者，最后是第四卷中的受访者。这一研究发现说明，才能平庸者固然不会让人倾慕，但全然无缺点的人，也未必讨人喜欢；最讨人喜欢的是精明而带有小缺点的人。为什么在行为上表现略带瑕疵的人反而会讨人喜欢呢？按心理学的解释，这种现象被称为出丑效应。意思是说，精明的人不经意中犯点小错，不仅是瑕不掩瑜，还让人觉得他与别人一样有缺点，缺点反而成了优点。人们之所以会有这种心理现象，是因为一般人与全然无缺点的人相处时，难免因自己不如人而感到不安；若一旦发现精明的人也和自己一样有缺点，就会因为他也具有平凡的一面而感到安全。

上述研究的发现及其分析应该给过分追求完美者以启示。事实上，所谓优点、缺点都是相对的，一个人的优点往往也是他的缺点，反之亦然。揪住自己“缺点”不放的人是不明智的。不妨记住，追求完美作为一种积极向上的精神是可取的，但若作为一种性格特征，则常常是令人生厌和有害心理健康的。(摘自：黄希庭和郑涌，2007)

### (二)积极的评价自我

大学生在自我悦纳时，常常由于非理性的自我评价而导致不能良好地接受自我，常常以他人的评价替代自我的感觉经验而造成自我认识的扭曲，或者由于不能正确地认识自己，心中茫然，遇事盲目。有不少学生总拿别人的长处比较自己的短处，那样只能越比越糟糕，不会有任何激励作用，反而会加重自身的心理负担。金无足赤，人无完人，每个人身上难免存在一些不足之处，如身材矮小、家庭经济困难等，许多客观缺憾和环境是不能改变的。有的大学生由此产生自卑情绪，能认识自己却不能接受自己，这必然会增加自己的不安与痛苦。要改变这种心理现状，就要避免以唯一的标准进行社会比较，要认识到自己的优缺点，对自己有一个全面正确的评价，坦然地、积极地接受现实中的自我。

### (三)良好的社会支持

通过人际交往，可以同他人交流思想、感情，相互启发、相互疏导、相互帮助，增进相互之间的沟通和理解。人际交往的时间与空间范围越大，就会得到越多的社会支持，从而建立起充分的安全感、信任感，促进自我的进一步肯定。因此，广交朋友，积累经验，扩展自己的交往空间，是悦纳自我的途径，也是培养健康自我意识的需要。多接触一些人和事，多交一些朋友，关心自己，也关心别人、关心社会，就会赢得别人的喜爱和认可，精神生活就会丰富、愉快。一个被别人接受的人反过来也更容易接受自己。

**【做一做】**

“我总觉得自己不如人，做事畏畏缩缩，说话躲躲闪闪。我特别害怕别人取笑我，我觉得那就是嘲笑、挖苦和贬低。有时候别人根本不是取笑，我也会有这样的感觉。虽然我各方面条件都不差，可心里总觉得比别人低一等……”

上面这种心理困扰你有过吗？请认真回想，填写下表。

| 我自卑的表现 | 它对我的危害 | 这种心态的成因 |
| --- | --- | --- |
| | | |

然后告诉自己：“我明白了，我决心向它说‘NO！’”

最后，填写下面的句子，并作为礼物送给自己，把它放在你经常能看到的地方，让自己心情愉悦，充满信心。

A.我是很不一样的，因为______________。

B.我喜欢自己______________，因为______________。

C.我曾经克服的最大的困难是______________，所以我觉得______________。

D.我虽然有时会______________，但我还是喜欢我自己！

## 三、创造自我

认识自我是人类智慧的表现，悦纳自我是成功人生的敲门砖，只要敢于突破自己那颗脆弱的心，付诸行动，就能创造自我。临渊羡鱼，不如退而结网。因此大学生应该正确定位自我，估量自身潜能并确立适当的人生追求目标。赫舍尔认为，真正的思想是碰壁后才产生的，是遇到困难、挫折、牺牲、不幸、压制之后产生的，是面临抉择时产生的。在生活和学习过程中，我们免不了遇到困难和挫折。在困难和挫折面前，不灰心、不丧气，保持自信和乐观态度是积极的自我意识的集中体现。这就要求每一个医学生要有强烈的实践和锻炼意识，积极参加各种社会实践活动，努力提高自己的挫折耐受力和各方面素质，逐步发展和完善自我。自我的发展和完善必然会促进积极的自我意识的形成。积极的自我意识反过来又必然会促进自我的发展和完善。

不断进行自我塑造，达到完善自我、创造自我的境界是健全自我意识的终极目标。大学生有远大的抱负和理想，但“齐家、治国、平天下”须从“修身、养性”开始，即从点滴小事开始，从行动开始。具体来说，想要有强壮的体魄，就要经常参加自己喜欢的体育活动；想要开阔思路，就多读书读好书。行动之后常反思，吸取经验和教训后再度投入行动中，如此往复，自我便一步一步得到完善。

通过科学全面地认识自我，积极悦纳自我，通过实践行动创造自我，能够具有健全的自我意识的人，不仅是个人命运的承担者，而且是个人命运的创造者。自我的悦纳与反思使自我的发展充满张力，人生历程也因此充满惊喜和期待。

**【做一做】**

想一想，你羡慕过什么，你想得到它吗？你想改掉自己的某些坏毛病吗？或者班上某些同学的某些方面是你想超越的吗？写一份挑战书，向自己或者班上的某位同学发起挑战。挑战的内容可以是成绩、能力、品质、习惯、技巧等自己希望提升的方面。挑战书中要有明确的挑战实施计划，并承诺付诸行动，还要有明确的挑战任务完成情况记录，最后总结挑战的结果。

| |
|---|
| 我的挑战书：<br>我的挑战目标：<br>我的挑战计划：<br>我的行为记录：<br>我的挑战完成情况（是否完成挑战）<br>　　我完成了挑战，做到了：<br>　　我没有完成挑战，我的思考：<br>总结我的挑战： |

**【回顾与思考】**

(1) 什么是自我意识？

(2) 医学生自我意识的特点是什么？

(3) 认知自我的途径有哪些？

(4) 悦纳自我你可以做些什么？

(5) 如何分别以僵固式思维和成长式思维去理解创造自我？

**【扩展阅读】**

## 僵固式思维　成长式思维

斯坦福大学行为心理学教授卡罗尔·德韦克经过长期的研究发现，人们有两种不同的思维模式：一种是僵固式思维模式，一种是成长式思维模式。两种思维模式有什么差别呢？

僵固式思维模式的人，倾向认为智力等能力的水平是天生的。他们几乎都认为成功的标准是完美完成任务，他们害怕犯错，而且面对他人和世界采取防御的态度。而成长式思维模式的人相信智力等能力是能通过后天的努力而提升的。如果问他们觉得自己最成功的时刻是什么，他们会回答是通过自己的努力克服了困难的时候；他们看重在过程中自己的努力以及获得的提升，而不仅仅以结果论成败。他们对于世界是探索的态度。

德韦克教授通过分别对两种思维模式的人做脑电波实验发现：拥有僵固式思维的人只有在反馈信息反映其能力水平时才会产生兴奋感。当他们被告知答案正确与否时，脑电波显示出他们的注意力在此时表现得最为集中。然而当能够帮助他们获得学习机会的信息出现时，他们的脑电波没有显现出任何的兴奋迹象。即使他们所给出的答案是错误的时候，他们也不屑于去学习正确的解法。而那些具有成长式思维模式的人则对能够增强自身能力的知识格外关注，他们把学习过程看得更为重要。

可以看出，拥有僵固式思维的人会因为只关注结果而不关注提升而失去进步的机会。同时僵固式思维更容易使人抑郁。德韦克教授对大学生们的研究发现，困境会同样让两种思维模式的人抑郁和沮丧，但是拥有成长式思维的学生即使沮丧也会积极应对困境，而拥有僵固式思维的学生则不断纠结那些困境，遇到挫折可能会让他们认为自己无能和失败。

成长式思维会让人在职场上事半功倍。谈判能力在职场上是非常重要的能力，一项针对 MBA 学生的研究发现，具有成长式思维的人比具有僵固式思维的人的谈判表现更好。在谈判中具有成长式思维的人不仅能让结果对自己有利，还能用创造性的方式让双方都获利。而且有更多成长式思维成员的队伍更加有可能获胜。研究者罗伯特·伍德和他的同事曾经做过一项团体行为研究。他们发现成员都具有成长式思维的小组的合作会更好，因为大家都坦诚地表达自己的意见，而具有僵固式思维的人害怕自己不如其他成员，因此小组内没有很高质量的讨论。

既然思维模式这么重要，那么僵固式思维模式能转变为成长式思维模式吗？

德韦克教授表示认知疗法能帮到我们：“认知疗法教会人们控制自己做出极端评判，从而使得人们对事物的认知更加合理。”其实除了心理咨询，日常的一些努力也能帮助我们塑造成长式思维。德韦克在《看见成长的自己》一书中提出了塑造成长式思维的三部曲。

1.接纳自我

要知道“完美的自己”并不可能存在，我们要接受自己是不完美的这个事实，在这个前提下才能走出提升自我的第一步。

2.察觉自己的“僵固”想法

僵固式思维和成长式思维是可以同时存在于一个人身上的。比如在工作上是僵固式思维，但在业余兴趣的发展上是成长式思维。那么该如何察觉自己的思维模式呢？可以问问自己以下问题。

(1)你认为智力等能力是天生的还是可以通过后天努力提高的？

(2)当别人的表现比你更好时，你认为对方是比你更聪明、更有才华，还是比你更努力、用了更好的策略？

(3)你认为努力是愚蠢的表现吗？

(4)你理想的亲密关系是“我爱你，我就会努力去思考我们怎样才能更好地在一起”还是“我爱你，但是我想到你现在还不够爱我，那么这就证明你不是适合的爱人”？

(5)你认为成功的标准是做到自己的最好，还是没有犯错？

以上只是简单列举了几个问题，建议大家可以将图 3-2 贴在常见的地方，时刻提醒自己。

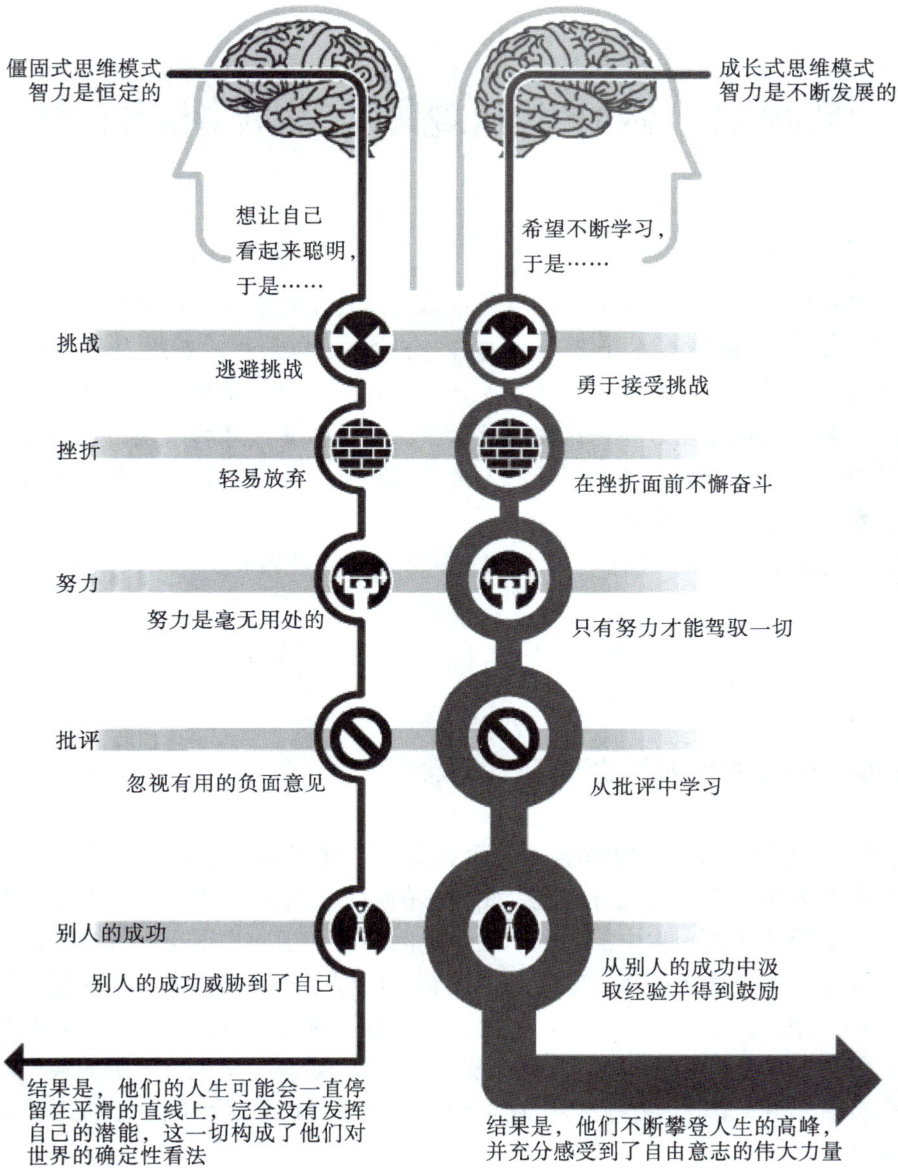


图 3-2　僵固式思维和成长式思维运作模式图

3.制订可执行的成长式计划

研究发现，我们多项重要的认知能力在四五十岁才达到巅峰，所以不要太早放弃人生，要相信自己还有很多改变和提升的空间。成长式思维模式虽然不能保证我们升职加薪走上人生巅峰，但是它能给我们的人生带来更多的可能性。

现有能力 vs 行动努力，你现在有没有更多的思考？

无论是职场还是人生，我们都是在不断的试错中成长，相信自己有改变的力量。尽全力去做每一件事，总比畏首畏尾止步不前好。

# 第四章　做好生涯规划　发展相应能力

**【内容导读】** 许多大学的心理咨询中心连续数年对来访者的问题进行了统计，发现专业学习的困扰普遍存在于各年级与各专业的大学生中。专业“学什么”“怎么学”“学成什么样”，专业与未来职业是什么关系，如何科学地进行职业生涯规划，如何培养和发展相关职业能力……这些都是大学生需要认真思考的问题。这些问题如果得不到及时解决，将会影响大学生今后的人生发展和身心健康。如果你也有类似的困扰，希望学完本章后能够找到答案。

**【核心词汇】** 职业生涯；职业规划；职业能力；时间管理

## 第一节　生涯与职业生涯的概述

### 一、生涯、职业生涯及职业的基本概念

生涯的英文是 career，也被翻译成职业生涯，现在多被引申为人生发展历程。目前，大多数西方学者接受的生涯的定义是舒伯的观点：生涯是生活里各种事态的演进方向和历程，它统合了人一生中的各种职业和生活角色，由此表现出个人独特的自我发展形态。生涯不是一个静止的点，它是一个动态的历程；不只发生在人生的某个阶段，而是如影随形，相伴人的一生。同时，因为遗传因素、家庭背景、经历、所处社会环境等的不同，每个人的生涯也会不同。即使处于同一时代或同一文化背景下的人们，他们的生涯也会各有不同，因为生涯发展中还会受到其他多种因素的影响，所以，生涯的发展是个性化的发展。

职业生涯有广义和狭义之分，广义的职业生涯来源于舒伯的观点，指的是职业生命周期。职业生命周期，包括从任职前的职业教育培训，到寻求职业，再到就业从业，直到完全脱离职业，占据了人生大部分时间。人的一生，最重要的、起决定性作用的是职业生命周期，它是个人生存和发展的前提条件。因此，从该定义出发，人的职业生涯始于出生、止于去世。狭义的职业生涯主要来自赫尔的观点，他认为职业生涯只包括一个人一生中与职业相关的活动和经历。本书对职业生涯的界定倾向于广义。

职业没有高低贵贱之分，但职位有高低之分。从社会职位的分布来看，低级职位在社会中分布最多，职位层次越高，相应的职位就越少。任何职业对从业者都有从业要求。同样，相应的职位也要求从业者具备相应的能力，高级职位要求从业者具备更高的能力(图 4-1)。

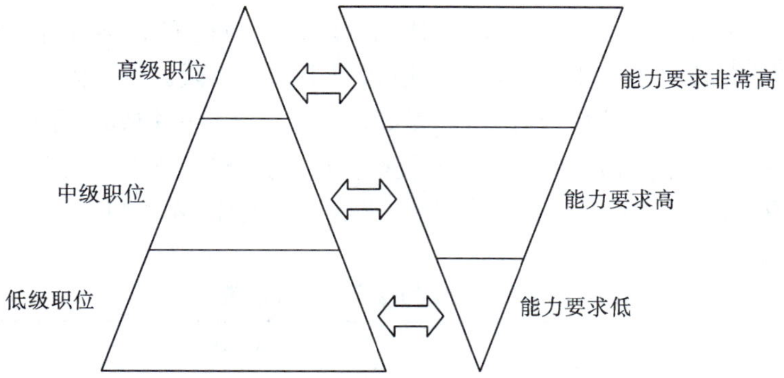


图 4-1　职位与能力关系图

“人往高处走，水往低处流”，人的本性是追求更高层次的发展。通过上大学，能够在较短时间内系统地学习适合自己未来发展方向的专业知识和技能，然后将这些知识和技能转化为自己的职业能力，为自己的职业生涯发展创造一个比较高的起点。大学所强调的“学会学习”，会使我们拥有更强的学习能力，在未来职业发展中，这种学习能力能使我们与时俱进，及时更新知识，培养新的工作技能，从而使我们具备持续的职业发展。虽然，高学历并不一定意味着高能力、高素质，但是从概率来说，通常高学历者较低学历者拥有更高的能力与素质。因此，用人单位在招聘员工时，为了降低用人风险，往往青睐高学历者。

## 二、个体生涯的发展阶段

关于生涯发展的阶段说，孔子做过很好的论述：“吾十有五而志于学，三十而立，四十而不惑，五十而知天命，六十而耳顺，七十而从心所欲，不逾矩。”

舒伯将生涯发展阶段与角色彼此间相互影响的状况，描绘成一张“生涯彩虹图”(图 4-2)。彩虹图的横向层面代表的是横跨一生的生活广度，从出生到死亡，包括成长

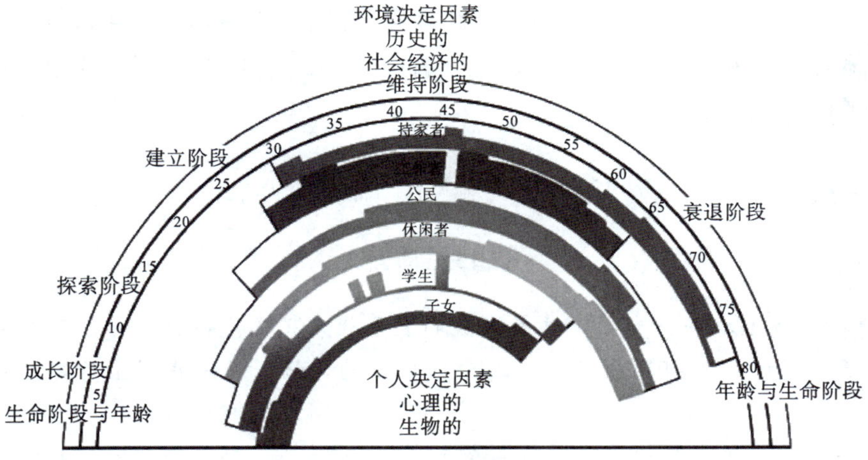


图 4-2　生涯彩虹图

阶段（0～14 岁）、探索阶段（15～24 岁）、建立阶段（25～44 岁）、维持阶段（45～65 岁）和衰退阶段（65 岁以上）。大学生的生涯发展阶段属于探索阶段。这一阶段主要的发展任务是从多种机会中探索自我，逐渐确定职业偏好，并在所选定的领域中开始起步。

舒伯认为在人的生涯发展中，各个阶段都要面对成长、探索、建立、维持和衰退的问题，因而形成“成长—探索—建立—维持—衰退”的循环（表 4-1）。

**表 4-1 人生的循环式发展任务**

| 阶段 | 青年（15～24 岁） | 成年早期（25～45 岁） | 中年（45～65 岁） | 老年（65 岁以上） |
|---|---|---|---|---|
| 成长 | 发展适宜的自我观念 | 学习建立与他人间的关系 | 接纳个人的限制 | 发展非职业性的角色 |
| 探索 | 尝试更多的机会 | 寻找机会，做自己喜欢做的事 | 辨认新问题并设法解决 | 寻找合适的退休后的活动场所 |
| 建立 | 开始工作或创业 | 安于现职 | 学习新的技能 | 从事向往已久的事 |
| 维持 | 验证当前的职业选择 | 设法保持工作的安定 | 巩固自己，面对竞争 | 保持仍有兴趣的事 |
| 衰退 | 减少用于嗜好的时间 | 减少运动时间 | 集中于主要活动 | 减少工作时间 |

如一个大学一年级的新生，必须适应新的角色与学习环境，经过“成长”和“探索”，一旦“建立”了较固定的适应模式，同时“维持”了大学学习生活之后，又要开始面对另一阶段——准备求职。原有的已经适应了的习惯会逐渐“衰退”，继而对新阶段的任务又要进行成长—探索—建立—维持—衰退，如此周而复始。

生涯彩虹图上，纵向层面代表的是纵贯上下的生活空间，由一组职位和角色组成。舒伯认为人在一生中必须扮演九种主要的角色，依序是：子女、学生、休闲者、公民、工作者、夫妻、家长、父母和退休者。米歇尔罗兹（Michelozzi）指出，生涯规划有突破障碍、开发潜能和自我实现三个积极的目的。一个人最大的幸福，是能以自己选择的方式生活。择其所爱，爱其所择的结果，会使一个人以己为荣，并呈现出圆融、丰足、喜悦、智慧和充满创造力的气质。

在美国，从幼儿园开始就有生涯辅导；在中小学，更是有多种多样旨在扩展生涯经验和增进自我了解的职业探索活动和教育活动。生涯辅导不是以“一个萝卜一个坑”的方式进行，而是融入个体的自我发展、角色发展进程中。但在我国，生涯规划还是一个比较新的概念，很多大学新生还有生涯规划离自己还很远的想法。其实不然，从大一开始做生涯规划，起步已经不早了。

**【练一练】**

## 我的生命线

（1）请在白纸上画一条直线，这条直线的长度代表了你生命的长度。思考一下，你期待自己活到多少岁？将直线的一端视为你生命的开始，另一端写上你期待可以活到的年龄。

（2）在这条生命线上找到你现在的年龄点，并标记下来，写下你现在的年龄。

（3）回顾你过往生命历程中发生的重大事件，在直线上方写出三件对你最有积极影响的事，并在直线相应位置上标明年龄。在直线下方写出三件至今对你还有消极影响的事，并在直线相应位置上标明年龄。

(4)思考一下这些事件对你的影响，即它们如何使你成为今天的你。

## 三、生涯规划的意义

相信同学们在上大学前，对大学生活非常憧憬：美丽的大学校园、来自五湖四海的同学、学识渊博的教师、丰富的社会活动、童话般的爱情……这一切美好的景象促使同学们甘愿忍受高中的苦读生活。但是，相信同学们来到大学并不是为了享受这些，而是想通过上大学，系统学习专业知识，全面提升能力和素质，成为一个能自己养活自己，对家庭、对社会有用的人。那么，大学生活对个人的职业生涯发展有怎样的影响呢？

阿基米德说过："给我一个支点，我就能撬动地球。"人们在社会上要想获得成功，实现自己的梦想，也同样需要一个支点，那就是职业。职业是人们参与社会分工，利用专门的知识和技能，为社会创造物质财富和精神财富，获取合理报酬作为物质生活来源，并满足精神需求，带来自我实现的工作。

现代社会中，职业是绝大部分人投入时间、精力最多的人生组成部分。许多心理学家认为职业能满足人的各类需求。职业能给个体带来经济的自立，能满足个人的生理和安全需求。同时，在社会层面上，职业能带来他人的关爱、肯定和群体归属感。在心理层面，职业能带来自我肯定和自我实现。因此，人生需求满足和人生发展质量与一个人的职业生涯发展是密切相关的。

# 第二节 大学生职业生涯的规划

大学生涯是职业生涯发展的准备阶段，是为人生发展奠定基础的黄金期。在大学阶段的学习、生活和社会实践情况直接或间接地决定了大学生未来职业生涯发展的方向与高度。

**【练一练】**

### 我的旅游计划

1.暑假快到了，请为自己制订一个详细可行的旅游计划。

2.将同学分为3人小组讨论。

(1)你的旅游计划是什么？

(2)你制订这个计划经过了哪几个步骤？

(3)你将如何实施这个旅游计划？

(4)这个过程与职业生涯规划有哪些相似之处？

3.小组总结，并在全班交流讨论。

## 一、职业生涯规划的内容

其实，职业生涯规划并不难，它和制订一份旅游计划有很多相似之处。如目标的制订、过程的实现，都和一个人的兴趣爱好和自身条件等相关，对目标和过程的选择没有绝对的好坏之分。俗话说，条条大路通罗马。不同的路有不同的风景，所以在旅游行程的选择上，没有哪条路是绝对好的，只有对某人某时比较合适的路。对个人的职业生涯发展来说，也是如此。对目的地信息的了解，可以让行程更有把握。但无论对信息有多么细致的了解，也要有对风险和意外的心理准备。你能否如愿以偿地实现目标，这在很大程度上取决于你是计划的推动者还是依赖别人，后者常让人陷入抱怨而无所作为。

### （一）自我职业心理探索

“我是谁？”“我是一个怎样的人？”“我喜欢做什么？”“我擅长做什么？”我们可能不经意间会经常自问，但可能很少有人会认真对待，认真回答。然而这些看似常见的问题，却关系我们的人生。古希腊哲学有句名言：“人啊，认识你自己。”虽然简短，却铿锵有力，听起来振聋发聩。确实，人生中面临重大抉择时，只有那些善于认识自我的人，才能准确把握自己的发展方向，做出正确的职业选择。要认识自我就需要不断进行自我探索，最终形成统合的职业自我概念。

心理我是职业自我的核心内容，也是自我探索的重点领域，它对一个人的职业选择和职业发展都起着至关重要的作用。对于正处于生涯发展关键阶段的大学生来说，一个非常重要的任务就是采用各种认识自我的方法积极探索自己的各种职业心理特点，了解自己能干什么、不能干什么、喜欢干什么、适合干什么。

**【想一想】**

我有哪些个性特点？____________________

我的兴趣是什么？____________________

哪些东西是我生命中不能缺少的？我最看重什么？____________

我有哪些技能是与众不同、赖以为生的？________________

其他：我的健康、性别、民族状况。________________

#### 1.价值观与职业选择

价值观是人们对周围事物的一种评价或态度，是在一定环境中动机、目的、需要和情感意志的综合体现。价值观是一种内心尺度，支配着人的行为、态度、信念、理想等，支配着人认识世界、明白事物对自己的意义和自我了解、自我定位、自我设计等。

职业价值观就是价值观在职业选择上的体现，它是人们在职业生活中表现出来的一种价值取向。同学们在求职过程中看重的东西并不完全相同：有的同学看重的是能否获得更多的培训和学习机会，是否有更大的发展空间；有的同学看重的是工作的创造性和挑战性，这样可以让他们在工作中更有激情和动力；也有一些同学看重的是工作地点是否离家近，能否有更多的休闲时间；还有一些同学看重的是能否获得更多的报酬……在职业选择中，我们有时会遇到难以做出决定的问题，这可能是因为我们不清楚自己真正需要什么。所以，在制订职业发展规划前，我们必须清楚地知道自己的职业价值观。

**【想一想】**

生涯拍卖会：探索我的职业价值观。

拍卖的东西如下表，每样东西的底价都是2000元，每人总共有10000元。

| | | | | |
|---|---|---|---|---|
| 1.爱情 | 2.帮助他人 | 3.友情 | 4.健康 | 5.声望 |
| 6.亲情 | 7.美貌 | 8.财富 | 9.精湛的技艺 | 10.爱心 |
| 11.自由 | 12.理想的事业 | 13.知识 | 14.权力 | 15.安全感 |
| 16.成就感 | 17.个人发展 | 18.工作保障 | 19.休闲时间充裕 | 20.工作内容多样 |
| 21.运用创造力 | 22.良好的环境 | 23.有美感的工作 | 24.冒险 | 25.晋升机会 |

你最初打算买进的5样东西是(需排序)：________________________________。

你最终买进的东西是：________________________________________。

你的花费为____________________元。

用一句话概括本次活动结束后你的感受：________________________________。

2.职业兴趣探索

子曰：“知之者不如好之者，好之者不如乐之者。”这里的“好”指的是爱好，“乐”就是在爱好的基础上乐意去做。两者说的都是兴趣，只是程度不同。爱因斯坦说过：“兴趣是最好的老师。”实践证明，在众多影响个人职业生涯发展的主客观因素中，兴趣像一只无形的手，起着重要的作用。

职业兴趣是一个人想从事某种职业的愿望。一个人如果对某种职业感兴趣，就会对该种职业活动表现出肯定的态度，并积极思考、探索和追求。如果一个人根据自己的爱好选择职业，他的主动性会得到充分发挥。即使十分疲倦和辛劳，也总是兴致勃勃，心情愉悦；即使困难重重，也绝不灰心丧气，而能千方百计、百折不挠地去克服它。“发明大王”爱迪生几乎每天都在实验室辛苦工作十几个小时，甚至在那里吃饭、睡觉。在旁人看来，他肯定苦不堪言，但他却不以为然，并宣称：“我一生中从未间断过一天工作，每天都其乐无穷。”

有关资料表明，一个人如果从事自己感兴趣的职业，能发挥其全部才能的80%～90%，并能长时间保持高效率而且不感到疲劳；如果从事不感兴趣的职业，则只能发挥其全部才能的20%～30%，而且容易感到疲劳。古今中外事业上取得成功的人，往往是在强烈兴趣推动下取得成功的。可以说，谁找到了自己感兴趣的职业，谁就有可能踏上成功的道路。

兴趣是在一定需要的基础上，在社会实践中逐渐形成的，可以通过培育养成。职业兴趣有时是潜在的，需要自己去发现。一个人可能同时有几种职业兴趣，关键是要从社会需要和自己的能力优势方面去选择和确定适合自己的职业兴趣。对于不喜欢自己专业的同学，我们并不鼓励换专业，而建议大家先寻找专业与自己兴趣的结合点，因为不同职业间具有关联性。

3.职业性格探索

良好的性格对大学生的学习、人际交往和未来取得的事业成就关系密切，在某种意义上，可以说“性格决定命运”。古今中外，无数杰出的人物既由“时势”造就，也由本身性格造就。性格不仅主导着一个人的人生观、价值观，也直接影响着个人的职业选择。

一般情况下，每种职业都需要从业者具备相应的性格特征。如果能根据性格来选择职业，就能在从业活动中，表现出更高的胜任感和成就感。当然，也不能过分强调性格对职业的影响，因为大多数职业并不过分强调与性格的严格对立。同一职业领域不可能完全由某一性格类型的人来做，而某一性格类型的人在不同岗位上都可能取得成功。职业也会影响性格，让性格更加适应职业的要求。

4.职业能力倾向探索

能力是职业选择与发展中最为现实的方面。从价值观、兴趣和性格角度看，我们寻找的都是理想中的职业，而能力使得理想落到实处，将美好的理想和现实有机结合起来。每个人的能力不尽相同，都有各自擅长的方面：你可能对数字不是很敏感，却擅长文字表达；你可能不擅长写作，却擅长运动……总有一种特长让人对你刮目相看。

职业能力是指人们从事某种职业的多种能力的综合，是进行职业或岗位选择的一个重要条件。任何一种职业或岗位，都要求从业者具备相应的能力。职业能力直接影响职业活动效率和职业活动能否顺利完成。不同的职业对人的能力有不同的要求，如机械操作员、服务员等需要有较强的动手操作能力；导游、营销人员等需要有较强的语言表达能力；医生需要有较强的思维能力和动手操作能力。

大学阶段是职业能力培养的关键期，在大学期间进行职业能力的培养非常具有现实意义。参加社团活动、参与教师课题、尝试大学生创新创业项目、当志愿者、课余见习、寒暑假到与专业相关的单位实习、勤工俭学都是很不错的培养职业能力的途径。

### (二)工作世界探索

制订职业生涯规划时，一方面要认识自我的方方面面，另一方面要认识未来职业生活的工作世界。认识工作世界的方法很多，归纳起来大致分为三类：静态的资料接触、动态的资料接触和参与真实情境。只有将多种方法结合起来，才能对工作世界有一个全面、深入的了解。

静态的资料接触是指通过一些有关行业、职业等状况说明的书籍、调查报告、文献、招聘广告等存在于纸质或网络载体的文字材料来了解工作世界的信息。当前，这类资料非常多，阅读后能对各类职业及相关行业的发展历史、现状、未来趋势有比较清晰的认识。但是，这些静态资料毕竟是二手资料，在查阅时，一定要有自己的判断。

动态的资料接触是指通过一些实践活动获得工作世界的信息。动态的资料接触可以使我们获得工作世界的第一手资料，增强自身对未来从业环境的感性认识。访谈一位职业生涯发展优异的师兄或师姐是大学生获得工作世界资料的常见方法。大学期间，各专业都会邀请一些正在攻读高一级学位的师兄师姐，或已经在工作中小有成就的师兄师姐现身说法，与低年级的学弟学妹们进行面对面的职业交流，这就属于职业生涯人物访谈的方式之一。

此外，还可以通过参与到真实的工作情境中获得工作世界的信息。与动态的资料接触相比，通过参与真实工作情境获得的职业资讯更加全面，在职业体验方面也更加深刻，而且可以培养自己的职业能力，获得工作经验。利用课余时间、寒暑假进行社会实践活动，积极参与大学生创新创业项目是大学生参与真实工作情境最常见的两种途径。同学们身处其中，既能了解工作世界，还能增加阅历，积累实践经验，增长才干，一举多得。以市场为导向、以职业社会要求为主导的学习与实践，更能激发大学生学习的动力、兴趣，有助于其树立更加明确的学习与职业发展目标。

**【想一想】**

当前社会环境现状：________________________________。

专业与职业的关系：________________________________。

工作世界的宏观发展趋势：__________________________。

具体职业对工作人员的要求、条件和待遇等：______________。

继续教育方面的选择：______________________________。

## 二、职业生涯规划常用技术

制订一份科学有效的职业生涯规划需要借助一些客观有效的方法。下面介绍两种制订职业生涯规划时常用的方法。

1.SWOT 分析法

SWOT 分析法最早由美国旧金山大学的管理学教授韦里克在 20 世纪 80 年代初提出，它是检查个人技能、职业、喜好和职业机会的有用工具。S 代表 Strength（优势）、W 代表 Weakness（弱势）、O 代表 Opportunity（机会）、T 代表 Threat（威胁）。其中，S、W 是内部因素，O、T 是外部因素。当事人运用这种方法，可以对自我或职业发展进行分析。比如，当事人运用此方法进行自我分析，很容易知道自己有哪些优点和缺点，会仔细地评估自己感兴趣的不同职业道路的机会和威胁，并且将这几种因素匹配起来进行全面、系统、准确的研究，最后梳理出发展战略，以及与之相应的发展计划和对策。

2.“5W”法

“5W”法是指让当事人自问自答 5 个问题：“What are you？”“What do you want？”“What can you do？”“What can support you？”“What can you be in the end？”当一个人回答了这 5 个问题，找到它们的共同点时，就有了自己的职业生涯规划。该方法尤其适合即将毕业的大学生。

## 三、制订职业生涯规划应遵循的原则

纵观各类职业规划不难发现，科学地制订职业生涯规划一般需要遵循以下三个原则。

1.职业关联原则

专业，是指学校根据社会分工的需要分成的学业门类，它是从学科与技术、学习与培养的角度来划分的。而职业是按工作职能来划分的，是人们在社会中所从事的作为谋生手段的工作，大家找的工作通常就是一种职业。大部分本科专业所对应的职业目标有多个，比如临床医学专业，虽然培养的方向是临床医生，但是临床医生又分为外科、内科、耳鼻喉科、眼科、肿瘤科、影像科、骨科等不同类型的医生。又比如经济学专业，该专业的学生可以从事企业管理、经济学研究、新闻记者、策划营销、经济分析、高校教师等多种职业，而新闻记者这种职业，它可以接收经济学、新闻、中文、哲学、历史等许多专业的学生。考虑到职业关联原则，针对不喜欢自己专业的大学生，专家常常建议他们寻找专业与兴趣的结合点，而不是鼓励他们换专业。比如，一医学生擅长与人打交道，喜欢从事管理类工作，但对学医不感兴趣。职业辅导专家给出的建议是先安心学习，做到大学毕业能顺利拿到“两证”，就业时，再把就业方向放在医疗领域的管理工作上。

2.可操作性原则

可操作性原则也就是职业生涯规划是否具有实现的可能性。不具有可操作性的职业生涯规划只是纸上谈兵。试着回答以下问题，将会帮助我们判断自己的职业生涯规划是否具有可操作性：①这份规划适合我的个性、兴趣吗？②我反感规划中的职业吗？③我目前和将来可能具备什么样的能力？

3.时间坐标原则

每个规划目标都要有两个时间坐标：开始的时间和预期实现的时间。如果没有明确的时间限定，就很容易使职业生涯规划陷入无限期的空谈中。在职业生涯规划分解落实的过程中，把美好设想一步步落实到每天的学习生活中是重中之重，否则一切规划都将是空中楼阁。美国管理学家彼得·德鲁克在《有效的管理者》一书中强调“时间是最稀有的资源，不能管理时间，便什么也不能管理。”所以，在职业生涯规划落实中必须要有明确的时间限定。

# 第三节　医学生的职业能力发展与目标规划

## 一、大学生的一般职业能力

职业能力是职业活动要求的，并在职业活动中发展，直接影响职业活动效率，使职业活动得以顺利完成的能力。不同职业对人的能力要求不同，从事脑力和创造、创作工作的，如科学、哲学、医学等领域的职业，一般以认知能力倾向为主；从事对人的工作，如教育护理、社会服务、经营管理等职业，一般以人际沟通能力倾向为主；从事以物为主的工作，如制造业、农业、建筑业等行业的工作，一般以实际操作能力倾向为主。概括地说，大学生需要的职业能力大致分为以下三种。

(1) 功能性或可迁移性能力。比如思考、写作、组织、计算、操作的能力。这些能力可以应用到每一种职业领域，应当大力培养。

(2) 内容性能力，主要指在校学习中获得的专业知识和技能。大学生应当努力掌握这些专业知识和技能，将其内化为自身的能力，为自己的职业生涯打下坚实基础。

(3) 适应性能力，又叫自我管理能力。这类能力很难识别为技能，更多时候被认可为人格特质。如精力充沛、善于分析、理性、真诚可靠、执行力强、时间管理能力强等。这些技能是个人职业成就的重要影响因素。

如果能清楚了解不同职业对从业者能力倾向的要求，并根据自己现有能力，好好规划自己的职业生涯，弥补自己专业与职业上的短板，能使自己在今后的就业中更快地适应，将更容易获得成功。

## 二、医学学科特点与职业能力要求

### (一) 医学学科特点

医学是研究人类健康与疾病及其相互转化规律以及如何诊治、预防疾病，维持健康的一门学科，在我国被划分为 11 个一级学科和 55 个二级学科。11 个一级学科分别是基础医学、临床医学、公共卫生与预防医学、口腔医学、中医学、中西医结合、药学、中药学、特种医学、医学技术和护理学；二级学科则包括内科学、老年医学、麻醉学、肿瘤学等。我国将“5+3”人才培养模式作为医学人才培养的主流模式：5 年的临床医学本科教育加上 3 年的住院医师规范化培训或 3 年临床医学硕士专业学位研究生教育。四川大学医学教育研究与发展中心曾诚教授指出：“医学教育具有分段连续性特点。医学生在成长过程中所受的教育培训包括在校医学教育、毕业后医学教育、继续医学教育三大阶段。在校医学教育阶段，以学习基础医学、临床医学、预防医学、相关人文社会科学的基础知识、基本理论，培养基本能力为主要目标，为进行临床培训打基础；毕业后进入临床实践培训，重点是培养发现、分析和解决临床问题的实际能力，逐步积累临床经验，掌握技术操作技能，培养各种临床能力；继续医学教育则以知识更新、持续保持专业能力为目标。三者既是一个分段的过程，又是一个连续性过程，具有较长周期。”此外，还有一部分医师想在大医院做“分工更细”的专科医生，比如神经内科、泌尿外科等，就需要在住院医师规范化培训结束后，进入亚专科规范化培训基地继续学习，这是“5+3”人才培养模式的进一步细化，被称为“5+3+X”人才培养模式。由此可见，医学学科特点对医学生的职业能力提出了更高要求。

### (二)医学职业能力要求

医学生除了需具备上述大学生的一般职业能力外，还需具备以下职业能力。

#### 1.职业认同感和高尚的职业道德素质

医学生制订职业生涯规划的前提是熟悉职业特点及要求，加强职业认知，做到“知己知彼”。医疗行业的特殊性要求医务人员具有强烈的责任意识和崇高的职业道德。孔子曰：“其身正，不令而行；其身不正，虽令不从。”在医疗行业，医德和医术同等重要。医德就是医生的个人职业道德修养和医疗作风。一个缺乏高尚职业道德的医生，即使医术再高，也不是一名好医生。一个再有学识、再有能力的医生，倘若在品行操守上不能把握好分寸，则极有可能会对自己的成长道路造成阻碍，甚至给医院造成莫大的损害。

#### 2.良好的职业人格

医疗卫生行业是一个服务性、实践性很强的行业，它要求医务人员的诊疗、护理行为都要对患者的身心健康有利。因此，医务人员不仅要关注患者的疾病，而且要为患者的身体康复提供精神支持，安抚患者内心的焦虑。这就要求医务人员不仅要有较高的医疗水平，还要有良好的医学职业人格。

#### 3.过硬的业务能力

业务素质是医学生入学后首先要学习的基本内容，也是医生进入临床后首先要下功夫苦练的本领。只有把这些基本功练到炉火纯青的地步，才能得心应手，运用自如。医生的业务素质主要包括以下几个方面：一是基本理论，如解剖、生理、生化、病理、药理等。二是基本知识，如医院的常规制度、各项操作规程、正确询问病史、病历及各项医疗文件的书写、望触叩听等基本检查的步骤与方法、常规检验与常用功能检查的项目及临床意义、药物作用适应证及禁忌证等。三是基本技能，如危重患者的急救技术及各项诊疗技术的操作、各种常用检查器械的操作技术等。这些基本素质是一个好医生应该具备的，并且是诊断治疗中需要熟练运用的。许多医生，尤其是年轻的医生容易忽视对这些最基本的业务素质的学习和实践。

#### 4.合理的知识结构

随着“生物—心理—社会”医学模式的确立，作为医生，除了需具备扎实的理论知识、娴熟的专业技能外，还需具备良好的人文精神。医学生在专业知识学习的同时需加强人文知识的学习，并将医学人文理论知识应用于临床实践，使自己学会从医学、道德、法律、政治等不同角度去研究、解决医疗问题。

5.不断学习的能力

医学是一个飞速发展的学科，医生需要终身学习，才能跟上医学的发展，否则将被淘汰。因此，医生必须不断学习新的知识、新的理论和新的技术，才能适应新形势的要求。

6.充足的体力

由于我国医疗资源相对不足及医疗工作的特殊性，医生经常加班，大多还是无偿的。一台手术几个小时站下来非常考验医生的体力，一旦碰到连台手术，有时候连吃饭的时间都没有。因此，当医生就要有充足的体力和常年不享受法定节假日休息的心理准备。

## 三、医学生职业发展的目标规划

不同年级有不同的发展任务和要求，因此大学生需根据自己的长期发展目标，合理确定不同年级的发展目标和行动计划。

### （一）大学一年级：新生适应与职业探索期

这一阶段的主要目标是适应大学生活，树立规划意识。刚刚进入大学的学生，离开了家庭和熟悉的中学，来到一个完全陌生的环境，生活环境、学习氛围、人际关系都发生了很大转变，理想与现实的差距会使他们产生复杂的思想和心理变化，容易引发孤独、失落、迷茫、焦虑、消沉等心理问题。因此尽快适应大学生活，融入新的集体，规划自己的大学生活是大学新生面临的一大问题。

作为新生，要尽快完成从中学生到大学生的角色转变，适应大学生活，树立未来发展的目标。具体来说，可以虚心请教师兄师姐，积极参加集体活动，建立新的人际关系圈；通过参与各种学生组织、社团等组织的课外活动来发展自己的兴趣与爱好；尽快熟悉本专业的相关情况；了解学校就业指导中心等机构所提供的职业信息，提高对与自己所学专业有关的职业的认识；也可与家人、朋友、教师等讨论自己的兴趣或通过职业测评工具全面客观地探索自己，思考有哪些职业与自己所学的专业相吻合，通过互联网、报刊和访谈等渠道进一步了解这些职业所要求的能力倾向，明确自己应该提升哪方面的竞争力；同时，培养专业兴趣，努力学习，力求优良的学习成绩。这些都有助于更好地定位自己，发现自己在某一方面的特长和潜力。寻找专业与兴趣的结合点，探索一两个自己感兴趣的专业方向。

### （二）大学二年级：职业定向期

这一阶段的主要目标是确定主攻方向，培养综合素质。经过一年的适应，入学时的不适应已基本消除，新的心理平衡已初步建立，自信心和独立性进一步增强，有了一定的自我教育和自我批评能力。在此阶段，大学生极强的可塑性得到充分展示，大部分学生开始树立自己的人生观、世界观和价值观，制订自己的大学奋斗目标，并有意识地朝自己感兴趣的方向发展和提高。但也有一些学生，人际交往困难、专业学习方法不恰当、网络成瘾，甚至违反校规校纪。因此，要注意根据自己的发展意愿选定专业方向，学有余力，有条件的可辅修其他课程或学习第二学位；建立合理的知识结构，注重专业能力的培养，参加英语、计算机等工具性证书的考试；积极参加学生会或社团工作，培养自己的组织协调能力和团队合作精神，提升自己的综合素质；尝试兼职、社会实践等，积累一定的职业经验，提高自己的专业素质、责任感、主动性和受挫能力。

### (三)大学三年级：职业技能提升期

这一阶段主要是提升职业技能，积累职业经验的时期。经过大一和大二的历练，大三学生独立生活和处理问题的能力有所提高，对自己的专业知识有了更深的了解和掌握，未来目标及方向基本明确。很多专业的课程要求见习，因此要积极参与，在见习中不断提高自己的职业素质和职业能力。扩大校内外交际圈，加强与校友、职场人士的交往，提前参加校园招聘会，与用人单位招聘人员进行沟通；学习求职技巧，学会制作简历、求职信，了解面试技巧和职场礼仪；如果决定考研，要做好复习准备；如果希望出国留学，要注意留学资讯和动向，准备雅思、TOEFL、GRE 考试。同时在大三后期要查漏补缺，检查当下与毕业后目标的差距，及时采取措施纠正，为顺利完成大四、大五的目标打下坚实基础。

### (四)大学四年级和五年级：冲刺期

这一阶段主要是充分掌握信息，实现毕业目标的阶段。大四、大五是学生们比较忙碌的阶段，面临着实习、毕业和择业的多重压力，他们心理上处于矛盾而忧虑的状态。偏高的就业期望和现实的就业压力产生了矛盾，由于担心学非所用或胜任不了工作而忧虑感增加。选择就业的学生，为了找到一份好的工作，积极充电，关注就业信息，跻身于各类人才市场和毕业生招聘会，希望通过自己的努力谋求到理想的工作岗位。因此，对于找工作的同学，要多关注各类招聘信息，或登录招聘单位网站，或通过咨询、访谈等方式，了解招聘单位的相关信息，为面试做好准备，提高求职能力；同时了解劳动法规和政策，学会保障自己的劳动权益。选择报考研究生或者出国继续深造的学生，他们仍然在埋首苦读，暂时没有就业压力。还有部分学生，就业单位已经落实，学习、就业压力都已消失，但也不可整天无所事事，需要充分了解职业要求，做好专业到职业的无缝对接。

## 第四节　学会时间管理　成就自我

如果每天都有 86400 元进入你的银行账户，并且必须当天用完，你会如何用这笔钱？你可能会想，怎么会有这样的好事？是的，每人都有这样一个户头，那就是“时间”。每天每个人都会有 86400 秒进账。哲学家伏尔泰说过：“最长的莫过于时间，因为它无穷无尽；最短的也莫过于时间，因为我们所有的计划都来不及完成。”那么，你是怎样管理和利用时间的？

如果你的情况与“想一想”中这位同学的情况差不多，表明你非常有必要掌握时间管理的技术。如果你是医学生，则更需要管理时间，因为医学被誉为“理科中的文科”，各类基础医学知识都需要准确记忆，医学教材更是以重量著称。这都需要同学们有充足的学习时间来高效地学习。如果要想大学生活丰富多彩，更需要有效地管理时间。

**【想一想】**

## 时间是如何流逝的

我醒来的第一件事就是打开手机，上 QQ、微信，看朋友动态、查看与回复留言，少则 10 分钟，多则半小时，然后起床做事、学习。刚过一会儿，借口休息，又拿出手机，浏览今日新闻，看看邮箱里是否又有新邮件。我还习惯漫无目的地和朋友闲聊，读一些并不重要的书籍、杂志。

**【测一测】**

## 时间管理小测试

你把自己的时间管理得如何呢？下面有 10 个问题，请将代表频率的数字填在每道题后的括号里。1 表示“从不”；2 表示“偶尔”；3 表示“时常”；4 表示“总是”。

1.考试前我总是临时抱佛脚。（　　）

2.我能够按时交课后作业。（　　）

3.我觉得自己每天都有充足的睡眠。（　　）

4.我计划好了每周与朋友玩耍的时间，并且通常可以按计划行事。（　　）

5.当需要完成一篇论文时，我总是拖延到最后几天才开始写。（　　）

6.我经常因为时间紧而取消其他活动项目。（　　）

7.我通常可以按时完成学习任务。（　　）

8.我经常因为不能完成教师布置的任务而找各种借口。（　　）

9.我对自己目前的时间规划很满意。（　　）

10.我还有一些事情未完成，但就是没有时间去完成它。（　　）

我的得分是：____________

评分和评价

分数 A：将 1、5、6、8 和 10 题括号里的数字相加，就得到分数 A。

分数 B：将 2、3、4、7 和 9 题括号里的数字相加，就得到分数 B。

如果分数 B 大于分数 A，说明你能够很好地管理自己的时间；如果分数 B 小于分数 A，说明你可能经常拖延任务；如果两个分数相等，说明你还没养成时间管理的习惯，可能偶尔会拖延任务。

## 一、时间管理的意义

时间总是按照一定的速率远行，其本身是人力无法控制和管理的。所以时间管理并不是指以时间为对象进行管理，而是指时间使用者的自我管理，即通过降低使用者在对实现目标毫无贡献或贡献不大的事项上的时间消耗，以减少时间浪费，从而提高使用者的工作效率，达到科学管理时间的目标。

进行时间管理的浅层次目的是更好地完成我们想完成的事情。我们总是希望掌控每一件事情，能成为时间的“主宰”。进行时间管理的深层次目的是掌控生活。有效管理时间能使自己经常保持一种积极的心理体验，如“我感到我能够控制我的时间”“我总是有信心能够按时完成工作”“我每天都在做我应该做的事情”，所以时间管理效能与个体的心理健康水平呈正相关关系。时间的不可逆性要求我们不断提高管理时间的能力，利用好当前拥有的每一分钟。时间管理就是为了实现目标而对自己的时间进行计划、安排、控制、分配、使用、反馈等活动，对于每个人都有非常重要的意义。

(1) 良好的时间管理有助于提高学习效率。高效率的学习能使我们充分利用时间，学到更多的知识和技能。所以，良好的时间管理可以对个人的学业产生促进作用。相对而言，时间管理能力越强，学业成绩就越好；时间管理能力越弱，则学业成绩就越差。

(2) 良好的时间管理有助于获得成功。善于管理时间的人能够更出色、更快捷地完成学习任务，取得优异的成绩。这会促使其有更强的自信心和自尊心，不断进取，为实现远大理想而做好充足的准备。

(3) 良好的时间管理有助于身心健康。善于管理时间的同学由于能够快捷地完成学习任务，所以能给自己留出更多的时间来休闲和放松，或者发展个人爱好，这都有益于身心健康，而身心健康是成才的一个必备条件。甚至有人说：“时间管理最重要的目的是创造更多的休闲时间。”国外大量研究表明，缺少时间做个人的事情常常引发各种身心疾病。

## 二、有效管理时间的方法

### （一）懂得事情排序：不同事情背后的价值是不同的

在时间管理方面，许多人都很推崇“二八法则”，这一法则又被称为“重要的少数、微不足道的多数法则”，是意大利经济学家帕累托在长期的专业研究中所得。该法则的核心意思是：少量因素、投入或事件对最终结果可以产生非常大的影响，80%的收获来自 20%的付出，80%的结果归结于 20%的原因。这一法则被生活中的许多事实所验证，比如，在许多仓库中占用 80%资金的物资，品种一般在 20%左右；许多企业 80%的销售额来自 20%的客户；我们所花费的 80%的钱往往是用在了 20%的重要支出上……根据这一法则，可以推断出，对人生真正重要的事情其实只占所有事情的 20%，那么，我们的正确选择当然是拿出我们 80%的时间去做这些事情。如果我们能够知道收获来自哪 20%的关键付出，那么我们就能事半功倍了。

“二八法则”告诉我们，不同事情背后的价值是不一样的。因此，首先我们不能在所有的事情上平均分配时间，应该把事情先按价值排序，然后根据价值大小，分配时间；其次，我们在安排事情的顺序时，那 20%的事情应当排在时间表的前面，因为这 20%的事情是最有价值的，这其实也正是毛泽东同志提出的“抓主要矛盾”的思想；再次，在时间有限的情况下，我们应当把时间用在更好地完成那 20% 的事情上，荀子说：“大智有所不虑，大巧有所不为”，讲的就是有所选择和放弃的道理。我们都应该谨记歌德所说的：“最重要的事情，可千万别被那些不重要的事情随意摆布，永远不要！”

### (二) 做好事情分类：应按重要性和紧急性区别对待

美国著名管理学家史蒂芬·柯维提出了一个非常有用的时间管理理论，把工作按照重要和紧急两个不同的程度进行划分，基本上可以分为四个“象限”(图 4-3)。据此，可以把大学生涯中每天需要做的事情分为以下四类。

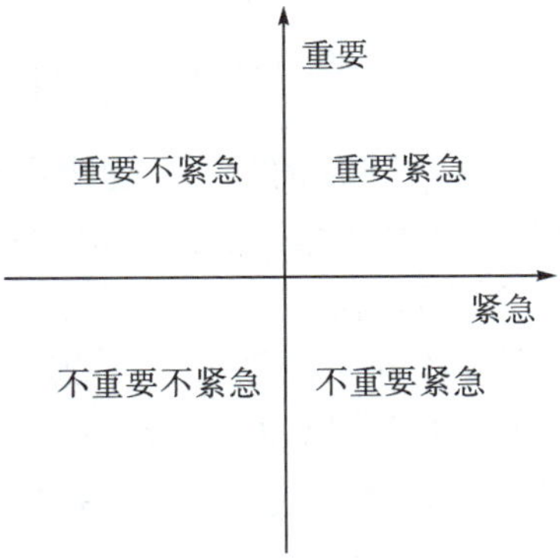


图 4-3　史蒂芬·柯维的时间管理象限图

(1) 重要且紧急的事情，是指那些必须立刻或在近期内要做好的工作，做不好就会对你产生很不利的影响。如下周就要进行某门课程的考试了，你还没有复习好；下个月就要去人才市场求职了，但你还没有制作简历。那么复习、制作简历就是重要且紧急的事情。

(2) 重要但不紧急的事情，是指那些从长远角度看可能会对你影响很大，但稍微延迟再做关系并不是很大的事情，包括对你的健康、财富及人际关系网等可能产生影响的事情。如对于大一学生而言，提高自己英语口语这件事情，需要每天练习积累；大二学生对于今后的职业方向这件事情还没想好，需要找教师听听指导意见，或需要多查查资料了解更多的相关知识；学期初，你感到局部解剖这门课学得磕磕碰碰的，是因为自己系统解剖基础不好，可能需要找个学得好的同学谈谈，请他帮忙辅导自己；大三的第一学期，你对报考硕士研究生的学校已经非常明确了，但对这所学校每年的考研信息还一无所知，还需要多收集这方面的信息。

(3)紧急但不重要的事情，即表面上看起来需要立刻采取行动的事情，但客观地审视，这件事情即使不做，其所产生的不利影响也是完全可以承受的。如一个可听可不听的讲座还有十分钟就要开始了，但你正在图书馆看一本有意义的书，那么听讲座这件事就是紧急但并不重要的事情；又如你正在操场打球，这时天开始变阴，看样子就要下雨了，你有一件衣服还晒在外面，这时去收衣服对你来说也是紧急但不重要的事情。

(4)既不紧急也不重要的事情，即在重要性和紧急度上都明显偏低的事情。如你的衣服要洗了；你需要和同学去超市看看，随便买点日用品备用；离放假还有一个多月，你想去图书馆借几本书在假期里翻一翻。这些就属于既不紧急也不重要的事情。

将事情区分为紧急事情与重要事情的理念很重要，紧急事情往往是短期性的，重要事情往往是长期性的。每个人都有过于关注紧急事情的倾向，而容易忽略重要但不紧急的事情。由于重要但不紧急的事情可以稍后再做，在很多时候似乎可以一直拖延下去，如果这些事情一直都没有成为紧急的事情，我们就可能永远不把它们列入自己优先要做的事情。大多情形下，我们确实这样拖延着，这些事情成为我们永远没有着手的事情，但这类事情对我们的长期影响却很大。因此，从中可以分辨出一个人的办事效率和时间管理水平。

### (三)掌握时间区分：不同时间段的价值是不同的

(1)大块时间。完成一天中最重要事情的时间，至少需要 2 个小时，可以分散地安排大块时间。如将一天 6 个小时的大块时间分为两次。这样安排时间会产生一种成就感。

(2)过渡时间。指大块时间之间的间隙时间。这段时间或许做不了什么重要的事，但是可以做一些小事情。如利用课间梳理听课笔记，巩固所学的内容，加深理解；回忆教师讲过的内容，跟同学探讨有争议的问题或交流心得。

(3)零碎时间。零碎时间看起来好像不太重要，但是如果能将这些时间充分利用起来做一些小事，坚持下来，效果也是非常可观的。

(4)固定时间。如果觉得在某个时间段做某项工作效果最好，把这段时间固定下来，就称为固定时间。比如每天早晨阅读、晚上做习题等。

(5)安静时间。学习是否有效，环境因素的影响很大。如果在寝室感觉非常吵闹，这时可以去自习室、教室、图书馆、操场等，给自己一段安静时间。

(6)弹性时间。每一项学习任务都需要时间，最好是留有弹性，即预估的时间应该稍微宽裕些。可以在完成一段学习后，安排一段弹性时间来做以前没有做完的事情，或者当作被干扰后的调节时间。弹性时间不能太长，半小时以内比较恰当。

(7)碎片时间。碎片时间指其他事情开始之前的等待时间，比如等车、超市付款、食堂购餐等排队等待的时间。不要小看这些等待时间，如能充分利用也可学到不少知识。如随身常备一些学习卡片，或者将学习资料拷贝进手机，在等待的时候拿出来看一下，不管是三分钟还是五分钟，都是有意义的。鲁迅先生曾说过：“我哪里是什么天才，我只是把别人喝咖啡的时间拿来写作。”

**【练一练】**

请根据自己的实际情况，填写表 4-2。

表 4-2　时间安排类型表

| 时间类型 | 可做的事情 | 目前我在这段时间做的事情 | 今后我应该在这段时间做的事情 |
| --- | --- | --- | --- |
| 大块时间 | 上课，消化当天课堂内容，完成作业，阅读与专业有关的书籍并查阅相关资料，写论文 | | |
| 过渡时间 | 复习笔记，回忆讲课内容，探索问题或交流心得 | | |
| 零碎时间 | 做一些小事，如记单词、练习听力、口语等 | | |
| 固定时间 | 根据学习习惯制订学习计划，如晨读英语、晚上做题 | | |
| 安静时间 | 阅读书籍、文献，写作，思考问题 | | |
| 弹性时间 | 做没有做完的事情，或者留作做事中途被干扰、打断后的调节时间，或用来休息缓冲，张弛有度 | | |
| 碎片时间 | 背单词、看公式、看新闻、听英语等 | | |

### (四)巧用生物钟

人的思维、情绪和身体各器官运转都有严格的时间节拍，这被形象地称为“生物钟”。灵活利用“生物钟”时段学习法，将会起到事半功倍的效果。

就内部因素来说，每个人都有自己独特的生物钟，有的人属于“百灵鸟型”，早晨学习、工作效率最高；而有的人则属于“猫头鹰型”，只有到了夜间，学习、工作效率才会达到最高；还有小部分人属于“麻雀型”，随时都可能进入很好的工作学习状态。人与人之间的生物钟特点存在差异，一天中状态最佳的时间段也会有所不同。状态最佳的时间段是最有价值的时间段，应该将重要的事情和最困难的事情放在这个时间段处理。

另外，医学上对多数人大脑记忆规律的研究发现：人的大脑在一天中一般有四个记忆高潮。早晨起床后的半小时是第一个高潮，这时大脑经过一夜的休息，既对前一天所学的知识有了重新组合，又对此时的知识印象清晰；第二个高潮是上午 8～10 点，这时人的精力最旺盛，大脑工作严谨，学习知识容易理解和消化；第三个高潮是下午 6～8 点，这是记忆的最佳时间；第四个高潮是睡前的 1 小时，这时记忆知识有利于巩固。根据这一规律，早晨适合安排短时记忆的内容，上午适合学习新知识，晚上适合学习需要长期记忆的内容。

就外部因素来说，即使不考虑生物钟的影响，同样长度时间段的价值也是不同的，比如假期里一小时与学期里一小时是有区别的，虽然前者受到的干扰会更少，更容易集中精力，但是后者更容易得到教师和同学的指导与帮助，前者则不具有这种优势。又如早上 10 点后的一个小时，与晚上 10 点后的一个小时也是有区别的，在早上的这一个小时中，你碰到问题需要向别人求助，或到图书馆查阅资料会很容易；但在晚上 10 点后的这一个小时里，有这种需要则会麻烦很多。因此，做不同的事情有不同的黄金时间，在时间管理中，有必要树立用合适的时间段去做合适的事的理念，因为不同时间段的价值是不同的。

## 三、执行力与计划实施

有些人经常规划自己的人生，有长远理想，也有短期目标，他们善于做各种计划，并且计划得非常详细。但是，计划制订完成后，他们的行动却永远跟不上，或者执行一段时间后，就因为各种理由或借口而放弃。过一段时间，他们又开始制订新的计划，然后又是草草收场，半途而废，进入一种恶性循环。再好的计划，没有行动，都是枉然。当你的计划一个一个被自己消耗掉以后，你其实对自己未来的人生就已经没有方向了。因为你的不执行杜绝了改变自己生活或命运的所有可能、所有途径。最终，你只能在自己幻想的美好未来中过一生。往往这时，我们的自我评价是不高的，觉得自己不能很好地掌控人生。

人的自信心的建立来自自己努力所获得的成果，如果每一天你都能看到自己的付出获得的回报，那么你的自信心就会越来越强——这是一个粗浅的道理。如果你每一天接收到的信息是我该完成的事情没有完成，那么你会越来越自卑，越来越看不起自己，否定自己。但这却没有引起大多数人的重视。

执行力是强大内心的重要能力，不能忽视。提高执行力。关键是要少说多做，说到就要做到。所以，从现在起，摈弃曾经的各种规划，从简单的小事做起，提高执行力。比如你注重健康，要锻炼身体了，那么先给自己定一个简单的任务：每天做 20 个俯卧撑。一个星期坚持下来了，下一个星期增加到 30 个，一个月坚持下来了，再增加一个项目，做仰卧起坐……执行力就是这样一点点培养起来的，先从能做、耗时短的事情开始，慢慢再尝试难做、耗时较长的事情。提高执行力的另一个重要意义在于，当你的执行力足够强大以后，外界对你的干扰也会随之减少。因为你心里清楚，有些事情是你必须要完成的，这时候你的心思和精力会重点花在这些事情上，而无暇顾及其他事情。提高执行力，可以从以下几方面入手。

### （一）努力克服拖延的习惯

很多人都有这样的经历，心里明明知道该做某件事情，但总是一拖再拖，最后弄得自己很被动，心情也很糟糕。拖延通常有三个原因：一是觉得这项任务太难。二是这项任务是自己不喜欢的。三是想完美完成这项任务，给自己定的标准太高，于是准备了又准备，总觉得没准备好，而延误了时间。其实这三种情况都是由缺乏危机意识、无法分辨轻重缓急和过于优柔寡断三种心理倾向造成的。

首先，面对困难的事情，要克服畏难情绪。切割任务，分阶段完成是克服畏难情绪的有效方法。再困难的目标，只要分解细化，就会很容易完成。

其次，面对不喜欢的事情，要想办法提高自己的兴趣。面对自己不喜欢的事情，通常我们不是在做事情的时候才开始拖延的，而是在了解相关信息的时候，就已在主动排斥。不少情况下，我们的不喜欢其实是由对这一事物缺乏了解造成的。很多人都有这样的经历，原来不喜欢某个人或某件事，后来接触多了，发现那个人或那件事还是挺不错的。所以提高自己对不喜欢事情的兴趣，第一个方法是说服自己去了解更多的相关信息，其实在开始了解一件事情的时候，你已经在做了；第二个办法是在做一件你不喜欢的事情时，像对待困难的事情一样把它分成几次去做，中间穿插一些你感兴趣的小活动或者几次小休息。每次间断奖励一下自己，于是做这件事情的不愉快部分也很容易让你有轻松的感觉。

再次，面对追求完美的倾向，提醒自己分清主次。我们应该学会分清事情主次的各种方法，给每件事情定出完成的截止时间，确保自己一定要在规定的时间内完成，提高自己的控制能力。

最后，在每次准备拖延时，给自己当头棒喝。其实我们每一次拖延都会给自己找借口，比如告诉自己："那件事也很急，先做那件吧。"表面上看，没有浪费时间，因为那件事的确也有做的价值，但这样很轻易地调转了方向，就使该立即做的事情处于被搁置的状态。因此，在下次给自己这种理由准备逃避的时候，我们应该立即告诉自己："不行，这件事情不能再拖了，这才是今天最重要的事！"或者我们直接想象这件事情一拖再拖可能产生的不利后果，甚至给自己几分钟时间，想想恶劣后果的具体情形。这样就很容易把本来已偏向的车头再调整到正确的方向。

### （二）学会说"不"

要事优先的原则告诉我们，一旦确定了哪些事情是重要的，对不重要的事情就应当说"不"，在时间管理中删除那些可做可不做的事情是节省时间最好的办法。在时间管理中除了要学会对有些事情说"不"外，还要学会对有些人说"不"。一个人只有学会说"不"，才会得到真正的自由，量力而行地说"不"，对己对人都是一种负责。

如何在繁忙的时间中统筹规划出整块的时间，以便完成那些重要任务是时间管理的重点，很多成功人士都有每天在固定时段不会客的习惯，以此保证自己拥有这样一段时间。据说，比尔•盖茨每年都会有几周时间处于完全封闭的状态，在这几周中他完全脱离日常事务，拒绝所有的外界干扰，思考一些对公司和自己非常重要的问题。我们在做重要事情的时候，也应当排除外界干扰，使自己更轻松，注意力更集中，效率更高。花费的时间长短与工作效率高低相比，后者对事情完成的质量有更重要的意义。

### （三）有意识地安排休息时间

福特曾说："只知工作而不知休息的人，就如同没有刹车的汽车一样极其危险。"会管理时间、积极工作的人，也会积极地安排休息，因为只有休息好了才更有利于工作。有些同学在为考研、写毕业论文或其他事情而忙碌的时候，睡得很少，这是不可取的。科学家发现：人的大脑仅占身体重量的 1/50，而其消耗的氧气与血红蛋白却占身体其他部分消耗量的 1/5。一旦大脑营养的消耗量大大超过其补充量时，即会出现抑制状态。这也是大脑的一种自我保护功能。因此，在学习和工作中，要做到张弛有度，保证休息与睡眠，长期使大脑过分松弛或过分紧张都是不可取的。因此，如果你的睡眠时间低于 6 小时，那就不要再少了。很少有人可以靠极少的睡眠来维持正常生活而不让身体受到伤害。学习是一个长期过程，欲速则不达。

**【回顾与思考】**

(1)谈谈自己的职业目标是什么，如何实现自己的职业发展目标。

(2)谈谈你对“先就业后择业”的理解。

(3)大学生进行职业生涯规划时，需要注意什么问题？

(4)如何规划你的职业生涯？

**【扩展阅读1】**

## 职业锚与职业锚理论

锚，船只停泊定位用的铁制器具。职业锚，又称职业系留点，具体说就是人们选择和发展自己职业时所围绕的中心。简单地说，就是指当一个人不得不做出选择时，当事人无论如何都不会放弃职业中他认为至关重要的东西或价值观。这部分东西或价值观是当事人自我意向的一个习得部分。职业锚强调个人能力、动机和价值观三方面的相互作用与整合，是个人与工作环境互动作用的产物，在实际工作中是不断调整的。

职业锚理论，又称为职业定位理论，是由职业生涯规划领域具有“教父”级地位的美国麻省理工学院斯隆管理学院、美国著名的职业指导专家埃德加·施恩(Edgar Schein)教授领导的研究小组，在对斯隆管理学院毕业生的职业生涯研究中演绎得到的。

**【扩展阅读2】**

## 一位医学生的职业生涯规划

一、认识自我

“健康所系、性命相托。当我步入神圣医学学府的时刻，谨庄严宣誓：我志愿献身医学，热爱祖国，忠于人民，恪守医德，尊师守纪，刻苦钻研，孜孜不倦，精益求精，全面发展。我决心竭尽全力除人类之病痛，助健康之完美，维护医术的圣洁和荣誉。救死扶伤，不辞艰辛，执着追求，为祖国医药卫生事业的发展和人类身心健康奋斗终生！”

浪漫的梦想需要规划，需要突破现实设下的种种难关，才能见到浪漫的雏形。热血沸腾的时候，我们信誓旦旦。然而，我更希望灰土满面的时候，我能拍拍身上的泥土，笑着对自己说一声“加油”。

1.个人基本情况

目前就读于柘荣职业技术学校，专业为农村医学(定向到农村)，一年级。具有较强的人际沟通能力、组织协调能力、很强的学习愿望和能力，活泼开朗、乐观坚强，对生活充满热情。

2.职业兴趣

我觉得能为兴趣而工作是件快乐而有成就感的事情，希望能从事一份能够给大家带来帮助并且工作环境相对简单的工作，这也是我选择医学的原因。我也喜欢与人打交道，享受和同学、朋友们分享的过程，在日常生活中能与教师、同学、朋友友好相处，待人热情，乐于助人，态度平易近人，处事周密得体，对自己的行为、工作有责任感。

相信我也能在工作中结识不同的朋友，与大家建立深厚的友谊。

3.个人性格

尊重权威和规章制度，喜欢按计划办事，细心、有条理，习惯接受他人的指挥和领导，不谋求领导职务。喜欢关注实际和细节情况，较为谨慎和保守，缺乏创造性，不喜欢冒险和竞争，富有自我牺牲精神，心态乐观，交际能力未达到理想状态，危机处理能力有待加强。

4.职业价值

我不求名利与地位，只求安稳，求一份工作能养活自己而不拖累父母，并且能使自己的亲人过得幸福。我的职业要对家人有帮助，也要有一定的人生价值。其实，无论是哪种职业，都要遵守职业道德，要有职业素养，要一心一意做好本职工作。

5.胜任能力

医生需要的是更细致和理性的思考，我在细节方面做得好，理性思维有待加强。我有良好的协调能力和合作精神、能控制自己的情绪，但在沟通与交流、逻辑判断与推理方面有待加强。

6.自我分析小结

根据以上分析，我认识到自己有很多的优点，但也有不少的不足。不足的地方我会加以改进，不断完善自我。

二、职业生涯条件分析

1.家庭环境分析

……

2.学校环境分析

……

3.社会环境分析

我们现在面临一个非常好的宏观环境：政治稳定，社会安定，经济发展迅速，法制建设不断完善，文化繁荣自由，尖端技术、高新技术不断涌现。21 世纪的中华大地充满各种人才成长发展的机遇。但是我们也要看到，人才的竞争日趋激烈，就业难、失业率居高不下等都使我们的就业形势不容乐观，这就更需要在分析社会现状的基础上，有针对性地做好自己的职业生涯规划。

4.职业环境分析

长期以来，医生被认为是具有较高社会地位和稳定收入的群体之一。近年来，医学类专业成为热门专业之一，报考医学专业的学生人数大幅增加，毕业人数也多。医疗行业作为关乎大众生命健康的行业，其行业性质决定了医学生涯学习需要花费更多时间和精力，因此医学毕业生往往不满足于到基层、偏远地区就业。这就导致了市场人才供求的结构性矛盾，造成了医学生的直接就业难。沿海经济发达地区的医院在用人门槛上要求比较高，对普通人才的需求已相对饱和，而一些偏远山区和相对落后的农村地区用人需求旺盛，乃至对一般的医学类本科生都已经达到“求贤若渴”的状态，但是医学毕业生少有问津。

三、职业目标定位及其分解组合

(1)职业目标的确定：一名优秀的内科医生。

(2)职业目标的分解与组合：过英语六级—顺利毕业，获取学士学位—取得执业医师资格—医师。

四、具体执行计划

| 计划名称 | 时间跨度 | 总目标 | 计划内容 |
| --- | --- | --- | --- |
| 短期规划 | 2017～2019 年 | 获取学士学位<br>提高自己的综合素质<br>人际关系良好 | 掌握专业基础知识<br>积极参加实践活动 |
| 中期规划 | 2019～2021 年 | 取得执业医师资格<br>提高专业能力 | 多向前辈求教<br>多学一点临床技巧 |
| 长期规划 | 2021～2040 年 | 尚无 | 尚无 |

大一：要适应大学生活，了解自己的专业，确立自己的目标，端正学习态度；适量参加一些活动，锻炼自己，扩展自己的人际交往圈。

大二、大三：这两年开始全面接触与临床相关的基础科目，掌握好专业知识，打好基础，认真完成每科的学习任务。在这两年之内英语要过六级，计算机要过二级。

大四：开始在医院见习，书本知识往往比较抽象，要带着对书本知识的疑问去见习，多问问带教教师，也要复习、巩固基础学科知识。

大五：开始实习，实习的时候努力掌握临床技巧，多锻炼临床思维。要顺利毕业，获取学士学位。

五、评估调整

职业生涯规划是一个动态的过程，必须根据实施结果以及变化情况及时进行评估与修正。

1.评估的内容

(1)在大学期间专业知识是否学得扎实，是否取得各种证书？

(2)是否能在定向服务单位连续工作六年以上？

(3)如果出现某些特殊情况，是否会放弃学医？

(4)是否能在服务期前两年内顺利考取医师资格证？

(5)是否能在工作中做出成绩，谋求更大的发展空间？

(6)服务期满六年，是否考虑换工作地方或转行？

(7)如果不能在五年之内顺利毕业是否会延长学习年限？

2.评估的时间

一般情况下，我会定期(一年)评估规划，并会根据实际情况进行一定的调整；若出现特殊情况，我会随时评估并进行相应的调整。

六、结束语

这是我的职业规划，在做自我职业规划时，我也有参考他人的职业规划，从而使我的目标渐渐清晰，对自己的专业有了一定的了解，对未来也有了一定的规划。我现在的目标是要成为一名内科医生，我会坚持为此而努力。假如出现一些特殊情况导致我无法实现这个目标，我会选择开一家店，去卖服装。

【扩展阅读 3】

## 求 职 信

尊敬的经理：

您好！

我是李××，××大学国际贸易专业的本科毕业生。在昨天的校园招聘会上得知贵公司正在招聘英语导游，我希望能够应聘该职位，并写信介绍自己。

我向往英语导游这一职位，源于个人的兴趣和能力。通过昨天和贵公司工作人员的交谈，我了解到贵公司——××国际旅游公司是一家跨国公司，每年有大量的国际旅游项目，英语导游在贵公司有很好的工作上升空间。我在学校曾经认真进行过个人生涯探索，在探索过程中发现自己擅长的能力是口头表达、英语、中外文化知识和人际交往等。在做“生涯幻游”活动时，英语导游这个职业在我的脑海中跃然出现，成为我的目标职业。我知道这不是突发奇想，因为我的兴趣、能力都符合这一职业，而我一些类似的实践经验告诉自己：这的确是个有意思且值得我为之付出的工作。正好贵公司在此方面有职位空缺，我希望能够申请到这份工作。

随信附上我的简历，借此希望您能够对我有更具体的了解，以便充分考虑我的申请。感谢您花时间对我进行了解和关注，如果需要进一步与我沟通，请随时致电：1390111××××，或 E-mail：li××@163.com。

此致

敬礼！

李××

2018 年 5 月

【扩展阅读 4】

## 简 历

姓名：李×× 性别：女

地址：北京市×区××小区 6 号楼 1401 室 邮编：100000

电话：1390111×××× 宅电：010-630××××

E-mail：li××@163.com 学历：本科

求职意向：英语导游

教育背景：

- 2009.9—2013.6 就读于××大学国际贸易专业，获得经济学学士学位

● 获得英语专业八级证书

● 获得国贸系“优秀学生”称号

工作经历和技能：

● 大三担任校红十字会办公室主任，负责策划和组织活动。在一次对造血干细胞的募集活动中，负责有关造血干细胞的知识和呼唤同学们献出爱心的演讲。很多同学听完演讲后，由观望、怀疑到纷纷自愿捐献造血干细胞。

使用技能：领导、组织、人际交往、策划、协调、清晰的讲解、激励和感染他人、说服、真诚、敢于承担风险。

● 大二时，为同校电子系的同学们培训英语口语。负责拟订教学计划、选择教材、策划教学内容、组织课堂活动、讲授课程。课程受到电子系同学的欢迎和教师的表扬。

使用技能：英语口语、与人交往、策划、沟通、组织、责任感。

● 大一暑假参加学校与博物馆联合组织的志愿讲解员活动。负责讲解博物馆展览内容。因为讲解得生动有趣、耐心地回答参观者的提问，受到参观者的好评，并获得博物馆和学校的表扬。

使用技能：口头表达、清晰的沟通、满足对方的需求、调动他人兴趣、服务他人、快速学习、耐心、认真负责、有创意、历史知识。

● 大一期末时，策划、组织同学进行英语短剧表演，获得班里最好成绩。负责策划剧本、组织和协调其他同学参加演出排练、纠正同学的发音。

使用技能：英语口语与写作、组织、协调、策划、表演、指导、帮助他人、解决问题。

兴趣爱好：

● 旅游，学习、了解不同地方的风土人情。

● 阅读各种历史书籍，学习、了解文化和历史知识。

● 游泳，锻炼出吃苦耐劳的品质和健康的身体。

# 第五章　学业学习为主　拓展人文根基

**【内容导读】**　学习是大学生活中最重要的一部分，是大学生活的主旋律。大学学习的内容十分广泛，可以概括为：学会生存、学会做人、学会学习、学会与人相处。然而，由于种种原因，大学生的学习适应状况不尽如人意。在中学时代，我们憧憬着美好的大学生活，但当我们实实在在进入大学，却真切感受到学习带给我们的沉重压力，尤其是医学院校的大学生这种感觉更为强烈，不少同学因学习成绩不理想或学习方法不当而引发心理问题或心理障碍。本章通过对照分析我国普通高校以及医学院校学生的学习问题，为同学们提供一些有益的思考。

**【核心词汇】**　医学生；学习；学习心理；人文素质

## 第一节　医学生学习特点与心理机制

学习是知识的继承和发展，是提高自身素质的要求，是服务社会的先决条件。当代医学生的学习特别强调医学的人文内涵和价值观念。医学所蕴含的人文精神和人文关爱，不仅是医学发展本身的必须，而且是社会文明程度的体现。对于每一个胸怀大志、憧憬未来的医学生来说，学业的学习至关重要，人文素养的学习也不可懈怠。随着社会的发展，来自日常生活，来自社会实践，来自媒体、网络等其他信息传播渠道的学习也逐渐成为医学生成长发展的重要途径。如何理解学习的真正含义，如何有效地学习，并培养较强的创新能力，这些都是与医学生学习有关的重要内容。

### 一、学习的实质与特性

自 1885 年艾宾浩斯发表《论记忆》以来，心理学各个理论流派和心理学家对学习的本质有着不同认识，对学习的概念有着不同界定。一般而言，学习的概念有广义和狭义之分。广义的学习是指个体因经验而引起的行为或行为潜能相对持久的变化。它是动物和人类生活中的普遍现象。从低等动物到高等动物，从婴儿到成人，都有学习的行为。理解学习的定义要把握以下几点。

(1)学习表现为行为或行为潜能的变化。学习会使个体出现某些方面的变化，这些变化可以是直接可见的行为变化。比如，动物经过条件反射训练，可以按各种信号改变原来行为，杂技团的动物可以做种种表演动作；儿童可以由依赖成人变为生活自理。当然，学习使个体出现的变化也可能不立即见诸行动，这时，个体通过学习获得的是一种改变行为的潜能，它可以影响个体日后的生活，如选择什么样的读物或生活方式。

(2)学习的行为或行为潜能的变化是相对持久的。比如，学生学会打球、游泳、书法等技能后，这些技能往往是终身不忘的，无论在什么时间、什么地点他们都会这些技能，尽管一段时间不练习可能会出现水平下滑，但他们仍然会这些技能。

(3)学习是由经验或实践引起的。学习获得的行为既不包含有机体因年龄增长而出现的自然成熟及大脑发育所带来的变化，也不包括因疾病和脑损伤而引起的变化。例如，青春期嗓音的变化是生理成熟的结果，与经验无关，因而不能称之为学习。学习不是本能活动，而是后天习得的活动，是由经验或实践引起的。任何水平的学习都将引起适应性的行为变化，不仅有外显行为的变化，也有潜在的个体内部经验的改组与重建，并且这些变化都是相对持久的。

## 二、大学生学习的特点

人类的学习和认识是从实践开始的，而学生的学习是以掌握人类现成的知识为主，无须事事亲历。当然，有时也要求学生实践，但学习实践多半是对知识的验证与练习，而不是去发现新知识。学生在学习过程中虽然会有所发现，但其目的依然是掌握人类已有的共同的精神财富。所以，掌握间接知识经验是在教师的传授、引导下接受人类的认识成果。

大学生的学习因生理、心理发展水平的特殊性以及大学学习环境的特异性，又有其自己的特点。大学生只有了解了这些特点，才能更好地调整自己的学习心理，找到适合的学习方法，提高学习效率。大学学习的特点主要表现在以下几个方面。

### 1.自主性

与中学阶段相比，大学阶段学生有较多自主支配的时间，学习有相当大的自主性。首先，大多数大学生所学的专业是自愿选择的，是他们所感兴趣的。其次，大学生除了要学习基础知识外，还要掌握各种专业知识，成为某学科的专门人才。这就要求大学生必须善于自觉、主动地学习。同时，大学生根据自己的兴趣和爱好，选择某些选修课，独立地阅读各种书籍，制订学习计划，采用适合自己的有效的学习方法，也体现了较大的学习自主性。

### 2.专业性

大学生从进入大学开始就有了职业定向，学习的专业性强。其学习目的是经过几年的学习，逐步成为基础知识扎实、专业知识结构合理、能力强、创造性强、品行高尚的高级专门人才，为将来走上工作岗位及适应社会需求打基础。

### 3.多样性

大学生的学习形式多种多样。在大学，虽然课堂教学还是主要形式，但大学生可以依靠多种渠道获得知识，同时大学的实践性教学活动占有很大比重。因此，大学生要通过自学、讨论、听学术讲座，参加实验、实习、社会实践和科研等来增长知识和才干。

4.探索性

大学生的学习具有明显的探索和研究性质。大学的教学内容由确定结论的论述逐步转向介绍各派理论观点和最新学术发展动向方面的知识。人文学科的内容变化更大，知识更新更快。这就要求大学生的学习观念从正确再现教学内容向汇集百家之长，形成个人见解的方向转变。大学生从在教师指导下完成作业，到独立完成毕业论文(或毕业设计)，都带有明显的探索性质。

5.知识学习与能力素质培养并重

在现代社会，传统应试教育模式只重视传授学生具有实用价值的知识，忽视了对学生创造能力的培养，必须摒弃。应遵从高等教育改革强调的高校教育模式，即知识技能的学习与实践能力的培养并重。

## 三、医学生学习的特点

医学生的学习主要有以下特点。

1.医学课程学习学业任务重

不论国内还是国外，都对医学教育提出了较高的学业要求。在国内，不论重点医学院校还是普通医学院校，医学类专业的修业时间一般都超过五年，开设专业课程门数大于 30 门，总学时多数在 3000 学时以上，这在理工类和师范类院校中是罕见的。高学时数意味着医学生花在学习上的时间必然超过其他专业的大学生，而由此带来的考试压力也是不言而喻的。

2.医学课程所涉及的知识领域广，学科门类繁多

医学学习绝不仅仅是学习临床内、外科知识，仅在基础医学学习阶段，医学生就将面临不同学科领域的知识，人体解剖学和医学生化学之间差别是巨大的，寄生虫学和人体组织胚胎学似乎也少有内容上的重复。这与其他专业围绕着一门学问学习的压力相比，简直是天壤之别。而到了临床医学阶段，根据需要甚至还要学习思维方式完全不同的中国传统医学——中医和靠各种影像技术作为根本的影像诊断等。

3.医学考试要求高

医学考试的要求比较高，道理不言而喻，当面对一个学期期末将要考十几门课程的时候，不管是多么优秀的大学生也会发怵，何况全是医学科目的测试。

4.医学教育过程的消耗非常大

(1)对个人来说，学习医学的过程是艰苦的，需要投入大量的精力。在医学院校，很难见到悠闲漫步校园的学子，更多的医学生是手捧书籍匆匆而过。有人曾经批评说，医学院校的学生活动不够丰富，医学生的活力不够。姑且不论这种说法是否准确，在学习中消耗了大量时间和精力的确会影响到医学生在课外活动中的发挥。

(2)对家庭来说，支持一个医科大学生的代价远远高于支持其他任何一种专业的大学生。不论国内还是国外，医学院校的收费标准一直都排名靠前，国外医科大学甚至很少提供奖学金。

(3)对学校而言，医学课程学科众多，这就导致了学术机构的数量大，而且多数医学课程都开设实践环节，医学生消耗的资源较大，学校每年必须为此承担庞大的开支。

## 四、医学生的人文素养

诺贝尔化学奖获得者罗尔德·霍夫曼教授在谈他的人生经历时说：“一个人要想成为优秀的科学工作者，必须具备人文素养。因为，一个科学家只具备自然科学素质，只能算是一个‘残缺不全’的人。缺乏人文素养，很容易使人从简单的角度片面地看待世间的一切事务，使自己的事业很难成功，自己的人格也不可能完整。”医学发展的历史证明，没有良好而深厚的人文社会科学知识，在医学上就不可能有卓越的成就。失去人文精神的医学至少会导致两个严重的后果：一是医学本身会朝着与其目的相反的方向发展，从而变得越来越不关心人；二是人文医学发展的滞后会成为医学科学整体化趋势的瓶颈。

一直以来人们都将医学看作是纯自然科学与技术，淡化人文教育，致使医学教育在育人功能上片面地追求医学教育的科学价值而忽视了其人文价值，单纯地强调科学知识的掌握，忽视人文精神的培养，造成了医学生乃至医务人员在科学理性与人文精神上的失衡和冲突。

现在的医学已经发展到了一个崭新的阶段。现代医学技术可以将濒死的患者从死亡线上拉回，并可能让他继续正常地活下去；医学能够改变一个人的整体外观，甚至实质的形态，还可以置换大部分人体器官；“克隆”技术的突破和“基因图谱”的破解，使人类在医学科学高度发展的今天，开始注重反思自身生存状态与人文道德的内涵和价值。

人文、人道是医学的基本特征。医学的人文文化性复归是现代医学模式发展的需要，也是科学和社会发展的必然结果。医学应关注疾病的多层次来源，包括社会的、经济的、环境的和遗传学的，特别是人文方面的。重新以哲学、人文文化为基础，构建和孕育新的生命科学体系，解决、解释由于环境、人口、产业和生活方式变化所带来的疾病及大众健康文化的问题，纠正越来越多的医疗非人格化、人道主义精神淡漠而引发的偏向，使医学回归人，回归社会，回归人文。

# 第二节 医学生学习能力的培养及潜能开发

医学生的学习，归根结底是对知识的学习，所以培养医学生的学习能力，要从了解知识开始。

## 一、知识概述

“知识”在日常生活中是一个司空见惯的词汇，但是要对其给出一个非常明确的概念却不是一件容易的事情。

我国的《教育大辞典》对知识的定义是：“人对事物属性与联系的认识。表现为对事物的知觉、表象、概念、法则等心理形式。”该定义强调知识是客观世界的主观反映。另外一个影响力较大的是《中国大百科全书》给出的定义：“所谓知识，就它反映的内容而言，是客观事物的属性和联系的反映，是客观世界在人脑中的主观映象。就它的反映活动形式而言，有时表现为主体对事物的感性知觉或表象，属于感性知识，有时表现为关于事物的概念或规律，属于理性知识。”而西方对于知识的解释也有着类似的看法。比如，把知识界定为言语信息，即用符号来标志某种事物或者表述某种事实。但是类似的界定或者解释使得知识的含义过于狭窄，也不能全面囊括知识的本质。

目前对知识的认识在内容和形式上都有了比较丰富的拓展。知识就是主体通过与其环境相互作用而获得的信息及其组织，是人类关于客观事物的属性与联系的反映，是客观世界在人脑中的主观映象。知识既可以经验或理论的形式存在于人脑中，也可记录在书籍、报刊和各种音像制品中。学生的知识学习主要是把人类的知识转化为个体知识的过程。

医学生学习的知识既有主要说明事物“是什么”“为什么”“怎么样”的陈述性知识，也有关于“怎样做”的程序性知识。

## 二、知识的理解

知识的理解是指个体在感知基础上，对事物本质、规律及各种关系认识的思维过程。也就是通过思维，把抽象的词语、概念、规则和相关事物的具体形象在头脑中结合起来。这是学习过程中的重要阶段。一个医学概念的意义、一个病例诊断的依据、一个疾病的治疗原则，这些都不是单凭感知就能完成的，需要通过思维和理解。

## 三、知识的保持和遗忘

保持是识记过的经验在人们头脑中的巩固过程，也就是信息的存储过程。这是学习过程中不可缺少的阶段。保持是识记和再现的中间环节，在记忆过程中有着重要的作用，没有保持也就没有记忆，没有记忆就不能进行学习，只有使新旧知识不断衔接，才能加深理解，为进一步运用知识打好基础。在医学学习过程中，课程门类、内容多，基础课与临床课联系密切，对学习者记忆能力的要求较高，因此如何掌握记忆规律显得格外重要。

现代心理学家通过大量的科学实验，对机械学习和有意义学习提出了两种不同的保持与遗忘的心理机制。

1.机械学习的保持和遗忘

心理学家艾宾浩斯绘制出了世界上著名的“遗忘曲线”(保持曲线)。他自作被试，用无意义音节作为记忆材料，计算随时间推移，记忆保持量下降的百分比，并绘制成曲线(图 5-1)。从此曲线可以看出，记忆保持量最初急剧下降，随着时间流逝而趋于稳定地下降，这就是遗忘发展的一般规律。

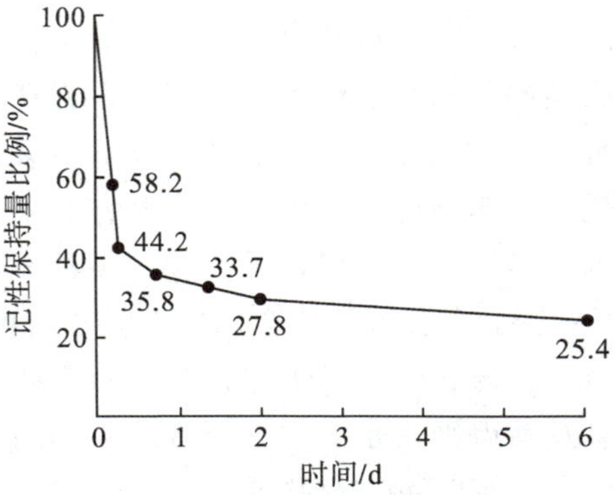


图 5-1 艾宾浩斯遗忘曲线

对于机械学习的遗忘解释，最著名的便是痕迹消退说和痕迹干扰说。痕迹消退说认为记忆会在大脑某个地方形成记忆痕迹，并随着时间的推移而逐渐消退。痕迹干扰说主要是指前摄抑制(先前学习对当前学习和保持的干扰)和倒摄抑制(当前学习对后继学习和保持的干扰)。

2.有意义学习的保持与遗忘

心理学家奥苏伯尔认为，机械记忆的规律不能合理解释有意义的保持和遗忘，他从理论和实践两个方面论证了有意义的保持和遗忘的特殊规律。

有意义学习的理论强调，在有意义学习的过程中，知识的获得与保持，始终伴随着新旧观念的相互作用。

在新知识保持的初期，新知识既能与认知结构中同化它们的原有观念关联，又可以从原有观念中分离出来。也就是新旧观念中存在着可分离性，能从复合的认知结构中单独分离出来。这就是新知识可以保持利用的心理机制。

但是，由于人脑不可能在短期内储存太多的信息，为了减轻记忆负担，总是不断重新组织知识，去除一些具体的细节，从而保留重要的原则概念等，并倾向以原来固有观念替代或挤去新的较不稳定的意义痕迹。这种遗忘性同化，也就是有意义遗忘的心理机制。

从有意义的保持和遗忘的心理机制可以看出，有意义的遗忘不一定是个消极过程，有时虽然损失了一些知识细节，但同时简化了认识，提高了知识的概括和适用性。比如人对人体每块骨头的具体形态结构和功能是不可能长期不遗忘的(骨科临床工作者除外)。

奥苏伯尔和他的合作者通过大量的实验研究发现，有意义学习中，并不一定存在前摄抑制和倒摄抑制。在原有知识较为稳固以后再引进新知识，这样不仅可以避免机械学习的相互干扰，还可以使新旧知识的学习相互促进。

## 四、医学生问题解决和创造性能力的培养

### (一)问题解决能力的培养

问题解决是认知学习的最高形式，人的智慧性、创造性突出地表现在问题解决上。美国心理学家加涅认为，教育的最终目标就是教学生解决问题的能力。医学教育也不例外，不仅要教给学生知识，更要培养学生解决问题的能力。

### (二)创造性思维的培养

现代社会是一个不断发展的社会，每一天都在不断创新、不断进步。每个人都知道这个社会需要一些新的东西来推动其发展，同时要想取得成功就一定要有足够的创造性思维。如果一味地模仿，只能落后于人，很难取得突破。所以我们要在生活中培养创造性思维，只有这样我们才能取得成功，引领时代的发展。

#### 1.创造性思维

创造性思维是一种开创性的、探索未知事物的、高级复杂的思维，是一种有自己特点、具有创见性的思维，是扩散思维和集中思维的辩证统一，是创造想象和现实定向的有机结合，是抽象思维和灵感思维的对立统一。

根据心理学家的研究，创造性思维有聚合思维和发散思维两种心理成分。聚合思维是指从已知信息中产生逻辑结论，从现成资料中寻求正确答案的一种有方向、有条理的思维方式。发散思维是指大脑在思维时呈现的一种扩散状态的思维模式，它表现为思维视野广阔，思维呈现出多维发散状。创造性思维是这两种思维活动相结合的产物。没有发散思维，思维活动不可能有所创造；没有聚合思维，不可能找出最佳方案。所以，在一项创造活动中，人们需要从发散思维到聚合思维，再从聚合思维到发散思维，经过多次循环才能形成有创造性的思维成果。

**【测一测】**

## 发散思维能力测试卷

指导语：本测验可测试你的发散思维能力，共有 8 题，每道题的回答时间都有一定限制，请在规定时间内完成。

1.请你写出所能想到的带有“土”结构的字，写得越多越好。（时间：5 分钟）

2.请列举砖头的各种可能用途。（时间：5 分钟）

3.请写出包含“三角形”的各种物品，写得越多越好。（时间：10 分钟）

4.尽可能想象“△”和什么东西相似或相近。（时间：10 分钟）

5.把下列物体按照性质尽可能分类：鸭、菠菜、石、人、木、菜油、铁。（时间：5 分钟）

6.请写出一只猫与一只冰箱相似的地方，写得越多越好。（时间：5 分钟）

7.请你用两个圆（○○）、两条直线（|　|）和两个三角形（△△）组成各种有意义的图案，越多越好。（时间：15 分钟）

8.请你根据以下故事情节，用简洁的语言（不超过 100 字）写出故事各种可能的结尾，写得越多越好。（时间：40 分钟）

古时候，有兄弟三人。大哥、二哥好吃懒做，三弟勤劳聪明。三人长大后都成了家。有一天，三兄弟在一起喝酒，大哥、二哥提议：“从现在起，我们三人说话，互相不准怀疑，否则罚米一斗。”酒后，大哥说：“你们总说我好吃懒做，现在家里那只母鸡一报晓，我就起床了……”三弟直摇头说：“哪有母鸡报晓之理？”大哥嘿嘿一笑说：“好！你不信我的话，罚米一斗。”二哥接下去说：“我没有大哥这么勤快，因此家里穷得老鼠撵得猫吱吱叫……”三弟又连连摇头，二哥得意地说：“你不信，也罚米一斗。”后来……

计分与解释：

第 1～4 题，每一个答案为 1 分；第 5 题，每一个答案为 2 分；第 6、7 题，每一个答案为 3 分；第 8 题，每一个答案为 5 分；然后统计总分。如果你的得分在 100 分以上，发散思维的流畅性很好；81～100 分，发散思维的流畅性较好；61～80 分，发散思维的流畅性中等；41～60 分，发散思维的流畅性较差；40 分及以下，发散思维的流畅性很差。

流畅性是发散思维的较低层次，比如在列举砖头的用途时，如果能列举出造工房、造烟囱、造仓库、造鸡舍、造礼堂等，说明流畅性很好。发散思维的变通性和独特性则分别代表了发散思维的中等层次和高等层次。下面结合每道题的答案进行分析。

1.“土”在右方，如灶、肚、杜等；“土”在左方，如址、墟、增等；“土”在下方，如尘、塑、堂等；“土”在上方，如去、寺、幸等；“土”在中间，如庄、崖、匡等；全部由“土”构成的字，如土、圭等；或“土”蕴含在字中，如来、奔、戴等；以及其他，如盐、硅等。在上述“发散”中，能写出其中两类含“土”的字，则说明你的发散思维已具有一定的变通性。

2.列举砖头的用途，如果说出了造工房、造烟囱、造仓库、造鸡舍、造礼堂等，只能说明你的发散思维处于较低级的阶段，因为你所列举的各种用途，其实都属于同一类型：用于建筑材料。如果你还回答出打狗、赶猫、敲钉子、做家具垫脚、铺路、压东西、自卫武器等，你的发散思维就具有一定的变通性，因为上述用途已涉及几种不同的类别。如果你的答案是一般人所难想到的，那么说明你的发散思维就具有一定独特性。

3.包含“三角形”的物品大致有以下几类：①物品中所包含的正规三角形，如红领巾、三角旗、三角形铅笔等；②物品含近似三角形，如金字塔、衣钩、山岳形积木等；③物品中含有三角形三个角的特点，构成主观三角形，如三脚插座、三极管、斜面等；④立体三角形，如锥体、漏斗、衣帽架、舞蹈造型等。说出的种类越多，说明发散思维的变通性越好；每一种类中说出的物品越多，说明发散思维的流畅性越好。

4.和“Δ”相似或相近的东西有：馒头、涵洞、峭石、山峰、堡垒、城门、隧道口、喷水池、橱窗、问询窗口、尼龙秧棚、坟墓、萌芽、彩虹、乌篷船、抛物线、镜片、电视机屏幕、枪洞、子弹头、树荫、海上日出、跳水、弯腰、插秧、拱桥、盾牌、活页木铁夹、天边浮云、英文字母“D”等。回答得越多，发散思维的流畅性越好。

5.鸭、菠菜、石、人、木、菜油、铁可分为以下类型。植物：菠菜、木；动物：鸭、人；生物：菠菜、木、鸭、人；食物：菠菜、菜油、鸭；矿物：石、铁；含铁物体：铁、菠菜；浮水性强的物体：木、菜油、鸭；常用泥性种植的产品：菠菜、木；燃料：木、菜油；建筑材料：木、石、铁。以上的分类肯定没有把全部可能的分类都包括在内，你可以运用自己的发散思维想出新的分类，想出的类别越多，说明你的发散思维能力越强。

6.猫和冰箱的相似之处相当多：两者都有放“鱼”的地方；都有“尾巴”(冰箱后部的电线犹如“尾巴”)；都有颜色等。

7.两个圆、两条直线和两个三角形，可以组成各种有意义的图案。比如：从具体形象出发，可组成“人脸”或组成“落日与山的倒影”；也可从抽象角度考虑，组成等式：△○=○△；还可以把抽象与具体结合起来，组成“△|○○△”，表示两山(具体)相距100米(抽象)等。上述图案组成得越多，表示你的发散思维的流畅和变通程度越高。

8.此题没有固定的答案，你可借题发挥，所写的故事结尾越多、越离奇，说明你的发散思维能力越强。

2.创造性思维的开发

开发创造性思维没有固定的模式，但这并不是说没有规律可循。研究者们在这方面做了很多研究和探索，以下总结几条规律以供参考。

(1)不要“迷信”书本。人无完人，每个人都有缺陷，书是人写的，自然也有纰漏。不要迷信书本，也不要迷信权威。蜜蜂发声靠的是翅膀振动——这个被列入我国小学教材的生物学“常识”，被一位叫聂利的12岁小学生用实验推翻。成年人没有怀疑过来自书本的“定论”，聂利把它推翻了。《人民日报》报道，聂利的发现过程并不复杂：她先是偶然发现翅膀不振动的蜜蜂仍然嗡嗡叫个不停，然后用放大镜观察了一个多月，终于找到了蜜蜂的发声器官。如同许多重大科学发现一样，发现过程本身并不曲折，关键在于发现者是否勇于向“定论”提出质疑，向科学权威提出挑战。

(2)敢于挑战权威。每一个新事物的出现，都有赖于敢于挑战权威的人。如“非典”刚出来时，中国许多医学权威都认为病原是衣原体病毒，但钟南山院士另有发现，他大胆质疑，屡次坚持自己的观点，认为病原是冠状病毒，为当时快速确诊、救治患者立下了大功劳。又如著名的比萨斜塔实验，为了坚持真理，伽利略向当时的权威亚里士多德挑战，用事实证明自己的观点：两个不同重量的物体从同一高度落下，同时着地。

(3)拓宽知识领域。创新不是凭空想象，而是在一定知识积累的基础上创造出更加有用、更加适应当前社会的新事物。陶行知先生认为，创造需要广博的基础。解放了空间，才能搜集丰富的资料，扩大认识的眼界，以发挥其内在之创造力。一般来说，创新是在旧知基础上的创新。因此，一个人的知识面越广，知识越多，其创新思维就越活跃，创造能力就越强。

(4)变换思维视角。人们对于同一问题的处理，由于思考角度不同，解决的手段也有差异，而人们总希望用最简单、最省力的方法来解决问题，这就需要不断变换思维方式才能达到。培养创新能力需要“用熟悉的眼光看陌生的事物，用陌生的眼光看熟悉的事物”。

(5)展开丰富的想象。康德说，想象力是一种创造性认识功能。牛顿发现万有引力源于苹果下落引发的联想、想象，瓦特发明蒸汽机源于沸水掀动壶盖引发的联想、想象。由此可见，联想、想象是创新和创造之源，任何创造性活动都离不开联想和想象，具备了丰富的想象力，才能不断地有所创见。

(6)利用原型启发。当我们进行创造性想象时，往往会从其他事物中得到启示，从而找到解决问题的方法和途径。我们把这种具有启发作用的事物称作“原型”。从本质上说，原型之所以具启发作用，主要是因为这一事物本身的属性和特点，与所要创造的东西有相似之处。所以，多多留心身边的一切，如自然现象、日常用品、机器、文字等都可能成为富有启发性的原型，为你开启创造之门，帮你找到解决问题的办法。鲁班爬山时，手不小心被一种丝茅草割破，疼痛之余，他惊诧柔弱的小草竟如此锋利，他怀着浓厚的兴趣研究、琢磨小草的构造，终于找到了秘密所在：草叶边缘的毛刺就是“利器”。用同样的方式处理一下铁片，岂不可以断木如泥？锯子的雏形就这样产生了。

(7)坚定创造的信心。司汤达说：“一个人只要强烈地坚持不懈地追求，他就能达到目的。”所以要坚定创造的信心，积累知识，善于思考，最终达到创新的目的。

**【想一想】**

## 谁 搭 车

在一个暴风雨的晚上，你开着一辆车，当经过一个车站时，看见有三个人正在等公共汽车：一个是快要死的老人，很可怜；一个是医生，他曾救过你的命，是你的大恩人，你做梦都想报答他；还有一个女人/男人，她/他是那种你做梦都想娶/嫁的人，也许错过就没有了。但你的车只能坐一个人，你会如何选择？请你解释一下你的理由。

(1)怎么办?

(2)鼓励学生发挥想象力，不要见死不救，也不要得罪人。

(3)分享彼此的答案，大家一起评出最佳答案。

如果学生在解决问题过程中遇到困难，教师可以与学生讨论：是不是觉得很为难，无论让谁搭车都会留下遗憾；同时启发学生，跳出已有条件对思维的束缚，从一个全新的角度思考问题。

## 五、大学习观的特征及培养

### (一)大学习观

学习观是指学生个体对知识、学习现象和经验所持有的直觉认识，是在日常学习活动、课堂教学，以及社会文化环境中逐渐形成的。学生的学习观对学习成绩、认知过程及策略、自我调节，以及学习动机具有重要的影响。而大学习观要求的是把人生社会实践中的一切都纳入学习的视野和维度加以审视，即人生就是学习，学习就是人生。对于大学生而言，学习除了学习课本知识外，还体现在很多方面。从某种意义上讲，课堂之外的学习可能对学生发展所起的作用比书本知识的学习更重要、更明显。这种学习是广义上的学习，也可以认为是一种学习心态。

### (二)大学习观的特征

1.学习时间的终身性

在社会变迁迅速、知识更新迅速、人类寿命延长、休闲时间增加、社会发展需要的推动下，终身学习成了学习和教育最突出的特征。教育即个人一生中连续不断的学习过程，是人一生中所受到的各种培养的总和，实现了从学前期到老年期整个教育的统一。

2.学习空间的社会性

学习空间的社会性，即学习要突破学校教育的框架，将家庭教育和社会教育也纳入进来，可以这么说，一切时间、一切地点、一切场合和一切方面接受的教育都属于学习。

3.学习形式的多样性

大学习观要求的是把人生社会实践中的一切都纳入学习的视野和维度加以审视，学校的听说读写是学习，劳动实践也是学习；参观博物馆、纪念馆、工厂，进行社会调查、旅游等是学习，听长辈或学识渊博的人谈话也是学习；甚至就连无意识的梦境、精神的自由联想、想象和思考，也是个人进行思维训练的好方式。

4.学习内容的综合性和全面性

传统意义上的学习目的比较单纯，以发展学生的认知能力为主，学习就是为了掌握基础知识和必要的技能，学习内容也十分狭窄。这样培养出来的人的素质结构往往具有“平面型”的特点，基础知识扎实，基本技能熟练，但缺乏灵活多变、综合运用的能力。这样的人才较符合传统社会的要求，适应知识量、信息量相对不足，职业相对稳定的社会发展水平。

未来社会是一个机遇和挑战并存的时代，是充满希望又矛盾四起的时代，一方面社会发展快、变化快，科学技术突飞猛进，产业结构多元化，职业更替频繁，国际交往日益加强，人类活动范围全球化。这种形势对人的素质，特别是人的综合素质提出了更高的要求：既要树立较高的全球意识和责任心，参与全球的交往和竞争，又要具有强烈的合作意识和协调能力；既要有与科学技术水平相适应的、合理的知识结构和能力结构，又要有应付新情况、解决新问题的应变能力和综合能力；既要客观认识、了解自己，又要尊重、学习别人；既要不断发展完善自身，又要勇于承担社会责任；既要会利用自然、欣赏自然，又要爱护自然。

因此，人们学习的内容要比以往更宽更广，呈现出多样性和广泛性，既包括适应社会发展需要的内容，也包括学习满足个体自身的完善和发展，所以，大学习观要求我们在学好专业的基础的同时涉猎其他知识。

5.学习系统的开放性

在科技和网络飞速发展的今天，人们学习的方式也越来越多样，除了传统的学习方式外，网络资源的学习已成为学习的另一大方式，而网络的开放性让学习方式也变得越来越开放自由。

6.学习计划的超前性

凡事预则立，不预则废。学习也一样，有没有计划对学习效果有着深刻的影响。没有计划的学习是散漫疏懒的，很容易被外界事物影响，而提前制订学习计划，合理安排学习时间和任务，能更快达到学习目的。

### （三）大学习观的培养

培养大学习观，必须要营造大学习观的氛围。人的教育由三部分组成：生活教育、知识教育和心灵教育。只要在这三种教育上把好关，就能营造出大学习观氛围。

1.生活教育

生活教育即在日常生活中父母、亲人的言行举止对我们所产生的影响，这种影响是社会影响的一部分，在大学习观的形成过程中起着举足轻重的作用。人们天性总是对未知的世界充满了好奇，所以我们经常可以看到，小孩总是喜欢问是什么、为什么，在这种情况下，很多大人往往不耐烦或直接告诉小孩：“小孩子不该问的别问。”殊不知这种回应方式是不利于大学习观形成的。家长们在日常生活中应支持和鼓励孩子不断探索未知世界，而非设置种种限制。

2.知识教育

知识教育即一个人在学校里所受到的系统教育。学校的知识教育较大程度上丰富了学生的知识，但由于受应试教育体制的限制，对大学习观的形成有一定的不利影响。所以在这种现状下营造大学习观的氛围对教师提出了更高要求，要求教师上课时讲解更深入浅出、内容更宽泛、趣味性更浓厚。

3.心灵教育

心灵教育即自己对自己的教育，也就是形成一种阅读经典的好习惯。如大哲学家罗素说："美好的人生是为爱所激励，为知识所引导的人生。"这种人生也就是不断追求新知的人生，记住这不是一种刻意的学习，而是融入我们生活中的一部分。当然，这是大学习观所要达到的最高境界。

只有将生活教育、知识教育和心灵教育三者有效结合起来，相互弥补、相互促进，才能营造出大学习观氛围。

**小故事——派克自来水笔的由来**

派克先生原来是一个销售自来水笔的小店铺店主。他每天凝视着那些待出售的笔发呆，一直想制造出质量高的笔，但是无从下手。

终于有一天，派克豁然开朗，把这一问题分成若干部分进行思考，从笔的构成、原料组成、造型、功能等多方面，对现有笔的特点进行分析。如从笔的构成方面分析，就可将其分为笔杆、笔尖、笔帽等。这几个方面又可以进一步细分。如对笔帽从功能方面进行分析，就有旋拧式、插入式、流线型等。

最后，派克对笔进行改进，以流线型、插入式的笔帽结构获得专利。这就是世界著名的派克自来水笔的由来。

## 第三节　医学生人文素质的培养

### 一、人文素质的内涵

人文，泛指人类社会的各种文化现象。"人文"一词最早出现在《易经》中："刚柔交错，天文也；文明以止，人文也。观乎天文，以察时变；观乎人文，以化成天下。"根据这一解说，不论是研究人的生理规律、心理规律、思维的学问，还是研究社会进步相关问题的学问，都应该属于人文的范畴。

人文素质，是指人们人文方面所具有的综合品质或达到的发展程度。

## 二、人文素质教育的内容

一般而言，现代人文素质教育包括历史文化教育、个人品格教育、心理健康教育、创新意识教育以及社会责任感教育等。

就其基本内容来说，人文素质教育就是通过各种教育方法，将人类一切自然科学和社会科学的优秀成果传递给个人。其中的教育方法包括知识传授、环境熏陶、自我领悟等。通过人文素质教育促使受教育者通过对人文知识的学习和内化，培养出独特的个人素养，并将其外化到具体的行为中。具体说来人文素质教育就是传递人文知识、塑造人文精神、外化人文行为的教育过程。目的是使受教育者能够正确处理人与自然、人与社会、人与人的关系，并加强自身理性、情感、意志等方面的修养，使受教育者既有学识又懂得如何做人。

人文素质教育可以概括为人文学科教育和艺术教育两大类。人文学科包括哲学、历史学、语言学、文学艺术、心理学、宗教学、考古学等。艺术教育包括诗词歌赋的阅读与欣赏、音乐和戏剧的欣赏等。因此，人文素质教育需要以人文学科教育与艺术教育相关知识的传递为基石。

人文素质教育强调“素质”而不仅仅是知识，其鲜明地揭示了知识传递基础上“精神”塑造的重要性。如果仅仅具有丰富的人文知识，没有形成人文素养，那么就无法达到“知行合一”，两者始终处于分离状态。也就是说知识无法内化为内心的认同，无法达到人文素质教育的基本目标。因此，人文素质教育必然包含塑造人文精神的内容。一些学者将塑造人文精神看作是人文素质教育的重要内容，提出人文素质教育即是培养人文精神的教育，以强调人性教育、完善人格为宗旨，以注重实现和促进个体身心和谐发展为培养目的。它通过把人类积累的智慧精神、心性精粹与阅历经验传授给下一代，以期使人能洞察人生，完善心智，理解人生的意义与目的，找到正确的生活方式。

## 三、医学人文素质的基本内涵

医学是一门关乎全体人群生命健康的科学，研究对象、服务对象均以人为中心。因此，高等医学教育应该有高素质、高文化、高能力、责任感强的师资和学生做保障，应该始终具有精英教育的特征。

医学人文素质大致可分为人文知识、人文能力和人文精神三个层面。在人文知识层面上，主要强调对医学领域、医学服务的相关人文学科群的掌握，包括哲学、历史学、法学、宗教学、伦理学、文学艺术和行为科学，其中以医学与人文科学交叉的学科为核心的内容，如医学伦理学、医学哲学、医学法学、心身医学、社会医学、医学心理学、人文社会科学及行为科学等。此外，该层面还注重对人生意义与目的的领悟、对社会的广泛了解和对生物—心理—社会医学模式的深刻理解等。在人文能力层面上，主要为口头和文字表达能力、动手能力、心理承受能力、协调能力、批判性思维能力、审美能力及分析和解决问题的能力，能够将所掌握的人文知识与实际工作相结合，从而适应实际工作的需要和要求。在人文精神层面上，包括社会责任感、人生价值取向、道德情操、人格修养、生活情趣、文明的言谈举止与行为习惯、对生命的尊重和敬畏感、全心全意为人民健康服务的意识、对“医乃仁术”的体验与追求等。正确认识社会、心理、环境等因素在医疗中的作用，自觉抵御各种错误思想文化的渗透和侵蚀，保持严谨的科学作风、态度和不断追求的上进心。培养人文精神是人文素质教育的本质和根本目的。

### 四、医学人文素质培养的必要性

医学是一门需要博学的人道职业。医学“为人”的目的决定了它的本质属性包含了人文性。古人“医乃仁术”的经典命题如今依然是对医学的精辟诠释。“医亦人学”则是对医学内涵的概括，包含了人体、生命、环境、社会等要素。

随着社会的发展，医学的发展越来越倚重人文社会科学的发展。正如涂又光先生所说：“人文为科学启示方向。”此外，现代科学技术与医学的广泛交叉渗透，使现代医学技术的发展呈现出高度综合化。这种综合既体现为医学与自然科学的综合，又体现为与人文社会科学的综合。医学技术的发展对人类健康的促进和寿命的延长无疑有着极大的推动作用，但是随之也带来了一系列新的伦理、法律、经济和社会问题。如克隆技术、器官移植、辅助生育技术、医疗资源的公平性等所产生的问题就不是单靠医学技术能够解决的。由此可见医学技术能够做到的，并不都是人类需要的，也不都是合乎伦理道德的。没有医学人文的滋养，医学技术的发展会偏离轨道，造成社会矛盾。因此，医学技术的运用必须坚持人文精神。可以说，医学的发展离不开人文理性的导向，人文社会科学为医学的发展拓宽了道路，促进了医学的健康发展。如果医学的发展没有人文的指引，医疗行为的不恰当将最终导致医学的异化，医学将丧失其“为人”的本质特点。

## 第四节 医学生常见的学习心理障碍及调适

### 一、医学生常见的学习心理障碍

为了在学习中享受到最大的快乐，为了在毕业时找到自己最喜爱的工作，每一个刚进入大学校园的学生都要立志达到融会贯通的学习境界，并通过学习，明确自己的发展方向，为实现人生目标奠定基础。但是，据有关调查显示，相当一部分大学生不同程度地存在着学习心理障碍，使其在人生的关键阶段留下了遗憾。学习心理障碍多种多样，常见的医学生学习心理障碍有厌学、焦虑、懒惰、自卑、兴趣偏狭、消极归因、逆反心理等。医学生学习心理障碍主要由学习动机不当、学习兴趣缺乏和学习焦虑等因素诱发。

**【测一测】**

## 学习心理测试——你的学习动机如何

1.我已经不想学习了，想去找份工作。

2.我把自己的时间平均分配在各学科上。

3.除了教师指定的作业外，我不想多做。

4.如果没有人督促我，我很少主动学习。

5.我一读书就觉得疲劳和厌烦，只想睡觉。

6.如果有不懂的地方，我根本不想弄懂它。

7.我几乎毫不费力地就能实现自己的学习目标。

8.我常想不用花太多的时间成绩也会超过别人。

9.为了对付每天的学习任务，我已经感到力不从心了。

10.我总是为了同时实现几个学习目标而忙得焦头烂额。

11.我给自己定下的学习目标，多数因做不到而不得不放弃。

12.我迫切希望自己在短时间内就大幅度提高学习成绩。

13.为了实现一个大目标，我不再给自己制订循序渐进的小目标。

14.我只在喜欢的科目上下功夫，而对不喜欢的科目放任自流。

15.我认为课本上的基础知识没什么可学的，只有读大部头作品才有意思。

评分规则：对问题给出“是”“否”回答。回答“是”得 1 分、“否”得 0 分，将得分相加，算出总分。

11～15 分：说明学习动机上有严重问题和困惑，需要调整。

5～10 分：说明学习动机上有一定问题和困惑，可调整。

0～4 分：说明学习动机上有少许问题，必要时可调整。

### (一)学习动机不当

动机是由某种需要所引起的有意识的行动倾向。它是激励或推动人去行动以达到一定目标的内在动因。学习动机是推动学生学习的内部动力，决定学习行为的开展和坚持，影响学习的效率，是大学生学习成败的关键心理因素之一。根据耶基斯-多德森定律，学习动机的强度和学习效果两者并不呈现正的线性关系，动机强度过高或者过低，均会导致活动效率下降。它们之间的关系呈倒 U 形曲线，即中等强度的动机，活动效率最高(图 5-2)。学习动机不当包括学习动机不足和学习动机过强，两者都会影响学习效能。

1.学习动机不足

学习动机不足主要表现在：无明确的学习目标，为学习而学习，甚至厌倦学习和逃避学习；经常感到厌烦，对什么都不感兴趣，注意力维持时间短；焦虑过度，缺乏自尊心和自信心。很多学生进入大学后，没有了家长和教师的管束，缺少外部学习压力，缺乏引发他们学习的强化物的刺激，难以产生继续学习的需要。

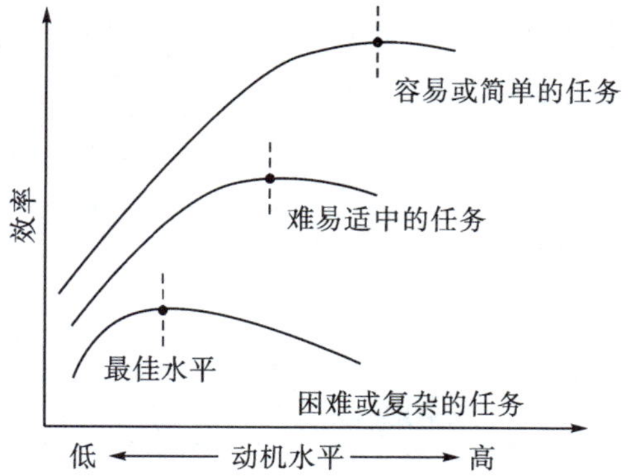


图 5-2 耶基斯-多德森定律

2.学习动机过强

学习动机过强主要表现为：成就动机过强、奖励动机过强及学习强度过大。有的大学生成就动机过强，急于取得成就并超过他人，所树立的抱负和期望远远超过了自己的实际能力和潜力。

### （二）学习兴趣缺乏

学习兴趣是一种力求认识世界，渴望获得文化科学知识并带有强烈情绪色彩的意识倾向，是在需要的基础上发生和发展起来的。正是由于学生对某种事物产生了认知需要，才会产生学习的兴趣，而需要的满足常常会引起更浓厚的学习兴趣。浓厚的学习兴趣，又可以提高学习的积极性，提高学习的效率，并能获得积极的情绪体验，增强克服困难的毅力。而缺乏学习兴趣，学习会枯燥无味，学习效率低下。孔子说："知之者不如好之者，好之者不如乐之者"，足见学习兴趣对学习状态和效果的重要性。

值得指出的是，学习兴趣不是天生就有的，而是通过后天培养而来的，主要取决于以下因素：一是事物本身的特性，凡是相对强烈、对比明显、不断变化、带有新异性和刺激性的事物都会引起人们的兴趣；二是人已有的知识经验，可以激发学习兴趣；三是人对事物的愉快体验，一个人在学习过程中获得别人承认或内在满足等积极情感体验，会加强学习兴趣的稳定性。

教师在学生学习中也起着不容忽视的作用，如教师的人格影响力、知识水平、教学内容设计等。

### （三）学习焦虑

焦虑是指一个人的动机行为遇到实际或臆想的挫折而产生的消极不安的情绪体验，它由多种感受交织而成。心理学研究认为，学生在学习过程中，保持适当的焦虑是必要的，但焦虑过度则会对学习效果以及心理健康产生非常不利的影响。很多学生对自己的智商、学习能力、实践能力和社交能力没有信心，最终产生焦虑状态。主要表现为：学习压力大、精神长期高度紧张、思维迟钝、记忆力下降、注意力涣散、情绪焦躁、寝食难安、神情恍惚、郁郁寡欢。学生中出现的一种比较典型的焦虑状态是考试焦虑。考试焦虑主要是担心考试失败或渴望获得更好的成绩而产生的一种忧虑、紧张的心理状态。症状包括失眠、多汗、尿频、腹泻、神经衰弱、注意力不集中、记忆力减退等。

**【测一测】**

**焦虑自评量表(SAS)**

| 序号 | 题目 | 没有或很少时间有(A) | 有时有(B) | 大部分时间有(C) | 绝大部分或全部时间都有(D) |
|---|---|---|---|---|---|
| 1 | 我觉得比平常更容易紧张和着急 | | | | |
| 2 | 我无缘无故地感到害怕 | | | | |
| 3 | 我容易心里烦乱或觉得惊恐 | | | | |
| 4 | 我觉得我可能将要发疯 | | | | |
| 5 | 我觉得一切都很好，也不会发生什么不幸 | | | | |
| 6 | 我手脚发抖打战 | | | | |
| 7 | 我因为头痛、颈痛和背痛而苦恼 | | | | |
| 8 | 我感觉容易衰弱和疲乏 | | | | |
| 9 | 我觉得心平气和，并且容易安静坐着 | | | | |
| 10 | 我觉得心跳很快 | | | | |
| 11 | 我因为一阵阵头晕而苦恼 | | | | |
| 12 | 我有晕倒发作或觉得要晕倒 | | | | |
| 13 | 我呼气吸气都感到很容易 | | | | |
| 14 | 我手脚麻木和刺痛 | | | | |
| 15 | 我因为胃痛和消化不良而苦恼 | | | | |
| 16 | 我常常要小便 | | | | |
| 17 | 我的手常常是干燥温暖的 | | | | |
| 18 | 我脸红发热 | | | | |
| 19 | 我容易入睡并且一夜睡得很好 | | | | |
| 20 | 我做噩梦 | | | | |

评分标准：

正向计分题 A、B、C、D(1、2、3、4、6、7、8、10、11、12、14、15、16、18、20)按 1 分、2 分、3 分、4 分计；反向计分题(5、9、13、17、19 题)按 4 分、3 分、2 分、1 分计。总分乘以 1.25 取整数，即得标准分。按照中国常模结果，SAS 标准分的分界值为 50 分，其中 50～59 分为轻度焦虑，60～69 分为中度焦虑，70 分以上为重度焦虑。

## 二、医学生常见的学习心理障碍成因及调适

### （一）学习动机不足的成因及调适

#### 1.学习动机不足的成因

学习动机不足是内外部条件的不良影响造成的。

从内部条件看，学生本人的学习目标不明确、学习兴趣不浓、学习方式不恰当、情绪不稳定、意志薄弱、学习屡遭挫折、缺乏理想等，都会对其学习动机的形成产生不良影响。

从外部条件看，错误的社会舆论导向、不良的家庭教育与朋友关系、不良的教学环境、不科学的教育教学方法等都会对学生学习动机的形成起消极作用。

#### 2.学习动机不足的调适

(1)明确学习的目标和方向。

(2)了解所学专业及其发展前景，了解有关职业现状，了解继续深造的可能途径与可行性。

(3)了解自我。

(4)积极探索适合自己的学习方法，提高学习效率。

(5)提高职业生涯规划的时效性。

(6)研究各专业和课程的实用价值。

### （二）学习动机过强的成因及调适

#### 1.学习动机过强的成因

学习动机过强多是在个体、家庭、学校、社会等因素的共同作用下产生的。造成学习动机过强的直接原因主要有以下几点。

(1)设置过高的目标。模糊的、不现实的、在很大程度上带有幻想成分的目标，往往带来过强的学习动机，导致个体对自己过于严格、过于苛刻。

(2)不恰当的认知模式。学习动机过强者往往拥有这样的认知模式："只要我付出了努力，我就会获得成功"，从而把努力作为成功的唯一条件。这种认知模式是产生过强学习动机的温床。事实上，"成功只取决于努力"是一种不恰当的认知，任何成功都与自身能力和环境因素有关。努力是成功的必要条件，但不是唯一条件。正确的认知模式应该是：只有努力才有可能成功。

(3)他人不适当的强化。学习动机过强者往往会受到家庭、学校、社会的肯定和支持，这样就使他们看不到学习动机过强的危害，反而愈演愈烈，等到造成身心困扰时已是难以自拔。

(4)学习动机过强往往还与个体的某些性格特征有密切关系，如过于认真、追求完美、固执等。而严厉的家庭教育方式和父母过高的期望也往往导致子女产生过强的学习动机。

2.学习动机过强的调适

(1)正确认识自己的潜质，制订恰当的学业目标与学业期望，调整成就动机，与此同时，脚踏实地，循序渐进，不好高骛远。

(2)将表面的学习动机转换为深层学习动机，淡化外在奖励特别是学业成就的诱因，正确对待荣誉与学业成绩。

(3)端正学习态度，树立远大理想，保持饱满的学习热情，坚持不懈，便会取得预期效果。

## (三)学习焦虑的成因及调适

1.学习焦虑的成因

学习焦虑的产生是内因和外因相互作用的结果。外因来自学校、家庭和社会，内因与个体的个性、抱负、早年经历、归因、认知水平和心理承受能力有关。弗洛伊德的心理动力学认为，学习焦虑特别是考试焦虑与童年早期的学习或考试创伤经验和个性缺陷有关。许多案例也证明了这一点，多数学习和考试焦虑严重的患者在小学阶段常因考试受挫受到父母或教师的过度惩罚，而且其中大多数患者性格内向、过分追求完美。所以一般认为，学习和考试焦虑是后天形成的心理障碍，是个体在不良的教育环境下由主、客观因素共同作用造成的。

2.学习焦虑和考试焦虑的调适

(1)减轻压力，放下包袱。有效地降低学习与考试压力是预防学习与考试焦虑的首要措施。学生应恰当地估计自己的能力，调整学习成就期望水平，制订与自己能力相对应的学习目标。

(2)端正动机，改变认知。学习和考试焦虑是学生对学习特别是考试在认知上的歪曲，导致情绪上的紊乱和行为上的异常。所以可以通过合理的情绪疗法改变认知上的绝对化思维或负性自动思维，从而降低焦虑水平。

(3)增强自控，学会放松。通过进行放松训练和积极的自我暗示，及时消除过度紧张，使自己得到休息，防止过度疲劳，让自己自觉地进入可获得良好情绪的状态，降低焦虑水平。

做好了这些，临到毕业时的最大收获就不再是“对什么都没有忍耐和适应”，而是“对什么都可以有自信和渴望”。你会从思考中确立自我、从学习中追求真理、从独立中体验自主、从计划中把握时间、从表达中锻炼口才、从交友中品味成熟、从实践中赢得价值、从兴趣中获取快乐、从追求中获得力量。

**【回顾与思考】**

(1)大学生学习的特点有哪些？与中学学习有何不同？

(2)医学生的学习特点有哪些？

(3) 简述医学人文素质培养的必要性。
(4) 请阐述你在医学学习中如何运用科学的学习方法。

**【练一练】**

## 心理放松操

考前一个月，坚持每天做一次，每次约10分钟，可以有效克服考试焦虑。

第一节　凝神

(1) 坐正。
(2) 微微闭上双眼。
(3) 头脑中想象一个三角形，好像你在用眼盯着它，默数1～10。
(4) 头脑中的三角形变成了一棵松树，你的眼睛正在盯着松树，默数1～10。

第二节　聚气

(1) 嘴唇微合。
(2) 慢慢地、轻轻地吐气，不停地吐气，默数1～10。
(3) 慢慢地、轻轻地吸气，不停地吸气，默数1～10。
(4) 慢慢地、轻轻地吐气，不停地吐气，默数1～10。
(5) 慢慢地、轻轻地吸气，不停地吸气，默数1～10。

第三节　回想

回想让你最高兴的一次考试。
(1) 那次考试之前你是什么样子。
(2) 你正坐在那次考试的考场上。
(3) 你正在静心地做题。
(4) 交卷后你高兴地走出考场。
再回想一遍。

第四节　临境

(1) 闭目想象你将要面临的考试。
(2) 你正走在去教室的路上，准备参加今天的考试，一边走一边哼着歌。
(3) 你正走进考场，面对教师热情的笑脸，你在心中对自己说："我行！我行！"
(4) 你不慌不忙地坐在考试的位子上。
以上场景复想两遍。

第五节　自考

(1) 围绕考试科目内容，自己给自己提两个问题，自己解答(在心里进行)。
(2) 第二天提3个问题，以后每天增加一个问题。

第六节　松弛

(1) 在头脑中"听"一段轻松活泼的音乐。
(2) 全身各部位肌肉绷紧，绷紧，再绷紧，然后全身放松。重复5遍。

# 第六章　体验管理情绪　保持良好心境

**【内容导读】** 美丽的景色让人心旷神怡、嘈杂的街市令人心烦意乱、真诚的赞美使人神清气爽、恶意的批评让人义愤填膺……刺激总是能够引起人们或积极或消极的情绪反应。在成长之旅中，我们总是时而高兴、时而焦虑、时而伤痛、时而气愤……人因为有了情绪生活才变得丰富多彩。大学生的情绪是多变的、不稳定的，并明显地影响他们的学习、生活和心理健康。良好的情绪状态是大学生心理健康的重要标志。因此了解自己的情绪特点，及时管理和调节自己的情绪状态是大学生的必修课。

**【核心词汇】** 情绪；情商；情绪管理

## 第一节　情 绪 概 述

### 一、什么是情绪

情绪是指伴随认知和意识过程产生的对外界事物的态度，是对客观事物是否满足自己的需要而产生的态度体验及相应的行为反应。情绪包含内部体验、行为表现、生理唤醒三部分。

首先，情绪是对某种刺激所产生的身心激动状态。情绪不会无缘无故地产生，要想产生情绪，必须要有刺激的存在。而这种刺激可以是外部的，也可以是内部的；有时是具体可见的，有时则是隐而不显的。比如，在林间小路上看到蛇，你会害怕；课中饥饿时，会引起你的焦虑情绪。

其次，情绪是一种主观意识经验。处在某种情绪状态下，个体是可以体验到的。当然只有当事人才可以体验到某种刺激引起的情绪，他人虽然可以从当事人的反应去观察，并加以揣摩，但不能直接从刺激去推测情绪，因为情绪是以人的需要为中介的一种心理活动，在刺激和反应之间存在着一个当事人的知觉和认知因素。俗话说：“如人饮水，冷暖自知。”同样一场大雨，对久旱的农民和踏春的郊游者而言，产生的情绪差异是巨大的，因此，情绪具有独特的主观体验。当外界事物符合主体的需要，就会引起积极的情绪体验，否则便会引起消极的情绪体验。

再次，情绪有其外部表现形式。可以从一个人的外部表现看到他的情绪变化，也即所谓的察言观色。情绪变化的外部表现形式主要包括表情、语态和行为。表情包括面部表情、身段表情和言语表情，比如，当自己喜爱的球队获胜时，会不由自主地喜笑颜开；考试不理想，会坐立不安、垂头丧气等。情绪是与生俱来的，但表现形式是学习而来的。表情既有先天的、不学而会的性质，又有通过后天模仿、学习获得的性质。

最后，情绪会引起一定的生理上的变化，比如心率、血压、呼吸、血管容积乃至人的内分泌、消化系统等的变化，而且这些变化是不自主地发生的。情绪一旦产生，相应的生理变化一定会不受控制地出现。例如，人在焦虑状态下，会感到呼吸急促、心跳加快；人在恐惧状态下，会出现身体战栗、瞳孔放大；而在愤怒状态下，则会出现汗腺分泌、面红耳赤等生理特征。

人的情绪是复杂多样的，其分类方法也有很多种，其中最常见的是把情绪分为基本情绪和复合情绪两种。喜、怒、哀、惧是最基本、最原始的情绪，它们与个体的基本需要相关联，常具有较高的紧张性，在人的幼年时期就已形成，带有先天遗传的因素。在这四种基本情绪的基础上，逐渐发展出由其组合而成的各种复杂的情绪，比如羞耻、嫉妒等。

## 二、情绪、情感与心境

人类在认识外界事物时，会产生喜与悲、乐与苦、爱与恨等主观体验，为了区别于认识过程，通常把人对客观事物的体验称为感情。但是，感情这一概念比较笼统，难以表达这一心理现象的全部特征。为了区别感情发生的过程和在这一过程中产生的体验，人们采用了情绪和情感两个概念。实际上，情绪和情感指的是同一过程和同一现象，只是分别强调了同一心理现象的两个不同方面。

情绪指的是感情反映的过程，也就是脑的活动过程。从这一点来说，情绪的概念可以用于人类，也可用于动物。情绪具有情景性和易变性，引起情绪的情景一改变，它所引起的情绪就会消失。情绪伴随着明显的生理变化和外部行为的表现。

情感则常被用来描述具有深刻而稳定的社会意义的感情，如对祖国的热爱、对敌人的仇恨、对美的欣赏、对丑的厌恶等。所以，情感代表的是感情的内容，即感情的体验和感受。

情绪和情感联系密切，情感要通过情绪来表现，比如，为祖国的强盛欢欣鼓舞、兴高采烈，这样的情绪表现了深刻的爱国主义情感。情感也能制约情绪的表现方式，如在上甘岭战役中，战士们在极度干渴的时候，还舍不得喝战友用生命换来的水，要把水让给别的战友喝，这是集体主义精神的表现。

**【视窗1】**

**情绪与情感的区别**

| 情绪 | 情感 |
|---|---|
| 较低级、简单 | 较高级、复杂 |
| 通常由机体生理需要引起 | 通常由社会、心理需要引起 |
| 人和动物共有 | 人类所独有 |
| 有情境性、短暂性和冲动性 | 有情境性、稳定性和持久性 |
| 有明显的外部表现 | 内在深藏 |

心境是一种微弱、持久而又具有弥漫性的情绪体验的状态，通常叫作心情。心境并不是对某一事件的特定体验，而是以同样的态度对待所有的事件，让所遇到的各种事件都具有当时心境的性质。愉快的心境使人觉得轻松、愉快，看待周围的事物都带有愉快的色彩，动作也显得比较敏捷；不愉快的心境使人觉得沉重，感到心灰意冷，对什么事情都不感兴趣，即心境具有弥漫性。心境持续的时间短的只有几小时，长的可达几周、几个月，甚至更长的时间。

## 三、情绪的意义

(1)自我保护的功能。每一种情绪都有其功能，即使像生气、痛苦等负性情绪也有其重要作用。个体通过情绪所引起的生理反应，能够发动其身体的能量，使个体迅速适应环境的变化，保持身心健康。例如，在面对侵害时，愤怒的情绪反应使个体处于高度紧张的状态，身体能量的调动可以使人进行搏斗，也可以呼救；超负荷工作时，疲惫的情绪反应会使人不得不放弃一些工作而获得休息。

(2)行为驱动的作用。情绪对内驱力提供的信号产生放大和增强的作用，从而能更有力地激发有机体的行动。例如，缺水使血液黏稠度升高，引起有机体对水的生理需要。但是，只是这种生理需要还不足以驱动人的行为，如果意识到缺水会给身体带来危害，因而产生了紧迫感和心理上的恐惧时，情绪就放大和增强了内驱力提供的信号，从而驱动了人的取水行为，成为人的行为动机。

(3)信息传递的功能。情绪是一种主观体验，这种体验的表达可以增进人际沟通。情绪的信息传递功能是通过其外部表现形式——表情实现的，如微笑表示友好、点头表示同意。表情还和身体的健康状况有关，医生常把表情作为诊断的指标之一。此外，表情既是思想的信号，又是言语交流的重要补充手段，在信息交流中起着重要的作用。

(4)活动组织的功能。积极的情绪对活动起着协调和促进作用，消极的情绪对活动起着瓦解和破坏作用。比如，在愉快的情绪状态下，个体容易记住带有愉快色彩的材料，在某种情绪状态下记住的材料，在同样的情绪状态下也容易回忆起来。

## 四、常见的情绪认识误区

多数人对情绪的认知、处理及其来源有着很多错误的认识。比如“我忍了十年了！”因为中国人整体不善于表达情绪，常说的所谓“修养、涵养”便是不轻易表露情绪。以下是常见的人们对情绪的误解。

### 1.情绪有好坏之分

人们通常把情绪简单分为正向情绪和负向情绪，而且会认为正向情绪好，负向情绪不好，如快乐、自信、愉快的状态下，人很阳光、做事效率也高，而“怒伤肝、忧伤肺”，很多身体疾病是由负向情绪导致。但事实上情绪并无好坏之分，每种情绪都有其意义和价值。情绪只是一个警讯、一个指示灯，愤怒会给我们力量，去改变一个我们不能接受的情况；痛苦则会指引我们离开威胁或伤害。当一个人觉得全身要“爆炸”的时候，情绪就在提醒这个人：自己在什么地方出了问题。如果一个人有这样的警觉性，他就知道该怎样去调整自己。

2.情绪是非理性的，调控情绪意味着必须压抑自己的负性情绪

有些人认为情绪是非理性的。因此，一个理性成熟的人不应该表现出自己的情绪，不允许自己待在负性情绪里，拼命告诉自己要理性，要控制情绪。但控制情绪并不是意味着强行压制情绪，非要做到“喜怒不形于色”，把自己弄得表情呆板、情感淡漠，这不是情绪的成熟，而是情绪的退化，是病态表现，是不可取的。

3.任何情绪反应都是自发的、本能的

通常会认为消极的情绪反应是与生俱来的，我们没有权利对它进行选择，而只能被动地接受。但实际上，除了那些自动的具有防卫功能的情绪外，其余的情绪反应都不是自发的，不是本能的。正像通过模仿别人学会说话一样，我们也是通过模仿别人才形成了消极或积极情绪的。

一般而言，在处理某个问题时，有许多的方式可供我们选择，但是我们往往会选择那些对我们最为有利的行为方式。而且下次再遇到类似的情况，我们也会选择相同的方式来解决问题。几次之后，几乎就成了一种本能，因此可以认为这些行为方式就反映了我们的本能。其实，它只不过是我们养成的一种习惯而已。消极情绪绝非本能或者自发的情绪，而是我们模仿别人行为方式的结果。

4.自己的消极情绪是永恒的、无法改变的

每当遇到类似的情况都会做出类似的反应。一旦习惯了以某种方式来解决某种问题，以后每当遇到类似的情况时，都会采取这种行为方式。例如，在某种情况下我们会生气，于是我们就错误地认为此情此景总会惹我们生气。其实这种想法是不正确的，当我们生气时，并非因为我们一定会生气，而是因为我们本来就打算要生气。如果你不开心，也并非意味着你一定要不开心，只是因为你自己选择了不开心。

情绪是可以自主地进行选择的，谁也没有规定遇到某种情况时，我们一定要如何去做，我们有权进行选择。因为我们习惯于按照惯常的方式来解决某些问题，所以我们似乎没有选择的权利。其实不然，无论我们习惯于何种行为，在面对新情况、新问题时我们都有重新选择的权利，我们所需要做的是下决心来改变自己以往的做法。有选择的权利和能力并非意味着我们一定会这样去做，正如你拥有一架钢琴并不意味着你一定会弹奏钢琴。如果愿意，我们随时都可以做出跟以往完全不同的选择。

5.别人的行为方式以及过去的不愉快经历使自己产生了消极情绪

我们所成长的文化氛围使我们认为是外界因素导致我们产生了某些消极情绪，如果别人对我们好一些，或者我们的外界环境宽松一些，就可以避免这些消极情绪。我们也常常会听到这样的说法：“是你把我弄哭了”“你把我惹怒了”“我并不想伤害你啊”等。如

果你也有类似的想法，你就完全无法认识到那些导致你产生消极情绪的真实原因。这样想其实就是嫁祸于人，将问题推到了他人身上或者从外界环境中寻找原因。

**【想一想】**

负性情绪对我的价值何在？

**【视窗2】**

## 情绪的钟摆效应

情绪的钟摆效应是指当一个人在某一种情绪上降低了反应强度时，其他的情绪强度也会降低。负面情绪的强度降低了，正面情绪的强度也会降低，就像“钟摆”一样，左右两边的摆动幅度总是一样的。

情绪本身没有好坏之分。就如世上所有事物只应该以对人生的成功和快乐有没有贡献为衡量标准(在三赢的基础上)去衡量一样，有没有效果决定了一种情绪状态是好还是坏。传统上我们认为某些情绪是不好的，例如愤怒、悲伤，称它们为负面情绪。于是，世上就有了正面(好的)情绪和负面(不好的)情绪之分。

有人因为压力太大，受不了情绪上的折磨，学会了“麻木”，即通过一些手段使自己不再对事情有同样的情绪反应。这是一种保护机制，短期如此是没有问题的，但长期这样，就会对个人产生很大的影响。原因是当一个人在某一种情绪上削减了反应的强度，他所有其他情绪的强度也会有同样的削减。那些负面情绪减少了，正面情绪也会同样减少，就像钟摆一样，若摆向一边的幅度减少了，摆向另一边的幅度也同样减少。

如果一个人对别人的责骂反应“麻木”了，不会像以前那样愤怒；看完电影《泰坦尼克号》，他也不会像其他人那样感到难受，也许会说：“哭什么？只不过是电影而已！”同样，对一个笑话他也不会感到好笑：“笑什么？只不过是笑话而已。”不好的事固然不会伤害他，但好的事也不会使他欢欣、喜悦、满意和骄傲！

这个人学会了麻木，情绪感应的幅度便会减少。若这个人继续在“使自己麻木”上发展下去，那么他的感觉会变得越来越少。这个时候，任何事既不会使他难过，也不会使他开心，对任何事情他都没有了感觉，他已经变成了一个能够走动的“植物人”！日子久了，每天的生活枯燥乏味，有一天他醒来会问自己：“生活的意义是什么？每天的挣扎，难道只为延续这种没有乐趣的日子吗？”

感觉不单是情绪的根源，也是我们能力的所在：每一种内心的能力，例如自信、勇气、冲动、冷静、幽默感、创造力都只不过是内心的一种感觉。对事情的分析判断需要感觉(“没有分寸”“不知轻重”都是显现的感觉不足)，记忆、学习也都需要感觉的参与。由此可见，感觉在人生里扮演的角色多么重要！

其实，应该把自己的情绪感应幅度尽量扩大。这样，每一件事带来的喜悦、满足、自豪、信心，我们便能完全得到，心中充满人生的意义和乐趣。偶然有一次事情给我们带来的负面情绪，即使强度很高，但因为每天所得的喜悦、满足、自豪、信心足够多，我们也能承受。正面情绪我们充分享受，完全拥有；负面情绪我们有很多方法处理，就算人生里的事情一半顺利一半不顺利，我们也会创造出成功快乐的人生。

## 第二节　医学生的情绪特点

### 一、医学生的情绪特点

医学生是大学生中一个较为特殊的群体，作为将来救死扶伤职责的担当者，由于服务对象的特殊性，他们的大学生活学制长、课业繁重、课外活动时间少、身心压力较普通大学生更大。因此医学生的情绪特点除了具备普通大学生的特征外还具有他们自身的特点。

(1) 外向、活泼、充满激情。就大学生整体而言，在情绪特点上，表现为乐观、活泼、开放、热情、精力旺盛、充满朝气和激情。

(2) 情绪延迟性及趋向于心境化。情绪的心境化，是大学生情绪的重要特点。中学生的情绪变化，往往受制于外界情境，随着情境的变化，情绪反应来得快，消失得也快；而大学生的情绪反应，往往不会随着外界环境的改变而随即消失，表现为一定的延迟性，趋向于心境化。

(3) 情感体验更加深刻，更加丰富。大学生的情绪体验更加丰富多彩，并随着自我意识的不断发展和各种需要、兴趣的扩展而表现得更加丰富、敏感、细腻和深刻，更加带有社会内容的情感体验。

(4) 波动性与两极性。大学生的情绪年龄正处于未成年人向成年人转变的阶段，在情绪状态上具有两种情绪并存的特点。一方面，相对于中学阶段，大学生的情绪趋于稳定和成熟；另一方面，与成年人相比，大学生的情绪带有明显的波动性，容易从一个极端走向另一个极端。情绪有时会表现出大起大落、大喜大怒的两极性。

(5) 冲动性与爆发性。大学生的情绪特点还表现在情绪体验上特别强烈和富有激情。对任何事都比较敏感，有时一旦情绪爆发，自己都难以控制，甚至表现为一定的盲目狂热和冲动。在处理同学关系、师生关系的矛盾时，在对待学业生活中的挫折时，常常易走极端，给自己及他人带来伤害。

(6) 矛盾性与复杂性。大学阶段正是大学生面临许多重大选择的时期，常常会呈现出一种矛盾和复杂的情绪状态。例如，希望自己具有独立性和希望依赖于他人的需要同时存在；对自己既不满，又不想承担责任；既希望得到他人的理解，又不愿意接受他人的关心。

(7) 内隐与掩饰性。大学生的情绪表现，虽然有时也会喜怒形于色，但已经不像青少年时期那样坦率直露，不少大学生常会将自己的情绪隐藏起来，体现为外在表现与内在体验并不一致。这也无形中给大学生的人际交往带来了障碍，使一些学生出现孤独和苦闷的情感体验。

实证研究表明，与非医大学生相比，医学生情绪状态总体良好，但由于专业的特殊性，医学生的情绪呈现如下特点：

第一，医学生心理压力更大。中国医学本科生的心理压力普遍较大，其中约 30%的医学生承受着焦虑或抑郁的困扰，医学生在临床前、实习期的压力更大。主要原因包含以下几个。①个人因素：除性格、家庭因素外，医学生处于自我性格形成的关键时期，寻求认同的急迫感与沟通障碍之间存在矛盾。②环境因素：医疗就业形势严峻、专业选择困难。③职业因素：医学课程多，考试前大部分医学生处于“睡眠剥夺”的复习中，这使大脑的情绪功能区控制降低，出现情绪处理障碍。接触临床实践的时候，医学生往往会发现医学理论和实践很难有机地结合，同时存在医患沟通障碍等因素，使情绪调试变得更为困难。再加上近年来，对于科研成果产出的要求日益增高，医学生对于职业前途的担忧情绪日渐凸显。

第二，医学生在强迫症状、恐怖、精神病性上较为突出。医生有着特殊的职业要求，除了要具备扎实的专业课程外，也要积累丰富的临床经验，一点点的小错误都可能会导致病人失去生命，所以在对医学生的培养上要求其严谨，医学生也会对自我的要求更高些。对于强迫症状，由于医学生将来面对的是患者，社会对医学生的期望值较高，受到的教育也是要在临床医疗中尽量做到完美，这种思想的灌输，可能会导致医学生的偏差，进而促使他们成为强迫症的高危人群，而女生表现得更为突出。恐怖主要反映在对孤独和公共场合的惧怕，可能与医学生学业任务比较重有关，校园活动相对于其他院校少一些，医学生更专注于自己的学习。精神病性主要反映在神经质的强烈程度，与专业有关，医学专业的学生会更加关注一些细节、要求更严谨，这可能是造成他们神经质反映强烈的原因之一。

## 二、医学生常见的不良情绪

### 1.焦虑

焦虑是当人们在面临威胁或预料到某种不良后果时，产生的一种由紧张、害怕、担忧、焦急混合交织的情绪体验。焦虑是人处于应激状态时的正常反应，适度的焦虑可以唤起人的警觉、集中注意力、激发斗志，是有利的。而过度焦虑会使人内心感到紧张害怕、心烦意乱、注意力难以集中、思维迟钝、记忆力下降，常常伴有头痛、心律不齐、失眠、食欲不振及胃肠不适等身体反应。

### 2.愤怒

愤怒是由于客观事物与主观愿望相违背，或愿望一再受阻，无法实现时产生的激烈情绪反应，程度可以从不满、生气、愠怒、激愤到暴怒，特别是当人们认为他所遭受的挫折是不公正、不合理的，或是被恶意造成的时，最易产生愤怒情绪。愤怒对人的身心有极为不利的影响，会使人的自制力减弱或丧失，不能正确评价自己行为的意义和后果，做出不理智的行为，如打架斗殴、毁损物品等。

3.压抑

压抑是当情绪被过分克制，不能适度表达和宣泄时所产生的内心体验，它混合着不满、苦闷、烦恼、空虚、困惑、寂寞等多种情绪。处在压抑状态中的大学生常常萎靡不振，缺少青年人应有的朝气和活力，对生活失去广泛兴趣，不愿主动与人交往，感觉迟钝，容易疲劳，不满和牢骚较多。长期压抑极易导致心理障碍。

4.抑郁

抑郁是一种持续时间较长的低落消沉的情绪体验。处于抑郁状态的大学生，看到的一切仿佛都笼罩着一层灰色，对什么事都提不起兴趣，常常感到精力不足、注意力难集中、思维迟钝，同时伴有痛苦、羞愧、自怨自艾、悲伤忧郁的情绪体验，自我评价偏低，对前途悲观失望。大学生长期处于抑郁状态，会使自己的学习和生活受到极大影响。

5.冷漠

冷漠是指人对外界刺激缺乏相应的情感反应，对生活中的悲欢离合都无动于衷。具体表现为：凡事漠不关心、冷淡、退让。如有的大学生对周围的人和事漠不关心，对集体和同学态度冷淡，对自己的前途命运、国家大事等漠然置之，似乎自己已看破红尘、超凡脱俗。于是，把自己游离于社会群体之外，独来独往，对各种刺激无动于衷。这种冷漠的情绪状态，多是压抑内心情感情绪的一种消极反应。具有这种情绪的人表面上虽表现为平静、冷漠，但内心却往往有强烈的痛苦、孤寂和压抑感。如果大学生长期处于这种情绪状态下，巨大的心理能量无法释放，超过一定限度时，就会导致心理失衡，影响身心健康。

# 第三节　培养良好的情绪

## 一、什么是情商

情商(EQ)又叫情感智商，由美国心理学家约翰·梅耶和彼得·萨洛维于 1990 年首先提出。但当时并没有引起全球范围内的关注，直至 1995 年，由时任《纽约时报》的科学记者丹尼尔·戈尔曼出版了《情商：为什么情商比智商更重要》一书，才引起全球性的情商研究与讨论。因此，丹尼尔·戈尔曼被誉为“情商之父”。

情商是指人认知和调控自己及他人的情感，把握自己心理平衡，形成自我激励、动机和兴趣相结合的内在动机机制；形成坚强和受理性调节的意志；妥善处理人际关系等的心理素质和能力。情商是影响个体适应环境要求与压力的非认知面的技能、潜力及胜任能力的总和，代表一个人能否适当地处理自己情绪的能力。

戈尔曼认为情感智商主要包含以下五个方面。

(1)了解自我。监视情绪时时刻刻的变化，能够察觉某种情绪的出现，观察和审视自己的内心体验。它是情感智商的核心，只有认识自己，才能成为自己生活的主宰。

(2) 自我管理。调控自己的情绪，使之适时适度地表现出来，即能调控自己。

(3) 自我激励。能够依据活动的某种目标，调动、指挥情绪的能力。它能够使人走出生命中的低潮，重新出发。

(4) 识别他人的情绪。能够通过细微的社会信号，敏感地感受到他人的需求与欲望，认知他人的情绪。这是与他人正常交往，实现顺利沟通的基础。

(5) 处理人际关系。调控自己与他人的情绪反应的技巧。

戈尔曼认为，在人的成功要素中，智商占 20%，而情商占 80%。智商直接参与了个体对客观事物的具体认识，而情商在人类活动中起着动力和调节作用。情商主要与非理性因素有关，它影响着认识和实践活动的动力。它通过影响人的兴趣、意志、毅力，加强或弱化人认识事物的驱动力。智商不高而情商较高的人，学习效率虽然不如高智商者，但有时能比高智商者学得更好，成就更大。另外，情商是自我和他人情感把握和调节的一种能力，因此，对人际关系的处理有较大作用。其作用与社会生活、人际关系、健康状况、婚姻状况有密切关联。

情商作为人类社会智力的一个组成部分，是人们对情绪信息加工的一种重要能力，而且个体之间的情商有着很大差异。情商高的个体可能更深刻地意识到自己和他人的情绪和情感，对自我内部体验的积极方面和消极方面更开放。这种意识使他们能对自己和他人情绪做出积极的调控，从而维持自己良好的身心状态，与他人保持和谐的人际关系，有较强的社会适应能力，在学习、工作和生活中能取得更大的成功。而情商低的个体人际关系紧张、婚姻容易破裂、领导水平不高。因此，培养发展情商对全面提高人的素质具有重要意义。

**【测一测】**

## 国际标准情商测试题

本测试旨在让个体了解自己的情商状况。共 33 题，测试时间 25 分钟。如果你已经准备就绪，请开始答题。

1.我有能力克服各种困难：________

A.是的　　B.不一定　　C.不是的

2.如果我能到一个新的环境，我要把生活安排得：________

A.和从前相仿　　B.不一定　　C.和从前不一样

3.一生中，我觉得自己能达到我所预想的目标：________

A.是的　　B.不一定　　C.不是的

4.不知为什么，有些人总是回避或冷淡我：________

A.不是的　　B.不一定　　C.是的

5.在大街上，我常常避开我不愿打招呼的人：________

A.从未如此　　B.偶尔如此　　C.有时如此

6.当我集中精力工作时，假如有人在旁边高谈阔论：________

A.我仍能专心工作　B.介于A、C之间　C.我不能专心工作且感到愤怒

7.我不论到什么地方，都能清楚地辨别方向：________

A.是的　B.不一定　C.不是的

8.我热爱所学的专业和所从事的工作：________

A.是的　B.不一定　C.不是的

9.气候变化不会影响我的情绪：________

A.是的　B.介于A、C之间　C.不是的

10.我从不因流言蜚语而生气：________

A.是的　B.介于A、C之间　C.不是的

11.我善于控制自己的面部表情：________

A.是的　B.不太确定　C.不是的

12.在就寝时，我常常：________

A.极易入睡　B.介于A、C之间　C.不易入睡

13.有人侵扰我时，我：________

A.不露声色　B.介于A、C之间

C.大声抗议，以泄己愤

14.在和人争辩或工作出现失误后，我常常感到震颤，精疲力竭，而不能继续安心工作：________

A.不是的　B.介于A、C之间　C.是的

15.我常常被一些无谓的小事困扰：________

A.不是的　B.介于A、C之间　C.是的

16.我宁愿住在僻静的郊区，也不愿住在嘈杂的市区：________

A.不是的　B.不太确定　C.是的

17.我被朋友、同事起过绰号、挖苦过：________

A.从来没有　B.偶尔有过　C.这是常有的事

18.有一种食物使我吃后呕吐：________

A.没有　B.记不清　C.有

19.除了看见的世界外，我的心中没有另外的世界：________

A.没有　B.记不清　C.有

20.我会想到若干年后有什么使自己极为不安的事：________

A.从来没有想过　B.偶尔想到过　C.经常想到

21.我常常觉得家庭成员对我不好，但是我又确切地知道他们的确对我好：________

A.否　B.说不清楚　C.是

22.每天我一回家就立刻把门关上：________

A.否　B.不清楚　C.是

23.我坐在小房间里把门关上，但我仍觉得心里不安：________

A.否　B.偶尔是　C.是

24.当一件事需要我做决定时，我常觉得很难：________

A.否　B.偶尔是　C.是

25.我常常用翻纸、抽签之类的游戏来预测吉凶：________

A.否　B.偶尔是　C.是

26.为了工作我早出晚归，早晨起床我常常感到疲惫不堪：________

A.是　B.否

27.在某种心境下，我会因为困惑陷入空想，将工作搁置下来：________

A.是　B.否

28.我的神经脆弱，稍有刺激就会使我战栗：________

A.是　B.否

29.睡梦中，我常常被噩梦惊醒：________

A.是　B.否

30.工作中我愿意挑战艰巨的任务：________

A.从不　B.几乎不　C.一半时间　D.大多数时间　E.总是

31.我常发现别人好的意愿：________

A.从不　B.几乎不　C.一半时间　D.大多数时间　E.总是

32.能听取不同的意见，包括对自己的批评：________

A.从不　B.几乎不　C.一半时间　D.大多数时间　E.总是

33.我时常勉励自己，对未来充满希望：________

A.从不　B.几乎不　C.一半时间　D.大多数时间　E.总是

参考答案及计分评估：

计分时请按照记分标准，先算出各部分得分，最后将几部分得分相加，即为你的最终得分。

第 1～9 题，选 A 得 6 分，选 B 得 3 分，选 C 得 0 分。计________分。

第 10～25 题，选 A 得 5 分，选 B 得 2 分，选 C 得 0 分。计________分。

第 26～29 题，选 A 得 0 分，选 B 得 5 分。计________分。

第 30～33 题，选 A～E 分别得 1 分、2 分、3 分、4 分、5 分。计________分。

总计________分。

分数解析：

90 分以下说明你的情商较低，你常常不能控制自己，你极易被自己的情绪所影响。很多时候，你容易被激怒、发脾气，这是非常危险的信号——你的事业可能会毁于你的急躁。对于此，最好的解决办法是能够给不好的东西一个好的解释，保持头脑冷静，使自己心情开朗。正如富兰克林所说：“任何人生气都是有理的，但很少有令人信服的理由。”

90～129 分说明你的情商一般，对于一件事，你不同时候的表现可能不一，这与你的意识有关，你比情商 90 分以下者更具有情商意识，但这种意识不是常常都有，因此你需要多加注意，时时提醒。

130～149 分说明你的情商较高，你是一个快乐的人，不易恐惧担忧，对于工作你热情投入、敢于负责，你为人正义正直、同情关怀，这是你的优点，应该努力保持。

150 分以上说明你的情商很高，你的情商不但不是你事业的阻碍，反而是你事业有成的一个重要前提条件。

## 二、对情绪管理的全面理解

### (一) 情绪管理的意义

很多人认为情绪不能管理，其实，个人的情绪跟别人没有太大关系，完全是自己可以管理的。所谓情绪管理是指个体在了解自己情绪特征的基础上，有意识地培养健康积极的情绪体验，建立科学的情绪宣泄和调控机制，自觉克服和消除不良情绪的影响，保持积极的人生态度。

大学生做好情绪管理，对自己和谐心灵的塑造有着非常积极的意义。

(1) 有利于强化大学生的积极行为。笔者认为，加强大学生的情绪管理，对于提高学生的思想认识，强化学生的积极行为，杜绝不良事故的发生有着极其重要的作用。

(2) 有利于大学生的身心健康。情绪是心理健康的重要标志之一。积极的情绪状态，对个体的身心健康有促进作用，能为人的神经系统增添新的力量，使之充分发挥机体的潜能。而消极的情绪状态，则会对机体产生不利的影响。

### (二) 情绪管理的方法

情绪管理，不单单指控制自己不发脾气，还包括以恰当的方式来表达情绪，使周围的人能够接受。因此情绪管理包含情绪认知、情绪表达和情绪调控三个部分。

#### 1.情绪认知

要想管理自己的情绪，首先要了解自己的情绪状态。觉察自己的情绪就是能认识自己的感觉、情绪、情感、动机、性格、欲望和基本的价值取向等，并以此为行动依据。通常可以通过反思的方式实现这一目的，时时问自己：我现在的情绪怎样？什么事让我苦恼？有必要这样吗？我真正想要的是什么？比如，当你和朋友发生矛盾而情绪不好时，问问自己：我为什么这么做？我这么做会有什么样的结果？如果我还在乎和朋友之间的关系，我这样做对恢复我们的关系有帮助吗？修复我和朋友之间关系的良策是什么？

我们往往会随着外在事件的变化而产生各种情绪，但这时不管处于何种情绪中，都应该先停一下，摆脱出来，冷静地去体会、感觉自己的情绪，将它梳理清楚。

#### 2.情绪表达

很多人认为“人不应该有情绪”，因而不肯承认自己有不良情绪，并尽量压抑不良情绪，不让它们表现出来。其实，这样反而会带来更加不好的结果，我们应该学会适当地表达自己的内心反应，使不良情绪得到正确疏导。

情绪表达是一门学问，适时适当地表达情绪并非易事。合理表达情绪，要做到在极端情绪时，尽量不要说气话、干傻事，暂停情绪表达，在适当的情景和时机下表达，否则，口不择言、行为唐突，日后会后悔。比如朋友爽约，你非常生气，再见到朋友时劈头盖脸地指责很有可能让你失去一份友谊，你可以委婉地告诉他："你爽约让我等了很久，我很担心你发生了什么事。"这样能给朋友一个解释的机会，让对方也有反应的时间。

3.情绪调控

处理情绪的目的是让自己好过一些，也让自己更有能力去面对未来，而不是暂时逃避，日后却需承受更多的痛苦。所以产生不良情绪并不可怕，也在所难免，为了减小它对我们的影响，必须及时把它消除。

## 三、培养良好情绪的方法

平时谈到情绪，很多人都会往负面的方向去想，比如："你看，他又闹情绪！"好像情绪都是不好的。其实情绪没有好坏之分，没必要把消极情绪当成我们的敌人，所谓的积极情绪对我们的影响不见得都是正面的，而令我们痛苦伤心的情绪体验也并不意味着我们就是失败的。情绪是内外刺激的反应，而刺激很多时候是我们无法控制的，每一种情绪的产生都是自我保护的信号，都有其独特价值。更何况，情绪本身是有周期的，一个人如果始终面带微笑，那么可以说这个人是不真实的，他的不良情绪一定是被抑制了。所以，有必要了解什么是良好的情绪。

对于良好的情绪，每个人的标准不尽相同，没有准确的定义。但是提到良好的情绪，以下几点是一定包括的：①能够准确地表述出对周围环境的感受。需要注意的是，这里的准确，不仅仅是准确表达出自己的积极情绪，同时也要准确表达出自己的消极情绪。②能够客观评价周围环境。对周围环境的评价要客观，或者说要适当，既不过于激烈又不过于消沉。③能够表现出良好的情绪转移能力。如令人兴奋的事过去则不再兴奋，令人悲伤的事过去则不再悲伤。④能够表现在年龄特征上，如果一个人的情绪表现超出了自己的年龄对应的特征，那么也不是良好的情绪。作为当代大学生，良好的情绪应该体现在以下方面。

1.自信

自信的人活泼、开放、幽默、果断，相信自己，相信自己的能力，也相信自己的价值，有一种凡事尽力争取、"当仁不让"的主动精神。

**【练一练】**

### 增强自信心的规则

英国心理学家克列尔·拉依涅尔提出了10条增强自信心的规则。

第一条：每天照3遍镜子。

清晨出门时，对着镜子修饰仪表，整理着装，务必使自己的外表处于最佳状态。午饭后，再照一遍镜子，修饰一下自己，保持整洁。晚上睡觉前洗脸时再照照镜子。这样一来，一整天你就不会为自己的仪表担心，而会一心去工作、学习。

第二条：不要总想着自己身体的缺陷。

每个人都有各自的缺陷。你对自己的身体缺陷想得越少，自我感觉就会越好。

第三条：请记住，你感觉明显的事情，其他人不一定注意得到。

当你在众人面前讲话感到面红耳赤时，你的听众可能只是看到你两腮红润，令人愉快而已。

第四条：不要过多地指责别人。

如果你常在心里指责别人，这种毛病就可能成为习惯。总爱批评别人是缺乏自信的表现。

第五条：请记住，大多数人喜欢的是听众。

当别人讲话时，你不必用机智幽默的插话来博取别人的好感。你只要注意地听别人讲话，他们就一定会喜欢你。

第六条：为人要坦诚，不懂不要装懂。

对不懂不知道的东西要坦白地承认，不能故作冷漠，否则，只会引起别人厌烦，不会提高你的自信心。

第七条：要在自己的身边找一个能分享快乐和承受痛苦的朋友。这样在任何情况下你都不会感到孤独。

第八条：不要试图用酒精来壮胆提神。

如果你羞涩腼腆，那么就是喝干了酒瓶中的酒也无济于事。只要你潇洒大方，滴酒不沾也会讨人喜欢。

第九条：请记住，拘谨可能使某些人对他人产生敌意。

如果某人不大理你，不要总觉得自己有错。对于有敌意的人，少讲话虽不是最好的方法，但却是唯一的方法。

第十条：请记住，一定要避免使自己处于一种不利的环境中。

当你处于不利环境时，虽然人们会对你表示同情，但他们同时也会感到比你地位优越而在心里轻视你。

2.适度焦虑

适度焦虑是有效提高活动效率的重要因素，也是健康生活的必备条件。适度的紧张和焦虑使个体处于“预热”的状态，生理上的变化使身体产生更多的能量来应付当前的问题和情景。个体在适度焦虑状态下，思考力、反应速度、动作的敏捷性都能得到锻炼，使身心更趋于全面健康发展。

3.热情乐观

热情乐观的时候可以想得更好、干得更好、感觉得更好，身体也更健康。心理学家柯克契耶夫对乐观和悲观思维下的生理状态进行研究，发现人在乐观的状态下，视觉、嗅觉、味觉和听觉都更灵敏，触觉也更细微。热情乐观的情绪状态能极大地激发个体的潜能。

那么如何培养良好的情绪呢?

1.要有正当、合理的需要

一般情况下，当人们的需要得到满足时，就会产生愉快、高兴、欣喜等积极的情绪，反之就会产生失落、悲伤、痛苦等消极的情绪。如果一个人对现实的要求太高，实际上又很难实现，就很容易产生不良情绪，久而久之，就会深陷其中不能自拔。所以，一个人首先要给自己定一个位，看看哪些事凭借自己的能力能完成，哪些事是自己力所不能及的。不要去和别人比，争强好胜，对自己没有什么好处，人的欲望有时候是没止境的。所以正确看待自己，对达不到的愿望不要强求。

2.要有正确的人生观

一个有正确人生观的人，是不会被眼前纷杂的事物所迷惑的，因为他知道自己这一辈子应该做哪些事、不应该做哪些事，有自己明确的人生航向，有自己的追求，知道很多东西都是过眼云烟，对自己没有任何意义和价值。所以，有正确人生观的人会拥有一个稳定而良好的情绪。“胜不骄，败不馁”、“不以物喜，不以己悲”、沉着稳健等都是拥有良好情绪者的表现。

3.锻炼身体

身体是革命的本钱，也是拥有良好情绪的基础。情绪与身体状况密切相连，身体健康的人常常表现出精神振奋、心情开朗等积极的情绪。相反，一个体弱多病的人总表现出无精打采、多愁善感的情绪。所以，想要有良好的情绪，拥有健康的身体很重要。

4.培养幽默感

时下，有识之士呼吁倡导一种幽默的处世态度，至少应培养起人们的幽默感，从而让人们更幽默些，以便营造一种轻松的生活氛围。

幽默的人给人的印象是洒脱和宽容。其实幽默是一种智慧，讲得更深些是一种超然于世俗生活的人生境界。现在女孩择偶时很强调对方是否有幽默感，因为与幽默的人一起生活，很可能会拥有一个愉悦的人生。据专家研究，幽默感是情商的重要组成部分。

5.培养消除不良情绪的能力

不良情绪出现时，不能简单地抑制它。否则一有适当的机会，它还会发泄出来。要消除不良情绪，一要认识到不良情绪的存在；二要找出不良情绪的产生原因；三要掌握一些控制、调节和消除不良情绪的方法，如自我暗示、宣泄、自我转移、适应、自我安慰、升华和用意志控制情绪等。

**【想一想】**

如何提高自己的情绪管理能力?

# 第四节 不良情绪的调适

当不良情绪产生时，激烈的反应对身心是有伤害的，有心理学家强调，不良情绪对于21世纪的人来说，相当于19世纪的肺病和20世纪的癌症。因此，要采取有效的方法调节情绪，使其达到相对平稳的水平。主要的调试方法如下。

## 一、情绪宣泄法

一旦产生不良情绪体验，就要勇敢地正视它，并为自己找到一个合适的宣泄方法。研究发现，过分克制情绪只会加重情绪的困扰，而合理宣泄情绪才是正确选择。情绪宣泄法是指当个体处于较激烈的情绪状态时，应以社会允许的方式直接或间接地表达其情绪体验。简而言之，就是高兴就笑、伤心就哭。实践表明，坦率地表达内心的愤怒、苦闷和抑郁情绪，心情会变得舒畅一些，压力会减少一些，与情绪体验同步产生的生理改变也将较快地恢复正常。合理宣泄情绪的方法有以下几种。

1.倾诉

找人倾诉。找一个能理解你的人诉说心中的烦恼和忧虑，既能宣泄情绪，又能增进友谊。罗杰斯提出的人际关系哲学认为，人不仅可以交流内心的思想，而且可以交流内心各种各样的情绪，内心的冲动、模糊的感受，甚至难以启齿的秘密，都可以交流和沟通。积极的交流沟通可以缓解压力，释放内在能量。此外，自言自语也是一种不错的情绪宣泄方式。

2.哭泣

人在不良情绪下体内肾上腺皮质激素、催乳素的分泌会大幅增加，而研究发现因某种情绪而哭泣时，泪水中恰恰富含这些激素，因此哭泣是排除体内这些激素，让身体恢复平衡的重要途径。研究表明，哭泣后，情绪强度一般可降低 40%，而那些不爱哭泣，没有利用眼泪消除情绪压力的人，其结果是影响了身体健康，并促使某些疾病恶化，如结肠炎、胃溃疡等。

3.寻找替代

在不影响他人的情况下，选择一些无足轻重的没有生命的物体作为发泄情绪的“替代品”，如沙袋、皮球、坐垫、枕头、布娃娃等，还可以到专门的发泄室摔、砸东西等，以发泄、消除心中的不良情绪。

4.大声叫喊

当感觉特别压抑又找不到合适的宣泄方法时，可以尝试痛快地大喊。无拘无束地大声叫喊，有助于我们宣泄不良情绪。当然，叫喊要以不影响他人为前提。

5.书写

当因为受挫而产生不良情绪时，还可以通过写信、写日记、绘画等形式来发泄。书写的过程其实也是自我对话的过程，能够让自己慢慢地冷静下来，心情自然也就放松了。

6.运动

当感到紧张或愤怒时，不妨到运动场去打球、跑步或进行其他活动，通过释放身体的能量来放松自己。运动强度尽量和不良情绪的强度相匹配。

## 二、注意转移法

注意转移法是指把注意力从引起不良情绪反应的刺激情境中转移到其他事物或从事其他活动上的一种自我调节方法。比如进行体育活动，或者旅游、画画，也可以听自己喜欢的音乐，这些新的刺激，可以冲淡甚至抵消不良情绪在大脑皮层上出现的兴奋中心，从而使人的情绪向积极方向转移。当然像吸烟、酗酒这类消极的注意转移是需要抵制的。

1.做事转移法

当情绪不佳时，投入到自己喜欢的事情中，不愉快的情绪也就暂时被抛于脑后，当事情做完以后，甚至会发现，原来造成心情不好的原因已经消失了。

2.环境转移法

新的环境充满新颖的刺激，需要我们付出更多的能量去适应，同时也能增进积极的情绪体验，比如去海边散步、去郊外骑车、去外地旅游。

**【视窗 3】**

### 调节情绪的音乐

(1)有助于催眠作用的乐曲有《二泉映月》、《摇篮曲》、《军港之夜》、《平湖秋月》、舒曼的《梦幻曲》、门德尔松的《仲夏夜之梦》、莫扎特的《催眠曲》。

(2)有助于减轻内心焦虑不安、降血压的乐曲有琴曲《梅花三弄》、《春江花月夜》、《空山鸟语》、广东音乐《雨打芭蕉》、埃尔加的《威风凛凛》、勃拉姆斯的《匈牙利舞曲》。

(3)有助于克服精神抑郁的乐曲有笛子独奏《喜相逢》、二胡独奏《光明行》、京胡独奏《夜深沉》、《步步高》、《春天来了》、《喜洋洋》、《江南好》、莫扎特的《第四十交响曲 B 小调》、盖希文的《蓝色狂想曲组曲》、德布西的管弦乐组曲《海》。

(4)有助于松弛精神、解除疲劳的乐曲有《彩云追月》、《牧童短笛》、《十五的月亮》、比尔的《卡门》。

(5)振奋精神的乐曲有民族音乐《得胜令》、《金蛇狂舞》、《步步高》以及贝多芬的《命运交响曲》、博克里尼的《A 大调第六奏鸣曲》、苏佩的《轻骑兵序曲》、莫扎特的《土耳其进行曲》。

(6)增进食欲的乐曲有《花好月圆》、《青春舞曲》、穆索尔斯基的钢琴组曲《图画展览会》。

(7)缓解悲伤的乐曲有柴可夫斯基的第六交响曲《悲怆》、海顿的《创世纪》、贝多芬的《第五交响曲 C 小调——命运》。

(8)克服烦躁、易怒的乐曲有《塞上曲》、琴曲《流水》、二胡曲《汉宫秋月》、《阳关三叠》、《梅花三弄》、《云水禅心》。

## 三、放松法

当产生不良情绪时，比如考试压力导致的焦虑、紧张，自我放松是不错的调试方法。

### 1.腹式呼吸法

腹式呼吸不同于平时的呼吸，它的特点在于吸气后并不马上呼气，而且呼气的时间要长于吸气的时间。具体做法是采用鼻子呼吸，腹部吸气，双肩自然下垂，闭上双眼，然后慢慢地、深深地吸气，吸到足够多时，憋气 2 秒，再缓缓地呼出。呼气的时候尽量告诉自己“我现在很放松、很舒服”，注意感觉自己的呼气、吸气，体会“深深地吸进来，慢慢地呼出去”的感觉。持续呼吸 5～8 次。

### 2.渐进式肌肉放松法

我们都有这样的体验，当心情紧张时，全身肌肉会变得僵硬，但当紧张情绪缓解后，僵硬的肌肉也可以通过其他形式松弛下来(如打哈欠、伸懒腰等)。类似地，渐进式肌肉放松法的原理就是通过身体的放松来达到心理的放松，通过训练个体随意放松全身肌肉，以达到随时控制全身肌肉的紧张，保持心情平静，纾解焦虑、恐惧、紧张等不良情绪的目的。

渐进式肌肉放松法训练的每一个步骤中，最基本的动作是：紧张肌肉，注意这种紧张的感觉，保持这种紧张感，然后放松，体验肌肉放松时的感觉。

【练一练】

## 渐进式肌肉放松法步骤

指导语(语气和缓、匀速):收紧你的肌肉,注意这种紧张的感觉,保持这种紧张感,然后放松,再体验放松的感觉。在放松的过程中,注意你的呼吸。当身体处于紧张状态时,吸气或者屏气,放松状态时,呼气。

第一步:面部放松。睁大眼睛,使眼睛与眼眶肌肉紧张,保持10秒,然后放松;嘴角尽力后拉,保持10秒,然后放松;牙关紧咬,保持10秒,然后放松;用舌头抵住上颚,使舌头紧张,保持10秒,然后放松;各部分分别练习之后,可以做面部整体放松,即眉头上拉,眼睛尽量睁大,嘴角尽力后拉,牙齿尽量咬紧,保持10秒,然后放松。

第二步:颈部肌肉放松。从前、后、左、右四个方向绷紧颈部肌肉,保持10秒,然后放松。

第三步:肩部肌肉放松。双肩尽量向上提升,保持10秒,然后放松。

第四步:臂部肌肉放松。紧握拳头,使双手及前臂肌肉紧张,保持10秒,然后放松;侧平举双臂做扩胸状,体会臂部的紧张,保持10秒,然后放松。

第五步:胸部肌肉放松。双肩用力后扩,使胸部四周肌肉紧张,保持10秒,然后放松。

第六步:背部肌肉放松。双肩用力前收,使背部肌肉紧张,保持10秒,然后放松。

第七步:腹部肌肉放松。尽量收腹,好像逃避别人的拳击,保持10秒,然后放松。

第八步:臀部肌肉放松。夹紧臀部肌肉,收紧肛门,保持10秒,然后放松。

第九步:腿部肌肉放松。绷紧双腿,并膝伸直上抬,好像两膝盖之间夹着一枚硬币,保持10秒,然后放松;将双腿向前绷紧,体会小腿部的紧张,保持10秒,然后放松;将双脚向前绷紧,体会小腿部的紧张,保持10秒,然后放松;将双脚向膝盖方向用力弯曲,保持10秒,然后放松。

第十步:脚趾肌肉放松。将脚趾向下弯曲,好像用力抓地,保持10秒,然后放松;将脚趾尽量向上弯曲,而脚与脚踝不动,保持10秒,然后放松。

以上十步连续完成,做的同时,要充分体会肌肉紧张之后舒适、放松的感觉,比如酸、热、软等感觉,每次用10～20秒来体会。所有动作应熟练到能连续完成,并在各种情境下都能自如运用。建议在早晨醒来后和晚上临睡前各做一遍,或者在感到焦虑紧张时做。

3.想象放松法

想象放松法主要通过唤起人对宁静、轻松、舒适情景的想象和体验,来减少紧张、焦虑,控制唤醒水平,引发注意集中的状态,增强内心的愉悦感和自信心。比如想象自己躺在温暖阳光照射下的沙滩,迎面吹来阵阵微风,海浪有节奏地拍打着岸边;或者想象自己正在树林里散步,小溪流水,鸟语花香,空气清新。

这种方法首先要求采取某种舒适的姿势,如仰卧,两手平放在身体的两侧,两脚分开,眼睛微闭,尽可能地放松身体,慢而深地呼吸,想象某一种能够改变人心理状态的情境。尽可能使自己有身临其境之感，好像真的听到了那儿的声音，呼吸到了那儿的空气，感受到了那儿的沙滩和海水。练习者身临其境之感越深，放松效果越好。

## 四、认知调节法

“扰乱人精神的，与其说是事件本身，不如说是人对事件的认知和评价。”决定情绪的是人的认知。也许我们无法改变负性事件，但我们可以改变对事件的看法，从而求得心理平衡。

(1) 不要过分注意他人对自己的评价。每个健康的人都会在意他人对自己的评价，正是有了他人的评价，人才逐渐形成了自我意识，实现了自己存在的社会价值。所以，注意他人对自己的评价，有助于心理的发展，有利于良好人际关系的建立。但过分注意他人的评价，就会使人丧失独立的人格，陷入为他人而活着的心理误区。陷入这种误区的人，其每一行动都要看别人的脸色，乞求别人的微笑，每一建议都要求得到所有人的满意，活得很累，精神上的痛苦也就在所难免。因此，一个人若想轻松度过自己的一生，就不要过分注意他人对自己的评价。

(2) 调整理想我和现实我的差距。理想我是理想中“我”的境界，现实我是指当前“我”的水平。当一个人在追求事业的过程中一再受挫，就应重新检查一下理想我和现实我的差距是否太大、个人的发展目标是否定得太高。目标太低不能带来真正的愉快和满足，目标太高、超过自我能力所及的范围只能受挫，在目标的确立上应以“跳一跳就能摘到果子吃”为原则。

(3) 消除不合理的信念。著名心理学家艾利斯认为，一个人的不良情绪源于其不合理的信念。不合理的信念具有两大基本特点：第一，绝对化的要求。对事物绝对化的要求是指当事人以自己的意愿为出发点，对某一事物怀有其必定会发生或不会发生的信念，它常与“必须”“应该”“都要”“无论如何”这类字眼联系在一起。怀有这种信念的人极易陷入情绪的困扰，因为客观事物的发生和发展都有其自身的规律和条件，不会以某一个人的意志为转移，这种绝对化的要求常常与客观现实相悖，从而使当事人陷入情绪的困扰中。第二，过分概括化。这是一种以偏概全的不合理思维方式的表现，就好像以一本书的封皮来定一本书的好坏一样。它首先表现在个体对自己的不合理评价。有些人遭遇失败时，马上便认为自己一无是处。这实际上是用自己做过的个别事情来评价自己整个人，评价自己做人的价值，其结果必然是过分地自责和抑郁。过分概括化的另一个表现是对他人不合理的评价。在艾利斯看来，每个人都应该接受自己和他人都是有可能犯错误的人，因为这个世界上没有一个人可以达到完美无缺的境地。

当一个人陷入情绪困扰时，就应该反省一下，自己在处理问题时是否受到了不合理信念的支配，如果是，就应该主动放弃或改变它。当然，改变不合理的信念并非易事，必须经过一个艰苦的再认识过程，因为不合理信念实际也是个人性格特征的组成部分。但是要知道，人可怕的是盲目，一旦自觉，理智的力量是无穷的。

## 五、心理暗示法

我们可以利用语言的指导和指示作用来调适和放松心理的紧张状态，使不良情绪得到缓解。心理学的实验表明，当个体静坐时，默默地说“勃然大怒”“暴跳如雷”“气死我了”等语句，个体的心跳会加速，呼吸也会加快，仿佛真的发起怒来。相反，如果默念“喜笑颜开”“兴高采烈”“把人乐坏了”之类的语句，其心里也会产生一种乐滋滋的体验。由此可见，言语活动既能唤起人们愉快的体验，也能唤起人们不愉快的体验；既能引起某种情绪反应，也能抑制某种情绪反应。因此，在生活中遇到情绪问题时，应当充分利用语言的作用，用内部语言或书面语言对自我进行暗示，缓解不良情绪，保持心理平衡。比如默想或用笔在纸上写出下列词语：“冷静”“三思而后行”“制怒”“镇定”等。实践证明，这种暗示对人的不良情绪和行为有一定的影响和调控作用，既可以松弛过分紧张的情绪，又可用来激励自己。

## 六、情绪升华法

升华是改变不被社会所接受的动机和欲望，使之符合社会规范和时代要求，是一种高水平的宣泄不良情绪的方式，能将不良情绪引导到对人、对己、对社会都有利的方向去。如一同学因失恋而痛苦万分，但他没有因此而消沉，而是把注意力转移到学习中，立志做生活的强者，证明自己的能力。

**【视窗 4】**

### 情 绪 周 期

所谓“情绪周期”，是指一个人情绪高潮和低潮的交替过程所经历的时间。它反映了人体内部的周期性张弛规律，也称“情绪生物节律”。

科学研究表明，人的情绪周期与生俱来。从出生的那一天开始，一般 28 天为一个周期，周而复始。每个周期的前一半时间为“高潮期”，后一半时间为“低潮期”。在高潮期向低潮期或低潮期向高潮期过渡的时间，称为“临界期”，一般是 2～3 天。临界期的特点是情绪不稳定，机体各方面的协调性能差，易发生事故。

情绪周期是人生情感的晴雨表，我们可据此安排好自己耕耘人生的茬口。情绪高涨时安排一些难度大、较烦琐的任务，而在情绪低落时多出去走走，多参加体育锻炼，放松思想、放宽心情，有了烦心的事多向亲人、同学、朋友倾诉，寻求心理上的支持，安全地度过情绪低潮期。

**【回顾与思考】**

(1) 如何认识情绪？

(2) 如何管理情绪？

(3)不良情绪有哪些，如何调适？

【扩展阅读】

## 情绪，你知道的也许都错了

这个世界有很多听起来像是正确的，实际却是错误的观点，比如人们曾经认为地球是平的，认为所有星球都围绕地球转动。目前人们对情绪的认知也存在错误观点。

关于情绪，由来已久的认知是：情绪是与生俱来的，是内心独有的、可辨识的现象。这种传统的情绪观深深扎根于人们的心中。比如，《头脑特工队》有五个角色，分别代表欢乐、悲伤、厌恶、恐惧和愤怒。当然，快乐是领导者，因为在美国，有 500 多本畅销书都是在教人们如何快乐。

尽管传统情绪观的知识谱系历史悠久，对人类文化和社会影响巨大，但大量科学实证表明，这些观点可能都是错误的。以下分享三个常见的关于情绪的错误认知。

**误解 1：情绪展现在脸上，我们能够通过表情来认知情绪。**

人们认为情绪是脸上的表情。人们应该在开心时微笑、伤心时皱眉、生气时瞪眼。每个人都应能识别微笑、皱眉和瞪眼，以此识别对方的情绪。这就是关于情绪的最大误解：情绪展现在脸上，我们能够通过面部表情来认知情绪。

面部表情无法揭示其背后的情绪。情境不同，面部表情代表的情绪也可能不同。即使经历同样的情绪，不同的人拥有的面部表情也会有所不同。所以我们光靠面部表情来推测情绪是不够的。这就是我们学会的关于情绪的第一个事实。

当我们说到情绪时，多元化才是常态。传统情绪观还认为，人的面部表情是客观准确评估情绪的关键，所以我们经常会通过观察面部表情来推测他人的情绪。当你看到另一个人的表情时，你的大脑正在猜测这些面部动作的含义。而且这些猜测是自动发生的，只需要你很少的努力或意识。

即使是那些认为自己读脸能力强的人也只是猜测。这些猜测在解读人们扬起的眉毛、翘起的嘴唇或者倾斜的头部所代表的情绪。这就是为什么一个身体特征，比如一个微笑，在不同的语境中会有不同的情绪含义。

比如当下流行的情绪识别技术基于这样的假设，即每个人都做出并识别相同的面部动作作为情绪表达，因此这些面部动作可以像读纸上的文字一样容易地代表着情绪。

但真实情况并非如此。面部表情不能代表人的内心情绪。

虽然很多公司号称可以识别人们的情绪，然而事实上，他们能做的就是检测面部肌肉动作。当然，并不是说面部肌肉动作是随机的，也并不是说它不带有任何信息。面部是社会交流的工具，它可以带来很多信息。只是我们忽略了情境(包括肢体语言、社会情境、文化期待等)带来的影响。情境很重要，当一个人出现某种情绪时，情境会影响他如何展示自己的面部肌肉运动。

数据显示，人们对某种情绪与某组面部肌肉动作之间对应关系的认识是一些刻板印象。这些刻板印象忽略了情境因素。

这些关注情绪识别的科技公司正在错失一个改变游戏规则的机会，他们从根本上误解了情绪。

这些表情是怎么回事？它们是从哪里来的？事实证明，它们不是通过观察人们在现实生活中表达的情绪而发现的。它们被一小部分科学家所规定，并将其当作普遍真理，然后建立了一整套科学体系。但它们都是刻板印象，可以称之为表情符号的科学。这些研究都是在研究人们过去带有刻板印象的后续产物，而不是在探究情绪这件事。

**误解 2：每种情绪都有其独特的生理表征。**

传统情绪观认为情绪在生理上会有特定的反应。其中最著名的是 1983 年刊登在《科学》杂志上，由心理学家保罗·艾克曼等共同做的一个实验，得出的结论是：当一个人出现特定的情绪时，其身体反应展现出清楚且一致的变化。他们的研究似乎为每一种情绪都创建了一个客观生物身体指纹。如今，他们发表的研究文章依然被奉为科学文献中的经典之作。

在此将用一个案例说明这种观点也是错误的。想象一下你感到快乐的各种情境，比如做园艺、运动、在沙滩上晒太阳……虽然此时行为活动是不同的，但是都体验到了相同的情绪——快乐。

实际上每一个行为，在人体内都有一个不同的生理模式，生理学家保罗·奥布里斯特(Paul Obrist)早在 50 年前就已知道这一点。他认为，生理学与行动或预期的行动有关。因此，在同一种情绪类别的不同情况下，生理模式也会有所不同。

在这里举一个例子：血压的变化。研究者对 233 篇关于情绪事件期间身体变化的论文进行元分析。结果发现，血压变化并不是某种情绪专属的，几乎所有情绪类别的血压变化区间重叠范围很大。

在自主神经系统上的分析也发现同样的结果。甚至，对某种情绪进行更复杂的分析，还会发现同样的结果。

如果传统情绪观念真的正确，那么，理应能找到某种情绪特定的生理曲线。然而，相关学者用了二十年，还是没找到。

当经历一个情绪时，你的动作和生理变化会非常不同。同样的生理变化可能来自不同的情绪状态，比如心跳加速并不代表你一定是恐惧或愤怒的状态，也有可能是快乐。由此生理上的变化没有情绪意涵，是我们的大脑把生理上的变化变得有意义，从而解读为情绪。

这就是关于情绪的第二个事实：生理变化并不与情绪一一对应，而是你的大脑将身体变化解读成了情绪。

**误解 3：每种情绪在大脑中有一条专属的神经通路。**

科学家常通过对大脑损伤的研究，来确定某种情绪在大脑中产生的特定区域。对此，最具启发意义的研究是在大脑中寻找控制恐惧的区域。

大脑里有一个杏仁大小的部位，叫杏仁核。以往的科学家认为它是恐惧的中枢。

有学者总结数百个实验，结果发现，杏仁核在人们处于恐惧的过程中，一直处于活跃状态，比你想象的要频繁得多。

但请注意，只有大约 30%的实验显示杏仁核活动增加。如果杏仁核真的是大脑中的恐惧中枢，那么应该不会只有30%的研究重复验证了这个结果。

杏仁核的激活并不是恐惧所特有的——它可以在各种情绪中被观察到，比如愤怒、厌恶、悲伤以及快乐等情绪。我们看到的任何所谓的“情绪”对应在大脑区域都有类似的结果。

多年来，无论我们如何分析数据，我们都找不到情绪专属的情绪回路。

例如，有一个脑部受损的个案研究，研究对象BG和AM是同卵双胞胎，她们的杏仁核都受到损伤，然而研究结果显示：BG有恐惧相关缺损，但是AM可以正常处理恐惧情绪。

这就是关于情绪的第三个事实：情绪是复杂的建构，而不是简单的神经通路。

哲学家们称之为本质主义的观点是，你的大脑先天具有古老的情绪回路，这种情绪回路埋藏在你大脑某些兽性的部分中。人性战胜兽性；骑象人驾驭大象。

然而，本质主义不是好的科学。但它是很好的娱乐——它能让电影有一些非常有趣的场景。实际上，你的脑子里没有情绪回路。你的大脑没有一个由小人操控的情绪控制面板，即使有时候你的感觉是这样。

总之，情绪不是原装自带的，情绪是你我建构出来的。情绪不是你对世界的反应，它们是你的大脑对你自己身体中发生的事情的理解，

情绪不是“降临”到你身上的，情绪就是你制造的。情绪是源于你的身体如何反应，以及如何理解外在世界。它是这两个事情综合在一起的产物。

（资料来源：摘自 https://www.sohu.com/a/302456099_383867）

# 第七章　快乐与人交往　知彼解己双赢

**【内容导读】**　在人的所有生活经历中，最耐人寻味、最五彩缤纷的经验，通常都与人际交往相联系。愉快、烦恼、缠绵、相思、怨恨、想念、关怀以及孤傲、浅薄、自豪、自卑、轻浮、深沉等，所有这些暂时的、久远的、肤浅的、深刻的体验，都与人际交往相关。虽然，有人从与别人的交往中获得愉快和幸福，有人却只获得烦恼和不幸，但在这两种人之间，有一点却是共同的，即都是在与他人交往中产生的体验。人具有社会性，只有生活在社会中，与周围环境接触才能称为真正意义上的人。人际交往作为一种人类基本的社会活动，体现出人所共有的心理需要。

作为医学生，在人生旅途上，不仅需要与自己交往，踏上工作岗位后，还需要和各种各样的患者交往，因此在大学期间了解人际交往的知识，实践人际交往的功能，学会建立良好的人际关系也是必修课。

**【核心词汇】**　医学生；人际交往；心理障碍；影响因素

## 第一节　人际交往概述

### 一、人际交往的概念

人际交往（interpersonal communication）是人与人之间的相互作用，是以人为对象的一种活动形式。共同活动的双方以及其他人都可成为交往活动的对象或客体。交往的内容是人的思想、观点、兴趣、情感和态度的相互交流，目的是达成沟通、协调和建立一定的人际关系。

人际交往是人类相互联系、相互作用的社会行为。无论是信息交流、文化交流，还是思想意识的沟通，都具有实践意义和社会性，是动态和静态的结合。人际交往必须采取强有力的行为和先发制人的手段，去沟通思想，取得对方的理解，引起对方的良好反应，使自己始终处于进攻的状态，这是动态的；然而人际交往又必须进行自制，在展开进攻之前或之中，要进行必要的条件准备，完全进入角色，选择良好的时机和情境，采用恰当的方式和手段，深思熟虑、出奇制胜，这又是静态的。

人际交往的作用是沟通思想、传播信息、去弊求利。而要实现这一作用，交往者必须借助各种媒介或工具。人们进行交往的媒介包括语言和非语言。语言是维系人际关系的纽带，是人际交往的基本工具。语言又分为有声语言和无声语言，前者即口语交往，如交谈、讲课、演讲等，后者即书面语言交往，如书信、记录、书籍等。西方医学之父希波克拉底早在公元前 400 年就说过："医学有两件东西可以治病，一是语言，一是药物。"可见医务人员与患者的语言沟通在疾病的治疗过程中发挥着重要作用。非语言交往是人际沟通的重要方式之一，在人际交往中具有重要的地位。如人的仪表、服饰、动作、表情、空间、时间等，都可以负载一定的信息而成为沟通的载体。

## 二、人际交往的意义

### （一）人类的形成和发展，个人的成长过程，都离不开人际交往

人类发展到今天，虽然生而具有发展为现代人的潜能，但从婴儿成长为一个具有一般身心健康水平的成年人，如果没有人际交往，没有社会生活，这种潜能是实现不了的。

德国人劳伯尔收集了许多关于野人的报道。比如黑森男童，他在 1341 年被发现时，正用四肢和狼群一起奔跑，被捕捉后他不停地活动，根本不能适应文明生活，直到死时仍然如此。又如松吉女孩，1731 年在法国沙隆附近的森林中被发现，人们猜想当时她大约 9 岁，攀树如猴，又像松鼠一样爬墙与屋顶，并在上面筑巢而居。她捕鱼生吃，以叫喊作为语言。1747 年以后她学了一点法语、家务活和刺绣，十七八岁死去，死前智力相当于正常 3 岁小孩的水平。

此外，还有一种被监护人禁锢的儿童。《美国社会学杂志》1940 年 1 月号刊发的金斯利·戴维斯的《一个极端脱离社会的儿童》一文中介绍了一个实例。安娜 5 岁时被人在宾夕法尼亚州的一个农舍发现，当时，她被楔牢在一张旧椅子上，身体不能活动，面无表情，似乎不具备人的感情。经调查，她是一名私生子，出生于 1932 年，由其母亲偷偷养着，直到被发现。后由慈善机构抚养 9 个月，安娜变得会笑了，但仍不能说话，反应极其迟钝。

以上事例表明，不参与人际交往，即使是正常婴儿，也不能发展成为身心健全的人。

### （二）从文化人类学观点看，文化的繁荣昌盛也有赖于人际交往

每一个文化群体都致力于建设自己的文化，但群体间的借鉴乃是文化内容得以丰富的主要过程。美国文化人类学家克拉克·威斯勒说："在人类社会中，模仿起着巨大作用……获取文化的压倒一切的方式一直是模仿其他民族的文化特征，这是一种自然界的秩序，因为，如果每一个民族都不得不独自创造其自身文化的一切方面，人们将不能确知需要多少年才能达到目前世界文化的水平……实际上，如果没有模仿功能，就难以设想人类如何创造文化，因为文化的延续，是由群体的年轻一代模仿老年一代而实现的。"

如果不相互交往学习，我们的日常生活将会非常贫乏、落后和艰难。也许我们现在还在煤油灯下看书，也没有自行车、摩托车甚至汽车代步出行，没有电脑，交通、银行等很多重要的系统都难以建立和扩大，我们的思想和眼光也会局限很多，地球村的概念也根本无从谈起。

人际交往是相互模仿、学习的前提，所以文化的繁荣昌盛主要依赖于人际交往。

### (三)人具有社会性，交往是人的本性之一，也是满足个体心理需要的必然手段

著名心理学家马斯洛提出人有五种基本的需求：生理需求、安全需求、社交需求、尊重需求和自我实现需求。除了生理需求或许可以不需要人际交往，其他几种需求都必须在人际交往中实现。人从出生起，就已置身于人类社会中，不与其他人交往是不可能的，即使鲁滨逊落难荒岛也没有脱离人类社会，他所用的渔猎、建造技术都来自他曾经生存的人类社会，也就是借助他人的成果而生存的。即使你一辈子关在实验室里，一辈子坐在电脑前，似乎没有与他人产生直接的交往和联系，但仍无时无刻不在利用他人成果，同时也希望得到别人认可或有助于别人。读书、交谈、写文章，都是希望别人了解自己，也希望了解别人。了解的过程，就是人际交往的过程。人只有锲而不舍地进行人际交往活动，通过信息传递和情感交流，才能逐渐实现自己的心理需要。

大学生的年龄一般在18～25岁，正是一个人自我意识迅速发展，人生观、价值观建立的关键时期，再加上性意识的加强及性冲动的出现，很多人生困惑随之出现，更需要多与人交往，通过正常有效的人际交往明确自我意识，端正人生观、价值观，并在经历人际关系的矛盾和冲突中，以他人为镜，反观自己，学会理解他人、宽容他人，懂得为人处世之道。人际交往是影响大学生人格发展的重要因素，健康的人际交往是大学生身心健康的重要保证。

## 三、人际交往的类型

人际交往的范围十分广泛，涉及的问题也非常复杂。鉴于本书主题，本节主要对大学生的人际交往类型进行划分，以便更有针对性地描述和认识大学生的人际关系，这样的分类同样适用于医学生。

根据大学生交往的主要对象划分，大学生的人际交往类型可分为室友关系、同学关系、师生关系、亲人关系、恋爱关系、知己关系、网友关系。

### (一)室友关系

大学生公寓是大学生生活和思想交流的重要场所，室友是大学生在校期间共处时间最长的人，因此，室友关系的好坏直接影响着大学生的学习成绩和心理状态。一般来说，大学生的室友关系有三个发展阶段：①“蜜月期”。大学新生刚入大学，远离亲人和朋友，心里孤独，极度渴望友谊。而同一宿舍的同学由于时空接近，共同生活，在一起互相帮助和照应，更容易产生共同话题，参加共同的活动，拥有共同的情感，再加上刚刚接触，彼此了解不深，还存在很强的新鲜感。此时室友关系密切，表现出家庭化的趋势。②磨合期。随着相处时间增多，室友对彼此的性格、脾气、生活习惯等了解增多。空间距离过于接近，交往频繁，可能因性格、生活习惯等发生争执，产生矛盾。③亲密或疏远期。如果同一宿舍的人能彼此开诚布公地交流，互相包容，建设性地处理

问题，那么他们就能顺利度过磨合期，成为温暖和睦的“一家人”；相反，如果宿舍气氛压抑，室友之间彼此猜忌，互不相让，那么彼此间的关系便会日渐冷漠，有的同学会因为室友关系的破裂而搬出宿舍。

### （二）同学关系

在大学校园里，同学关系是最基本、最常见的一种人际关系。良好的同学关系对大学生的交际能力提高、人格完善、学业进步和身心发展都有积极意义。同学关系主要发生在班集体中，也包含与同专业、同系、同校学生的交往。大学生的同学关系具有以下特点：①平等性。当代大学生在心理生理方面基本处于相同的发展阶段，有相似的学习经历和学习条件，同时，大学生的主体意识、独立意识和自尊心日益增强，对同学交往的平等性要求也越来越高。②纯洁性。大学生之间没有本质上的利益冲突，且都有共同的学习和奋斗目标，再加上社会阅历少，思想单纯，交往中更在意情感的交流和志同道合。在人的一生中，大学时代所形成的友谊通常是最为牢固和长久的。

### （三）师生关系

在大学里，教师是学生人际交往的重要对象，包括专业教师、辅导员和各类行政人员。师生关系是大学生人际关系的重要内容。一般来说，教师具有丰富的知识，社会阅历广，对社会、人生的理解比较深刻，大学生与教师交往，不仅有助于学业，而且能受到启迪，促进健康人格的发展。与小学、中学阶段的教师不同，大学教师以成人的眼光看待学生，大学生与教师交往更具独立性、心理相容度更高，很容易建立起一种良师益友的人际关系。但是由于高教的特点，大学教师与学生的接触不频繁，课外时间交往不多，交流与沟通明显不足。这种情况下，大学生应该更加积极主动地和教师接触、交往，除了探讨专业知识外，还可以与教师探讨为人为学之道。

### （四）亲人关系

大学生入学后，远离家人，与家人的直接交往明显减少，打电话、发短信以及节假日回家探亲成为他们与家人交往的主要途径。随着年龄的增长和独立性的增强，不少大学生与父母之间产生了代沟，遇到困难与困惑也不愿意向父母倾诉，亲人关系逐渐呈现偶然性、暂时性和被动性等新特点。大学生在亲人关系中面临的问题是如何正确处理代际关系。“代沟”是两代人在心理状态、行为表现、价值取向和道德观念上的差异。由于所处环境不同、社会阅历不同，两代人难以有效沟通，容易产生隔阂。要想两代人关系和谐，就要互相尊重，互相体谅，尤其是子女应当体谅父母，不管何种情况，父母的出发点都是为子女好，积极与他们交流，多了解父辈的经历，就能更多地理解父母，使亲人关系更加温馨和谐。

### （五）恋爱关系

除了父母、亲人，恋人就是大学生最亲密的人。恋爱关系是大学生异性朋友关系的深化，是在性爱和情爱的基础上建立起来的一种深度人际关系。恋爱关系可以满足大学生此阶段对于亲密、依恋的心理需要，也有助于深化自我意识。大学生一般处于成年初期，是由青年期过渡到成年期的最后阶段，霍尔把青年期形容为不可避免的“疾风怒涛”的时期。因此，大学生的恋爱关系更具冲动性、强烈性、直觉性、盲目性等特点。恋爱关系对个人的成长和成熟有非常重要的作用，也是青年期不可或缺的经历，如果处理得当可以为学习提供强大动力，增强对异性的认识，促进反省发现自身缺点，使自己更加成熟，体验真情的幸福和美好；若处理不当，则会严重影响学业、人际关系，或形成偏激的人生观、价值观，甚至伤害别人或自己的身体，造成不可挽回的错误。

### (六)知己关系

知己关系是那些有共同志向、爱好和人生态度，彼此提供更大帮助的个体之间的关系，它超越了室友关系或同学关系，是一种互相信赖、不可分离的朋友关系，是理智的、相互理解的、有共同感情的、亲密的关系。这种关系既可以出现在同性之间，也可以出现在异性之间；既可以在同龄伙伴中产生，也可以在稍长关系中存在。当代大学生的知己关系具有对称性特点，知己之间彼此尊重，进行心灵上的沟通，相互促进和帮助。一般来说，知己关系的涉及面小，程度深，时间长，其对个体的影响可以超过同学关系、师生关系、亲人关系，甚至恋人关系。但知己关系也有可能阻碍个人人际关系的发展，如使得个体失去人身自由和个性独立，狭隘了自我社交空间，阻碍了外界信息的输入，形成禁锢自己、作茧自缚的不良局面。因此，在实际交往中，我们也要注意与挚友保持适当的距离。

### (七)网友关系

网友关系对大学生人际交往的思想观念、心理状态等有重大影响。一般来说，大学生的网友分为两类：一类是在网上认识但现实生活中完全不接触；另一类是在网上认识，进一步走向现实交往。由于网友可能包括现实生活中的朋友，因此，可以说现实中交友的特征网上交友都具备，但网上交友还具有它独特的方面：①隐匿性与神秘性。网络人际交往比较容易突破年龄、性别、相貌、健康状况、社会地位等传统因素的制约。网友之间的神秘感令彼此遐想连篇。部分网民在网上交流时，有意隐藏本来面目，虚伪表达。②交往对象无限制。在网络世界里，一切的约束和壁垒都被网络的自由性、开放性和隐匿性等消解得无影无踪，任何人可以无拘无束、毫无顾忌地展示自己的个性。③关系形成和终结的随意性。网友关系的形成简单，要终止这种关系也比较容易。

有研究者对广西 313 名大学生进行人际关系与自我概念的相关性测查，得出结论：大学生在现实生活中的人际关系与社会自我、心理自我呈显著正相关，而大学生在虚拟世界中的人际关系与其自我概念的高低无关。互联网是一个虚拟的世界，大学生不宜在上面花太多时间，对在现实生活中存在交往障碍的大学生来说，切不可逃避问题，积极的做法是克服障碍，面对现实，勇于在现实生活中寻找朋友，经营自己的人际关系。

在上述各种人际关系中，有些人际关系是个体无法避免的，如同学关系、师生关系、室友关系、亲人关系等，它们是自动产生的，是个体常规的人际背景；而有些人际关系是个体自由选择的，如恋爱关系、知己关系、网友关系等，它们是需要主动追求才能形成的。就不可避免的人际关系来说，大学生的主要任务是相处，而在自由选择的人际关系中，大学生的主要任务是交往。

## 第二节 医学生人际交往及影响因素

与其他专业的大学生相比，一般而言，医学生学业更为繁重，压力更大，使得他们的人际交往在时间和空间上受到了更多的限制。再加上五年的学制，及医疗行业普遍高学历的要求，促使更多医学生，特别是女生在学业事业进行的同时，更关心个人的恋爱、婚姻等现实问题。这些问题也将导致医学生的人际交往特点和人际影响因素与其他专业的大学生略有不同。

### 一、医学生的人际交往特点

医学生和所有处于青年期的大学生一样，思想活跃，精力充沛，兴趣广泛，人际交往的需要极为强烈。他们力图通过人际交往去认识世界，获得友谊，满足自己物质上和精神上的各种需要。据统计，大学生每天除了睡眠外，其余时间中有 70%左右用于人际交往。由于医学生生活环境和身心发展的特殊性，他们的人际交往主要表现出以下特点。

#### （一）交往的理想化色彩浓厚

医学生对人际关系的追求往往带有较多的理想化色彩，无论是对同龄朋友、师长还是患者。他们希望交往不带任何杂质，常常以理想的标准要求对方，一旦发现对方某些不好的品质就深感失望，比较容易产生挫败感，致使他们中的某些人出现渴求交往和自我封闭的双重性。

医学生普遍热爱医学专业，希望自己能救死扶伤，认为患者应给予自己足够的尊重甚至崇拜。在实习工作中，有的医学生遭遇个别患者的无理取闹和轻视就难以接受，认为自尊心受到了伤害；有个别医学生不愿正视自己临床经验的不足，以高高在上的身份与患者接触交流。这势必导致人际冲突，一旦冲突产生就容易产生偏激情绪，质疑自己的职业理想。

#### （二）交往对象主要是教师和同学

医学生的交往对象以同龄人为主，交往的内容多围绕学习、娱乐、思想与感情进行；交往动机以情感为主，较少考虑功利因素。所以，医学生的人际关系相对纯净，相互之间没有根本的利益冲突，主要是一个互相帮助、互相学习、共同成长的过程。此外，教师也是医学生人际交往的主要对象，大多数医学院校的教师除了担任教学工作外，还肩负着繁重的临床和科研工作，课外时间与学生接触的机会很少，医学生应该积极主动地与教师交流，并珍惜与教师交流的机会。

医学生专业学习任务繁重，容易忽视或轻视人文素质的培养，不太主动与人文社科类教师进行交流，事实上，为医先为人，医是业，人文是道，与两类教师的交流都很重要。

### (三)交往方式具有开放性

相对中学阶段，大学里自由、宽松的环境促使大学生的人际交往呈现出前所未有的开放式趋势。一是交往的范围扩大，不仅有班级内的交往，还包括跨年级、跨专业等的交往；二是交往频率的提高，大学学习生活有更多的自主性，大家能充分发挥自身的主观能动性，安排时间与他人交往；三是交往手段更多，大学生可以通过学习上的交流互助、生活中的互帮互助或是网络上的文字交流等建立起各种各样的人际关系。

由于学业繁重，医学生需要花费更多时间在专业学习上，这就导致了交往机会增多与时间紧迫间的矛盾，不少医学生因为不能恰当权衡和取舍，深受困扰，因为操心学业影响了人际关系，又因人际关系的不和谐影响了学习的心境。

### (四)交往目的情感与功利并重

随着社会的发展变化，大学生的社交目的也趋于“理性化”，选择什么样的人交朋友，并不完全是出于情感需要和志同道合，也开始注重与自身社会利益相关的因素。

有研究者对中国社会结构变化趋势做了较为客观的分析，提出了情感型和理性型两种人际关系结构的说法，并且说明了这样一个事实：中国传统社会那种以“情”为主，重情不重理的人际关系结构正逐步走向“理”性，理性在现代人际关系中所占的比重逐渐增大，虽然这一特征在当今社会表现得并不十分明显，但是，我们已经感受到它对人际关系结构的影响。对此大学生要有清醒正确的认识。

情和理同样重要，在这个意义上，我们必须强调，健康的人际关系需以良好的道德原则为前提，离开这个前提，只看重实效性，必然会使人际关系庸俗化。

### (五)交往受社会环境影响大

在人类社会信息化和全球化的影响下，在中国改革开放的浪潮中，多元文化价值观、经济状况对医学生的人际交往也有很大影响。

价值观为人际交往提供方向，现代社会存在着传统文化与现代文化、东方文化与西方文化、主流文化与非主流文化、大众文化与精英文化等多种文化并存的现象，医学生正处在自我意识深化、人生观和价值观确立的关键时期，若缺乏主流价值观的引导，偏信网络某一观点或价值观，势必会误入歧途。也有不少医学生因在各种文化价值观中找不到方向，而存在心理困扰。

经济能力影响高校学生的人际交往。相同消费水平的大学生感到有共同语言，交流起来较为轻松、亲切，使得大学生人际关系中出现了层级性。

### （六）交往对象多样化

相对于其他专业的大学生，医学生除了要与教师、同学、恋人、亲人等交往外，在长达一年的实习中，还要与实习医院的医生、护士、护工人员、患者及其家属等交往。医学生除了要跟从教领医生认真学习临床知识及操作外，还需要学会与患者交流合作，全面了解患者的生理、心理、社会状态；理解尊重患者的情感要求；指导患者积极配合治疗。精湛的医术配以良好的医患关系才能取得良好的治疗效果。

医生不仅是技术人员，更应是杰出的管理人员。医学生在医院临床实习中还要学会与其他医护人员、患者家属，甚至与社区、法律、财务等工作有关的人员共同协作，完成医疗任务。因此，医学生具备健康的交往心态、娴熟的交往技能尤为重要。

总之，医学生作为大学生的一个群体，其人际交往特点既具有普遍大学生的人际交往特点，又有其独特之处。教育工作者应根据医学生人际交往的心理特点，有的放矢地帮助他们提高认识，纠正某些不良倾向，鼓励他们参加各种有益的交往活动，学习、提升人际交往技能。

## 二、医学生人际交往的影响因素

在谈到人际关系时，我们会很自然地产生这样一些问题：在人与人之间，为什么有的能一见如故，大有“相逢何必曾相识”之感；有的点头之交数十年，仍是若即若离，时有“知人知面不知心”之叹？同样，为什么有的人对你有强大的吸引力而对别人而言却什么都不是？有哪些因素影响着我们的人际交往呢？我们通常把它们归于两类因素：一类是个体自身难以选择和避免的，称为客观因素；另一类因素特异性地影响我们的人际交往，即个体的心理感受起决定性作用，称为主观因素。

### （一）客观因素

#### 1.时空接近

在人际关系建立初期，时空因素往往起着重要的作用，因为我们常是从距离较近的人开始建立起各种关系的。大学生日常生活的时空非常接近，他们之间就必然会产生人际关系。

时空接近的作用首先在于能使彼此频繁接触，故较容易熟悉和了解对方。我们一般会很快与熟悉的人建立起亲密关系，而不太会很快与一个素昧平生之人成为朋友。心理学家扎琼克在一项实验中让被试看一些人的面部照片。有的照片出示25次之多，而有的则只出示一两次。结果，被试看到某张照片的次数越多，就越喜欢照片上的这个人。其次，时空接近可使彼此产生继续友好相处的期望。同一寝室的室友或邻居之间，彼此都会考虑到今后会长期接触和相处，都希望对方有良好的品质，也就往往以较友好的态度对待对方，这样相互之间都能较多觉察到对方的友好表示，彼此间就有较大吸引力，从而形成亲密关系。

时空接近是大学生彼此了解和认识的前提，也是人际吸引或人际互斥的基础。在其他因素的作用下，时空接近可成为维持良好人际关系的必要条件，也可成为产生人际关系障碍的客观原因。关键是相互间的频繁接触必须能使彼此都感到愉快，若经常的接触只是使人生厌、不快，或发生纠葛和冲突，那么时空越接近，情感上就会觉得越不舒服，也越容易发生纠纷。

随着相互间了解的加深，时空因素对人际关系的作用会逐渐降低，而个人品质会起着越来越重要的作用。

2.相似因素

虽然态度是个体心理方面的，但个体之间的态度相似与否则是客观的。态度相似，个体之间有更多的共同观念和意趣，容易相处和交流；态度迥异，个体之间难以找到共同话题，相处、交往多有冲撞，如不注意调整自己的行为，往往使人际关系失谐。“物以类聚，人以群分”实际上已表明了人际吸引中相似性的作用。

心理学家在一项实验中，让十多个男性志愿被试者在一个又小又闷热的地下防护所一起住十天，然后调查他们中哪些人结成了亲密关系。这些人以前互不相识，而实验者预先通过问卷调查对他们各自的兴趣、态度、观点等方面已有所了解。调查结果发现，原来在某些方面相似的人，最易成为朋友。其他类似的实验也证实了这种现象。不管生活空间是否邻近、接触是否频繁，只要在价值观等心理因素上有较大相似的人，相较于生活空间邻近、接触频繁，但在价值观等心理因素上相差较大的人，相互之间有更大的吸引力。

人际关系的相似因素包括文化背景、民族、年龄、学历、修养、社会地位、职业、思想成熟度、兴趣、态度、观点、专长等各个方面。

在文化背景上，同一地域或民族的人，往往在生理和心理特征上有更大相似，故易于相互吸引。处于一个陌生环境中的人，会感到说家乡话的人十分亲切。《庄子》里有个故事，说的是有个越国人逃亡到国外，数日后，见到国内认识的人，就感到很高兴；旬月后，看到在国内曾见过的人就很高兴；一年后，见到貌似自己国家的人就已感到十分亲切。现在，在校大学生举办的同乡会也反映了这种心理现象。

在年龄上，老年人爱与老年人做伴，青年人愿与青年人为伍。由于年龄相似，彼此间就有许多相同的话题或兴趣爱好，也就越容易走得更近。

兴趣爱好、文化修养或专业特长方面的相似，使人们有更多的机会共同活动，增进友谊。社会和经济地位上的相似，使彼此间感到平等，易形成友谊。另外，态度、观点和信仰上的相似，也对良好人际关系的形成起着重要作用。

3.需求互补

需求互补是个体交往的动机，也是个体人际相处的保障。个体之间需求相同，可形成协同活动的人际关系，但同时也存在竞争关系；个体之间需求互补，则形成合作的人际关系。大学生之间良好的人际关系往往是由需求互补维持的。从主观需求来说，我们常常很重视与我们个性不同但能与我们个性相补的朋友，使我们的短处恰恰由朋友的长处来弥补，而我们的长处又能弥补朋友的短处，各得其所。这就是人际吸引的相补因素。

一个脾气暴躁的人也许很难和同样脾气的人“和平共处”，而与脾气温和的人在一起就能避免经常吵架。同样的道理，一个性格内向、羞怯畏缩、沉默寡言、不善社交的人，与相同性格的人相处，会因缺乏主动热情的沟通而难以建立起良好的人际关系，而与一个性格外向、善于表达的人相处则更易建立起良好的人际关系。一个能力较强，且自尊心和支配欲较强的人，喜欢与顺从型和依赖型的人相处，这样就能发挥自己的能力，担当起保护别人和支配别人的领袖角色；反之，自我评价较低、依赖性较强的人，也乐于同有能力、有魄力、有独立思想和领导才能的人相处，并心甘情愿地处于被保护和被支配的地位。

就表面看来，人际吸引的相似原则与相补原则是矛盾的，其实不然，只不过是在不同情况下有不同的需求而已。一般角色和需求相同的人之间更重视相似因素，而角色和需求不同的人(如夫妻)之间更重视相补因素。

值得一提的是，并非所有相反或不同的特征就必然是相补的。吃辣的湖南人和吃甜的无锡人之间、戏剧迷和足球迷之间，可以互相谅解，但常常不呈相补关系。另外，即使可以相补的特征也未必呈相补关系。如一个喜欢安静的读书人就难以和一个饶舌而不知趣的人相补。因此，人们之间是否能相互吸引，不能简单地归结为是相似还是相补，而取决于彼此是否在现有关系中都能感到喜欢和愉快。

4.外表相悦

外貌对于人际吸引的影响是显而易见的。爱美是人的天性，无论在哪种文化背景下，美貌都是一种财富，都令人向往。人际吸引的最初动力就是外表相悦。有些大学生相貌出众，使别人喜欢多看几眼，首先在目光交流中接纳了他们。无论男生还是女生，大家开始都非常喜欢长得好看的人。相貌不凡，容易得到异性同学的赞扬和追求，从而容易形成特殊的人际关系。

也有研究表明，人们对有魅力的人所做的判断并不总是朝有利的一面倾斜。西格尔在 1975 年做了一个饶有兴趣的研究，给被试详细的案件材料，让他们设想自己是法官，对犯罪嫌疑人进行审判。犯罪嫌疑人都是女性，有三种情况：一是有魅力组，案件材料中附有有魅力的犯罪嫌疑人照片；二是无魅力组，案件材料中附有缺乏魅力的犯罪嫌疑人照片；三是对照组，案件材料中没有犯罪嫌疑人的照片。案件有两种类型，一种是欺诈，一种是夜盗。对于被普遍认为同美貌有关的欺诈罪，被试倾向于认为有魅力组的犯罪嫌疑人利用美貌进行欺诈犯罪，因而明显给予重判，平均刑期明显长于其他两组，而其他两组则没有差别。而在明显与外貌无关的夜盗罪上，有魅力组的犯罪嫌疑人得到了更多的同情，平均刑期远低于其他两组。

研究结果表明，尽管通常情况下美貌的人会赢得别人更多的好感，但人们感到她们在滥用自己的美貌时，会反过来倾向于对她们实施更为严厉的惩罚。

此外，美貌的人，由于得到的赞赏过多，不易形成正确的自我意象，表现为以自我为中心，夸大自己的作用，看不起一般同学，使人际关系变差。另外，美貌在给自身带来人际交往优势的同时，也带来了更多的选择和诱惑，如何给自己正确定位，如何进行正确的人生选择尤为重要。美貌是把双刃剑，如何避免其有弊的一面，掌握好自己的人生是更值得思索的问题。

5.个性吸引

个人品质的吸引力，根本在于一种使人喜爱、仰慕并渴望接近的性格品质。这种反映一个人精神和品德的内在属性，能像磁石般吸引众人。

美国心理学家安德森曾做过这样一个实验，他在一张表中，列出了 550 个形容人品质的词，让大学生指出他们所喜欢的品质。研究结果表明，大学生们最喜欢的品质是“真诚”。在八个大学生最喜欢的形容人品质的词中，有六个(真诚、诚实、忠实、真实、信得过和可靠)与“真诚”有关。而最不喜欢的品质是说谎、装假和不老实。

这个研究结果具有普遍意义。在日常生活中，我们总是喜欢诚恳可靠的朋友，而痛恨口是心非、阳奉阴违的人。

有的大学生给人的感觉很愉快，其相貌不一定出众，但亲和力很强，不妨称这样的大学生具有更大的人格魅力或个性吸引力。乐群、外向、幽默、风趣是吸引他人的个性特征。有的大学生具有使人生厌的个性特征，如自私、势利、古怪、无聊等。人们通常会第一眼喜欢上长相漂亮的人，但是随着交往的加深，相貌因素会变得不那么重要，人们会更重视其内在品质，这也是为什么有的人见了第一次后就再也不想见第二次，而有的人第一次见面没什么感觉，而后你却觉得他越来越美的原因。所以在人际交往中，首先不要以貌取人，错过益友；其次，要不断提高自身的素质，苦练内功。

## (二)主观因素

1.人际安全

大学生能否适应日常生活中的人际关系，关键在于个体感受到的人际安全程度。人际安全是指个体在人际相处和交往中对自身状况保持有利地位的肯定性体验。有的同学害怕与人交往，总是感觉别人对他的所有举动都别有用心，所以在交往中退缩，缺乏交往的勇气，而自己内心又十分渴望来自朋友的关爱。这种同学即使获得了别人的友谊，也总觉得不安全，害怕失去来之不易的友谊，表现为特别喜欢黏着对方，当遇到挫折或情绪低落时，会特别渴望朋友的关心，若是朋友因为特殊事情不能及时安慰他，他就很容易对友谊产生怀疑，结果往往让朋友感到很压抑，妨碍了相互之间的友谊。

缺乏人际安全的成因很复杂，有的是由于生理上和智力上的缺陷；有的是由于家庭教育方式不当或缺乏家庭关爱(父母离异的家庭)；有的是由于过去遗留下来的心灵创伤或长期以来形成的压抑感和焦虑感；有的是由于性格古怪，不易合群，或经常受人嘲笑；有的是由于自视过高，遭受挫折后一蹶不振，自暴自弃；也有的只是由于同别人比较后发现了自己的弱点而心灰意冷，自怨自艾。

人际关系不好的大学生往往在人际安全上得不到保证。因此，在特定的环境及人际关系中条件性地局促不安，担心别人询问自己，也不敢主动与别人交往。其实这些担忧都大可不必，应该学着主动付出。要相信人都是有感情的，都需要他人的关心和帮助，既然大家都有一个想要与别人友好相处的初衷，那么就应该主动付出，去换取他人的真诚相待。这样才能有机会收获幸福，避免孤独。

2.人际期望

人际期望就是个体对人际双方在一定条件下心理、行为的预期和愿望。这些预期纯粹是个体的主观意愿。一方面，人际情境会制约人际期望的内容，如个体对教师的期望、个体对同学的期望或教师对学生的期望都是不一样的。在大学里，教师与同学在一起相处的时间并不多，大一新生普遍对教师抱有很大的期待，把自己学习的主导性完全交给教师，这种做法是不对的。大学学习和高中学习有很大差别，大学的学习更强调主动性。大学生要充分调动自己学习的积极性和主动性，做学习的主人，积极利用你周围的资源——教师、图书馆、榜样性的同学等，以提高自己的知识水平和修养，主动与教师、同学交流，拓宽自己的视野，只有这样，才能在大学学习生涯中有效提升自己。另一方面，人际距离决定人际期望的价值，人际距离越近，个体的人际期望价值就越高。有的大学生会对自己的好友提出过高的要求，这往往会破坏友谊，须知，友情好比沙子，握得越紧流失得就越快。

大学生在不同的人际关系中有不同内容、不同的价值期望，人际期望与个体的人际关系状况密切相关，几乎所有人际关系不良都是个体人际期望不恰当造成的。

3.人际张力

人际张力是指个体在特定人际关系中所体验到的一种心理紧张状态。只要处于这种人际情境中，个体就强迫性地感到紧张、压抑、无奈、无能为力，或表现为冲动、偏激、难以克制，干扰了正常的学习生活。人际张力越大，个体就越难适应这种人际情境，就越觉得焦虑，如此，形成一种恶性循环。一旦脱离某种人际情境，相应的人际张力就自行消除。然而，大学生的同学关系、师生关系不是随便就能摆脱的，只能努力去适应而不能消除。所以有些大学生深受人际张力之苦，严重影响了学习与生活。

人际安全、人际期望、人际张力都是个体对特定人际情境的主观体验，客观环境是不变的，三者互相关联。认识到这一点，大学生就应放下心理负担，妥善处理好人际关系，以便更好地学习和生活。人际张力和人际安全是相对的，感到人际安全的人，在与人交往时会更加的自信和乐观，给别人带来更多的欢乐，别人就更愿意与其交往，人际张力就小得多。而缺乏人际安全的人，处处小心提防，给他人带来压抑的感觉，自然人际交往不畅，人际张力就越大。人际安全是个体适应人际环境的条件，人际张力是个体产生人际障碍的诱因，而人际期望是人际安全、人际张力的基础，或者说是内在过程。

# 第三节 医学生人际交往原则及技巧

## 一、医学生人际交往的原则

虽然人与人之间的关系纷繁复杂，不同的人对他人的要求、期望各不相同，每个人的交往动机也有巨大差异；但心理学家们总结出的人际交往的基本原则却是共通的，它能帮助医学生更深刻地认识人际交往的本质，更成功地建立并维护自己期望的人际关系。

### (一)交互原则

在日常生活中，我们有一个共同的倾向，就是希望别人能够承认自己的价值，支持自己，接纳自己，喜欢自己。由于这种寻求自我价值被肯定和情绪安全感的倾向，我们在人际交往中往往更注意自己的自我表现，处处期待别人首先接纳自己，喜欢自己。这种以自我为中心，而不是以他人为中心的倾向，恰恰是我们在人际关系上常常遇到困难的最根本原因之一。大量的实验研究发现，人际关系的基础是人与人之间的相互重视、相互支持。任何人都不会无缘无故地接纳我们，喜欢我们。在一般情况下，喜欢我们的人，我们才去喜欢他们；愿意接近我们的人，我们才愿意接近他们。而对于疏远我们、厌恶我们的人，我们也会疏远或厌恶他们。

阿伦森等曾做过一项实验。他们安排互不相识的被试分别参加一系列合作性活动。每次交往以后，有意安排研究者的助手对被试进行评价，或夸奖，或抱怨，并让被试听到这些评价。最后，让被试自己选择下一阶段实验的合作者时，受到表扬的被试，都倾向于选择原来的搭档(研究者的助手)，而受到抱怨的被试，则倾向于拒绝选择原来的搭档(研究者的助手)。

其他许多研究也证明，对于真心接纳、喜欢我们的人，我们也倾向于接纳对方，愿意同他们交往并建立和维持关系。相反，对于表现出不喜欢、排斥我们的人，我们也倾向于排斥对方，避免与其有深度的交往。

心理学家强调，人际关系的建立和维护，必须遵循交互原则。对于同我们发生交往的人，我们应首先接纳、肯定、支持、喜欢他们，保持人际关系的主动地位。不然，我们在人际交往中容易遭到别人的拒绝。在这个意义上说，“爱人者，人恒爱之；敬人者，人恒敬之”“己所不欲，勿施于人”都是有其心理学依据的。

医学生不仅与师生、亲人、朋友进行人际互动时遵循交互原则，也应在与病患沟通时掌握好交互原则，只有在对患者平等尊重、真心关怀的基础上实施医学技能，才能真正做好医疗工作，赢得病患的尊重和认可。

### (二)功利原则

人际交往的交互原则强调的是人际交往行为倾向的相互对应。在日常生活中，人与人之间的交往不只需要倾向的相互一致性，还需要保持交换的对等。

研究发现，只有当一种关系对人们来说是值得的，人们的交往行为才会出现，人际关系才可以建立和维持。Homans 提出，人与人之间的交往本质是一个社会交换过程。它不仅有物质上的交换，还包括非物质，如情感、信息、服务等各方面的交换。人们都希望交换对于自己来说是值得的，希望在交换过程中得大于或至少等于失。不值得的交互关系没有理由去长期维持。所以，人们的一切交往行为及一切人际关系的建立与维持，都是人们根据一定的价值观进行选择的结果。对于那些对自己来说是值得的，或得大于失的人际关系，人们就倾向于建立和保持；反之，则倾向于逃避、终止。

人有需要，也有一定的价值观，以及由这些价值观派生的得失观念。要想自己被他人接纳，与他人建立和维持良好的人际关系，就必须了解他人在人际关系方面的价值倾向，并在与他人的交往中始终保持其得大于失或等于失，从而使其感到同自己交往是值得的。也只有这样，我们同他人的关系才能够建立、维持和发展。心理学强调，按照人际关系的功利原则，我们在同他人交往中必须时时注意关系的保护。无论怎样亲密的关系，都不能一味地“提取”而不“投资”，否则，原来亲密的关系也会转化为疏远的关系。

我们强调主动维护良好人际关系要使对方感到得大于或等于失，但并不意味着我们总是要“吃亏”。心理学家所做的大量研究表明，人们在人际交往中会自然地选择给双方都带来最大满足的行为。因此，我们实际上可与更多的人保持真正平等、合理的交往或关系。此外，不同价值观使得人们对于交往媒介的价值估计不同。

医学生应认真学好专业知识，掌握专业技能，以提高自己的价值。在与周围人交往中也要做到主动付出，滴水之恩，涌泉相报，才能促进人际关系不断地良性运转。

### （三）自我价值保护原则

自我价值，指个人对自身价值的意识与评判；而自我价值保护，是指人为了保持自我价值的稳定，心理活动的各个方面都有一种防止自我价值遭到否定的自我支持倾向。

大量心理学研究证明，任何一个人，其心理活动的各个方面，从知觉信息的选择到内部的信息加工，从对行为的解释到人际交往，都具有明显的自我价值保护倾向。

在知觉方面，我们可能有所体会。我们看中国球队与外国球队比赛时，往往会感到裁判对中国球队的不公。但每一个裁判都刁难中国球队是不可能的，这显然只有一种解释，就是我们所看到的现象已不是事物本来的面目，我们在知觉中融入了我们的内心愿望，由于高度希望与自身荣辱相连的一方获胜，我们对己方宽容，对对方犯规却一丝不苟。这说明，我们的知觉是自我支持的。

研究发现，在内部信息加工上，我们总是对与自我价值一致的信息记得多，加工得深刻；而对与自我价值相反的信息则注意少，忘得快。说明我们的记忆是自我保护的。

在对行为的解释上，自我价值保护的倾向更加明显。当我们获得成功时，我们会倾向于将成功归因于自身，以显示自己优于别人。而当别人取得成功时，我们在社会比较上处于不利地位，我们就会将别人的成绩更多归因于外部条件，以说明他们自身条件并不比我们优越，以保护自我价值。

前面已提到，人际交往中的接纳和拒绝是相互的。人们倾向于接纳那些喜欢自己、支持自己的人，而对否定自己的人则倾向于排斥。这里我们可以看到明显的自我价值保护倾向。

在这个意义上说，“忠言逆耳”也是有心理学依据的。所以一般情况下，我们要尊重他人的自我价值，在提出批评和建议时要讲究一定技巧；而对于别人的批评，则要知晓自我价值保护原则，克服抵触心理，虚心接受。

医学生作为未来的医务工作者，学会人际互动中的自我价值保护，将对今后的医患互动大有裨益。因为良好的人际关系不仅使人心情愉快，也能更大程度发挥治疗的效果。生病的人心理容易脆弱，发生人际矛盾时，医生要注意保护病人的个人价值感，在此基础上晓之以理、动之以情才能使病人心甘情愿配合治疗。

## 二、医学生人际交往的技巧

在与人交往的过程中，人心是最神秘莫测的世界。要打开人心这扇门，并非毫无办法，只要我们以人际交往的基本原则为指导，运用一些行之有效的技巧，自然就能顺利地敲开人心的大门。

### (一)主动沟通

1.良好的开端是成功沟通的一半

良好的人际关系由沟通开始，有的人常抱怨自己朋友太少或找不到朋友。那么请问，你主动与他人沟通了吗？在日常生活中，人们总是不能很好地做到主动与人沟通，或是因为面子，觉得自己先开口就显得低人一等；或是因为害怕被拒绝；或者仅仅是因为不知如何开口等。不管由于什么原因，导致的结果都是不能主动与别人沟通，不能主动建立自己的人际关系。相信我们都有这样的经历：当我们和别人有效沟通以后才发现，原来对方是一个善解人意的人，或是一个博学多才的人，或是一个刚正不阿的人，于是感到相见恨晚，最终成为亲密的朋友。世界上，再亲密的朋友都是从陌生人开始的，正如阿迪斯·怀特曼所说：“世界上没有陌生人，只有还未认识的朋友。”主动发起沟通，你就可能拥有更多可贵的朋友。

2.准确、恰当地表达自己的意见

准确是沟通成功的前提。提高沟通准确性，首先需要提高自我准确表述事物的能力。作为医学生来讲，在与患者的交流中，准确地进行沟通显得尤其重要。生活中多进行有意识的自我锻炼，课堂上积极发言，参加学校组织的演讲、辩论等活动，力图用语言明确地表达自己的思想和观点。另外，练习复述故事也是提高表达能力很好的方式。

提供信息是为了被理解，所以沟通者应站在对方的角度来提供信息，并对信息接收者的各种反馈信息足够敏感，做出及时有效的调整。

另外，在与人沟通时还要注意表达方式。如一个国王梦见自己牙齿一颗颗掉光了，请解梦者来解梦，其中一个说这象征着国王的家人会一个个先他而死，而另一个解梦者则说这象征着国王会比家里所有人更长寿。同样的意思，一人惹怒了国王，一人使国王高兴。

医学生不仅应在学习生活中不断践行主动沟通的技巧，更应把这种沟通技巧运用在以后的临床实践工作中，主动问候病人、主动询问疾病信息、主动向周围同事前辈请教，如此，才能在专业上不断积累、不断精进。

### （二）学会倾听

#### 1.让他一次说个够

倾听是建立良好人际关系的重要因素。生活中不乏倾诉者，却常常缺乏高明的倾听者。学会静心倾听别人的感受，你就拥有了善解人意的特质，良好的人际关系也会从此开始。

在人际关系的交互原则中，人们总是希望别人能够先接纳自己，喜欢自己。而这种以自我为中心，不以他人为中心的倾向，恰恰是人际关系上常常遇到困难的最根本原因之一。

英国传奇首相丘吉尔有一天和朋友散步，中途停下来和一位陌生人聊天。对方几乎没开口说一句话，而丘吉尔从头到尾都喋喋不休。事后，丘吉尔对他的朋友说："这个人很有修养啊！""你怎么知道？"他的朋友吃惊地问。"他几乎没说一句话啊！他耐心认真地听我说话，不是吗？这说明了他的良好修养。"丘吉尔说。

那么怎么才算是认真倾听了呢？就是要诚心、耐心、细心地听，用耳朵、眼睛、头脑一起听。用眼睛读取对方的表情，用脑子分析对方讲话的真正意图，用心体会对方的情感，并运用恰当的身体语言，表示对交往对象的尊重和理解。

#### 2.你真的听懂了吗

有一次美国知名主持人林克莱特访问一位小朋友，问他说："你长大后想做什么呀？"小朋友回答说："嗯……我要当飞机驾驶员！"林克莱特接着问："如果有一天，你的飞机在空中所有的引擎都熄火了，你会怎么办？"小朋友想了想说："我会告诉乘客解开安全带，然后背着降落伞跳出去。"当现场的观众因这个孩子临阵脱逃的幼稚行为笑得东倒西歪的时候，林克莱特注意到孩子的双眼盈满了泪水，他马上问道："为什么要这么做？"小孩的答案透露出一个孩子真挚的想法："我得去拿燃料，我要回来！"

做个好的倾听者，不要轻易打断对方的话，等别人讲完后再发表自己的见解；有时候由于对方谈话时有所顾忌，或叙述不明或其他原因，使得我们没有完全理解对方的真实意图，这时我们要做的是耐心等待或积极引导对方，让对方完整、准确地表达出来，而不是断章取义，急于下结论。

会倾听是一项重要的人际交往技能，不仅要听言辞内容，更要听语气及对方内心的需要，如此才能更好地理解他人。医学生作为未来的医务工作者，更应要在日常人际交往中不断练习自己的"听力"，才能在与医患沟通中更加顺畅。

### (三)不吝啬赞美之辞

#### 1.发现别人的优点并告诉他

每个人都在乎外界对自己的肯定和赞扬。真诚的赞美，会使你获得良好的人际关系，会让你感到其乐融融。一个心底藏着美好感觉的人，是善良的人；一个善于把心底美好感觉适时地表达出来的人，是智慧的人。

小城车站的圆环熙来攘往。一列火车正驶过，突然车窗传来嘹亮的一声："你！漂亮的女孩！"

圆环边的一个女孩，怔了一下，露出如贝的牙齿，把头斜斜地倾向一边，长长的头发垂到一侧，笑得好美好美。车子呼啸而过，远了。

圆环附近的人都友善地笑了。至于那女孩，相信一生也难以忘记那突如其来的惊喜和感动。人生匆匆，当我们对一个人有感动的时候，就告诉他吧！"你的声音真好听！""你真是个细腻的人！"……于是我们就能看到对方的一惊、一喜、一笑！绽开了人间最美丽的花朵。

学会发现别人的优点，并把美好的感觉表达出来吧！

#### 2.赞美贵在真诚

赞美必须是真诚的，实事求是的。毫无根据的赞美，会让人觉得你在拍马屁或有什么不可告人的目的，反倒对你加以防范。事实上，对于那些喜欢别人过分夸奖的人，也未必适合做真正的朋友。只有当你真的发现了别人身上的闪光点，你才会产生发自内心的赞美，这样的赞美才会让对方感动和珍惜。

优点并不都是惊天动地的，一些细微处的真诚赞美往往更能感动别人。寝室同学打扫房间获得大家的肯定，夸她能干、爱卫生；教师的辛勤付出得到学生认可，在节日收到学生的祝福短信；太太烧了一道好菜，最希望先生觉得好吃；孩子成绩好，最希望父母知道。你不断注意他人的优点去赞美他，他会发现跟你在一起非常快乐。由于你乐于称赞，别人会在无形中变得喜欢和你在一起。

人际交往技巧的有效运用，能帮助我们开拓人际关系，消除或缓解人际交往中的冲突和矛盾，使我们的人际交往过程更加顺畅。但是长期稳固的良性的人际关系还需要把握人际交往的基本原则，熟悉人的基本特性，以及拥有真诚善良的心境。人际交往中技巧不可缺少，作为医学生，更应该在人际交往中，多思考、总结，深刻理解并有效运用各种人际交往的技巧，才能开拓精彩人生，收获幸福和快乐。

人际技巧对所有人都是共通的，但由于学习主题、生活主题、工作主题有特殊性，医学生在面对特定的对象群体中要灵活运用各种技巧，这样不仅能提升自我的人际沟通能力，也能帮助自己更好地施展医学才华。

**【测一测】**

## 情绪表达性

指导语：下面这些描述符合你的程度如何，可以用六点量表测量：1=从不，2=很少，3=不确定，4=偶尔，5=经常，6=总是。

________1.我认为自己是一个爱表达情绪的人。

________2.人们认为我不是一个情绪化的人。*

________3.我能控制自己的感情。*

________4.别人一般认为我是个冷漠的人。*

________5.人们可以看出我的情绪如何。

________6.我会在别人面前表现情绪。

________7.我不喜欢让别人知道我的情绪。*

________8.我会当着别人的面哭。

________9.即使我的情绪非常激动，也不会让别人看出我的情绪。*

________10.别人不容易看出我的情绪如何。*

________11.我不是一个爱表达情绪的人。*

________12.即使我体验着强烈的情绪，也不会表现出来。*

________13.我不能隐藏自己的情绪。

________14.别人认为我是一个很情绪化的人。

________15.我不对别人表达自己的情绪。*

________16.我的感受与别人认为的不同。*

________17.我控制自己的情绪。*

计分方法：带*的条目反向计分，即 6 为 1 分，5 分 2 分，依此类推；其余条因为正向计分，即 1 为 1 分，2 为 2 分，依此类推。然后 17 道题的得分相加得出总分。总分越高，表示你越乐于表达情绪。量表编者曾对一组大学生进行过测试，得出如下常模。

| | 平均分 | 标准差 |
|---|---|---|
| 女性 | 66.60 | 2.71 |
| 男性 | 61.15 | 12.69 |
| 总体 | 64.67 | 12.97 |

**【练一练】**

亲爱的新生们：

在大学阶段，要学习的不单单只有知识，还有各种各样的社交技能。和谐的寝室生活不仅可以愉悦身心，更可以成为你躲避风暴的港湾，以下原则能帮助你更好地适应寝室生活，我们不妨多多练习吧。

“三不要”：①不要随便碰室友的东西。切记一点，不是特别要好的情况下，特别是你们刚刚住在一起，彼此之间还不熟悉，有的同学比较忌讳别人碰他的东西，因为这事和同学闹矛盾实在不值得，要管住自己的手。②不要随意带陌生人进入宿舍。在你看来这也许没什么，说不定还能让室友多交一个朋友，但是他们并不一定这样认为，带一个陌生人进入宿舍，有时会让他们缺少安全感，所以你要带自己的朋友进入宿舍时最好提前告诉室友，征得他们的同意。③不要搞特殊。积极参加宿舍的集体活动，比如节假日室友想要一起出去玩，能去一定去。等过一段时间，大家都彼此熟悉了，你也要学会维持你们的关系，比如定期和室友聊天沟通、聚会等，不要因为你们关系好了就为所欲为，这样很容易导致你们的关系破裂。

“二要”：①要学会关心室友。当室友遇到困难或者生病的时候，主动去帮助他，即使你做不了什么事，也要对他说一些安慰的话，至少可以给他心灵上的慰藉，慢慢的你们的关系就会非常好。②要记住每个人的生日。因为一个宿舍的人并不多，一般六个，有的四个，所以记住每个人的生日并不是一件很困难的事，在室友生日的时候，你可以为他准备一份生日礼物，送上一份祝福，或者你和其他室友偷偷为他准备一个小小的生日聚会，这都有助于你与室友搞好关系。

“三点忠告”：①学会包容别人。很多同学没有住校经历，上大学之前一个人生活自由自在，突然要和几个人共用一个寝室，就必须包容别人的生活方式。如果别人的生活方式有碍于你的生活，就需要委婉地提出意见，并适当地进行自我调整(如调整作息时间)。②学会主动交往。要想处理好同学之间的关系，还要做到对人宽、对己严。切忌以自我为中心，在平时的生活中，主动与同学打招呼，主动和同学讲话，主动帮助别人。此外，要主动去做些公共事务，以增加同学们对你的好感。③讲究方法技巧。在与同学相处时应坦诚相待，但在给同学提意见时，必须动脑筋，讲究方法和技巧。需要注意的是，给别人提意见一定不能当着众人的面，以免使对方难堪、丢面子。

分享一下练习这些原则时你的心得体会：＿＿＿＿＿＿＿＿＿＿＿＿＿＿＿＿＿＿＿＿。

## 第四节　医学生人际交往心理障碍及调适

医学生在人际交往过程中存在许多心理障碍，其中很重要的原因是缺乏必要的心理准备，在心理咨询中笔者所接待的来访者有一半以上是因社交方面出现问题前来咨询的。本节对人际交往中常见的心理障碍进行分析并提出相应的解决方法，以期帮助医学生克服人际交往障碍，建立良好的人际关系。

### 一、羞怯心理

#### (一)羞怯及其表现

羞怯是逃避行为的一种最常见形式，是指在他人面前感到不自在和受抑制，害怕与他人接触的倾向和行为。大学一年级新生、女学生和来自偏远农村的学生容易出现羞怯心理。

具有羞怯心理的人在社交场合，在他人面前，特别是在陌生人、异性面前，常表现出腼腆、动作扭捏、不自然、脸色绯红、冒汗、说话声音小，甚至手足无措、语无伦次，不敢与人接触，对交往采取回避的态度。

由于羞怯常使人在交往中约束自己的言行，难以清楚、充分、自然地表达自己的见解和感情，甚至造成误解，妨碍了良好人际关系的形成。

### (二)预防与调适

消除羞怯心理首先要提高交往的自信心和勇气，并客观地分析自己，找出自己在交往中感到羞怯的真正原因。

其次，可采用自我袒露法。即当自己害羞时，不要压抑而是坦然地表现出来，如跟别人说话时脸红，就顺其自然地把脸红当作一件很正常的事，久而久之，便不再忧虑自己说话时脸红不红，由此而产生的不安和自卑感也会逐渐消失。日本一家公司为了训练职员在公众场合下说话的能力，组织他们在市中心喧闹的地方列队，大声地唱歌、读报。面对人们的围观和讥笑，起初许多人都感到面红耳赤，不敢抬头，很难为情。但后来做的次数多了，也就习以为常了。这种方法后来被称为“难堪练习法”，常用于社交恐惧的心理治疗。

再次，可采取想象矫正法。即想象与别人交往时的情景，一旦体验到羞怯，就照照镜子，同时做放松训练，如听轻音乐、做深呼吸等。直到看着自己的表情恢复平静为止。

虽然以上方法有利于消除羞怯心理，但更重要的还是多与人接触，多到公共场所进行实际锻炼，才能达到良好的效果。

## 二、猜疑心理

### (一)猜疑及其表现

所谓猜疑就是猜测怀疑，无根据地否定别人的正常活动，由主观推测而产生不信任的一种复杂的不良心理，是一种狭隘的、片面的、缺乏根据的盲目想象。“疑邻窃斧”“杯弓蛇影”是中国古代有关猜疑的两个著名典故。

在人际交往中，猜疑常表现为对别人不信任，往往先在主观上设定他人对自己不满，然后在生活中寻找证据自圆其说；对他人的言行过于敏感，总认为他人议论自己，试探、算计自己；总是把生活中一些无关的事物联系在一起，戴着面具与人交往，不愿说实话。

### (二)预防及调适

消除猜疑首先要有意识地增强自己的判断能力。在交往中不轻信流言，如果对问题的症结不明时，应冷静面对，以合理的方法去调查了解，尽力找到证据，促成正确的分析判断。已证明是误会的，应及时矫正自己的猜疑心理，避免形成偏见。当意识到自己有猜疑心时，应暗示或督促自己加强沟通，主动增加接触，在交往过程中客观地观察了解，怀疑对方的有关情况时，最好能与对方开诚布公地交谈，结果也许会发现造成自己猜疑的根本原因很荒谬或是由于错误信息传入导致的。

矫正猜疑还可以采用请人疏导法。俗话说："当局者迷，旁观者清。"请好友或亲人开导自己，进行行为指导，也不失为消除猜疑的好方法。

猜疑有时是由于个体深深的自卑造成的，所以要学会正确认识自己、接纳自己，不受别人评价的约束，充分展示自己独特的人格魅力。当一个人充满自信地生活或工作时，就会觉得身心愉悦，不会担心自己的行为，也不会轻易猜疑别人。

## 三、嫉妒心理

### (一)嫉妒及其表现

嫉妒是在人际交往中，与他人比较时，发现自己在才能、名誉、地位或境遇等方面不如别人，而产生的一种不悦、自惭、怨恨、恼怒甚至带有破坏性的复杂情感。嫉妒是一种不良心理。其表现形式是对他人的长处、成绩心怀不满，报以嫉恨，看到别人取得的成果就不甘心，总希望别人与自己相差无几或比自己落后，看到别人处于逆境则感到心情舒畅，幸灾乐祸。由于社会道德，嫉妒者往往伪装自己，将嫉妒心理深藏内心，经过内心的发酵膨胀，最后会以歪曲的形态爆发出来，影响正常人际交往。

### (二)预防及调适

消除嫉妒可以从以下几个方面入手。

第一，纠正自己认知的偏差。嫉妒者总认为别人的成功是对自己的威胁，是对自己利益的侵占。实际上，别人的成功完全在于其自身努力，别人有权获得属于他的荣誉。切忌把别人的成功等同于自己的失败，而应树立正确的竞争意识，学会正确的比较方法，善于学习别人的长处。

第二，积极地升华。当看到别人取得成绩而产生嫉妒心理时，应当把不服气的心理引导到积极方面，不妨把嫉妒心理化作鞭策自己积极向上的动力，并学会欣赏对方的优点，谦虚讨教，吸纳对方成功的经验。奋发努力，不断提高自己，当你再回过头来看当时的嫉妒心理时，你应该感谢别人促使了你的进步和成功。

第三，明确自己的目标。培根说过，每一个埋头深入自己事业的人，是没有工夫去嫉妒别人的。专注于自己的目标并努力去实现，不断提高自己，发扬自己的优点，增强自信心，并积极参与各种有益身心的活动，使大学生活充实起来，嫉妒心理就不容易滋生、蔓延。

## 四、自卑心理

### （一）自卑及其表现

自卑是由过低的自我评价导致的自惭形秽的情绪体验。自卑的人通常表现得忧郁、悲观、孤僻；对自己的能力、学识、品质等自身因素评价过低；心理承受能力弱，经不起打击；谨小慎微，过于敏感，容易产生猜疑心理；行为畏缩、瞻前顾后等。有社交自卑感的人，虽然个人主观上很想同别人交往，但又担心别人不喜欢自己，唯恐受到别人的拒绝和嘲笑，所以他们处事多回避，处处退缩，难以与他人主动交往。从自我怀疑、自我否定开始，以自我埋没、自我消沉告终，使人陷入悲观哀怨的泥沼不能自拔。

### （二）预防及调适

消除自卑要从客观上认真地对自己进行分析、评价，尤其要分析自己的优势所在，必要时还可以把自己的优点与别人的缺点进行比较，以看到自己的长处，增强自信心。自卑者未必能力低下，有的是给自己设定了太理想化的目标。不要太苛求完美，要根据自己的真实能力水平确定自己的发展方向。

自卑的人容易把自己孤立起来，并形成恶性循环，越怯于交往，越自卑。实际上自卑的人在社交中比起狂妄自大的人更讨人喜欢，他们大多谦虚，善于体谅别人。所以自卑的人更需要积极主动与人交往，打破恶性循环。

克服自卑，获取自信，不能只靠内心期望，必须行动起来。真正的改造只有通过行动才能实现。有意识地给自己创造成功的机会，一次次地体验成功，产生愉快的情感；激励自己克服困难，争取胜利。体验成功可以从小事做起，选择对自己有利、能够做好的事情，一步一步在成功的体验中消除自卑。比如讲话，可以先在亲人或熟悉的好友前演练，然后扩大到一般朋友面前，向他们流畅说出已经准备好的话题，获得成功后再扩大到陌生人面前，最后逐步获得自信，自如交往。

除了上述介绍的人际交往心理障碍外，还有其他种种心理障碍，如孤僻心理、自负心理、逆反心理、报复心理等。这些不良心理都严重阻碍了人际交往的正常进行。总之，要克服这些问题，大学生除了要端正自我意识、熟悉人际交往的基本原则、掌握人际交往技巧外，更重要的是待人以诚，鼓起勇气，在生活中多多实践！

**【测一测】**

### 社 交 焦 虑

指导语：请标出下面每一种表述能够描绘你的程度。用 0～4 来作答：0=完全不符合，1=有点符合，2=不确定，3=比较符合，4=完全符合。

________1.当我和不太熟悉的人在一起时，我会感到紧张。

________2.在社交场合我总有些尴尬。

________3.在聚会和其他社交场合我常感到不自在。

________4.和别人谈话时，我总担心说出一些愚蠢的话。

________5.与某个权威人物说话时，我感到紧张。

________6.和别人对视时，我觉得不自在。

________7.在社交场合我觉得害羞。

________8.我不觉得和陌生人谈话很难。

________9.与异性在一起时，我会害羞。

计分方法：第 8 题为反向计分(0=4 分，1=3 分，2=2 分，3=1 分，4=0 分)，其余题为正向计分(0=0 分，1=1 分，2=2 分，3=3 分，4=4 分)，把 9 道题的得分相加为总分。研究者发现，男性的平均分为 14.8 分，标准差为 5.6；女性平均分为 14.4 分，标准差为 5.9(Cheek and Buss，1981)。总分越高，表明社交焦虑程度越高。

**【视窗 1】**

## 交友的艺术

曾经有一位美国作家佛黎，他经常写攻击罗斯福总统的文章。佛黎提出的问题十分犀利，对罗斯福的批评常常是针锋相对、恶意无情的。有一次，罗斯福听说佛黎想来做个人访问。他知道来者不善，表面是来致敬访问，实际上是找材料来写攻击他的文章，但是罗斯福还是接受了访问。在访问前一天，罗斯福还特意找来佛黎所写的几本著作，并专门进行研读。隔天，罗斯福面带微笑地迎接佛黎，并客气地询问他的著作《真克林们》中的故事细节。罗斯福在白宫亲切诚恳地与佛黎讨论他的著作，并关心他的生活和写作生涯。后来佛黎与别人谈到罗斯福的时候总是说："谢谢他未曾对我有恨！当今世上，没有任何力量或金钱可以再使我写一篇反对他的文章了！"

**【练一练】**

## 帮她分析

蔡某，女，20 岁，某大学二年级学生。"我入学已一年半了，但和同学总是处不好关系。不知从什么时候起，周围的人好像都讨厌我。有的人一见到我就掉头走开，有的人还在背后嘀嘀咕咕议论我。为了这些，我心里很烦，不知道周围的人为什么不喜欢我。您能帮助我解决这个问题吗？"

"和周围的同学和同事友好相处是很重要的。一个人生活在集体中，如果不受欢迎，当然是件很苦恼的事，不过，事实是不是真如你所想的一样，还值得分析。有时，由于一些心理原因，也会造成错觉。青年人自我意识增强，特别珍视自我形象，很关心外界对自己的评价。有的比较敏感和多疑，看到别人在一起说话，就怀疑他们是在背后议论自己，心里感到紧张和不安。如果你的判断正确，确实周围的人都不喜欢你，你也不要紧张和焦虑，应该冷静地从自己的为人态度、性格特征、思维方法等方面找找原因。也可找几位同学聊聊，请他们帮你找找原因。只要你的态度诚恳，相信总会有愿意帮助你的同学。”

“老师，您能不能告诉我一个人怎样才能获得他人的好感和尊重呢？”

常言道：“要想得到别人的尊重，首先要尊重别人。”这里，我向你介绍与人友好相处应该注意的几个问题，供你参考。

(1) 为人坦率、不掩饰自己的观点，善于与别人真诚交谈。这样才能及时交流信息，沟通感情，达到共同理解。

(2) 主动征求别人的意见。俗话说：旁观者清。有时自己也不能对自身有完全正确的把握，自我感觉良好，而实际有许多事处理得不妥。虚心向别人求教，找出不足，加以改正。这样做是很明智的，改正自己的缺点，定会受到多数人的欢迎。

(3) 主动帮助他人，不管谁有困难，主动伸出援助之手，互相照应，使长期一起相处的环境充满友爱和生机。

(4) 主动与人言归于好。如果与同学、同事、朋友等有了隔阂，应该主动、真诚地去消除。这样做会使人觉得你是个心胸宽阔的人。

(5) 保持豁达的风度。对别人的批评要抱“有则改之，无则加勉”的态度。对一些无中生有的议论和恶意中伤，可以让事实说明问题。恶意中伤别人的人，只能表明其自身品质低劣。

(6) 与人谈话要注意礼貌。要耐心听取别人的谈话，随意打断别人的话是不礼貌的。“百事通”“十二能”，处处显示自己的人，不会受人欢迎。

(7) 保持良好的仪表。衣着整洁、大方、美观，合乎自己的身份。举止文明，待人友善，使自己充满朝气。这样，别人就愿意与你交往。

**【分析诊断与指导帮助】**

这是一个比较简单的人际关系咨询案例。来访者的苦恼主要表现在人际关系方面，同学关系处不好，不被别人接纳，认为同学大都不喜欢自己，为此而心烦，前来咨询。这类问题在大学生心理咨询中较为常见。一般大学生对人际交往的愿望迫切，但对人际交往的满意程度却很低。这一方面是由于客观因素的影响，另一方面是对人际交往的期望值过高。本案例中的来访者有与同学交往、被他人信任和尊重、让别人喜欢的愿望，但缺乏必要的知识。因此，咨询师首先针对她提出的“好像同学不喜欢我”，帮助她分析这种判断正确与否。然后，提出了一些有利于人际交往的建议。如果要从根本上改变来访者的人际关系，还应该更细致地分析她的认识因素(对自己、对他人、对交往本身)、人格因素(有无自私、固执、嫉妒、不尊重他人等不良特征)、能力因素(有无沟通技巧、交往技能)以及她所处的环境因素，使她意识到自己不被他人喜欢的关键问题在哪里，如何去改善。并且可以根据来访者的特点，一方面给予科学的人际交往知识，另一方面可以采取一些训练方法提高她的社交能力。

【回顾与思考】

1.你如何看待大学生中的功利型友谊?

2.你认为影响人际交往的因素有哪些?

3.结合本章知识,分析你在人际交往中存在的问题和不足,并说说你准备怎么解决和克服。

【扩展阅读】

## 人际冲突的类型和过程

人际冲突有不同的层次和类型。布瑞克和凯利区分了三个层次的人际冲突。

第一层次是特定行为(specific behaviors)上的冲突,即双方对某个具体问题存在不同意见。例如,两人一起外出度假时,对搭乘什么交通工具意见不一,一个想乘飞机,一个想乘火车。

第二层次是关系原则(relational rules)或角色上的冲突,即双方对于如何处理两个人的关系,在关系中各自的权利、义务有不同的理解。例如,室友之间可能在宿舍公共劳动分工上存在分歧。在人际关系中,有些角色规范比较明确,也有一些角色规范比较模糊,如果两个人对规则的看法不同,就难免发生冲突。

第三层次是个人性格与态度(personal characteristics and attitudes)上的冲突。这往往涉及双方人格与价值观的差异,因此是比较深层次的冲突。例如,室友之间可能因为性格不合而闹矛盾。在周末,一方很喜欢找一大堆朋友来宿舍玩,另一方则喜欢单独待在宿舍。

在人际交往中,这三个层次中的冲突有可能交织在一起。行为上的分歧可能引起关系规则上的矛盾,并进一步导致个性上的冲突。一般来说,冲突层次越深,涉及因素越多,情感卷入程度越高,矛盾就越复杂,解决起来也越困难。

冲突可能产生于客观存在的分歧,也可能源于主观想象的矛盾。根据冲突的基础不同,研究冲突的著名学者多伊奇区分了五种类型的冲突,包括平行的冲突(parallel conflict)、错位的冲突(displaced conflict)、错误归因的冲突(misattributed conflict)、潜在的冲突(latent conflict)和虚假的冲突(false conflict)。

在平行的冲突中,存在客观的分歧,而且双方都准确地知觉到了这种分歧。例如,你和朋友在一起看电视,你很想看一个电视连续剧,你的朋友却想看足球比赛,你们都清楚地知道双方的愿望,但却互不相让。

在错位的冲突中,一方可能有一个客观的理由,而且知觉冲突的存在,但不直接针对问题本身。例如,你觉得教师在评阅考试时给你打的分数太低,心里不满,但是又不好直接说,于是你就在课堂上故意提一些问题刁难他。

在错误归因的冲突中,存在客观的分歧,但是双方对这种分歧并没有准确的知觉。一位同学发现宿舍里有异味,她很讨厌这种气味。她以为是宿舍里某位同学没有及时洗衣服,所以见面时就警告那位同学不要在宿舍存放脏衣服。但事实上,异味来自另一位同学喝剩的茶水。

在潜在的冲突中，存在客观的分歧，但是双方对这种分歧并没有什么感觉。

在虚假的冲突中，双方有分歧，但是这种分歧没有客观的基础。例如，你的同学办生日聚会，你没有得到邀请，为此你很不高兴，而他也正因为你没有去参加聚会而不满。事实上，他本来打电话邀请你，因为你不在，他拜托你的室友转告你，但是你的室友却忘记了。这时，双方的冲突纯粹是因为误会。

冲突不是一种静止的状态，而是一个动态的过程，在这个过程中，冲突双方的认知、情绪和关系都可能发生变化。美国学者潘迪(Pondy)曾经提出冲突的五阶段模式：冲突潜伏阶段(latent conflict)、冲突知觉阶段(perceived conflict)、冲突感受阶段(felt conflict)、冲突外显阶段(over conflict)、冲突结果阶段(aftermath conflict)。

在冲突潜伏阶段，可能导致双方冲突的客观条件已经基本具备，也就是说，双方相互依赖，而且在某些方面存在差异，难以兼容，但是双方还没有明确意识到这种不兼容。当双方认识到他们之间的差异，而且认为不能相容时，就进入了冲突知觉阶段。当双方开始分析冲突性质时，思考应对策略，而且还出现了一些情绪性的反应(如紧张不安、不舒服、愤怒等)时，就进入了冲突感受阶段。在这个阶段，双方都需要做出选择：是回避冲突，还是公开面对冲突。只要一方将冲突公开化，就会进入冲突外显阶段，这时双方可能发生言语上的争执、情绪上的对立，甚至行为上的对抗。在这个阶段，很容易出现冲突升级，将矛盾扩大化、情绪化。冲突意味着人际关系的平衡被打破，经过一段时间的互动，双方关系一般会达成一个新的平衡，这时就进入冲突结果阶段。冲突的后果可能是两败俱伤，也可能是一胜一负，如果处理得当，也可能双赢。当然，能否达到共赢的效果取决于冲突的性质与双方管理冲突的水平高低。

**【想一想】**

1.如果在你的寝室里，晚睡的同学不愿关灯，或是煲“电话粥”不注意控制音量，或是用电脑时还用音箱，或是敲击键盘的声音很大，惹得早睡的同学非常愤怒。你该怎么和同学沟通呢？

2.因为换寝室，和小红玩得好的同学去其他寝室住了，小红像变了一个人似的，感觉很孤独，心里比较难受。有时候其他朋友都出去玩了，自己更感到孤立无援。我们怎么帮助小红？你有好主意吗？

3.开学一个月，某大学大一新生孙苗苗过得如履薄冰。

“和爸爸妈妈怎么说话都没关系，那跟舍友怎么说话？”苗苗说，由于担心和舍友处理不好关系，每天都不敢多说话，生怕说错话，制造矛盾，可又觉得有很多话想倾诉。

“我还担心，说话少让人误会自己清高，不好相处，久而久之，大家是不是就不会理我了呢？”

孙苗苗的问题你怎么看？你有什么好的建议？

# 第八章　学习两性交往　品味酸甜苦辣

**【内容导读】**　对于风华正茂、自我意识日益增强的大学生来讲，爱情是美好而令人向往的，性是神秘而禁忌的。然而在追寻爱情、探索性问题的过程中，生物性成熟的提前和社会性成熟的滞后造成了部分大学生在爱情和性方面矛盾的生理和心理状态。随着大学生成人感的逐渐确立，他们很多情况下不再接受和遵从父母的观点，他们的道德判断与传统观点已经有了很大出入，他们通常会以自我为标准来处理事情，这就可能导致个人与传统的准则之间发生冲突。因此，为大学生提供适应于他们认知能力和发展水平的道德指导，帮助他们了解左右爱情问题的原则，学习成为一个合格的男人或女人，使自己能够恰当地选择和行动而不被错误观念所支配，显得非常必要。

**【核心词汇】**　性心理；性观念；恋爱心理

## 第一节　性心理的发展和医学生性心理的特点

### 一、性心理的发展

性心理发展是西格蒙德·弗洛伊德在 19 世纪末 20 世纪初提出的一个概念，是心理学理论的核心概念。弗洛伊德认为人精神活动的能量来源于本能，本能是推动个体行为的内在动力。人类最基本的本能有两类：一类是生的本能，另一类是死亡本能或攻击本能。生的本能包括性欲本能与个体生存本能，其目的是保持种族的繁衍与个体的生存。弗洛伊德是泛性论者，在他的眼里，性欲有着广义的含义，是指人们一切追求快乐的欲望，性本能冲动是人一切心理活动的内在动力，当这种能量(弗洛伊德称之为力比多)积聚到一定程度就会造成机体的紧张，机体就要寻求途径释放能量。弗洛伊德将人的性心理发展划分为以下 5 个阶段。

(1)口欲期。刚生下来的婴儿就懂得吸乳，乳头摩擦口唇黏膜引起快感，叫作口腔期性欲。若口欲期过于满足会出现口腔期依赖人格，比较易于轻信他人、过于依赖他人等；若口欲期没有满足会出现争论型人格，容易和他人争吵、辩论，不信任他人。弗洛伊德还认为，口欲期没得到满足，成人常通过抽烟、暴食、咬指甲或铅笔来获得口唇的满足。

(2)肛门期。幼儿 1 岁半以后学会自己大小便，粪块摩擦直肠肛门黏膜产生快感，叫作肛门期性欲。大多数幼儿在 18 个月时开始接受如厕训练，这时家人对幼儿如厕的态度也会影响其人格的形成，若被家人指责和要求严格，会形成肛门期滞留型人格，特点是死板、保守、固执、吝啬、洁癖，并伴有一定的强迫性人格；若家人要求不严格，没有很好的指引，会形成肛门期排泄人格，特点是不讲卫生、很少考虑别人的感受和评价、放纵等。

(3) 性蕾欲期。儿童到 3 岁以后懂得了两性的区别，开始对异性父母眷恋，对同性父母嫉恨，这一阶段称为性蕾欲期。其间充满复杂的矛盾和冲突，儿童会体验到俄狄浦斯 (Oedipus) 情结 (或称为恋母情结) 和厄勒克特拉 (Electra) 情结 (或称为恋父情结)，这种感情更具性的意义，不过还只是心理上的性爱而非生理上的性爱。若有人没有很好地度过俄狄浦斯情结，他很有可能会表现出过度的恋母，他的社会性别也会被干扰。研究发现，大多数同性恋者都没有很好地度过性蕾欲期。

(4) 潜伏期。只有经过潜伏期到达青春期性腺成熟才有成年的性欲。潜伏期，孩子的人格已基本形成，对父母性别角色的认同态度会在他一生中持续重演。弗洛伊德认为潜伏期并不是特别重要，这个时期孩子把力比多的投射更多地放在了外界。

(5) 生殖期。成年人成熟的性欲以生殖器性交为最高满足形式，以生育繁衍后代为目的，这就进入了生殖期。生殖期基本上与成人对异性的感觉差不多，并没有什么特别的固着。

美国心理学家赫洛克认为青春期性意识发展可有以下阶段，每一阶段的心理表现各有不同。

(1) 疏远异性期。指青春期开始的半年至 1 年 (11～12 岁) 内的两性疏远阶段，这时性功能尚未完全成熟，性别意识刚刚萌芽。他们发现彼此间性别的差异，便产生明显的性不安，如少女对日渐隆起的乳房感到羞怯，少男则害怕被别人看到开始长出的阴毛。他们对两性间的接触持疏远和回避态度，如因学习或工作需要，双方接触时感到拘束和难为情。他们认为两性间亲近、恋爱是可耻的。

(2) 向往年长异性期。一些心理学家发现在性萌发期，即少年男女对性问题的认识从不知到知发展的过渡，他们对性问题仍然处于一知半解的状态。这时他们可存在两种特殊的心理状态，即疏远异性和发生恋年长异性现象。

(3) 接近异性的狂热期。此期少年男女的特征是精神兴奋程度高，往往对异性带有幻想色彩，很少考虑到会面临的困难和阻力，因而情感发展的速度较快，迅速达到炽热的阶段，即热恋。从初恋到热恋是少年男女双方感情逐步深化的过程。狂热期双方相互的吸引力加强，激动程度高，有相互了解的迫切要求，真诚和信任感增强，而且思维方法和活动方式也发生改变。

(4) 后期正式的浪漫恋爱期。此期特点是建立心理和谐的爱情。心理和谐的爱情 (心理相容性) 有两方面含义，一方面是双方的生活志向、理想和目标大体一致，它是婚后双方共同生活的思想基础；另一方面是双方性格、爱好、兴趣、生活习惯和文化修养的和谐，它是婚后双方共同生活的感情要素。心理和谐爱情的逐步形成，是基于双方遵守承诺和共享建立起来的美好前景。此期还需要划清恋爱和婚姻的界限，不可逾矩，不要放纵地亲昵，正视对方的缺点，认真和负责地沟通，增加了解。通常在激情消退后，能够比较冷静地看问题，会发现对方存在以往未曾注意到的缺点。

## 二、医学生性心理特点

医学生与一般大学生一样，正处于青春期。青春期是童年走向成年的过渡，主要标志之一是性发育和性成熟，此时要经历躯体和心理上的急剧变化，是青少年社会化的重要时期。

青春期起始于10～12岁，极个别早的可提前到5～6岁，也有少数人延迟到15～16岁。青春期性生理发育成熟的速度也因人而异，一些女孩只需1年左右，另一些则需5～6年或更久。青春期发育受许多因素影响，如遗传、种族、社会、经济、文化、地理、营养、气候、身体脂肪的比例以及其他因素等。青春期发育及性心理发展延展于10～20岁，通常分为以下三个阶段。

(1)青春前期为10～13岁，是人生长发育最快的阶段。

(2)性征发育期为13～17岁，以生殖器官和第二性征明显发育为特征，少女出现月经，男孩则发生遗精等生理现象。

(3)青春后期为17～20岁，生理上的变化逐渐缓慢下来，性器官和第二性征已发育成熟，体骼变化已不明显。

一些少年对自己的生理发育速度，对自己生殖器的大小和形态感到忧虑，这是因缺乏对青春期身体发育知识的了解所致。随着性腺活动的变化，少年男女除出现遗精和月经外，也可出现其他方面的正常性生理心理现象，如强烈的性感受和性幻想，男孩阴茎自动勃起的次数增加，少女阴道分泌液增加，自慰行为的频率上升。青春期不仅出现生理和心理变化，同时也会面对社会生活需求的挑战，如恋爱和择偶、婚前性行为等。生理的发育并不必然伴随心理的趋于成熟，在内环境，特别是内分泌剧烈变动的青春期，正是青少年最容易发生过失或做出悔恨终生之事的阶段，如早恋、犯罪、怀孕、酒精中毒、药物滥用等。多数年轻人可顺利度过青春期，有的则会经历不同的困扰。青少年常因自己的外表而苦恼，他们努力表现自己的心理特质，并开始对异性产生兴趣，包括扩大性活动的范围，如拥抱异性、接吻、爱抚，甚至发生性关系。

**【测一测】**

你对爱和性的看法是怎样的？请根据你的真实看法，在以下每个项目后面的“符合”或“不符合”中画圈。

| | | |
|---|---|---|
| 1.我为自己出现性冲动感到紧张与羞辱。 | 符合 | 不符合 |
| 2.我认为自慰是标准性行为的一种，而过度自慰是有害的。 | 符合 | 不符合 |
| 3.我觉得自己的生殖器太小，发育状况不理想。 | 符合 | 不符合 |
| 4.性远远不是使我得到最大快乐的事情。 | 符合 | 不符合 |
| 5.如果我爱一个人，我和他干什么都行。 | 符合 | 不符合 |
| 6.真正的爱情不是单恋。 | 符合 | 不符合 |
| 7.我与对方发生性关系，并不需要尊重或者爱对方。 | 符合 | 不符合 |

续表

| | | |
|---|---|---|
| 8.我认为心心相印是通向幸福的桥梁。 | 符合 | 不符合 |
| 9.没有爱情的性行为很难令人真正感到快乐。 | 符合 | 不符合 |
| 10.对有些人来说，同性恋是正常的。 | 符合 | 不符合 |
| 11.爱一个人主要是给予和付出。 | 符合 | 不符合 |
| 12.恋爱当中，拒绝和争吵都是正常现象。 | 符合 | 不符合 |
| 13.不论做什么，不要怀孕就行。 | 符合 | 不符合 |
| 14.对于性，不愿意的时候就应该坚定地说“No”。 | 符合 | 不符合 |
| 15.爱是包容对方，使他(她)更自信。 | 符合 | 不符合 |
| 16.只在乎曾经拥有，不在乎天长地久。 | 符合 | 不符合 |
| 17.一旦喜欢上了他(她)，就非他不嫁，或非她不娶。 | 符合 | 不符合 |
| 18.没有爱情的性行为根本不能填补人与人之间的鸿沟。 | 符合 | 不符合 |
| 19.爱是很简单的事，困难的是如何找到爱的对象或者被他人所爱。 | 符合 | 不符合 |

评分与评价：

1、3、5、7、13、16、17、19 题，选“符合”得 0 分，选“不符合”得 1 分；其余题选“符合”得 1 分，选“不符合”得 0 分。

将 1、2、3、4、10 题的得分相加，即得到你的有关性生理观念的得分，如果你的得分在 3 分以下，则表明你对性生理的看法有失偏颇，容易产生精神压力和情绪问题。

将 6、8、11、12、15、16、17、19 题的得分相加，则得到你对爱的看法的得分，如果你的得分在 6 分以上，表明你对什么是爱有比较正确的看法；如果得分在 4 分以下，那么你需要深入思考一下究竟什么是“爱”。

将 5、7、9、13、14、18 题的得分相加，即得到你的有关爱与性之间关系看法的得分，如果你的得分在 3 分以下，也许你对爱与性关系的看法容易导致你采取身心受伤的性行为，以致心理失衡。

大多数热恋中的年轻人，随着爱情的深化，会出现一些亲昵行为，如拥抱和接吻，这是可以理解的，也是社会可以接受的。实际上在目前情况下，有相当部分青年男女按捺不住，发生婚前性行为。虽然目前社会对大学生婚前性行为越来越倾向宽容，但主流文化对其并不赞成。大学生处在青春期和成年期的交界时期，生理发育虽已健全，但心理发育还有待提高，尤其在性意识上还处于朦胧期，对性还没能做到充分的理解，对性意识导致的冲动还未能很好的控制。另外，从医学角度讲，和谐性生活需要安全、私密、舒适的环境，而大学生的性行为多是在隐蔽状态下进行，缺乏良好的性环境，双方常伴发紧张、害怕、恐慌等心理和不道德感与羞愧感，极易引发性反应抑制和性焦虑，从而导致心因性阳痿、早泄和性高潮障碍等，加之性安全教育的缺失，导致意外怀孕流产或性疾病等带来的身体损伤。这些使得大学生的婚前性行为非但没有幸福的感觉，反而可能给他们留下痛苦的经历，为其婚后不和谐性生活埋下伏笔。因此，我们更主张大学生在与异性建立亲密关系时，应该积极地去拓展除性行为以外的且对未来婚姻生活非常重要的关系，如真诚、坦率、包容、完全地信任彼此，愿意分享自己的生活、梦想、希望，以及失败、曾经的伤害等。在这个基础上，在双方自愿的前提下，秉承着对双方负责的态度，充分考虑后果而不是一时冲动，且在已然了解性行为的安全措施条件下去考虑发生婚前性行为的可能。

【视窗1】

### 避免不恰当性行为的技巧

(1)约会时选择溜冰、郊游、打球、划船等比较有活动性的内容。

(2)如果你还没有遇到合适的恋爱对象，或者你的心理还很幼稚，那么应采取“转移”的方式缓解自己的性渴望，如参加各种活动或体育锻炼，给自己定下具体的学习、工作任务等，都是有效的转移方式。

(3)避免接触刺激性的画面，如黄色画刊、黄色影碟等。

(4)不要因为对性的羞涩而回避与异性的正常交往，与异性的正常交往是缓解性渴望的有效方法。

(5)如果有自慰的习惯，不要因此陷入自责和恐惧的心理中，要认识到自慰是正常的性活动之一，注意不要过度，并保持足够的休息。

## 三、性少数群体

性少数群体(LGBT)包括同性恋、双性恋、跨性别者、间性人、无性恋以及其他非典型的性取向、性别认同和性别表达的人的总称。被大家所更多知晓的可能是同性恋，这里则以同性恋为例探讨一些观点，也期待引起你的思考。

最常被讨论的有两个问题，一是同性恋是不是心理异常(变态)；二是同性恋的成因。后一个问题是回答前一个问题的基础，所以我们先说说第二个问题。对于同性恋的成因，学术界大致有两大派系。一派是生物本质论，认为同性恋是先天的，包括器官双性说、遗传说、内分泌说等；另一派是社会建构论，认为同性恋是后天形成的，包括情境性和社会关系说、精神病说等。其实，讨论同性恋的成因本身是一件值得质疑的事情，因为从来没有人讨论过异性恋的成因。似乎是我们把它当成问题或病态，所以我们要去讨论“病因”。在歧视同性恋的文化中，人们认为，同性恋的形成除了基因的可能，还有的可能就是童年创伤、残缺的家庭、不良的性别教育等(先天后天共同作用)。认真思考，这也是不合理的，有很多的异性恋者经历了童年创伤和家庭残缺，他们也没有“变成”同性恋者。目前还没有任何研究可以对同性恋的“成因”下结论。实际上，人的性倾向的建构非常复杂，每个人的生物因素、个人经历、性经验、成长环境等都会对其性倾向有作用。

那么回到上面的第一个问题，同性恋是不是心理异常。在美国精神卫生诊断手册(DSM)中，早在1973年便对同性恋做了非病理化的判断，取消了曾经把同性恋作为心理异常的诊断。而我国的精神卫生诊断手册(CCMD)中仍然有同性恋的心理异常诊断，但仔细看其诊断内容，你会发现，如果单纯只是同性恋状态不会被诊断为异常，而是对由于同性恋状态而引发的社会适应不良或者其他异常状态才做此诊断，因此不能说同性恋是心理异常。从另一个角度说，跨性别(指传统定义的男人与女人之外的性别，包括原生间性人、变性欲者、变性人、跨性别表演者、跨性别性工作者以及其他)是人类对自身的更加深入、真实的认知与探索。以往，人们更多用“变性癖”“易性癖”“变态”这样的词汇称呼跨性别者。至2013年初，澳大利亚、新西兰等国在公民身份证明上都已经为跨性别人士添加了“第三性别”的选项。从这里我们其实也可以看到像同性恋一样的性少数群体的生存状态并不积极，社会的偏见和歧视，甚至“恐同”的存在，让这样一些性少数群体比异性恋者遭受更多的压力和挑战。

人的性别，只是一种躯壳外形，精神和情感才是人内在实质的体现。作为大学生，特别是医学生，不论你是什么群体，我们能够做到的是认同自己的同时不去伤害其他和你不一样的群体。如果你是异性恋者，且难以理解同性恋，那么你可以理解那是另一种爱情，另一种亲密关系；如果你是性少数群体，面对可能的困境，你可以积极向专业心理咨询老师求助，寻找积极有效的方式来帮助自己成长。

文明在进步，如何面对与自己不同的群体，这是一个开放的思考，希望你在阅读到这里的时候，获得的不仅仅只是对性少数群体的理解，还有一种对世界的丰富性的思考。

## 第二节　医学生性心理问题及调适

### 一、性生理、心理困扰

瓦西列夫在《情爱论》中提道：“性欲是一股强大的力量，如果失去控制，它就可能成为社会的一种灾难。”

本书认为“性”之所以重要，是因为性是一个自然问题抑或是一个生物学上的问题。因为在人体内存在着性腺以及促性腺激素的分泌，是性及性心理产生、发展的物质基础。从科学的角度讲，这些问题比较容易理解。那为什么性的问题会困惑着我们呢？这主要是因为我们是人。与动物的性相比，人类的性除具有生物性外，还具有社会性与心理性。生物性是指男女在遗传、生理结构等生物学上的不同。社会性是指人类的性要受到社会道德、法律等的约束。心理性是指性别角色的不同。性别不仅仅从男女的生理特点上进行判断，而且是社会根据男女的人格特征以及社会行为方式的差异而赋予他们的社会标志。

由于性心理成熟明显滞后于性生理成熟，在青少年时期，缺乏必要的来自家庭与学校严肃科学的性知识教育，极易产生性困惑。主要表现在：一是由于性知识相对贫乏产生的性生理与性心理困扰。一些大学生掌握了丰富的科学知识，但对生理、心理知识知之甚少，不能正视自身正常的生理、心理变化，产生性焦虑、性恐惧与自我否定。某理工科大学为配合大学生健康教育放映了教育部制作的普及性教育片《青春性教育》，多数学生认为上了一堂严肃科学的性教育课，也有的学生感到“很受刺激”，特别是观看了男女的生理结构及裸体后，产生恶心等生理反应。二是不正确的性观念下产生的性罪错感。在家庭教育中长期忽视和漠视性教育，以及封建思想潜在地影响着大学生的性观念。有的大学生无法将高尚的爱情与“低级”的性联系起来，产生与年龄不相适应的“性纯洁”感；由于自慰行为而产生的性罪感；对正常的性冲动、性幻想产生的恐惧、自责甚至可耻感。三是由于性压抑产生的心理困扰。适当的性压抑是社会化的需要，也是健康心理的表现，而严重的性压抑不利于大学生成才甚至是有害的。表现为异性交往焦虑症，不敢正常、大胆地与异性交往，处于矛盾、困惑之中。一位大二学生因暗恋同班一女同学而陷入深深的单相思中，不能自拔，当发现自己钟爱的女孩成为别人的女友时，竟选择自杀以示其爱。此类案例都触目惊心，令人深思。

医学生，与其他专业的大学生不同，其对人体的构造与每一个器官、系统的功能有着清楚的认识，不会像其他专业的大学生那样可能对“性”等问题不甚了解，但医学生应避免把性问题看得过于简单，以致产生性冷漠等性生理、性心理的困扰。

## 二、性观念的错位造成性行为失范

据一项来自全国28万大学生的抽样调查表明：正在恋爱的大学生，有16.5%的恋人至少发生过一次性关系，值得引起重视。一是大学生对性关系的自我认知模糊，特别是对因恋爱产生的性关系表示理解与宽容。二是个别大学生将性错误地认为是一种宝贵的资源优势，缺乏尊严与羞耻心，甚至放纵自己的行为。三是对性保持一种近乎随便的态度。

显然，性这个本不应该成为“问题”的问题，当前在高校学生中存在着巨大的问题。究其原因，是大学生没有树立正确的性观念。这不仅与学校的性教育缺失相关，还与社会因素的影响是分不开的。受商品经济的冲击，为吸引人们的眼球，商业开发将性作为谋利的一种便捷手段。媒体的宣扬、文学艺术(诸如比较“前卫”的影视作品、暧昧的流行歌曲、煽情的刊物等)的潜移默化都为性的开放提供了温床。人性的解放也是性问题出现的一个重要原因。在20多年前，青年性活动那种引人注目的性别方面的显著差异，现在似乎已不那么明显。如同男性一样，女性也开始把自己的性需要看成是正当的。而且现代避孕方法的发展，也导致了性活动的增加。

相关资料一：“大学的性接触”状况。接吻：男生39.5%，女生45.5%；性爱抚：男生25.6%，女生28.9%；性交：男生10.9%，女生8.4%。

相关资料二：我国青少年性健康调查结果令人担忧。中国社会工作协会、京伦家庭科学中心等单位在对北京、上海、广州三大城市大中学生的调查中了解到：现在的青少年远比他们的父母“前卫”。在他们当中，同意“爱情是专一的，人的一生只能有一个真爱对象”的人只占28.8%；认为现代婚姻应该“白头偕老，从一而终”的只有20%；赞成与已经有恋人者谈恋爱的超过了30%，在这方面，女生似乎比男生更开放；45%以上的人对婚前性关系持肯定态度，其中34%的人认为“这样可以巩固爱情”。来自北京的另一项调查则更能印证年轻人的“大胆”：3034名婚检青年中，46%的男青年和45%的女青年承认有过婚前性行为，这使我国的性病、艾滋病预防专家们担忧不已。

多项调查均表明，目前我国青少年性成熟的时间有比20世纪五六十年代青少年性成熟时间提前的倾向。性成熟的提前出现带来了性心理的提前出现。认知心理学认为，性的信息大量增加，人们的性观念发生很大变化，这一切，频繁刺激着青少年的大脑和生殖腺体，提早催开了性生理的芽蕾，也必然催动性心理的发展。然而，社会生产力的发展，社会生活的日趋复杂又造成了青少年社会心理成熟的推迟。在社会心理不成熟的情况下，他们对生理的发育以及由于生理发育而萌发的性心理，缺乏科学的理解，很容易陷入盲目。于是，青少年特别是大学生就对性出现了矛盾的心理，一方面，生理的成熟使得他们过早涉足性；另一方面，心理的不成熟使他们对性产生了迷茫。面对这种情况，很多高校采取了一些措施，对大学生进行了性方面的教育，然而，收效甚微，因为学校方面还是采取了谨慎的做法，不敢过于强调性方面的教育。

很多青少年，特别是热恋中的青年男女受性本能、性心理的驱使，出于无知和好奇，过早地进行性体验和性尝试。在性萌发的初期发生性关系，可以导致两种情况，一是受封建贞操观的影响，认为自己已是不贞不洁的人，从此背上沉重的心理包袱，抬不起头来，或者破罐破摔，糟践自己；二是性欲过早启动，形成性欲的猛烈递增，出现性亢奋，陷入追求性享乐的状态。这是一些青少年从性体验发展到性罪错所走过的路。性罪错容易形成动力定型，成为顽固的性癖恶习，要改变非常困难。

人的性心理的成熟有赖于性生理的成熟，而性生理的成熟并不意味着性心理的成熟。性心理成熟的标志是性行为的发生是以性爱为基础，是灵与肉、性与爱的结合。因此，性心理的成熟与社会心理的成熟有着密切关系。人的性行为不仅具有自然性，而且具有社会性和精神性。同什么样的人发生性关系，以及在性行为中的表现，都反映出一个人的社会感、责任感和人格特征。性心理的成熟需要一个过程，需要两性间不断地调整适应，尤其是情感的不断升华，才能达到完美的境界。

**【想一想】**

性本身是纯洁无瑕的，但不得不承认：因生理心理发展的不同，不同的人，有不同的接受性的最佳年龄。

罗素说："回避绝对自然的东西就意味着加强，而且是以最病态的形式加强对它的兴趣。"

马克思说："你只能用爱来交换爱，只能用信任来交换信任。"

思考什么是正确的恋爱关系。

**【练一练】**

在性与爱中，青少年常常陷入无名的烦恼、焦躁不安、自我压抑、苦恼羞耻中难以自拔。如果下述情形发生在你身上，你将如何去做呢？请在下面列出的做法中选择你的做法，如果你的做法不在列出的条目中，请在"其他"后面填写出你的行为反应。

**【案例 1】**

性梦、性幻想、性冲动和自慰困扰自己，不论怎么克制，注意力都不容易集中，记忆力衰退，思维也似乎变迟钝了，头脑昏沉。

你会：□意识到这是不好的习惯，但又不能自制，心里总是矛盾重重，痛苦不安。

□从事剧烈的体育活动以转移注意力。

□担心这样下去会影响身体健康和婚后的性生活。

其他：________________

**【案例2】**

(女)爱上了一个人，他希望和自己发生性行为。

你会：□告诉他：如果你爱我，就不会在我尚不确定的时候要求我，给我压力。

□答应他，因为自己已经长大了，可以为自己的行为负责。

□担心如果自己不答应会影响感情，左右为难。

其他：________________

**【案例3】**

失去了对方的爱，明知道不可能在一起，还是陷入感情的漩涡中无法摆脱。

你会：□破罐破摔，干脆以自己的沉沦来惩罚他(她)。

□烦闷、空虚、无所适从，对什么事都不感兴趣，干什么事都不顺心。

□从此拒绝爱情，对一切异性都有莫名其妙的仇视。

其他：________________

## 三、异常性心理与调适

成熟教人摆脱幼稚，树立主见，令生物长势完好，孕育后代，然而，才成熟并不等于尽善尽美。

对异性产生爱慕和追求，这表明我们成熟了，对吗?

是的，这是生理上的成熟，而重要的是心理上的成熟与生理上的成熟同步。

怎样才算是性心理健康？性心理健康的标准有如下几个方面：第一，认同自己的性别，并有相应的性别角色行为，即具有相应的性别意识，对自己的性别不感到怨恨。第二，能与同性或异性和谐相处，不与其他物品或生物发生性行为。第三，随着年龄的增长与性生理的成熟，有与年龄相一致的性反应，并能据社会伦理道德理智地控制自己的性反应。第四，正确认识并处理性行为所带来的后果，具有社会责任感。

如果不符合这些标准，那么可能存在着某种程度的异常性心理。对于异常性心理，不同的学者有不同的分类(详细知识参见有关变态心理学文献)。以下介绍几种在大学生中常见的异常性心理。

### (一)性神经症

性神经症是患者对自己的性器官或性功能的正常状态持怀疑态度，并反复要求借助药物进行治疗，而不从心理上寻找病因。性神经症是一组性心理障碍的总称，它包括如下几种常见的性心理障碍。

(1)性功能或性器官焦虑症。这类患者的典型特点是反复表达以性器官或性功能障碍为核心的躯体症状。如男性还没有结婚就总是担心以后的性生活会出现问题，从而导致焦虑。再如女性担心乳房过小或性交疼痛，从而对以后的性生活产生忧虑。

(2)性病或性变态等疑病性障碍。这类患者对自己的身体或精神状态过分担心，害怕自己已经染上某种性病或担心自己成为同性恋者。

(3)因性产生的恐惧症。对异性的生殖器及异性生殖器的分泌物产生恐惧。例如，有的女生对男性的精液感到恐惧或恶心，以致对男性产生恐惧。也有男生对女性的月经分泌物感到恶心，以致认为女性不洁。这些心理障碍的产生与一些突发的生活事件或早期的影响可能存在联系。也有学者认为这与长时间的性压抑有关。

(4)因性压抑导致的失眠症。大学生对于性有着强烈的渴望，但是由于所处的社会环境与社会任务，他们还不能体验性生活(当然有些同学偷吃了“禁果”，这另当别论)，于是产生了焦虑，从而导致失眠。

### (二)性变态

性变态一般分为攻击性性变态和隐匿性性变态。攻击性性变态是指通过攻击他人的性行为来达到或获得性满足的目的，并宣泄其攻击欲和敌意的变态行为。例如施虐与受虐狂、恋童癖、恋尸癖以及乱伦和以奸杀来取乐的变态行为。而隐匿性性变态是指通过有限接触异性来获得性满足的一种变态行为。例如挨擦癖、露阴癖、窥淫癖以及电话猥亵、书信及言语的挑逗等，都属于隐匿性性变态。研究发现出现这两种性变态心理的原因有四个方面。第一，与早年的一些特殊性经历有关。如某次或多次受到异性触摸生殖器从而产生快感，其印象很深。第二，对性生理缺乏足够的认识并对此充满好奇。第三，与黄色书籍或影碟的诱导有一定相关。第四，使用毒品或性激素。

### (三)性幻想

性幻想是与性有关的虚构想象，是一种普遍存在的性心理现象。

幻想的性质与梦相似，是人们内心愿望的反映，又称“白日梦”。幻想者能清楚地认识到其内容是虚构的、不存在于现实生活中的，受主观意志所支配。产生性幻想主要是由于对异性的迷恋。在青春发育期，青年男女常会对一些根本不认识自己的偶像产生倾慕和种种幻想，每天望着偶像的海报编织美梦。

性幻想对于我们有时还有帮助。性治疗师经常建议利用幻想来刺激性反应。性生活活跃和愉快的女性，往往有丰富的幻想经历。幻想的妙处在于可以不受时间、空间限制，不怕被别人窥破，容许我们暂时超脱现实；幻想可以加强自我价值观，使我们集中注意自己的优点；幻想还可以舒缓压力和紧张，帮助我们应付情绪压力，并及时减轻妨碍我们获得满足的最大障碍——焦虑。

不过幻想宜适度，尤其对于处在花季的少男少女们来说，若只是一味幻想，特别是沉湎于性幻想中，则会延误学业，误入歧途，乃至走上性犯罪道路或产生性心理障碍。

青年人必须学会驾驭自己的能力，不接触黄色刊物或录像，要知道自己的发育特点，包括性心理发育的特点，知道自己对性的好奇是生理上、心理上的正常现象，把握好自己，不要因自己的性幻想而觉得荒唐，或者为性好奇而感到内疚或恐惧，同时要理智控制自己的行为，一些青年人的性犯罪及其他各种犯罪往往与自控力低有密切关系。青年人要学会不断调适自己的心理，特别是调适自己的性心理，消除对性的过分好奇，有意识地培养自己高尚的情操和坚强的意志品质，用理智战胜本能，正确处理好青春期性心理问题，学会培养自己广泛的兴趣爱好，把旺盛的精力投入到学习科学知识、掌握技能上，投入到健康有益的活动中，让青春闪耀。

## 四、为性做准备

一般每个人都要经历性爱，因此应该让性爱从最开始的时候就很美好。心理学家说，人类的性本能是一种能量，性能量受到压抑和禁锢就会形成强烈的心理冲突，使人陷入焦虑中。被压抑、禁锢的性能量如果得到正确的诱导和调节，则能够缓解心理冲突和焦虑。

对性爱的正确认识和理智对待，不仅需要知识上的准备，而且需要心理上的准备。年轻的朋友，在你没有做好充分准备时，别仅仅为了体验性的感受，缓解性的冲动而交一个“凑合”的朋友，也别在自己已经具备拥抱爱情的心理准备时，“无情”地拒绝一个内心渴望的朋友。

假如你对性爱不甚了解，不妨这样想，不妨这样做。

(1)从正当的渠道了解性，从而做好性爱知识方面的准备。这样的准备包括：了解两性的生理结构、性反应特点、性行为与边缘性行为种类；了解生殖是如何发生的、不同避孕方法的效果以及如何正确采取避孕措施。

(2)对性病有正确的认识，了解性病感染的途径，并知道如何预防。

(3)知道怎么去尊重、体贴对方，维持良性的沟通互动、培养负责的态度和保护自己。

性的行为不单单是行为本身，性行为发生之后可能会对个人心理产生影响。比如，非预期的怀孕将会限制个人在学业或事业上的选择。如果是女性，一旦有了婚前性行为，却与男友分手，会在情绪上受到更大的伤害，也不太容易再相信其他男性，发展新的关系。而男性则容易受到同伴的怂恿，以及整个社会的诱惑去尝试性，在从众的心态下与朋友发生性关系。因此，在这方面应坚持自己的价值观，女性不能因男友的要求而去迎合对方；男性也不能因同伴和朋友的怂恿而降低价值标准。每个人可以学着去设定个人的目标及底线，基于自己的需要和价值标准来决定什么才是正确的行为。知道何时对性说“Yes”，何时坚决地说“No”。

在性和爱中，留住爱情的是思想，而不是身体，不向自己的欲望低头，给爱情多留些想象的空间，以理智驾驭感情，等自己真正懂得了爱，有了对性负责的态度再去体味性的美好。

对每个人而言，除非已经思考过“性”的种种意义，并且将“性”融入自己的价值观，否则“冲突”“罪恶感”“羞耻感”及其他负面的感觉都会掩盖性的益处。只有对性有正确的认识，具备了相应的知识，能够承担性行为所带来的责任，性行为才是美好的。

假如你还没有做好发生性行为的心理准备，不妨这样想，不妨这样做。

(1)你有权利拒绝对方不成熟的性要求。

(2)了解有效地避免不恰当性行为的技巧。

(3)性交并非表达你的性兴趣及完成性满足的唯一方式，有很多风险较低的方式可以使你对自己感觉更好。

## 第三节　医学生恋爱心理发展的规律特点和常见问题

目前为止，无论是中国高校的管理者、教育主管部门，还是教育家们，对中国大学生是否应该谈恋爱所持的态度各有不同。不管是支持者还是反对者，抑或是既不支持也不反对者，笔者认为他们都没有思考一个问题，那就是大学生是否已经理解了爱情以及爱情为何会产生。只有理解了这个问题，才能更好地去关注大学生的恋爱行为。

### 一、爱情的本质和特点

从古至今，多少文人雅士，多少哲人智者，无不对爱情孜孜以求。

荷兰画家凡•高说，我是一个人，而且是一个有情欲的人。我要和女人在一起，没有爱情我就无法生活，我要有个女人，否则我将冻僵，变成石头……我认为没有爱情的生活是一种罪孽的和不道德的状态。又如黑格尔所言，爱情构成生命的一个环节，没有这个环节的生命是残缺的。爱情还能更新生命，如罗素所说，爱情使我们整个的生命更新。正如大旱之后的甘霖对于植物一样。但是，什么是爱情呢？这个问题，即使在今天，只怕还是个斯芬克斯式的谜。爱情既平凡，又神圣；既给人欢乐，又给人苦痛；既使人崇高，又使人沉沦；既增添人的勇气与力量，又使人沮丧和颓唐；既使人宽厚与仁爱，又使人狭隘和残酷；既赢得一些诗人与哲人的赞美，又招致一些诗人和哲人的贬损……人们对“爱情”的体验莫衷一是，我们从心理学的角度应该如何理解呢？

#### (一)爱情的本质

当代社会条件下，人类的爱情是由生理、心理和社会伦理三个要素构成的。生理因素是基础；与之相联系的心理因素是爱情的本质规定；社会伦理是现实爱情生活的社会条件和形式。这三个要素相互联系、相互制约和作用，决定了爱情的本质。

##### 1.生理方面

爱情的生理方面是指人的性生活本能和需要。性是人类的生物学本能，每一个正常人都有性的特征，到了青春期就有性冲动，随着性的成熟即第一性征发育完成和第二性征出现，人就有了满足性欲和进行性生活的要求。这种性的冲动和追求满足的意志就是人们追求异性以及对异性产生爱的基础。

2.心理方面

爱情的心理方面主要是指对异性的思想感情和爱人之间的心理相容。人类与动物的性行为的一个根本不同点就是人有感情的存在。人的爱具有很强的选择性，这主要是指对爱的对象的一种思想感情。因为一个生理正常的异性容易找到，而思想感情相容的知己却需要寻觅。人们只爱与自己思想一致、感情相投的人，爱情必须以思想感情为根本标准。性爱能促进人们追求异性，情爱则决定人们有选择地爱某个特定的异性。如果说性爱是爱情的心理基础，那么情爱则是爱情的本质规定，爱情的生命就在于爱人之间的思想感情合拍。

3.社会伦理方面

爱情的社会伦理方面是指爱情必须受社会伦理规范的约束和通过一定的社会形式才能实现。这是因为：①人与人之间的爱是在社会交往过程中萌发的，否则既不会产生爱情，也不会进行爱的交往。②人们的爱情生活受社会法律和道德制约。在恋爱阶段，恋人受道德、舆论限制，恋人之间的行为不能超过一定的道德规范，否则就会受到舆论的谴责。婚姻不但受到道德限制，而且受到法律保护。③爱情生活所采用的形式具有社会性。与动物不同的是，人们吃、穿、用的需要是以人们的社会活动即劳动为基础的，人们通过合理合法的形式来享受爱情生活。恋爱、婚姻、家庭是爱情的社会形式。恩格斯在《家庭、私有制和国家的起源》一书中，总结了婚姻、性爱发展史，对爱情做了社会的历史的分析，揭示了爱情的本质："现代的性爱，同古代人单纯的性要求，同厄洛斯的情欲，是根本不同的。第一，性爱是以所爱者对应的爱为前提的。从这方面说，妇女处于同男子平等的地位，而在古代的厄洛斯时代，绝不是一向都征求妇女同意的。第二，性爱常常达到这样强烈和持久的程度，如果不能结合和彼此分离，对双方来说即使不是一个最大的不幸，也是一个大不幸；为了能彼此结合，双方甘冒很大的危险，直至拿生命孤注一掷，而这种事情在古代充其量只是在通奸的场合下才会发生。第三，对于性关系的评价，产生了一种新的道德标准，人们不仅要问它是婚姻的还是私通的，而且要问是不是由于爱和对应的爱而发生的。"恩格斯对爱情所做的科学概括，阐明了爱情与性欲的本质，揭示了爱情所具有的基本特征，即爱情的自主性、对等性、排他性、持久性和道德性。

综上所述，所谓爱情是指一定社会经济文化背景下，两性间以共同的生活理想为基础，以平等的互爱和自愿承担相应的义务为前提，以渴求结成终身伴侣为目的，按照一定道德标准自主结成的一种具有排他性和持久性的特殊社会关系。

### （二）爱情的特点

爱情的现实形式和内容总是受到一定社会条件的制约。在文明社会里，爱情具有以下两个普遍而突出的特点。

(1) 对异性魅力的体验和人际关系的审美化。只有感到某位异性对自己有着特殊的吸引力，才谈得上是真正爱上了。"情人眼里出西施"，这句谚语揭示了爱人之间关系的审美化。当然，美不一定是外形的，也可以不限于人体的某一部分或静态的断面。爱人的气质、生活风格、探索真理的执着、与人为善的品质等，都可以是审美的对象或内容。总之，透过肉体及其有形活动，可以看到爱人的精神美。这是一种理想化和创造，它自然会给爱人带来巨大的满足和幸福的体验。

(2)爱人关系的特殊伦理含义。这突出地体现为只爱唯一的一个。“后宫佳丽三千人，三千宠爱在一身。”如果白居易的这句诗是真实的，就这一点而言，李隆基对杨玉环是有爱情的。今天爱这一位，明天爱那一位，或者，同时爱上两人以上，大家都不会承认这是爱情，而只会视为这是对爱情的亵渎。

友谊可以是“君子之交淡如水”的形式，但爱情总是包含亲密接触，对对方的生活细节有无微不至的关怀。

具备了这些条件的爱情才是真正的爱情。真正的爱情有助于维护个体的心理健康，值得追求和拥有。但也要知道，主动爱一位异性，是要冒风险的，因为对方是不是接受你的爱，或者说，对方是不是爱你，这是没有把握的事，而单相思是痛苦的。患得患失的人，不敢主动去爱一位异性。这种人不会有失恋的痛苦，但也体验不到爱情的幸福。不付出就不能有所得。即使你一天到晚权衡利弊，下不了决心，还是逃不出这条规律的作用范围。表面上，你不曾冒险，但精力和时间白白消耗了，还是不折不扣的损失。

享受爱情的美好，避免爱情的悲剧是人生的重要功课。造成爱情悲剧的根源有两种，一种源于社会，另一种源于自身。

一对男女相爱了，爱得深沉而真挚。但是，一方或双方由于无力抗拒家庭或权威人士的干涉，终于被迫与别人结婚，或者殉情而死。这显然是社会因素造成的爱情悲剧。

悲剧的另一根源在于相爱的一方情感上的冲突，而这种情感冲突是精神不健康甚至病态的表现。奥赛罗就是这样的悲剧人物，因此，有些心理学家把病理性嫉妒称为奥赛罗综合征。

从社会的角度分析，嫉妒的根源在于社会存在着竞争，存在着私有财产制。

从心理学的角度分析，嫉妒是一种冲突的情感，是爱与恨的交织。嫉妒者把配偶或情人偶像化，也就是说，认为配偶或情人是十全十美的，因此，谁见了都会爱。嫉妒者缺乏自信，也不相信对方。愈是爱得强烈，愈是害怕失去所爱。这种恐惧心理使其认为爱人似乎已经爱上了第三者，恐惧遂转化为怨恨。嫉妒是一种破坏性情绪，它有可能把爱摧毁。许多人只看到嫉妒里包含着爱，看不见它包含的恨。建设性的和破坏性的两种力量都很强烈时，建设总是敌不过破坏。

几乎每个人都有轻重不等的嫉妒心理。应主动分析自己的嫉妒，了解它。爱情是不能掺假的。我真正爱、相信和尊重她(他)吗？还是只想占有她(他)，像珍宝一样，怕别人夺走？

嫉妒者往往把对配偶或情人的恨说成是爱，这是缺乏自知的辩护。对于配偶或情人，恨是感到对方信不过和害怕失去占有的结果。

看见自己的爱人跟别的异性在一起说说笑笑，很亲热，心里有一种说不出的滋味，但没有对爱人的不信任，更没有恨，这就是普通人或相对健康的人的嫉妒。反之，如果没有确实的证据而认为配偶或情人与别人有什么暧昧关系，那就有几分病态了。病态的嫉妒应该求助于心理医生，拖延和掩盖可能导致悲剧。

## 二、医学生恋爱心理发展的规律特点

根据心理学和社会学的研究，爱情的发展往往会经历以下几个时期。

1.晕轮期

晕轮现象常发生于爱情双方认识的最初阶段，对方身上的某种闪光之处异常灿烂，就像日月的光辉在云雾的作用下扩散到四周，形成一种光环，让人产生错觉，把对方的整体形象美化，也就是产生了一种光环效应，对方所有的一切全是优点。

2.认知与磨合期

随着彼此的了解越来越全面和深入，恋爱热情有所下降，并越来越多地发现对方身上存在的缺点，甚至难以忍受，有人甚至后悔当初的选择，往往会伴随较多的争吵，情绪忽高忽低，起伏较大，这是一个需要双方坚持和努力的阶段，也是恋爱进程的一大考验。

3.理性与平淡期

进入这个阶段，恋爱双方经过了相互磨合，彼此已经比较熟悉，也有了一定的默契，情侣关系也逐步成熟稳定，初期那些过于理想化、不理性的期望，已被平和与温情所代替，到了“铅华洗尽，平淡从容”时期。

任何一段恋情的发展都可能会经历这三个时期，这就需要恋人们要以积极的心态去面对，所谓积极不是抱着“必然要成”的想法，而是积极选择，冷静对待，细致观察，恋情取舍把握有度，一切为了幸福的长远。

## 三、医学生恋爱的常见问题

爱情虽然甜蜜，但也会带来复杂、独特而微妙的情感体验，是最容易使人产生心理困扰的领域之一。

### (一)选择的困惑与调适

选择的困惑是大学生恋爱中最常见的问题之一。其中较常见的有下列几种情形。

(1)不知道应不应该谈恋爱。这部分大学生应首先树立正确的爱情观。如果自己还不知道该不该谈恋爱，那说明在你心里还没有喜欢的异性，只是因为看到许多同学都在谈恋爱，才产生了自己是否要谈恋爱的想法。在真正的爱情还没有到来的情况下，不要盲目去寻找爱情。寻找的爱情并不一定是真正的爱情。

(2)自己爱上了别人，但不知道对方是否也爱自己，想表白心迹，又怕遭到拒绝，左右为难。对于这样的困境，首先要学会正确认识对方对自己的情感。如果经过观察甚至巧妙的考验，发现对方根本对自己没有那个“意思”，就没有必要向对方表白心迹。因为你的表白不但得不到回应，而且会使对方为难；如果两人是同班同学，还会影响两个人之间的关系。如果经过观察，发现对方也对自己有一定的感情，就可以大胆地向对方表白心迹。

(3) 不知道如何拒绝对方的求爱。面对他人的求爱，当你不准备接受时，一般应当在不伤害对方自尊心的情况下，委婉地拒绝，如果对方进一步追求，而你无论如何也不可能接受对方的爱情，那就应该明确拒绝。另外，也应当注意，不要为了害怕伤害对方的自尊心，或者为了自己的虚荣心，在自己没有产生爱情的情况下，盲目接受对方的爱，因为这不但会伤害对方，而且对自己也是一种伤害。

(4) 在恋爱的过程中发现对方不适合自己，而对方还依然爱自己，不知道如何提出分手才不会伤害对方的自尊心。在这种情况下，要明确爱情是不能强求的，如果发现对方不适合自己而准备结束恋爱关系，也无可厚非。当然，最好是让对方有一定的思想准备，比如，用一些暗示性的语言表明两个人不合适。在对方有思想准备的情况下，再提出分手，对方可能会好受一些，感觉到的伤害也会少一些。

(5) 能做恋人的异性朋友难寻。这种恋爱心理困境的原因主要在于对友情和恋情的认识还很肤浅，并缺乏对社会中人际关系的科学认识。正确的做法是认真审视、调整自己的择偶标准，在寻求爱情的过程中，既要有主观上的用心，又要顺其自然。

### （二）单相思及其调适

单相思是指异性关系中的一方倾心于另一方，却得不到对方回报的单方面的“爱情”。爱情错觉是单相思的一种形式，是指在异性间的往来关系中，一方错误地认为对方对自己“有意”，或者把双方正常的交往和友谊误认为是爱情。它常会使当事人想入非非，自作多情。单相思是恋爱心理中一种认知和情感的失误。单相思使某些学生陷入痛苦的境地，处于空虚、烦恼，甚至绝望中。如果处理不好，对以后的恋爱及婚姻生活都有消极影响。

#### 1.形成单相思的原因

(1) 爱幻想。这是造成单相思的主观因素。如果在现实生活中难以适应正常的恋爱生活，爱幻想者往往依据丰富的想象力，在幻想中得到异性一切爱的满足。

(2) 信念误区。单相思者往往以为爱仅仅是投入，不要承诺、不要回报、不顾一切的精神恋爱才是世界上最伟大的恋爱。

(3) 认知偏差。有的单相思是由于自己的认知偏差造成的，不能正确对待被拒绝的事实，仅仅是为了自己的自尊心(其实是虚荣心)，就强迫自己追求到底。

#### 2.单相思的调适方法

单相思的调适方法主要是认知领悟和心理分析。在具体的心理调适过程中，应根据不同的情况采用不同的方法。

(1) 如果是自己有意而对方并不知情，而且觉得对方有很大的可能也爱自己，就可以大胆地向对方表白自己的感情。当然，也应做好对方不接受自己感情的心理准备。

(2) 如果觉得对方不可能爱自己，就没有必要表白自己的感情，因为这种表白既可能给对方造成心理压力，也会使两个人的关系显得不自然。有些情况下，适当压抑自己的感情是很有必要的。

持久的单相思会给个人生活带来很大的负面影响，应当学会尽快从单相思中解脱出来。

### (三)失恋及其调适

失恋是指恋爱过程的中断。失恋带来的悲伤、痛苦、绝望、忧郁、焦虑、虚无等情绪使当事人受到伤害。失恋所引发的消极情绪若不及时化解，会导致身心疾病。失恋者可以尝试运用以下方法进行自我调适。

(1)适当运用酸葡萄心理防御机制。当一个人失恋后，如果总是回想过去恋人的种种优点，就会越发怀念过去的恋人；同时也就越发否定自己，觉得自己一无是处。结果形成恶性循环，使情绪越来越消沉，心理越来越压抑。当一个人失恋后，如果难以从失恋的阴影中摆脱出来，不妨运用酸葡萄心理防御机制。所谓酸葡萄心理防御机制，就是对自己无法得到的东西降低好感和对自己的重要性，吃不到葡萄就说葡萄是酸的。也就是说，当一个人失恋后，可以尽量多想想过去恋人的缺点，少想或者不想过去恋人的优点，心理就容易平衡。当然，对酸葡萄心理防御机制的应用必须适当，它毕竟是一种心理防御机制，如过分运用容易形成一种不符合实际的观念。久而久之，容易导致一些非理性思维方式，不利于自己的心理健康。如果一个人具有足够的心理强度，即使在失恋后，也能够客观分析对方的优点和缺点，并且能够在不贬低对方优点的情况下调控自己的消极情绪。

(2)学会积极的自我暗示。当一个人失恋后，如果总是责备自己，觉得自己不好才导致分手，就只会使自己越来越压抑。这时应学会积极的自我暗示，如用“幸亏他(她)现在提出分手，如果他(她)结婚后才提出分手，岂不更糟”“他(她)不爱我，并不说明我不可爱，只是说明我们的性格和观念不合”等。

(3)转移注意力。失恋后如果总是想着失恋这个沉重的打击，那就很难迅速从失恋的阴影中走出来。这时，应当设法把自己的注意力从失恋这件事上转移到自己比较感兴趣、能够分散自己注意力的事情上。例如，听音乐、看电影、跳舞、打球等，以冲淡内心因失恋而造成的挫折感和压抑感。

(4)升华法。古今中外，有不少著名的历史人物恰恰是受到失恋的打击后发奋追求事业，从而流芳百世、名垂青史的。大文豪歌德如果不是失恋，也许就写不出《少年维特之烦恼》。因此，把因失恋而产生的挫折感、压抑感升华为奋斗的动力是十分有益的。一旦你全身心地投入到一项更有意义的事业中去的时候，你定会觉得因失恋而痛苦不堪的往事十分好笑和不值一提。

(5)失恋不失德，失恋不失命，失恋不失志。失恋不失德，是一个大学生应当有的态度和人格，也是恋爱的重要原则。要做到：不报复、不打击、不伤害、不破坏对方的名誉和人格，不破坏对方重新建立生活的努力。失恋不失命，爱情是人生的重要内容而非全部，因为失恋而毁掉自己的生命是愚蠢的行为。人生除了爱情之外，还有其他一些美好的东西，爱情虽离你而去，事业却永远伴随着你，只要你有追求精神，爱情之花迟早还要为你开放。失恋不失志，不能因为失恋而丢掉自己的理想和志向。理想是个人进步的动力，在为理想而奋斗的过程中，逐渐平复由失恋造成的心理创伤，就会重新获得幸福的爱情。

## 第四节　培养健康恋爱观和择偶观

### 一、认识不良恋爱，避免心理问题

随着时代和社会的发展，当代大学生的爱情观已发生了很大的变化，与过去相比，现在越来越多的大学生越来越早地走到爱情的边缘，走进爱情世界里的也大有人在，其中一些同学因不良恋爱引发了心理问题。故大学生认识不良恋爱，有助于避免心理问题的发生。

**其一：我们不想过早谈恋爱，但是……**

在大学校园里，常常见到在青青的草坪上和荫凉的树下，一对对大学生背靠背窃窃私语；在校园的路上，也有一对对大学生手牵着手一起走，或女的搭在单车后座，如恋巢的小鸟紧紧侧靠在男生的后背；在饭堂里，也有共餐的一对对，他们边吃边谈，甚至互相喂食，其亲热程度与真正的夫妻相比，有过之而无不及……尽管谈恋爱的只是少部分大学生，但几乎在校园的各个角落都有他们浪漫的身影和多情的足迹。那么他们为何谈恋爱呢？某高校的一位女生说："我本来不想在大学时期就谈恋爱，但一到周末总觉得很寂寞和孤单……"有一位大一女生更是理直气壮地说："我也是人，我为什么不能谈恋爱？如果不早行动，还有哪个帅男靓女会痴痴地等着你？在国外，人家谈恋爱比我们更早更浪漫！"

**其二：只要……就行**

在选择"对象"问题上，真可谓"百花齐放，百家争鸣。"有人认为"只要他有钱，我就高兴。"有的则认为"我不在乎钱，只要他高大，能给我安全感就行。"有的说"只要是漂亮的，我就喜欢。"有的则认为"如果态度不好，脾气又坏，不如找一个温柔体贴的丑女。"基于这些原因，我们常常见到外在搭配很不协调的一对男女却能"携手共进"，也常常听到诸如"像她这么有出息的女孩却跟一个丑陋、鲁莽的家伙在一起了"的抱怨。

**其三：该出手时就出手……**

在男生和女生之间如何才能成为所谓的"朋友"也是因人而异、不尽相同的。有个英俊而又文武双全的男生很中意一位多才多艺的靓女，但因彼此之间较为陌生，他不敢靠近她，与她进行思想交流，故常常陷入进退两难的处境和烦恼中。与此形成鲜明对比的是，有个女生，她很喜欢同班的一位帅哥，但他却不喜欢她，女孩知道这点，但她仍然有着"不到黄河心不死"的韧劲，不但在明里接近这个帅哥，还在暗中频传情书，但她的"双管齐下"却适得其反。有些"花花公子"凭着三寸不烂之舌四处追寻漂亮女生，只要稍微熟悉便脸不红心不跳地对女生说："I love you！"有的认为"爱情是个难题，爱我的人我不爱，我爱的人不爱我，叫我怎么办？”有的人说：“爱一个人是痛苦的，等待也是痛苦的，猜测她到底爱不爱自己更是痛苦的，与其痛苦，不如大胆向她表达自己的心意，不管结局是喜还是悲。”

**其四：我愿陪你去看蓝蓝的海……**

一旦追到自己心中所爱，追方从一开始就会倍加珍惜，为维持那份情感的长久性，千方百计讨好对方并对之言听计从。经济宽裕的男孩比以前任何时候出手都更大方；经济困难的也不甘示弱，会在平时节约费用以供心中所爱得到快乐和满足。有的甚至愿意为此高筑债台。他们平时常常一起共餐，周末到娱乐场所消费，到了节日互相赠送贵重礼物。有的还说：“我愿意陪你去看蓝蓝的海……”为此挥霍钱财外出旅游。

**其五：梦醒之后一场空……**

爱与被爱是每个人都拥有的权利和义务，当代大学生在处理这两者的关系时，采取的方式也大相径庭。有的不喜欢追自己的人就不加思索地冷冷地说：“我不喜欢你这样的人！”给对方沉重的打击。有的把追求者写给自己的情书读给别人听，使追求者陷入尴尬境地。有的为了享用追求者的钱财，假惺惺地对追求者说：“我也喜欢你！”一旦追求者的钱被挥尽或另有其人来追自己，就会毫不留情地对原来的追求者说“拜拜”。有的相互经过一段时间的接触和交流后，发现对方并非自己原来想象的那样完美，觉得自己的选择是彻头彻尾的错误，不得不跟对方劳燕分飞。很多人付出了一切该付出的之后，还是以失败告终。因此，他们常常痛苦地说：“这是一场梦，醒来一场空。”

以上所述主要是当代大学生在爱情方面的种种不良表现。造成这些不良表现的原因主要有四个方面：一是随着社会的进步、经济的发展和生活水平的提高，人们不必再为温饱问题而疲于奔命，这为人们追求爱情腾出了更多的时间和精力、提供了更多的资本；二是受外来文化和风气的影响，当代大学生的思想越来越开放；三是部分大学生游手好闲、思想放松、学习目的不明确、缺乏进取精神；四是高年级学生的消极宣传，使得一些学生产生一种“晚追不如早追”的错误认识。其实，大学生受到年龄和人生阅历的限制，对恋爱问题还缺乏成熟、全面的认识，容易产生片面的看法。故在选择恋人时难以找到适合自己的人选，而且当发现自己的选择不佳或遇到冲突时往往无计可施，常常产生“早知如此，何必当初”的心态，同时也为此付出了惨重的和不必要的代价。爱情应该是神圣而伟大的。但是不少大学生都缺乏这种意识，对之缺乏深刻的理解，故常常在有意无意中采取简单、错误的方式去追求、看待和对待爱情，对对方缺乏最起码的尊重，导致恋爱变成玩弄感情、伤害对方的工具而失去其应有的价值和尊严。也是由于对爱情的肤浅理解，不少大学生认为只要讨好对方，多花精力、财力到对方身上即可使双方的爱情之树永青不枯。由于过于注重这点，他们往往会忽略对自身素质的培养和提高，没有内力的长久支持，任何事情都注定要失败。因此，他们不但费钱费时费精力，而且学习成绩每况愈下，最终导致人财两空的悲惨结局。

## 二、体察恋爱动机，做出恰当选择

据国内一家权威调查机构的统计数据表明，有 87.9%的大学生在校期间谈过恋爱，其中沿海地区，如广东、福建、浙江等地高达 94.6%。

大学生恋爱的动机是什么呢？从当代大学生的恋爱类型可以发现，他们的恋爱动机是基于个人需要和社会环境因素共同导致的。当代大学生的恋爱类型主要有以下几种。

(1) 志同道合型，也可称理想型或事业型。这种恋爱类型是建立在共同的理想、信念和事业的基础上的。双方为了维系爱情的发展，不使对方失望，往往对自己要求更高，学习和工作更努力。据调查这种类型的恋爱人数虽只占 17%左右，但是其恋爱成功率非常高。

(2) 情投意合型，也可称情感型。这种恋爱类型主要以共同的情趣、爱好为基础，一般感情专一、互敬互爱，遇到困难能够共同分担。在校园里常看见他们成双成对地走在一起，共同探讨人生的悲欢。这种类型的恋爱人数占 19%左右，恋爱成功率也比较高，达到 86%。

(3) 尝试型。青年大学生由于生理上性的成熟，逐渐产生了接近异性、追求爱情的需求。另外，社会舆论尤其是大众传播媒介对男女私情、婚姻爱情的渲染，触发了他们较强烈的性的体验，驱使他们产生了对“异性交往”的好奇，加之大学自由宽松的客观条件，促使他们产生了想了解和尝试爱情的需要和行为。尝试型的大学生，由于缺乏正确的恋爱观，而易遭对方的拒绝，出现“单相思”或悲观情绪，以致影响学业。即使偶尔能引起对方的注意，也常常以失败告终，因为他们缺乏感情的交流，没有共同的爱好和共同的人生目标。这种类型的恋爱人数占的比率比较高，有 37%以上，而最终走到一起的并不多，往往只有 20%～30%。

(4) 弥补型。由于大学学习枯燥乏味，班级、学校文化活动不足，使一些大学生感到精神空虚、孤寂和惆怅，于是便寻求恋爱，借以弥补。这种类型的大学生由于两人形影不离，不愿参与集体活动，容易遭同学的议论和不满。由于其恋爱的基础只是精神空虚的补偿，毕业后恋爱关系易破裂。这种类型的恋爱人数占比不高，只有 15%左右，其恋爱成功率也非常低。

(5) 虚荣型。一些大学生特别是男大学生认为，谈恋爱、有朋友，或被异性追求是有本领、有能耐的表现，反之则是无能的表现。在这种心理压力下，一些人从虚荣出发，匆匆在同学中寻觅所谓的“知音”。虚荣型的恋爱，由于只追求一时的感情满足和快乐，缺乏明确的爱情基础和目标，极易破裂，也易走上歧途。这种类型的大学生大多在学业上不思进取，自制力差，学习成绩差，生活上比阔气讲排场。可以说这种心理的人恋爱成功率最低，因为他们只是出于某一种目的，所以很难成功。

当今的社会舆论、商业炒作、媒体宣扬等使大学生能从多方面了解爱情，虽然他们并不是完全正确地理解和对待爱情，但是他们心中升起的“爱情火花”很难挡住“丘比特的神箭”。面对大学生的爱情问题，需要用“夏禹”式的方式去解决，让大学生认识什么是爱情。

【视窗 2】

## 懂得爱的艺术

人在知觉时，常喜欢从或好或坏的局部印象出发，扩散出全部好或全部坏的整体印象，就像月晕一样，从一个中心点逐渐向外扩散成为一个越来越大的圆圈，所以称为晕轮效应。

假如你爱上了一个人，不妨这样想、这样做。

◇ 爱在心里口要开，爱需要勇敢和艺术地表达。

◇ 爱需要仔细观察。爱的对象要匹配。匹配是性格互补，心理相容，性格爱好、生活习惯、文化修养相互协调。

◇ 爱需要换位理解，站在对方的角度去审视他/她。

◇ 爱需要克服晕轮效应，别把对方理想化。

假如你们正在恋爱中，不妨这样想、这样做。

◇ 自信。以积极的态度看待自己，并对自己保持良好的感觉，只有这样才能主动去爱他/她，才能恰当地接受他/她的爱，才能全部接受他/她的优缺点，也才能承受得起自己和他/她的情感。

◇ 独立。不是与他/她疏远，而是指有自己独立的思考和行动，不轻易受别人左右，不会毫无原则地顺从对方。知道自己真正需要的是什么。可以承受爱情的挫折，抵御情感的打击。

◇ 尊重。尊重他/她的爱好，尊重他/她的家人，尊重他/她的朋友，尊重他/她的人格，不干涉他/她的选择，对他/她与自己不同的地方予以尊重，不强迫他/她和自己一致。

◇ 关心。现实生活中的关心是具体的，一点一滴的，大到关心他/她的前途、命运，小到给他/她买一副手套。细腻的关心使人心生暖意。关心不是自己想当然的强加给对方，这是主观的关心。真正的关心是悉心观察对方所需，做到雪中送炭。

假如你们不得不分手，应寻找具备获得真爱的元素。

◇ 分析失恋原因，问自己“对对方到底了解多少？”“爱对方什么？”“如何肯定对方喜欢自己？”

◇ 稳定情绪，理智战胜情感，认识到对于不合适的恋情，分手是幸运，及时分手是魄力，而沉湎于痛苦则是软弱和愚蠢。

◇ 认识到爱情虽是人生中很重要的一部分，但不是全部；爱情在人生中不是绝对只有“一次”，多数情况下像韭菜，割了还会再生。

◇ 防止对异性弱点的泛化，以免妨碍以后的健康恋爱。

◇ 彻底放弃没有结果的感情纠葛，去寻找真正属于自己的感情归宿。

要克服爱的失败，似乎只有一条途径可循——探明失败的原因，进而探究爱的真实含义。

恋爱就是选择。恋爱的过程实际上就是选择的过程，目的是进一步了解对方，并不意味着把自己的一生就交给对方。双方不适合，谁都可以提出分手，不应该把自己束缚起来，不再和其他异性交往。特别是在恋爱之前，要广泛和异性交往，了解什么样的人适合自己，而不是对方一表示和你亲近，就一定选择他(她)。在恋爱期间要深入了解对方的情况：人品、性格、事业心、能力和身体情况。一旦发现对方有自己无法容忍的毛病，要谨慎而理智地考虑是否继续发展关系，而不应该苛求自己适应对方，甚至对对方的无理和过分要求也不拒绝。因此，恋爱了并不意味着就不可以改变选择，恋爱本身就是选择的过程。恋爱时，要和对方保持一定的距离，给自己留有选择的余地，同时也使自己避免不必要的伤害。

## 三、培养健康恋爱观和择偶观

那么，大学生如何树立正确的恋爱观？如何真正拥有一份美好的爱情？心理咨询老师的建议如下。

(1) 一定要有客观的自我认知，一个连自我同一性都没有确定的人无法真正和别人建立起健康的、可持续的亲密关系。大学生要真正了解自己的长处和短处以及想要什么样的生活。

(2) 爱情本身不是可以预先设定的，强求不得，如果遇到了怦然心动的人，大胆地追求并最终走在一起，这是值得肯定的。如果只是一味盲从，甚至谈恋爱只是为了满足自己的虚荣心、打发寂寞时光，是非常不理性的恋爱观，或许还会失去真正属于你的爱情。

**【练一练】**

请阅读下面这段文字，并思考它对于自己选择伴侣有什么启发。

### 最大最好的麦穗

古希腊哲学大师苏格拉底的三个弟子曾求教老师，怎样才能找到理想的伴侣。苏格拉底没有直接回答，却让他们在麦田里找一株最大的麦穗，但机会只有一次，并且只许进不许退。

第一个弟子走几步看见一株又大又漂亮的麦穗，高兴地摘下。但他继续前进时，发现前面有许多比他摘的那株大的麦穗，只得遗憾地走完了全程。

第二个弟子吸取了教训，每当他要摘时，总是提醒自己，后面还有更好的，当他快到终点时才发现，机会全错过了。

第三个弟子吸取了前两位的教训，当他走到 1/3 时，即分出大、中、小三类，再走 1/3 时，验证是否正确，等到最后 1/3 时，他选择了一株属于大类的美丽的麦穗。虽然这株不一定是最大最美的麦穗，但他满意地走完了全程。

**【回顾与思考】**

(1) 什么是性？你如何理解性？怎么对待性？爱和性的关系是什么？

(2) 如何处理恋爱中的心理问题？

(3) 读毕淑敏的《爱怕什么》，探讨大学生恋爱怕什么？

【扩展阅读】

## 有关的爱情理论

(一)爱情三元理论

斯腾伯格的爱情三元理论认为，爱由三种成分组成：亲密、激情和承诺。亲密指的是双方关系可以带来温暖和亲近；激情指的是强烈的情感(积极的和消极的)，包括性渴望；承诺指的是即使面对困难也坚决与对方保持关系。这三种成分以不同的比例结合，可以得到以下八种不同类型的爱情(表 8-1)。

(1)无爱：三种成分都不具备，属于一般的交往。

(2)喜欢：只有亲密，双方联系紧密，但彼此没有激情。

(3)迷恋：只有激情，被爱的人被视为一个理想的对象而不是一个现实的人。

(4)空洞的爱：只有承诺。

(5)浪漫的爱：包含亲密和激情，双方互相吸引并充满了激情，但对彼此没有承诺。浪漫的爱可能开始于迷恋。

(6)同情的爱：包含亲密和承诺，这种类型的爱表现在持续长久的婚姻中，双方的激情已经消失，随着激情褪色，大多浪漫的爱最终将变成友谊式的爱。

(7)盲目的爱：包含激情和承诺两部分，双方迅速坠入爱河并决定结婚。

(8)完美的爱：包含亲密、激情和承诺三种爱情成分。尽管绝大多数人都渴望完美的爱，但维持这种爱很困难。

表 8-1 斯腾伯格爱情三元理论：爱的组合

| 爱的种类 | 亲密 | 激情 | 承诺 |
| --- | --- | --- | --- |
| 无爱 | − | − | − |
| 喜欢 | + | − | − |
| 迷恋 | − | + | − |
| 空洞的爱 | − | − | + |
| 浪漫的爱 | + | + | − |
| 同情的爱 | + | − | + |
| 盲目的爱 | − | + | + |
| 完美的爱 | + | + | + |

“+”表示存在；“−”表示不存在。

(二)约翰·李的爱情彩虹图

加拿大社会学家约翰·李(John Lee)将男女之间的爱情分成六种形态：情欲之爱(eros)、游戏之爱(ludus)、友谊之爱(storge)、依附之爱(mania)、现实之爱(pragama)及利他之爱(agape)。

(1)情欲之爱建立在理想化的外在美上，是罗曼蒂克、激情的爱情。其特点是一见钟情式，以貌取人、缺少心灵沟通、热烈而专一、靠激情维持。

(2)游戏之爱视爱情为一场让异性青睐的游戏，并不会投入真实的情感，常更换对象，且重视的是过程而非结果；不承担爱的责任，寻求刺激与新鲜感。

(3)友谊之爱是指如青梅竹马般的感情，是一种细水长流型、稳定的爱。这种爱情以友谊为基础，在长期了解的基础上滋长着，能够协调一致解决分歧，是宁静、融洽、温馨和共同成长的爱情。

(4)依附之爱者对于情感的需求非常大，依附、占有、妒忌、猜疑、狂热、在恋爱中情绪不稳定；控制对方情感的欲望强烈，将两人牢牢地捆在爱情这条绳索上。

(5)现实之爱者则会考虑对方的现实条件，以期让自己的酬赏增加且付出减少。这类爱情理性高于情感，受市场调节的现实主义态度影响。

(6)利他之爱带着一种牺牲、奉献的态度，追求爱情且不求对方回报。自我牺牲型爱情是无怨无悔、纯洁高尚的。

(三)爱情阶段理论

默斯坦(Murstein)主要探讨亲密关系如何发展，注重爱情的阶段性。默斯坦提出的刺激-价值-角色理论认为亲密关系的发展，依双方接触的次数多寡分为刺激、价值和角色三个阶段。

(1)刺激阶段：通常双方第一次的接触即属于刺激阶段。在这个阶段，彼此间的吸引主要建立在外在条件上，如被对方的外貌或身材所吸引。

(2)价值阶段：一般而言，双方第 2～7 次的接触便属于价值阶段。在这个阶段，彼此情感上的依附主要建立在彼此价值观和信念上的相似。

(3)角色阶段：通常双方第 8 次及以后的接触，便属于角色阶段。在这个阶段，彼此对对方的承诺主要建立在个体是否能成功地扮演好在此关系中对方对自己所要求的角色。

虽然默斯坦认为亲密关系包含刺激、价值、角色三个阶段，但在亲密关系的每个阶段中，刺激、价值和角色因素对亲密关系都有影响，只是各有一个因素是最主要的影响因素。从整个亲密关系的发展历程来看，刺激因素一开始占较高的比重，之后随着接触次数的增加而逐渐上升，但是上升的幅度很小，最后会趋于一个平稳的水准；价值因素虽然一开始占比较低，但关系发展至价值阶段时，这个因素的占比会迅速提高，不过在角色阶段时，其占比也会趋于平稳，且稳定后占比也比稳定后刺激因素的占比高；同样地，角色因素一开始的占比最低，到角色阶段则会超越其他两个因素的占比，且随着关系的继续发展，其占比也会不断提升。

# 第九章　主动管理压力　有效应对挫折

**【内容导读】**　在人生道路上，挫折与压力总是如影随形。俗语说，人生不如意者十之八九。大学生普遍处于青年前期，此期是人一生中心理发展变化非常活跃的时期，也是一个人心理矛盾和心理压力的多发期。医学生群体由于学时长、学业重、社会责任大等特殊因素，可能会承受比同龄人更多的压力和挫折。由于他们的成长经历一般比较顺利，社会生活经验严重不足，在面对挫折和压力时常常会不知所措，甚至产生严重的心理和行为问题。由此，帮助医学生正确认识压力和挫折，学会有效管理压力和应对挫折，不仅能够提高他们的心理素质，助其顺利完成医学学业，而且对他们日后应对艰巨的医疗工作也具有长远的积极作用。

**【核心词汇】**　压力管理；挫折应对；医学生

## 第一节　认 识 压 力

“考上大学，你就轻松了！”这句话成了很多中学生埋头苦读的精神支柱。十多年寒窗苦读，终于喜获大学录取通知书，很多中学生都认为自此就可以享受轻松自如的大学生活。然而，真正跨进大学校园后，发现一切似乎并非如之前所愿。学习生活方式的改变、对环境的适应、与他人的交流、寻求建立恋爱关系、探索职业兴趣以及潜在和现实的就业难等带来的问题，让大学生猛然似从梦境跌入现实，原来大学里压力也是如影随形。

### 一、压力概述

#### (一)压力的概念

在讨论压力(stress)的概念之前，先想象一个情景：某天，你按例去教室上课，意外发现教师给了全班一个“惊喜”——一场要计入期末成绩的突袭测验。你会做何反应？你可能会同意这场突如其来的测验给你带来了一定的压力。压力就是个体觉察到环境需求与满足需求的能力不平衡时所表现出的身心紧张状态。压力一词最早由坎龙(Cannon)使用，其中的核心思想是“稳态”，即有机体在面临压力时总会试图维持体内环境的平衡状态。在心理学上压力也称为应激，主要是指个体“觉察”各种刺激对其生理、心理及社会系统构成威胁时的整体现象，所引起的反应可以是适应或适应不良。

本书所说的压力不同于力学范畴中的压力。力学中的压力是实实在在的直接作用，可以测量，并且也容易控制和消除。而心理压力则是一种心理感受，存在个体差异。按照辩证唯物论的心理实质观，心理是人脑对客观现实主观、能动的反映。客观现实中确实存在着种种对个体具有威胁性的刺激情境，个体必然要对其做出反应，心理压力的定义是符合辩证唯物论的。在这个概念中，“刺激”包括各种来自机体内外环境的刺激因素，统称为“应激源”。每个应激源都是一个压力事件，要求个体做出适应性反应。“觉察”强调个体认知因素在应激中的作用，是个体对当前环境要求与自身资源和应对能力做评估，当评价结果为二者不平衡时，就会产生身心紧张状态的反应。而“反应”则包括生理、行为、情绪及认知等多种应激反应。

### （二）压力三要素

压力三要素（压力源、压力反应、中介因素）是压力过程模型的主要构成要素，该模型认为压力是由压力源到压力反应的多因素作用的过程。

#### 1.压力是压力源作用的结果

压力源指作用于个体，并产生了压力反应的各种刺激因素。这些刺激因素可以来自外界环境，也可以产生于机体内部。人同时具有生物性、心理性和社会性，在生存和参与各种社会活动的过程中，时刻经历着自然社会及自我身心的变化，这些变化都可成为压力源。压力源可以大致划分为躯体性、心理性、社会性和文化性四类。

躯体性压力源是指刺激物通过对人的躯体直接产生刺激作用而造成的心身紧张状态，包括物理的、化学的、生物的刺激。如噪声、过高或过低的温度、微生物、变质食物、酸碱刺激物等。如有的同学特别怕冷，一冷起来就浑身难受，有人甚至会在身体暴露部位出现瘙痒性的水肿风团等，非常痛苦。一些有关应激的生物学理论认为，生物有机体都有一种先天的驱动力，以保持体内的平衡状态。高温、辐射、营养缺乏、过度劳累、内分泌紊乱、机体内酶和血液成分的改变、微生物感染和疾病等，均可成为破坏这种稳态的压力源。

心理性压力源主要指各种原因导致的内心冲突、挫败感、低自尊感等。如个体的强烈需求或不切实际的预期、凶事预测、动机冲突、学习和工作中的压力、紧张的人际关系、让人压抑的气氛和认知障碍等。它们与个体内在的认知图式和意识系统密切相关。如一个男生喜欢上了身边的某个女孩，想要表白又害怕被拒绝，于是就开演了“窈窕淑女，君子好逑。求之不得，寤寐思服。悠哉悠哉，辗转反侧”的内心情景剧，这就是典型的内心冲突带来的困扰。可见，心理性压力源最典型的特征在于它直接来自人们的头脑中，反映了心理方面的困扰。人们感知和评价刺激事件，贮存与之有关的经验信息，并且通过不同的方式提取和使用这些信息，而所有这些对于如何影响新环境、对于应激唤醒以及应对策略的采用是很重要的。

社会性压力源主要来自个体生存的外在环境系统，包括日常社会生活中发生的要求个体对其做出调整或适应的事件。社会环境是个体生存的外在环境系统。现代社会发展迅速，地区人口密集、人际互动频繁，新的工作要求、生活方式变化等原因，使得社会性压力成为人们主要的压力来源。

从社会群体的角度看：一是灾难性事件，主要包括各种自然灾害和人为灾害。自然灾害如洪水、地震、冰雹等，人为灾害如战争、车祸、社会动荡等，这些超出人正常承受范围的灾难事件，都会引起人的压力反应。二是慢性压力源，这里主要谈论社会性的慢性压力源，大多数人的慢性压力来自社会的各方面问题。例如，不合理的社会制度、人口过剩、犯罪率过高、低经济水平、恐怖主义威胁、艾滋病传播、低下的社会地位等。科学家调查发现，社会经济地位低的妇女更有可能早产或生出低体重婴儿。

从个体日常生活角度看：重大生活事件是许多人产生压力的根源，即使有些好的事件，如中高额彩票或家中添丁进口，但一旦对常规生活造成了重大改变，都会使人产生一定的心理压力。生活中普遍存在的重大事件有很多，如亲人去世、离婚、失业、家人患重病等。美国华盛顿医学院的霍尔姆斯和瑞赫做了一项研究，调查了 5000 多个被试在过去一年中感受到有压力的事件，并整理归纳出 43 个高频词汇，编制成社会再适应评定量表(social readjustment rating scale，SRRS)，并于 1967 年正式用于临床，研究个体在经历一些突如其来的生活事件后，自己如何适应及怎样进行社会再适应。

生活中除了重大生活事件外，人们更容易经历和感受到的是各种日常困扰。如与同学关系不和、考试失利、睡眠障碍、经常遗失小物品等。这些事件虽然没有重大生活事件那样具有强烈的冲击性，但长期积累也会具有惊人的效果。心理学家指出，如果把日常挫折与生活中的变迁(如离婚或丧偶)对个体的影响相比较，前者与疾病的关系大于后者，这个结果也得到了跨文化研究的证实。

文化性压力源指因语言、文字、生活方式、风俗习惯、宗教信仰乃至民族性格等引起心理压力的刺激或情境，最为常见的是“文化性迁移”，即个体从自己熟悉的文化环境迁移到生疏的文化环境所面临的挑战。当个体迁徙、移民或是出国旅行时，就会面临生疏文化环境的挑战，从而产生适应性压力。每个人都背负着自身特有的文化烙印，文化性压力源对个体的影响是持久而深刻的。

以上四种压力源并不是孤立存在的，而是相互影响、相互渗透和相互制约的，它们诱发的各种压力，又以一定的方式和结构转化为新的压力。值得指出的是，个体有心理压力时不一定是受到挫折，而受到挫折时一定会有不同程度的心理压力。

**【想一想】**

无论在工作学习还是游戏社交中，当今社会的个体都可能会遇到压力情境。生活中让你感到压力最大的事是什么？

**【视窗 1】**

## 压力源的强度评估

压力反应与压力源的刺激强度、持续时间、频率和可预测性有关，当刺激累积到一定阈值，机体就会出现生理和心理的压力反应。评价压力源的强度对于估计压力反应程度及预防发生严重压力反应有着十分重要的作用。

压力源主要来自生活中发生的各种事件。为了定性与定量地衡量各种生活事件压力源对人的影响程度，Holmes 和 Rahe 编制了一个评估常见生活事件引发压力程度的量表——社会再适应评定量表。其中列出了 43 种人生中常见的生活事件或变动，每个事件对应的生活变化单位(LCU)代表各事件对人影响的程度或要求人重新调整的程度(表 9-1)。

**表 9-1 社会再适应评定量表**

| 序号 | 生活事件 | LCU | 序号 | 生活事件 | LCU |
|---|---|---|---|---|---|
| 1 | 配偶死亡 | 100 | 23 | 子女离家 | 29 |
| 2 | 离婚 | 73 | 24 | 司法纠纷 | 29 |
| 3 | 夫妻分居 | 65 | 25 | 个人取得突出成就 | 28 |
| 4 | 服刑 | 63 | 26 | 妻子开始就业或停职 | 26 |
| 5 | 亲近家人死亡 | 63 | 27 | 入学或休学 | 26 |
| 6 | 受伤或疾病 | 53 | 28 | 生活条件变化 | 25 |
| 7 | 结婚 | 50 | 29 | 个人习惯改变 | 24 |
| 8 | 失业 | 47 | 30 | 与上级不和 | 23 |
| 9 | 复婚 | 45 | 31 | 工作时间或条件改变 | 20 |
| 10 | 退休 | 45 | 32 | 搬家 | 20 |
| 11 | 家人患病 | 44 | 33 | 转学 | 20 |
| 12 | 怀孕 | 40 | 34 | 娱乐消遣活动改变 | 19 |
| 13 | 性生活问题 | 39 | 35 | 宗教活动改变 | 19 |
| 14 | 家庭增加新成员 | 39 | 36 | 社交活动改变 | 18 |
| 15 | 工作调动 | 39 | 37 | 少量借贷 | 17 |
| 16 | 经济状态改变 | 38 | 38 | 睡眠习惯改变 | 16 |
| 17 | 好友亡故 | 37 | 39 | 家庭团聚次数改变 | 15 |
| 18 | 职业性质改变 | 36 | 40 | 饮食习惯改变 | 15 |
| 19 | 夫妻不和 | 35 | 41 | 休假 | 13 |
| 20 | 大量借贷 | 31 | 42 | 过圣诞节 | 12 |
| 21 | 抵押或借贷到期 | 30 | 43 | 轻度违法 | 11 |
| 22 | 工作责任变动 | 29 | | | |

SRRS 发表后，各国研究者进行了十分广泛的调查。大多数调查发现，一段时间内累积的 LCU 分数与不健康(疾病和病感)状况的测量得分呈正相关，但相关的程度较低，这说明生活事件同疾病间的关系不是直接的，许多中介因素调节着两者间的关系。这些中介因素包括个体对事件的认识评价、处理和应对事件方式和它所造成的心理压力的能力、所得到的社会支持的质与量、个体的身体素质、潜在的疾病遗传倾向、个性特征以及是否有特殊致病物质侵染等。

### 2.压力的结果是适应或适应不良的身心反应

当个体面临各种压力威胁时，可能会出现生理、心理、行为等方面的变化，这些变化就是压力反应。

19 世纪 20 年代，哈佛一位极具医学天赋的学者坎农第一次科学地描述了动物和人类对于危险的反应。他认为，通常状态下，人体每一部分的功能活动都是在一定范围内波动，并通过各种自我调节机制，在变化着的内、外环境中保持动态平衡。坎农将这个过程称为内稳态或自稳态。然而，当个体面临严重的内外环境干扰时，自稳态被打破，身体会出现怎样的反应状态呢？坎农通过研究发现，一系列神经和腺体反应将被引发，使躯体做好防御或者逃跑的准备。坎农将这种双重的应激反应称为战斗或逃跑反应。在坎农稳态学说的影响下，1936 年，塞利成为第一位研究持续的严重压力对躯体影响的学者。他通过研究提出了一般适应综合征，包括警戒期、抵抗期和衰竭期三个阶段。近年来，压力与神经、内分泌和免疫系统关系的研究取得了大量成果，认为应激的神经内分泌免疫调节是一种整体反应。

通常情况下，生理压力反应是自动的、可预期的、无法用意识加以控制的内置反应。然而，许多心理压力反应却是习得的，与人们对环境的知觉和解释有关。2014 年两起马航空难事件引发了马航空乘人员的离职潮，不少未离职的空乘人员也表示“现在害怕飞行”。之后的一项追踪调查发现，对于空乘人员而言，在哪家航空公司上班并不是关键，关键在于盘踞在他们头脑中的负面思维，他们总会想着“我是否有可能是下一个遇难者”。显然，这种恐惧心理将会影响到他们的正常生活和工作。需要说明的是，压力涉及大脑的多个脑区，可引起众多的心理现象，大脑对压力的心理反应存在积极和消极两个方面。积极的心理反应会刺激大脑皮层，使觉醒水平增高、感觉灵敏、思维敏捷、注意力集中、行动果断。消极的心理反应则可能表现为过度紧张、焦虑不安、认知水平降低、思维迟钝或混乱、行动迟疑。在情绪反应上，焦虑、恐惧、愤怒和抑郁是压力情境下的主要反应。行为反应方面，积极的行为可以激发个体的能动性，激励个体克服困难，减轻压力；而消极的行为反应则可能使个体表现为回避、退化、依赖、敌对、攻击、自怜、无助、物质滥用等。

### 3.压力源与压力反应之间存在重要的中介因素

个体对压力源的感受和体验，不是直接而单纯的，而是受到很多因素的调节作用，如压力源的性质与特点、认知评价、社会支持、人格特征、应对方式等。这些因素可统称为“中介因素”。其中认知评价在从生活事件到压力反应的过程中起着很重要的中介作用，它决定着个体如何看待刺激的性质与压力的大小。通常只有在个体评价刺激事件的应对要求和自己的应对能力不平衡时才会产生紧张或压力。认知与评价机制主要取决于以下因素。

(1)压力源本身的性质与特点，即压力源是单一性的还是复合性的，一般性的还是破坏性的。

(2)社会支持系统。当个体具有较强的社会支持系统时，可能会将压力知觉为没什么大不了的，自己可以得到帮助；相反，社会支持系统薄弱的人会很沮丧，有一种独自面对困难的悲伤。

(3) 当事人自身的身心特点。主要包括三个方面：性别、年龄、受教育程度、经济状况、婚姻状况、职业等人口统计学状况；体魄强壮与否等生理状况；认知与归因风格、性格倾向、情绪状态、应对能力与应对风格、人格动力特征、自我概念等心理状况。

(4) 心理压力表现为认知、情绪、行为的有机结合。心理压力是个体的一种综合性心理状态，表现为认知、情绪、行为三种基本心理成分的有机结合。其一，个体心理压力是意识的产物，是建立在一定认知基础上的。人只有在有认知能力时，将刺激情境知觉为对自己生活造成或将要造成威胁、危害，而自己又无法处理、摆脱时，才会产生心理压力。其二，心理压力伴有持续紧张的情绪情感体验。个体有心理压力时，通常容易出现消极的情绪，如惊慌、害怕、忧愁、愤怒等。但有的人接受了一项比较艰难的工作任务，虽有心理压力，却乐意去做，如不少人乐于各种探险活动。其三，心理压力必将引发行为反应。个体有心理压力时，不会无动于衷，而会引发一定的行为反应，表现为有意行为。或针对压力事件，积极应对，化解压力；或逃避压力情境，以维持正常生活；或消极应对，被压力所困，日积月累，逐步形成心理障碍。如此看来，心理压力是压力源、压力感和压力反应三者形成的综合性心理状态。

## 二、医学生压力的产生与特点

医学生处在特殊的生活环境和特殊的年龄阶段，也承担着特殊的使命和社会角色。在竞争日趋激烈的环境下，医学生面临的挑战和困难将越来越多。

### (一) 医学生压力产生的来源

1.学习压力

学习压力对医学生的影响常被排在首位。医学生作为国家医疗卫生事业的后备军，将要肩负救死扶伤的重任，社会不仅要求他们要有高尚的医德，还必须掌握精湛的医疗技术。因此，学习是医学生的首要任务。医学学制大多为 5 年，比一般专业学制长，而且课程门类多，记忆内容繁杂，且考试要求十分严苛，导致很多医学生很难轻松通过考试。与其他专业的大学生相比，医学生生活中的绝大多数时间都在与学习打交道，学习压力对医学生的影响不可低估。

2.经济压力

对于部分医学生而言，经济拮据是他们常常深感苦恼的事情。大学学费与逐年增长的日常生活花销，成了部分医学生尤其是贫困生和特困生的主要压力源。对他们而言，首先最容易体验到的是生活上的窘迫感。虽然我国各级政府、学校采取了种种措施来帮助贫困学生，但毕竟是杯水车薪，无法从根本上解决问题。而由于医学课业繁重，医学生的课余时间大都被学习占据，想通过兼职等手段来缓解自己的经济压力不太现实。窘迫的生活使得他们正常的学习、生活受到影响，进而变得敏感、多疑、自卑。经济压力给医学生带来的另一个常见表现是对家人的内疚感。贫困生常常会感觉自己增加了家庭的负担，对不住家人，但又无法为家人排忧解难，因此内心常会有内疚感。

3.人际交往压力

美国的一项社会心理学调查认为，使人们感到幸福的既不是金钱，也不是名利、地位、成功，而是良好的人际关系。由此可见，建立良好的人际关系非常重要。医学生的人际交往压力主要来自两点，一是对人际交往缺乏正确的认知。在大学里，同学们来自四面八方，有着不同的性格特点、家庭背景、生活风俗习惯和处世方式等，这就要求大学生在交往中应保持尊重、宽容的心态。但是，一些医学生在其成长过程中由于各种原因导致其自我中心倾向比较明显，在人际交往中总是认为自己的想法和行为就是正确的，而对他人的想法和行为不予认同或排斥，从而极易产生矛盾，难以建立良好的同学关系；部分医学生与人交往中会有自卑感，总担心别人看不起自己，强烈的自尊渴望与脆弱的情绪、情感交织，导致他们在人际交往中特别敏感多疑。二是一些医学生缺少人际交往的技能。长期以来，我国的教育过分注重学生的知识获取而忽视人文素质的培养，医学教育也是如此。医学院校的人文氛围还不够浓厚，过分注重专业知识的积累、轻视人文素质培养，加之性格的原因或成长环境的影响，导致部分医学生缺乏与人交往的经验和技能，不善于在公共场合表达自己的想法，对于各种自己感兴趣的活动也因害怕失败遭到嘲笑而回避参与，这使他们的社交活动越来越少，越来越孤独、痛苦。

4.情感压力

情感生活作为大学生活的主旋律之一，始终是问题的敏感点和多发点，许多医学生对爱情的含义和本质理解并不深，加之影视、网络等媒介对性爱的过度渲染以及外来文化的不良影响，导致个别医学生不能正确处理爱情与学业、性与爱情的关系，变得颓废、烦躁，对学习失去兴趣，对爱情茫然，甚至产生严重的心理疾病。

5.就业压力

就业是大学生最为关注的一个话题，随着高校逐年扩招，医学生面临的就业压力也越来越大。一是市场对医学生人才的需求已趋近饱和。二是许多医学生缺乏心理上的准备和必要的应变能力。相当一部分医学生存在“眼高手低”的问题，他们一方面担心自己适应不了岗位的需要，另一方面又感到英雄无用武之地，前途莫测。三是医学是专业性极强的学科，其他学科门类的毕业生或许可以跨专业就业，而医学生在这方面则很被动，这也使得医学生面临的就业困境不断加剧。四是我国人才市场在具体运作上还存在着一些不规范的行为，量才、择优用人的就业机制还不健全。所有这些都加重了医学生的心理负担，加剧了其已存在的心理问题，有的甚至发展为心理疾病。

**【测一测】**

## 你有压力吗

如果你近期内有出现以下情况请打“√”，没有出现请打“×”。

1.经常感冒，且不易治愈。
2.常有手脚发冷的情形。
3.手掌和腋下常出汗。
4.突然出现呼吸困难的胸闷窒息感。
5.时有心脏悸动现象。
6.有胸痛情况发生。
7.有头重感或头脑不清醒的昏沉感。
8.眼睛容易疲劳。
9.有鼻塞现象。
10.有时会感觉眼花。
11.站立时有头晕的情形。
12.耳鸣。
13.口腔内有水泡或溃烂出现。
14.经常喉咙痛。
15.舌头上出现白苔。
16.面对自己喜欢吃的东西却毫无食欲。
17.常觉得吃下去的东西积在胃里，没有消化。
18.有腹胀、腹痛的感觉，而且常拉肚子或便秘。
19.肩部很容易僵硬、酸痛。
20.背和腰经常疼痛。
21.疲劳感不易消除。
22.体重减轻。
23.稍做一点事马上就会感到疲劳。
24.早上刚睡醒时经常有起不来的疲倦感。
25.不能集中精力专心做事。
26.睡觉时久久不能入睡。
27.睡觉时经常做梦。
28.深夜突然醒来后不易继续入睡。
29.与人交际应酬时变得很不起劲。
30.稍不顺心就会生气，而且时常产生不安的情绪。

解释：以上列举了 30 项自我诊断的症状。如果你具有其中 5 项，那你属于轻微紧张型，心理压力不是很大，只需多加留意，注意适当休息便可恢复。如果你具有 6～20 项，则属于严重紧张型，平时感觉到的压力比较大，如有必要可以去咨询心理医生。如果你具有 20 项以上，就说明你的心理压力十分大，需要引起特别注意。

请思考：你的压力程度属于哪一级？你如何看待自己的压力程度？

### (二)医学生压力的特点

#### 1.存在性别差异

不同性别的医学生心理压力表现不同。总体上男生的压力感强于女生，在恋爱、人际关系、生活自理、社会适应等方面男生比女生更容易感受到压力，并且差异非常显著；而女生在求职择业和学业方面的压力感强于男生。这些差异与性别角色的社会期望有关。社会更多地赋予男性“主外”的重任，所以男生承担的家庭责任、社会适应和成就竞争任务更重，自然心理压力感更强。加之男生的性格容易冲动、缺乏耐心、不拘小节，因此在生活自理上困扰较多，而且容易造成人际冲突。而女生则因面对当前社会择业形势下明显的性别差别，对未来有较多的担心与迷茫，更多地感受到学业和择业的心理压力。

#### 2.存在年级差异

不同年级医学生的压力存在一定差异。

对于低年级医学生而言，学习压力、人际关系压力和适应性压力较为突出。医学生学习课业较重，学习方式与中学阶段相比也有较大差异，许多高中毕业生抱着“进大学好好放松放松”的心态跨进医学院校的大门，而繁重的医学学习任务和全新的学习方式使他们的学习压力感倍增。另外，大学生来自四面八方，有着不同的性格特点、家庭背景、生活风俗习惯和处世方式，面对新的人际环境、生活环境和学习环境，人际关系压力和适应性压力也就逐渐凸显。

对于中年级的医学生，其此时已对周围的环境比较了解，新鲜感、谨慎感逐渐消失，对自我的要求与目标逐渐明晰，因而学业竞争、求职择业成为心理压力的来源。另外，中年级医学生在自身生活方式上已逐渐“城市化”和“社会化”，表现为普遍开始注重衣着打扮，日常的花销增大，经济压力较为突出；恋爱问题也逐渐受到关注，不少医学生在这个阶段开始恋爱，而由恋爱带来的困惑、压力甚至挫折则开始出现。

高年级阶段普遍是医学生的实习阶段，就业压力首当其冲地成为他们的主要压力。在这个阶段，医学生作为一名实习医生，每天与生、老、病、死打交道，这种由医疗实习工作带来的职业压力非常明显，部分医学生开始对自身能力产生怀疑、对未来产生不确定感。

#### 3.存在生源差异

来自农村的医学生在人际关系、求职择业和学校环境方面的压力感显著强于来自城市的医学生，这与其家庭经济环境、生活环境和文化氛围有关。进入大学后，面对来自城市的医学生时，他们的家庭压力感较大，对人际交往、求职择业缺乏信心，对大学校园的学习环境和生活环境适应性差，因而心理压力感比较强烈。

## 三、压力对医学生的影响

压力对医学生身心健康的影响包括生理、心理和行为三个方面。

1.压力的生理反应

压力对个体的生理影响，既是身体对压力的适应调整活动，又是在某些情况下导致疾病的生理基础。因此，这些影响一方面有助于身体对抗压力源所造成的变化，恢复内稳定；另一方面，如果影响过于剧烈、持久，则会损害人的适应能力，从而引起心身症状和机体对疾病的易感状态。

个体对压力的生理反应涉及全身各个系统和器官。当个体判断某一事件具有威胁性(压力事件)时，大脑便会通过自主神经系统、下丘脑-腺垂体-靶腺轴和免疫系统进行调节，影响体内许多系统，如循环系统(表现为心肌收缩力增强、心跳加快、血管收缩等)、消化系统(表现为唾液分泌减少、胃液分泌增加、肠胃蠕动异常等)、肌肉骨骼系统(表现为肌肉收缩、紧绷等)、免疫系统(淋巴细胞减少、容易生病等)等。而这些生理反应又通过反馈机制影响着神经系统、内分泌系统和免疫系统的功能，使机体尽可能从压力所造成的紊乱中恢复过来。

2.压力的心理反应

在压力情境下，个体的感知功能被激活，注意力集中，记忆力增强，思维也变得活跃。个体的认知反应既有积极的作用，也可能具有消极的作用。积极的作用是认知活动增强，有利于应对压力情境，迎接威胁与挑战。但也可能产生诸如“灾难化”的消极认知反应，即对负性压力源的潜在后果估计得过分严重。消极认知反应还包括自我评价降低，使得个体自主感知自信心丧失。

个体对压力的心理反应还体现在情绪方面。面对压力，个体最常见的情绪反应包括：焦虑、恐惧、愤怒和抑郁等。这些情绪反应又称为“情绪压力”反应。

(1)焦虑，是人预期将要发生危险或不良后果时所表现的紧张、担心、害怕等情绪体验。焦虑是心理压力下最常见的反应。适度的焦虑是一种保护性反应，可以提高人的警觉水平，促使人投入行动，以适当的方法应对环境，因此有助于提高人的适应力。过度焦虑则是有害的，它妨碍人准确地认识、分析和考察自己所面临的挑战与环境条件，从而难以做出理性的判断和决定。

(2)恐惧，属于人与动物共有的原始情绪，常具有较高的紧张性。如果把焦虑看作是尚未接触压力源，危险或威胁尚较模糊时产生的情绪反应，那么恐惧便是一种认为自己已经处于危险之中并企图摆脱明确的特定危险的逃避情绪(虽然两者有时难以截然区分)。恐惧多发生于身体安全和个人价值与信念受到威胁的情况下。对身体安全的威胁，多来自躯体性刺激物，如躯体性疾病、动物和理化刺激物。对个人价值和信念的威胁多来自社会性刺激物，如人际关系紧张、考试失败和不能晋升等。恐惧时个体没有信心和能力战胜危险，只有回避或逃跑。

(3)愤怒，也属于人与动物共有的原始情绪，也具有较高的紧张性。愤怒多出现于一个人在追求某一目标的道路上遇到障碍、受到挫折的情景。如果一个人认为这一目标是值得追求的，而障碍是不合理的、恶意的或有人故意设置的，便会产生愤怒、愤恨和敌意。这种情况在受挫的患者中常常可以见到，多伴有攻击性行为，往往是导致医患关系紧张的原因之一。

(4)抑郁，包括一组消极低沉的情绪，如悲观、悲哀、寂寞、孤独、失望、绝望和失助等。悲观、悲哀通常是与丧失有关的情绪反应，所失去的是当事人所重视或追求的东西。例如患病(失去健康)、衰老、丧亲、失学、失恋、失业、不被重用、高考落榜和子女离家等。这类情绪反应的强度取决于当事人赋予所失去的事物的主观价值。失望意味着失去希望所向往的奖励，故也同丧失有关；绝望则是失望的进一步发展，甚至厌世、轻生。

如果人的焦虑、恐惧、愤怒和抑郁情绪反应时间过长、强度过高，可以严重地损害人的其他心理功能，即在上述负性情绪的影响下，个体观察和评价任何事情都是悲观的，认知能力下降，自我意识狭窄，注意力不集中，社会适应能力下降。

### 3.压力的行为反应

压力条件下的行为反应，与心理和情绪反应密切相关，也可以将其视为心理和生理过程的外显反应。行为反应主要涉及面部表情、目光、身姿和动作，也包括声调、音高、语速和节奏等副言语线索。当压力超过个体的承受能力时，个体的行为反应可能会显得惊慌失措，以致身体的协调能力和灵活性下降，动作刻板，或运动性不安，搓手顿足；或运动减少，呆滞木僵。

(1)逃避与回避。在遭遇压力源之后，可以采取远离压力源的行为，来避免受到进一步的伤害；在未遭遇压力源之前，可以采取措施避免与压力源发生接触。两者的目的都是摆脱压力源，从而保护自己免受伤害。

(2)敌对与攻击。敌对是个体内心有攻击的欲望，却不产生攻击行为，表现为不友好、憎恨等；攻击则是将愤怒情绪导向人或物，有具体行为。

(3)固着和僵化。固着是指反复进行无成效的动作和尝试，如反复洗手、反复检查门锁等；僵化是指一种以不变应万变、刻板、盲目重复的行为方式。这两种行为方式常出现于反复遭遇压力的情况。

(4)精神活性物质滥用。指个体遭遇挫折后，用酒、烟草、毒品等来缓解紧张，逃避现实的行为方式。

# 第二节　认 识 挫 折

## 一、挫折概述

### (一) 挫折是什么

#### 1.挫折概念

在中国古代，挫折一词最初用以说明在兵家战争中失利的意思。在日常生活用语中，挫折一词指挫败、阻挠、失意、失利、失败等。在心理学上，挫折是一种心理感受、情绪体验。心理学认为，个体的行为总是从一定的动机出发朝向一定目标。如果在通向目标的道路上遇到了障碍，那么就会产生三种情况：一是改变行为，绕过障碍，达到目标；二是改变目标，即改变行为的方向，达到改变后的目标；三是在障碍面前无路可走，不能达到目标。通常在第三种情况下，个体就会产生挫折感。新西兰教育心理学家约翰·梅德卡夫将“有目标的行为遭遇到阻碍的情况”称为挫折。本书将挫折定义为，人们在通向目标的道路上遇到障碍无法克服，而又不能改变这个目标时产生的情绪反应。

挫折一般包括三个方面的要素：挫折情境、挫折认知和挫折反应。

(1) 挫折情境，指对人们有目的的活动造成内外障碍或干扰的情境。比如考试失败、比赛失利、恋爱受挫等情境，都容易使个体产生挫折感。

(2) 挫折认知，指主体对挫折情境的知觉、认识和评价。它既可以是对实际遭遇到的挫折情境的认知，也可以是对想象中可能出现的挫折情境的认知。不同的人对相同的挫折情境所产生的主观心理压力不尽相同，个人的知识结构也会影响其对挫折情境的知觉判断。

(3) 挫折反应，指个体在挫折情境下所产生的负面情绪和行为反应，常见的有焦虑、紧张、愤怒、逃避或攻击等。

当挫折情境、挫折认知和挫折反应三者同时存在时，便构成典型的心理挫折。但如果缺少挫折情境，只有挫折认知和挫折反应这两个因素时，也可以构成心理挫折，这主要是由主体认知不当造成的。

在以上三个因素中，挫折认知是最重要的因素。挫折情境与挫折反应没有直接的联系，它们的关系要通过挫折认知来确定。由此可见，挫折反应的性质及程度，主要取决于挫折认知。

#### 2.挫折理论

(1) 挫折-攻击理论。美国心理学家杜拉德 (Dollard) 和米勒 (Miller) 于 1939 年提出了“挫折-攻击”理论，认为攻击行为的发生总是以挫折的存在为先决条件，同样，挫折的存在也总是要导致某些形式的攻击行为。后来，他们对这一观点做了修正，并得出结论认为攻击行为的产生依赖于四种因素：①受挫折驱力的强弱；②受挫折驱力的范围；③以前遭受挫折的频率；④随着攻击反应而可能受到惩罚的程度。应当指出，“挫折-攻击”理论有很大的片面性。如前所述，多数心理学家指出，挫折与攻击之间没有必然的因果关系。攻击只是人们遇到挫折时的表现形式之一，而不是唯一的表现形式。

(2)需要和紧张的心理系统理论。著名心理学家勒温认为个体的需要若得不到满足，就会出现紧张、焦虑等情绪，从而失去平衡，产生失败的情绪体验，既挫折感。

(3)社会文化理论。这一理论强调文化和社会条件对个体挫折的产生及其反应的影响，重视社会环境和文化因素对人们行为和人格特征的影响，认为挫折的产生是由于人们“向上意向”“自我实现”受到压抑。

### (二)挫折的类型

#### 1.一般挫折和严重挫折

从挫折的程度来看，挫折可以分为一般挫折和严重挫折。如果几种挫折同时出现或接踵而来，就会加重人的挫折感。

#### 2.预料中的挫折和预料外的挫折

从个体对挫折的心理准备来看，挫折可以分为预料中的挫折和预料外的挫折。预料外的挫折因事先无思想准备，给予当事人的压力和打击较预料中的挫折更大。

#### 3.想象中的挫折和现实挫折

从挫折的现实性来看，挫折可以分为想象中的挫折和现实挫折。前者是指挫折并未降临，当事人对未来可能受到挫折的预测及对未来受挫折情境和后果的想象。想象中的挫折和现实挫折一样，会对人的情绪和积极性产生影响。

**【视窗2】**

## 名人名言

苦难是人生的老师，通过苦难，走向欢乐。 ——贝多芬

我觉得坦途在前，人又何必因为一点小障碍而不走路呢？ ——鲁迅

人的生命似洪水在奔流，不遇着岛屿、暗礁，难以激起美丽的浪花。

——奥斯特洛夫斯基

不因幸运而故步自封，不因厄运而一蹶不振。真正的强者，善于从顺境中找到阴影，从逆境中找到光亮，时时校准自己前进的目标。 ——易卜生

困难与折磨对于人来说，是一把打向坯料的锤，打掉的应是脆弱的铁屑，锻成的将是锋利的钢刀。 ——契诃夫

## 二、医学生挫折的产生和特点

当代大学生的成长过程一般都比较平顺，经历的挫折较少，缺乏对挫折的承受能力和调适能力。进入大学后，因环境改变、个性发展、就业竞争加剧等诸多因素，大学生的心理负担日趋加重，尤其是医学院校的大学生，他们学习任务繁重、“三基”(基本理论、基本知识、基本技能)要求高、社会责任感强，高标准、严要求是培养医护人员的起点和落脚点。当神圣而严肃的社会责任落在医学生的肩上，挫折便成为他们必经的一个成长过程。

### (一)医学生挫折产生的来源

医学生形成挫折心理的原因较多，从主观因素看主要是生理发育与心理发展不平衡；从客观因素看主要有学业压力过大、人际关系困扰、对毕业和前途的担忧、情感困扰四方面。

#### 1.理想与现实之间的矛盾

当前我国正处于社会转型时期，各种思潮冲击着传统的价值观念，中西文化碰撞使人们在观念上发生了嬗变，也触碰着青年大学生敏感而脆弱的神经，产生心理震荡甚至出现心理失衡。一些医学生没有找准自己的人生定位，期望值过高，造成理想和现实的差距过大，产生强烈的失望感，但又不能及时调整心态，从而产生挫折心理。

#### 2.发展需要与现有素质之间的矛盾

医学生处于身心发育的重要时期，有诸多发展性需要，包括学习与知识积累的需要、友谊和良好人际关系的需要、尊重与爱的需要、探索与实践的需要、自主与自我价值实现的需要等。但医学生为实现这些目标所采取的方式、能力、经验等与他们现有的身心素质产生了矛盾，这种矛盾被医学生知觉为挫折。

#### 3.校园文化、课程设置、教育方式等限制性环境因素

由于校园文化、课程设置、教育方式等环境因素无法满足医学生发展的实际需要，对医学生发展起着一定的限制作用。比如僵化死板的教育管理体制，以教学为中心、忽视学生学习兴趣和学习规律的课程模式，“重医学轻人文”的医学人才培养模式；对大学生不合理的期望与学习评价方式等，很容易让医学生体验到挫折。

#### 4.医学生常见的负性生活事件

在医学生的日常生活中，还经常会遇到诸如学习问题、人际关系问题、情感问题等一些负性生活事件。这类生活事件是医学生知觉到的最直接的挫折源。

(1)学业压力过大。在学习上，医学生面临的烦恼和实际问题要高于其他专业的大学生，主要是因为在现有的医学教育模式下，医学生所学课程较多、学制长。其次，由于

大学和高中的学习方法有所差异，大学教室是流动的，教师指导是粗线条的，教学管理也比较宽松，对学生的自觉性和自学能力要求较高，这种学习方式使一些医学新生无所适从。再次，医学的专业性非常强，一些医学生选择医学并不是出于个人兴趣，而是基于其他多种原因的被动选择，入校后对医学专业不感兴趣，导致把学习看成是一件非常痛苦的事，同时心理上又非常矛盾，心理压力特别大。另外，考试失败是医学生主要的挫折来源。

(2)人际关系困扰。对于一些医学生而言，大学生活的一个明显改变是，他们必须离开家乡、脱离父母过集体生活，这让他们既兴奋又忐忑。在度过短暂的新鲜期后，寝室成员间不同的生活方式、作息时间、性格、个人爱好等带来的问题逐渐显现，如果处理不当，就容易因为一些琐事造成人际关系不协调。焦虑、愤怒、退行、抑郁是这些医学生常见的心理状态。另外，由于医学教育的特殊性，医学生在经过两年半的基础理论学习后，有较多的时间在医院进行临床医学的见习和实习。在此阶段，他们必须学着与患者、患者家属、带教医生和护理人员等相处，可以说已经是大半只脚踏入了社会，也因此必将承受相应的压力。这种双重身份可能会使其产生非医学专业大学生所没有的人际关系困扰和诸多心理问题。

(3)对毕业和前途的担忧。随着市场经济条件下高校毕业生就业模式的调整，近年来，市场对人才的要求越来越高，高校毕业生的就业形势日趋严峻，医学生也不例外。理想和现实的差距也会使医学生产生失落、自卑心理，长此以往会形成压抑情绪，从而找不到自己的人生目标和定位，自信心受挫。

(4)情感困扰。大学生恋爱实际上已被社会、学校、家庭所接受。但是，恋爱对学业的冲击，异性选择过程中的疏远与亲密、决裂与恢复、拒绝与接受，以及感情发展历程中的起伏变化都会给大学生带来一系列的心理冲突和挫折。

总之，医学生挫折心理的产生，是客观因素和主观因素相互作用、相互融合、相互制约和相互影响的结果。

### (二)医学生挫折的特点

#### 1.挫折来源的特异性

同其他大学生群体相比，医学生除了遭受学业挫折、恋爱挫折、人际交往挫折、就业挫折外，还会感受到一些特定的挫折。一个典型的挫折来源就是医患关系。众所周知，我国的医疗环境状况不容乐观，医患关系比较紧张，伤医、杀医事件偶有发生。面对这样的现状，原本对医疗职业怀有无限憧憬的医学生受到了沉重打击，部分医学生对将要承担的职业角色产生了犹豫、彷徨、恐惧甚至排斥的心理，这是医学生新的特异性的职业角色挫折。

#### 2.挫折分布的差异性

不同性别、年级的医学生所遭受的挫折不同。在性别方面，男生更易遭受学业挫折、人际挫折、恋爱挫折，女生更易遭受就业挫折；在年级上，四年级医学生可能会感受到更多的挫折，他们很多人将面对考研和工作的选择，面对就业的压力，课业任务也比较繁重，还会有较多的见习和实习需要参加，医院的环境也需要去适应……所以大四阶段的医学生可能会比其他阶段的医学生遭受更多的挫折。

3.挫折程度的差异性

近年来，大学生因缺乏抗挫折能力而导致的违纪、轻生或杀人以及因各种心理疾病导致的休学或退学问题日益增多。医学生比其他大学生群体承受着更大更多的压力，而且，由于课业繁重，他们往往缺乏疏泄压力的时间，当压力积聚到一定程度，就可能以更剧烈的形式爆发出来。

**【想一想】**

### 你想做什么

放三碗水在火上烧热，在第一个碗里放入胡萝卜，在第二个碗里放入鸡蛋，在第三个碗里放入已经被磨成粉的咖啡豆，煮 15 分钟，将里面的材料取出来，我们看到的变化是：胡萝卜本来是硬的，但现在变软了；鸡蛋本来是软的，但现在变硬了；咖啡豆粉末不见了，但是水变了颜色而且有香醇的味道。

请思考：你选择做什么——胡萝卜，鸡蛋，还是咖啡豆？（提示：从面对挫折的角度考虑，把水比作挫折，比较三样东西水煮前后的性质变化。）

## 三、挫折对医学生的影响

当个体感受到挫折时，可能会出现生理、心理和行为等多方面的反应。人们在日常学习生活中，由于主客观条件不一样，因此遭遇挫折后的反应也各不相同。

一般而言，挫折使人表现出痛苦、焦虑、沮丧、愤怒等情绪。大学生应对挫折的行为反应有积极的也有消极的，积极的行为反应可以使大学生的心理挫折得到一定缓冲，有助于缓解不良情绪，恢复心理平衡，维护自身的身心健康。

（一）生理反应

个体遭受挫折以后，机体内部的自我调节机制将会最大限度地调动机体的潜在能量，以有效应对外界环境的变化。比如，受挫后交感神经系统的兴奋性会增强，消耗大量的能量，于是神经末梢释放生物信息，刺激心肌收缩力增强，以促进血液循环加快，血压升高；刺激呼吸加快，以保证氧气供应；刺激各种激素分泌增加，促进蛋白质、脂肪、糖原分解。

体内潜能大量消耗的同时，机体内部那些与情绪反应无直接联系的器官或系统则得不到必要的能量而不能维持正常功能，如消化道蠕动减慢、胃肠液分泌减少等。如果长期处于挫折情境而不得到消解，上述生理变化将会进一步增强，从而引起身心病变，出现皮肤和面色苍白、四肢发冷、心悸、气急、腹胀、尿少等一系列症状。

## (二)心理反应

(1)愤怒和敌意。如果受挫者意识到挫折情境来自人而不是自然因素，会产生愤怒和敌意的情绪体验。所谓“怒从心头起，恶向胆边生”，愤怒之后可能还会有进一步的极端行为反应。比如，2004 年 2 月，云南大学马加爵残忍杀害同寝室的同学这一事件，就是马加爵在遭受同学的嘲讽之后产生的愤怒行为所致。

(2)焦虑与担忧。通常情况下我们不知道挫折的来源，或者知道挫折来源，但是苦于无法解决或解决无果，这时我们往往会产生焦虑与担忧的情绪反应。焦虑是人受挫后常见的一种心理反应。适度焦虑，如考试前适度紧张，对提高活动效率、发挥潜能有一定的积极作用。而过度焦虑则有害，严重的会导致心理疾病，发展成焦虑症。焦虑之外，往往还有对事情进展能否顺利、目标能否达到的担忧。

(3)沮丧与抑郁。沮丧是人遭受严重失败与挫折后产生的一种情绪反应。它既是消极的情绪体验，又是意志软弱的表现。其心理成分有灰心、失望、抑郁、悲伤、狼狈、难堪等；其行为上常伴随有泄气、垂头丧气、软弱无力、无精打采等表现。沮丧的产生，固然和失败、挫折以及逆境有关，但主要受个人主观心理条件的影响，诸如意志薄弱、缺乏理想信念、思维方式片面、对自己感情的调控能力差等。沮丧情绪对人的伤害性很大，在短时间内很难摆脱。如果沮丧严重，整日忧心忡忡、悲观失望、自责自罪，会导致抑郁症。

## (三)行为反应

### 1.积极的行为反应

(1)表同。表同是个体受挫折后出现妥协的表现形式之一，指将别人具有的、使自己感到羡慕的品质加到自己身上。表现为模仿他人的言行举止，以他人的姿态风度自居。儿童身心发展未成熟，常会体验到挫折，为了减轻挫折感，他们在游戏中会扮演成人的角色。成人所模仿(表同)的对象一般是自己崇拜的人，其所具有的人格品质往往是自己所欠缺的。而大学生常常把一些历史名人、科学家、某些明星甚至自己身边的杰出人士，作为自己表同的对象。尤其是那些与自己家境条件、经济状况、社会经历相似或者相近的名人，更是他们表同的对象。在有限的范围和时间内使用表同，有助于激发个人向上的力量，使自己的思想、目标和行为更加适应环境、社会的要求，从而在主观上增强获得成功的信念和战胜挫折的勇气。但表同不能仅停留于幻想而脱离现实。

(2)升华。升华指个体因种种原因无法达到原定目标，或者个体不被社会所认可的动机和行为转变为社会认可的动机和行为，表现出富有建设性、有利于自身发展的较高层次的境界和行为。升华能使原有的动机冲突得到合理宣泄，消除焦虑情绪，弥补因挫折而丧失的自尊和自信，保持心理平衡，减轻挫折造成的痛苦。例如，法国作家罗兰曾经遭受失恋折磨，他在日记中写道：“我明白，我能创作，我是自己的，一切属于我，包括我的那些锁链，我是我自己的各种痛苦的主人！”之后，他以此为座右铭，很快从失恋中挣脱出来，伏案十年，终于写出长篇巨著《约翰·克利斯朵夫》，蜚声世界文坛。

(3)补偿。在生活中由于主客观条件的限制，个人的某一个目标无法实现时，行为主体会以新的目标代替原有目标，从而以现实取得的成功体验去弥补原有失败的痛苦，这就是人们受挫的补偿行为反应。补偿行为可以减轻受挫后消极情绪所带来的心理压力。但是，补偿行为有积极和消极之分。如果补偿选择的新目标符合社会规范和人的发展需要，这时的补偿行为是积极的。如果补偿选择的新目标不符合社会规范，只是为了获得暂时的心理平衡和心理满足，这时的补偿行为则是消极的。消极的补偿行为无益于心理健康发展，有时还会导致自暴自弃，甚至犯罪，危害他人与社会。大学生遇到挫折时，应该采取积极的补偿行为，通过别的途径达到目标。只要目标明确，行动正确，一定会实现自己的理想。

(4)幽默。当处境困难或尴尬时，心理比较成熟的大学生会以幽默来化解，在无伤大雅的前提下巧妙地处理问题，摆脱困境，维护自己的心理平衡。在生活和学习中，时常幽默一下，不仅可以缓解紧张情绪，还有利于解除人际关系的僵局，促进人际交往，也有利于自己的身心健康。

(5)宣泄。宣泄是指采用道德和法律许可的方式发泄心中的不满、愤怒等负性情绪，从而避免发生直接人际冲突和心理郁积的一种方式。常见的宣泄方式有在空旷空间大吼大叫、摔打物品、打出气袋、跳舞、唱歌等。大学生遇到挫折后很容易产生强烈的情绪反应，宣泄是一种很好的挫折应对方式。

2.消极的行为反应

消极的行为反应在一定时期、一定程度上可以暂时缓解受挫者的紧张心理和消极情绪，但这种行为反应缺乏积极的意义。其后果一方面对自身的身心发展不利，甚至诱发精神疾病；另一方面可能会危害他人和社会。所以要避免受挫后采取消极的行为反应。

(1)攻击。人们在受挫以后，在非理智情况下把愤怒或者某些消极情绪指向造成其受挫的对象——人或者事物，表现为对他人讥讽、漫骂、殴打，以及损坏物品等行为，这是一种破坏性行为。受网络暴力文化的影响，一些大学生在面对挫折时具有暴力倾向甚至导致犯罪行为。1991 年 11 月 1 日，就读于美国艾奥瓦大学的中国博士留学生卢刚开枪射杀了该校 3 位教授和副校长安·柯莱瑞以及一位和卢刚同时获得博士学位的中国留学生山林华，在枪杀 5 人之后，卢刚随即自杀。这次事件震惊中美，而枪击的直接原因可能是由于卢刚没有获得该大学 D.C.斯普顿特博士论文 1000 美元的最高奖学金。大学里发生的一些打架斗殴、损坏公物等事件，通常与大学生受挫后的攻击行为有关。攻击行为往往发生在那些缺乏生活经验，思想比较偏激、鲁莽、冲动的学生身上。通过攻击行为虽然可以暂时发泄心中的愤懑与不快，但并不能消除原有的挫折感，还会引起新的挫折，同时危害他人与社会。

(2)退行。退行是指个体遇到挫折时，心理活动和反应退回到个体早期发展水平，以幼稚的、不成熟的方式应对当前情境。当人们受到挫折以后，如果以成人的行为方式应对，心理上就会产生焦虑、不安；如以幼儿的行为方式应对，就可能减轻心理压力。大学生在心理上尚未完全成熟，在遇到挫折时，偶尔“装小”，能够被他人理解和接受。但如果经常“装小”，或借此来博得他人的同情和关注，以避免面对现实的痛苦，则是一种不健康的心态。

(3)固执。固执也称“固着”，通常指被迫重复某种无效的动作，尽管反复进行该动作并无任何结果，但仍要继续这种动作。它具有强制性的特点，且往往不能被适当的反应所取代。一个人在生活环境中遇到挫折时，需要有一种随机应变的能力，才能顺利解决所遇到的问题。但固执会使人采取一种一成不变的反应方式，即使情况已改变，这种已有的刻板性反应方式仍会盲目地继续出现。一些大学生受到挫折后，往往不分析原因，反而一意孤行，盲目地重复导致其受挫的无效行为，这就是固执的行为反应。心理学家对大学生进行的实验表明：大学生在受到轻度挫折后学习新知识的能力大为降低。这是因为挫折的效应之一就是使他们原有的行为凝固化，从而阻碍其习得新知识。

(4)习得性无助。所谓习得性无助，是指个体在面对挫折情境时，经多次尝试也无法避免失败的经验，使得个体在挫折面前完全失去任何意志努力的现象。这是心理学家进行动物实验时发现的现象。在现实生活中，由于人们遭受多次挫折和打击，却不能克服苦难、战胜挫折，久而久之就会沮丧，从而倾向于放弃意志努力，听从命运摆布。

(5)压抑。压抑是指个体把自己意识不能接受的观念、欲望、冲动、情感和痛苦经验压抑到潜意识中，使之不能进入意识而被遗忘，从而避免痛苦。压抑是行为主体的一种“主动遗忘”，当面对挫折情境无法表达自己的愤怒与不满时，我们需要暂时压抑消极情绪。但压抑并不意味着问题的解决，按照精神分析理论，被压抑的情绪进入潜意识，会通过其他途径变相表露出来，在日常生活中不知不觉地影响人们的心理和行为，甚至对个体造成极大的威胁和伤害。

(6)冷漠。冷漠又称冷漠行为，是指个体对周围发生的事缺乏兴趣、漠不关心，抱着事不关己的态度而反应冷淡。当一个人受挫折后，由于压力过大而无法攻击或攻击无效，或因攻击而招致更大的痛苦，于是将愤怒的情绪压抑下来，从而采取冷漠的态度或行为。表面上看，受挫折的人似乎对挫折漠不关心、无动于衷，表示冷淡退让；但实际上，他内心的痛苦可能更甚，这一情况严重的人将有可能患上忧郁型精神病。有人指出：冷漠反应的出现与个体在受挫折后所采取的反应的结果有关。如果受挫折后个体采取攻击方式并能克服挫折情境，以后就会表现出攻击行为；反之，如果采取攻击行为会遭受到更大的挫折，个体则可能采取逃避方式，若无法逃避，就只能以冷漠的方式反应。冷漠并不包含愤怒情绪的成分，只是个人暂时压抑愤怒，而将其以间接的方式表现出来。一般来说，冷漠反应多在四种情况下出现：①长期遭受挫折；②情况表明已无希望，“事已不可为”；③挫折情境中包含有心理上的恐惧与生理上的痛苦；④个体心理上产生攻击与压抑之间的冲突。

【测一测】

## 测测你的挫折承受力

每个人都会遭遇挫折，受挫后恢复的能力各不相同，有些人弹性十足，有些人则一蹶不振，而大多数人介于两者之间。下列问题可以测出你应付困境的能力。回答愈坦白，愈能测验出你的受挫弹性。在回答这些问题时，请你用“同意”或“不同意”作答，同意打“√”，不同意打“×”。

1.胜利就是一切。

2.我基本是个幸运儿。

3.白天工作不顺利，会影响我整晚的心境。

4.一个连续两年都名列最后的球队，应退出比赛。

5.我喜欢雨天，因为雨后常是阳光普照。

6.如果某人擅自动用我的东西，我会气上一段时间。

7.汽车经过时溅我一身泥水，我生气一会儿便算了。

8.只要我继续努力，我便会得到应有的报偿。

9.如果有感冒流行，我常是第一个被感染的人。

10.如果不是因几次霉运，我一定比现在更有成就。

11.失败并不可耻。

12.我是有自信心的人。

13.落在最后，常叫人提不起竞争心。

14.我喜欢冒险。

15.假期过后，我需要舒散一天才能恢复常态。

16.遭遇到的每一否定都使我更进一步接近肯定。

17.我想我一定受不了被解雇的羞辱。

18.如果向我所爱的人求婚被拒绝，我一定会精神崩溃。

19.我总不忘过去的错误。

20.我的生活中，常有些令人沮丧气馁的日子。

21.负债累累的光景令我寒心。

22.我觉得要建立新的人际关系相当容易。

23.如果周末不愉快，星期一便很难集中精力学习和工作。

24.在我生命中，我已有过失败的教训。

25.我对侮辱很在意。

26.如果应聘职位失败，我愿意再尝试。

27.遗失了钥匙会令我整星期不安。

28.我已达到能够不介意大多数事情的地步。

29.想到可能无法完成某项重要事情，会使我不寒而栗。

30.我很少为昨天发生的事情烦心。

31.我不易心灰意冷。

32.必须要有50%以上的把握，我才敢冒险把时间投资在某件事上。

33.命运对我不公平。

34.对他人的恨维持很久。

35.聪明的人知道什么时候该放弃。

36.偶尔做个败北者，我也能坦然接受。

37.新闻报道中的大灾难，使我无法专心工作。

38.任何一件事遭到否决，我都会寻求报复的机会。

统计与解释：

上述问题，列入“不同意”的为：1、3、4、6、9、10、15、17、18、19、20、21、23、24、25、27、28、29、32、33、34、35、36、37题，其余题为“同意”。

依上列答案，相符者得1分，相反不得分，如果你只得到10分或者更少，那么你就是那种易被逆境、失望或挫折所左右的人，你易把逆境看得太严重，一旦跌倒，要很久才能站起来。你不相信“胜利在望”，只承认“见风转舵”。总分为11～25分者，遇到某些灾祸或逆境时，往往需要相当长时间才能振作起来。不过这类人能运用很多技巧和策略来获取个人的利益。如果你的总分高于25分，则显示你应付逆境的弹性极佳。不理想的境遇对你虽然会造成伤害，但不会持久。这类人在情感上通常相当成熟，对生活也充满热爱，他们不承认有失败，即便一时失败，仍坚信有“东山再起”的一天。

## 第三节　压力管理与挫折应对

### 一、压力管理

压力无处不在，无可避免，因此，为了很好地适应大学生活乃至今后的社会生活，大学生应学会进行有效的压力管理，提高自身的抗压能力。压力管理，是指针对可预见的压力源进行必要的干预，维护身心健康，提高问题解决的效率，保证学习生活目标顺利实现的管理活动。压力应对具有事后性和被动性，而压力管理则带有一定程度的主动性和积极性，它包含了压力应对。

大学生可以从以下几个方面着手进行压力管理。

#### (一)正确认识压力

首先，每一个大学生都应该清楚地认识到人在生活、学习和工作过程中，压力、困难是不可避免的。因此，面对压力时，不必抱怨也不要逃避，需要勇敢面对。

其次，当压力来临时，要辩证地看待压力。可以从两个方面来看待压力，一是适度的压力对个体是有积极意义的，根据唤醒动机与绩效之间的关系(耶基斯-多德森定律)，人们要获得最高效率，需要有一些应激(压力)，而且必须把应激唤醒水平控制在一个最佳状态，应激太多或太少的结果是一样糟糕的。因此，大学生要保持心理健康，应该把应激(压力)唤醒水平控制在一个最佳状态，而不是彻底消除。塞利指出：“完全脱离应激等于死亡。”二是压力对人既是威胁，又是挑战。当一个人正视压力，压力就会表现出多方面的积极意义，它能使人正视自己、积累人生经验、变得更加成熟，还可以使人发现自身潜力、看到生命价值、充满自信。

再次，压力所带来的负面影响是可以控制或消减的。有些大学生在面对压力时，常感到束手无策。其实，压力情境多数是可以控制的，即使不能控制，也可以通过改变自己的认知系统来减轻压力造成的负性影响。

### (二)正确认识自己

(1)要有意识地觉知和调整自己的生理状态。生理状态是压力最直接的指标。要想有效管理压力，必须要有压力意识，要能觉察压力的信号。当人在应激状态下，本能会驱动机体的防御机制，而自发出现生理和情绪的压力反应，记录自己的这些压力反应，以后每当它们出现时，便对自己发出警告。这种压力预警，就像战争中的雷达一样，让你保持必要的警惕。在敏锐觉察压力信号的基础上，还要学会控制自己的不良生理指标，如心跳、呼吸、血压等。这实际上就是生物反馈过程，当然，提供反馈的不是机器而是你自己的觉知能力。

(2)正确客观地自我分析和评价。自我分析就是充分认识自己的优点和缺点、长处和短处，通过有效的自我分析，全面、客观地认识和评价自己。一个人只有正视自己，既承认自己的价值，又坦然面对和接受自己的不足，才能变得成熟、自信，从而避免因自我评价过低所产生的自卑心理和自我评价过高所产生的自负心理。认识自我应注意全面性，包括物质自我、社会自我和精神自我。其中，物质自我指生物学上的我，包括人的外貌、身高、体重、衣着等方面；社会自我指一个人的社会关系、人际关系以及在社会中的角色地位；精神自我指人的性格和价值观，即“我”的内部主观存在的意识。在正确认识自我的基础上，要对自我进行客观的分析和评价，这有利于处理好个人与社会、与他人的关系，有利于发扬优点和克服缺点，使自己的人格得到健全发展。对自己的评价过高或过低，都不能全面地、恰如其分地评价自己的心理生活和行为，从而造成自己在社会中的不适应。

(3)及早开展自我生涯规划。在客观的自我分析和评价的基础上，大学生应充分考虑自身和环境因素，对自己的未来做出可行性设计，并制订行动计划。一个能自觉进行自我规划并成功执行规划的大学生会表现得充实而自信，压力感也会较轻。遗憾的是，从我国大学生目前的情况来看，能够在大学期间做出自我生涯规划的人还很少。

### (三)构建自己的社会支持系统

社会支持系统是一组由个人接触所构成的社会关系网，透过这些关系网个人得以维持其社会身份认同，并获得情绪支持、物质援助、服务、信息的社会支持等。心理学研究认为，社会支持能对应激状态下的个体提供保护，即对应激起缓冲作用，能有效减少忧郁倾向和心态失衡。当一个人独自面对压力时，其应激反应的消极作用要远远高于有社会支持的效果。一项涉及社会支持与心血管病关系的研究表明，社会支持一方面对精神紧张引起的压力起缓冲作用，另一方面对维持一般的良好情绪体验具有重要意义。因此，要想不在压力面前孤立无助，应该主动构建自己的社会支持系统。社会支持系统一方面可以提供情感支持，有效的安慰和鼓励会减少压力感和负性情绪的产生，降低压力对个体身心健康的危害；另一方面可以提供工具支持，即从他人那里获得必要的指导，或应对压力的策略以及行动建议，帮助个体迅速恢复信心和勇气，面对挑战，解决问题。

构建社会支持系统，需要做到以下几点。

(1)学会尊重他人。只有尊重他人的人才能获得他人的尊重和友谊，也才可能获得帮助。

(2)扩大社会交往范围，结识更多的朋友。个人社会支持系统主要包含 3 种力量，分别是血缘关系、亲密关系、社会关系。血缘关系主要指父母和兄弟姐妹；亲密关系主要指伴侣和最亲密的朋友；社会关系则是包含最广泛的一个支持力量，主要指关系不太紧密的朋友、同学、老师、同事等。个体的社会支持系统越健全，其对抗压力的力量越强大。

(3)不要羞于寻求帮助。一些大学生基于自尊或面子的考虑而羞于诉说自己的困境或拒绝他人的帮助。但研究表明，人们更愿意向主动寻求社会支持的人提供关心和帮助，这会让他们感到你对他们的信任，因此你可能得到最大的帮助，所以，大学生一定要认识到社会支持的重要价值，树立主动寻求支持的意识。

### (四)培养复原力

阿默斯特学院进行了一个很有意思的实验，用铁圈将一个小南瓜整个箍住，以观察当南瓜逐渐长大时，其能承受的压力有多大。最初估计南瓜最大能够承受约 500 磅(1 磅约为 0.45 千克)的压力。在实验的第一个月，南瓜承受了 500 磅的压力。实验到第二个月时，这个南瓜承受了 1500 磅的压力，并且当它承受到 2000 磅的压力时，研究人员必须对铁圈加固，以免被撑开。最后当实验结束时，整个南瓜承受了超过 5000 磅的压力。瓜皮破裂后，研究人员打开南瓜发现它已经无法再食用，因为其中充满了坚韧牢固的层层纤维，试图想要突破箍住它的铁圈。南瓜为了吸收充分的养分，突破限制它成长的铁圈，它的根部甚至延展超过 8 万英尺(约 2.4 万米)，所有的根往不同的方向全方位地伸展，最后这个南瓜独自接管和控制了整个花园的土壤资源。

复原力是个体面对生活逆境、创伤、威胁及其他重大压力的良好适应，也是个体面对生活压力和挫折的反弹能力。复原力直接影响着生活质量，培养一个人的复原力就是促进其自我成长与人格完善。大学生在培养复原力上，一要保持乐观态度，增进主观幸福感，形成健康的认知因素，能辩证地看待压力和困难，遇事多看光明的一面；二要通过不断的自我鼓励和正性强化，培养自信乐观、自主行动、表达自如、风趣幽默等人格因素，从而积极面对压力的挑战；三要学习和掌握一些预防和缓解压力的策略，帮助自己舒缓压力，解决问题。

【视窗 3】

## 教育复原力

复原力是指在有挑战性的环境或逆境中仍能成功适应(避免适应不良)的过程、能力或结果。它的提出帮助人们开始了解内在、外在的保护因子如何缓解压力环境带来的消极影响。20 世纪 80 年代，在复原力概念提出并得到越来越多研究者重视的时候，人们开始着手研究复原力在具体领域的运用。20 世纪 90 年代以来，关于教育复原力的研究越来越多，国外心理学研究者以质性和量化研究的形式对教育复原力进行了不同层次、不同角度的诠释。他们的研究对象主要是家庭以及学校经济条件落后、以其他语言(非英语)为母语而生活在官方语言为英语的国家的移民学生或种族学生(如非裔美国人、墨西哥裔美国人等)。针对这些群体的特殊性，研究他们自身的特质和环境资源对其教育复原力的影响，研究者主要是希望探明个人特质和环境资源中有利于提高教育复原力的保护因子。

在具体的教育领域，建立复原力的目的是给孩子们提供机会——培养孩子在学校，甚至是在面临逆境时仍表现出良好的必需技能。在此，学习的结果是积极适应的一个主要决定因素。正如 Alva 指出的，教育复原力可以看作是“压力环境可能使学生陷入在学校表现差劲并最终辍学的危险中，但在这种情境下，他们仍保持着高水平的成就动机和学习表现。”Wang 等提出，教育复原力是指早期和现在的环境条件和经历引发了个体的脆弱性或使其身处逆境，但个体在学习上依然能取得成功的能力。教育复原力这一构想并不是一个固定的品质，而是通过关注“可变的”因子而得以提升的某种东西，其中“可变的”因子指的是影响个体在学习上取得成功的因子。Wang 等又提出，教育复原力是培养正在忍受生活环境压力的儿童和青少年成功的潜在的、有利的构想。教育复原力不是先天特征的产物，也不是一个生活事件的产物，而是个体与环境之间不断交互作用的结果。另外，有研究指出，教育复原力的定义包含了两个方面的内容：①暴露在逆境中；②面对逆境所表现出的积极适应的结果。积极适应通常根据个体表现出的能力来判定，这里指在学校成功的适应。逆境，也常指处于危险中，可以包括遗传的、生理的、心理的或社会经济的因素，这些因素与不断增加的适应不良的风险联系在一起。Cooper 等认为，教育复原力不是一个离散的、个人的特征，而是各种各样的家庭、学校环境中产生的加工过程、机制、条件的综合。

在教育复原力的研究中，研究者提出并确定了保护学生免受逆境的不利影响，并最终取得学业成功的保护因子。这些因子可以分成个人因素和环境因素两大类。个人因素指的是内在的品质和态度，个体利用它们来阻止自己境遇所带来的不利影响。努力学习的意愿、健康的自我概念、对教育的渴望以及动机都是与教育复原力相关联的个人因素。环境因素是外在的影响，这些外在影响支持和保护有复原力的人免受消极因素的威胁。它们包括与成年人良好积极的接触、教师的支持、家庭的教育支持以及同伴的影响等。支持性的并为学生学习提供积极帮助的学校环境以及教师对学生学习的影响是非常重要的。

## (五)积极行动，有效行动

“好心情来自好行动”。很多时候，大学生的心理压力之所以得不到缓解，是因为缺少行动。由于缺少行动，许多并不难解决的问题又累积成新的困扰。因此，行动是摆脱压力最好的办法。但是，也应注意到，不能盲目行事，而是要进行有效的行动。

### 1.理性辨析和积极归因

找来纸笔，将你面临的核心问题写下来，然后围绕着这个问题逐步回答：这个问题是如何产生的？这个问题真的与我有关吗？这个问题真的就是一种威胁吗？这个问题真的就不能解决吗？通过如此反复逐层深入的自我辨析，理清问题症结所在，从而减轻对压力情境认识模糊或者夸大威胁而产生的焦虑。

### 2.进行有效的时间管理

日常学习、生活和工作中的许多压力，都来源于事情和任务本身。因此，对压力源进行管理，也是压力管理的重要策略。压力源管理常常与时间管理相关联。所谓时间管理，简单说就是为了提高时间的利用率和有效性，而对时间进行合理的计划和控制，有效安排和管理日常事务的管理活动。大学生的时间管理，是大学生采用科学的手段，围绕学习生活事务及其进程，对大学生活时间(包括学习时间和闲暇时间)进行有计划、有系统的控制、调节，最终达到有效利用时间来实现自我发展目的的管理活动。时间管理有很多方法，除本书第四章第四节已介绍的方法外，以下再简单介绍两种。

(1)ABC 时间管理法。最初由美国管理学家莱金(Lakein)提出，他建议为了提高时间的利用率，每个人确定今后 5 年、今后半年及现阶段要达到的目标。人们应该将其各阶段目标分为 A、B、C 三个等级，A 级为最重要且必须完成的目标，B 级为较重要且很想完成的目标，C 级为不太重要可以暂时搁置的目标。按照如下步骤实施：①列出“日学习清单”，对学习目标进行分类；②按照重要性和紧急程度确定等级；③确定工作日程及时间分配；④实施计划；⑤记录花费的时间；⑥总结经验。

(2)记录统计法。通过记录和总结每日的时间消耗情况，以判断时间耗费的整体情况，分析时间浪费的原因，采取适当的措施节约时间。

### 3.学会经常进行放松训练

放松训练是通过一定的练习程序，学习有意识地控制和调节自己的身心活动，以降低机体唤醒水平，调整因紧张而紊乱的身心功能，从而使机体内环境保持平衡与稳定的过程。

**【练一练】**

角色扮演：压力应对。

4～6 人一组，根据以下情景，分配角色，小组共同演出。

情景：某学生宿舍，小甲习惯晚上在教室自习，经常半夜一两点才回宿舍洗漱，发出的声响常把宿舍里的其他同学吵醒。某夜，当小甲再次晚归时，发现宿舍门被反锁了，小甲敲两下门未果，一气之下，用脚猛踹门并大喊大叫……

1.角色扮演：邀请某宿舍全体成员演绎该情景及各自的处理方式。

2.讨论并分享。

3.现实生活中我们如何应对这样的问题？

4.哪些处理方式有助于问题解决？

## 二、挫折应对

挫折的发生无可避免，但是，这并不意味着我们面对挫折无能为力。挫折对人们来说是一种危机，同时也是一种挑战。马斯洛曾说过：“一个人面临危机的时候，如果你把握住这个机会，你就成长。如果你放过了这个机会，你就退化。”如果把“危机”理解为“危险+机会”。那么，正确看待挫折，积极应对挫折，把握机会，并有意识地培养和锻炼自己的挫折容忍力，就有可能变挫折为机遇。应对挫折，需要对挫折有理性认知，并合理运用应对挫折的自我调节方法。

### （一）端正认识，直面人生挫折

#### 1.挫折是普遍存在的一种社会心理现象

马斯洛的需求层次理论告诉我们，每个人在不同时期都有不同层次的需求或者动机，而挫折的产生与人的需求和动机不能满足是息息相关的。生命长河中，我们不可能期待任何事情都能称心如意、一帆风顺。而一旦某种需求没有得到满足或者动机不能实现时，挫折就可能会发生，因此，正视和接受它的存在是我们必须持有的重要认知。

#### 2.挫折具有两面性

任何事物都具有两面性。一方面，挫折对人有消极的影响，如挫折会影响个体实现目标的积极性，降低个体的创造性思维水平，损害个体的身心健康；另一方面，挫折又有积极的作用，是促使人成长的必要条件，甚至是人生的宝贵财富。如挫折能激发个体的斗志与进取心、磨砺个体的性格与意志、增强个体克服困难的勇气和力量、提高个体的容忍力和对挫折的认识水平。心理挫折是一种主观感受，能从积极的角度认识挫折情境的人，面对挫折情境，就能够变不利因素为有利因素，化消极因素为积极因素，促使挫折向积极方面转化，从而减少心理挫折的发生。“宝剑锋从磨砺出，梅花香自苦寒来”就是挫折两面性鲜明的写照。

#### 3.挫折是可以克服和战胜的

挫折是不可预知的，也是必然的，但不是不可战胜的。心理研究表明：一个人越是能够获得与挫折事件相关的信息，就越能够有效地处理挫折，越是参加到他害怕面对的挫折情境中，就越能够有效地应对这种情境。可见，个体对挫折的反应和承受能力不仅取决于挫折情境本身，还取决于个体对挫折的认知。既然挫折是社会生活的组成部分，是不可避免的人生经历，医学生应正确认识挫折，努力战胜挫折，并把挫折作为通往成功的阶梯。

**【想一想】**

## 谈迁与《国榷》

谈迁是我国明清时期的历史学家，从 27 岁起撰写明代编年史《国榷》，历时 26 年，六易其稿，这部百卷约 400 万字的巨著终于大功告成。然而，不幸的事发生了。一天夜里，谈迁家中被盗，他的书稿也被偷走了！谈迁遭此打击，肝胆欲裂，不禁老泪纵横："噫，吾力殚矣！"但谈迁并未就此沉沦，而是迅速从打击中挺立起来，"吾手尚在，宁遂已乎！"他满怀悲痛，发愤重写，经 4 年努力，终于再一次完成传世巨著。

## 错位的生命

日本松下电器公司曾发生过一起耐人寻味的事件。有一次，松下电器公司计划招聘 10 名基层管理人员，报名应征者竟达数百人。经过一番严格的笔试和面试之后，评选出了 10 名优胜者。当公司总裁松下幸之助审核所有的录取人员名单时，发现一名年轻人总分应名列第二，可是计算机在排分时把名次给排错了。松下立即派人给这位年轻人补发了录用通知书。第二天，下属报告给松下一个令人震惊的消息：那个年轻人因未被录取而跳楼自杀了。松下沉默了许久，这时，旁边的一位助手忍不住说："真是太可惜了，这么一位有才华的年轻人公司都没录用到。"松下沉重地摇摇头说："不，幸亏公司没有录用他，意志如此脆弱的人是难成大业的。"

## 创伤与木结

初中毕业后，儿子跟着父亲做起了木匠。由于没有考上高中，儿子的情绪十分低落，感到前途渺茫。

一天，儿子学刨木板，刨子在一个木结处被卡住，怎么使劲也刨不动它。"这木结怎么这么硬？"儿子不由自言自语。"因为它受过伤。"在一旁的父亲插了一句。"受过伤？"儿子不明白父亲话里的含义。"这些木结，都曾是树受过伤的部位，结疤之后，它们往往变得最硬。"父亲说，"人也一样，只有受过伤后，才会变得坚强起来。"父亲的话让儿子心头一亮。第二天，儿子放下了刨子，要求回学校读书。

上面三个故事给你的启示是什么？

### （二）积极行动，努力应对挫折

除了对挫折要有正确的认识外，我们还必须采取行之有效的方法，积极应对挫折。

1.正确归因

面对挫折时，正确归因是成功应对挫折情境的必要基础。正确归因也就是对挫折原因进行实事求是的分析，弄清楚问题的真正原因。造成挫折的原因不外乎两类：外在客观因素和内在主观因素。倾向于外归因的人，常认为自己的行为结果是受外部力量如运气、机会、他人权利等无法预料和支配的因素控制的。倾向于内归因的人，则认为行为结果是受本身的能力、自己的努力程度等内部力量控制的。两种归因方式各有利弊。外归因的人，面对挫折时常感到无能为力、束手无策，从而不能尽自身的最大努力克服困难；内归因的人，把失败统统归结于自身，过多自责，同样影响问题解决。正确的归因方式应该是以冷静的态度分析遭受挫折的主客观原因，及时找出失败的真正原因，从而从现实出发，以切实行为改变挫折情境。因此，医学生首先要学会多方面收集关于事件的信息，了解挫折的原因所在；其次要学会合理的归因，避免归因的片面性，学会实事求是地承担责任，克服过分承担或完全推诿责任的倾向，避免过多自责带来的挫折感。再次要积极采取措施主动改变挫折情境因素，从而有效应对挫折。

**【练一练】**

## 意义换框法

意义换框法(meaning reframing)是神经语言程序学(NLP)技巧换框法中最常用的技巧。它对一些因果式的信念最为有效。例如“因为上司挑剔，所以我工作不开心。”“因为我与男朋友分手了，所以我很伤心。”“因为学生很顽劣，所以很难教导”。

意义换框法是通过改变语言模式而得到想要的效果，即从一个负面经验中找出正面的意义。它的概念基础是：世界上所有的事情本身是没有意义的，所有的意义都只是人为加上去的。既然是人加上去的意义，则一件事情可以有一定的意义，也可以有更多的意义；可以有不好的意义，也可以有好的意义。

意义换框法的语言模式是把“因为 $X$ 所以 $Y$”改写为“因为 $X$ 所以 $Z$(不是 $Y$)，因为……”其中 $Z$ 是一些正面的元素。譬如，“因为上司挑剔，所以我工作不开心”可改为“上司挑剔我，所以我工作积极，因为……”，你需要想出至少六种不同的版本，再找出其中最能够接受的一句。如“因为这样使他无从挑剔”“因为这样使我提升得更快”“因为这样使他改变对我的态度”“因为这样使我变得更能干”“因为这样使我有机会更快升迁，脱离他的管制”“因为这样使我更有能力去另找新工作”。

现在来做一个练习，请尝试将“因为家境贫寒，所以我很自卑”中的“所以……”改为正面意义的，再把句首的“因为”二字放到最后，成为“我家境贫寒，所以……(正面意义)，因为……”

2.合理调整抱负水平

抱负水平是人在从事某种实际活动之前，对自己所要达到的目标规定的标准。标准高则抱负水平高；反之，则抱负水平低。心理学研究指出，对于活动中的成功与失败，个人的抱负水平具有十分重要的作用。成功会使人产生成就感，而失败则使人产生挫折感，引起焦虑、沮丧等不良情绪，丧失信心，甚至放弃做进一步努力的尝试。所以确定适当的抱负水平是避免挫折、获得成功与自信的重要前提。确定适当的抱负水平也就是确定恰当的奋斗目标。国外的研究发现，恰当的奋斗目标，一定是符合自己的智力程度、知识积累厚度、所从事领域的人才密度和兴趣浓度的。恰当的抱负水平能使人长久地保持旺盛的进取热情。有人做过一个投环试验：投掷距离由被试者自己决定，距离越远，投中的得分越高。试验结果表明，凡是抱负水平高的人，多选择在中等距离投掷；而抱负水平较低的人，则多选择很近或很远的距离投掷。可见，真正具有较高抱负水平的人，他们定的目标总是很适度的，既有足够把握，又要经过一定努力才能完成。

### 3.构建成熟的心理防卫机制

心理防卫机制是挫折发生后人在内部心理活动中所具备的有意或无意地摆脱挫折造成的心理压力、减少精神痛苦、维护正常情绪、平衡心理的一种适应性倾向。心理防卫机制的意义有积极和消极之分，其积极的意义在于能够使主体在遭受困难与挫折后减轻或免除精神压力，恢复心理平衡，甚至激发主体的主观能动性，激励主体以顽强的毅力克服困难，战胜挫折。其消极的意义在于主体可能因压力的缓解而自足，或出现退缩甚至恐惧而导致心理疾病。

受挫后的心理防卫机制有很多，有利于医学生成长的积极的心理防卫机制表现为以下几个方面：升华、补偿、幽默等。升华能够使医学生在遭遇挫折后，把内心痛苦转化为一种动力，转而投入到学习生活中，这无疑是人们在受挫后最佳的心理防卫机制。补偿、幽默等心理防卫机制能使医学生平衡心理，保持自尊，减轻内心的痛苦和焦虑，因而也不失为受挫后较理想的心理防卫机制。另外，合理的情绪宣泄也是缓解医学生受挫后心理紧张和焦虑、保持身心健康的有效机制。总之，构建成熟的心理防卫机制，不仅有助于医学生提高自身的心理健康水平，也有助于医学生自信心的培养与意志力的磨炼。

### 4.建立和谐的人际关系

心理学研究表明，一个人与他人一起处在挫折情境中时，可以减少消极情绪体验。因此，医学生在面对挫折时，除了积极改变自我之外，还应学会与人交往，与他人建立良好的人际关系，这对于应对挫折也很有帮助。交往是人们为了交流思想和感情，运用语言、行为等方式而实现的沟通。它使人们在关系互动过程中相互了解、相互依赖，形成稳定的心理联系，满足人们的情感需要。同时，由交往形成的人际关系又可以满足人的归属、情谊、认可等社会性需要。因此，学会交往，建立良好的人际关系是提高医学生应对挫折能力的有效手段。

**【回顾与思考】**

(1)压力与挫折有什么区别？

(2)思考你有无压力认知误区。

(3)如何有效管理压力？

(4)观看影片《风雨哈佛路》，想想如何有效应对挫折。

**【扩展阅读】**

## 压力与社交

压力反应不仅能给你力量，它还能鼓励你与人联结。这主要是受催产素的驱动。催产素被广泛吹嘘为“爱情分子”和“拥抱激素”，因为它是你拥抱时由脑垂体释放的。催产素最首要的功能是建立和强化社交纽带，这就是它会释放于拥抱、性爱和哺乳过程中的原因。催产素使你想和他人联结，使你渴望与社会加强联系，使你更能注意和理解他人的想法和感受，提升你的同理心和直觉。

催产素不仅有助于社交，同时还能提升勇气。它能抑制大脑的恐惧反应，遏止僵住或逃跑的本能。催产素不仅让你想拥抱，还会使你更勇敢。催产素如同能使你心脏加速跳动的肾上腺素，是你压力反应的一部分。受压时，脑垂体会释放催产素驱动社会交往。这意味着压力会帮你成为更好版本的自己。

作为压力反应的一部分，当催产素被释放时，它鼓励你与社会支持系统联结。同时，别人有需要时，它帮你更好地回应，以加强人际关系。科学家们称其为照顾和友善反应。不像主要用于自救的或战或逃反应，照顾和友善反应驱动你保护关心的人和群体。并且，它给你勇气这样去做。

催产素还有个更惊人的益处，即对心血管健康有利。心脏是催产素的特别接受体，它能帮助心脏细胞再生，修复微小损伤。当压力反应中产生催产素时，压力的确能强化心脏。这和通常听到的压力诱发心脏病的信息大不一样！确实有压力诱发心脏病的事情发生，由大量肾上腺素激增引起心脏病就是一种典型，但不是每种压力反应都会损伤心脏。一项研究中，研究人员给小白鼠施压，想诱发其心脏病，但这样的做法恰恰保护了它们的心脏免受损伤。但当研究人员给小白鼠吃了阻止催产素释放的药时，压力就不再保护它们的心脏。该研究提示了压力最惊人的作用之一——驱动你关爱他人，强化你的心脏。

# 第十章　肯定生命价值　应对心理危机

**【内容导读】**　弗兰克尔——奥斯威辛集中营中的重生冥思

维克多·弗兰克尔(1905～1997 年)，奥地利著名神经病学家和精神病学家，意义治疗学派的创始人。二战期间，他被囚禁在奥斯威辛集中营(纳粹集中营)整整三年，受到了各种非人的折磨，是少数幸存者之一。在生死关头，他所考虑的问题与大多数难友的不同。他们在想“我们能活着出集中营吗？如果不能，忍受的所有苦难都毫无意义。”而弗兰克感到困惑的是“我们所经受的这一切苦难和所目击的这一切死亡，究竟有无意义？倘若毫无意义，那么幸存的意义又何在？如果生命的意义取决于能否侥幸逃生之类的偶然事件，那就根本不值得为此而活着。”这段特殊的人生经历使他领悟到了一个深刻的人生真谛：一个人即使一无所有，即使处境无望，危机四伏，在劫难逃，也拥有选择人生态度的自由，仍可从中找到生命的意义。这是任何人都无法剥夺的。当一个人领悟到生命的价值和意义时，就会产生意想不到的无穷力量，继而变个人的不幸为幸运，化危机为机遇，变困境为顺境。

本章以对生命意义的追问为切入点，介绍大学生心理危机的基本表现，帮助大学生识别心理危机的信号，初步掌握心理危机的干预方法，预防心理危机，维护生命安全。

**【核心词汇】**　生命的意义；死亡；心理危机；危机干预

## 第一节　生命的意义

### 一、正视死亡——向死而生的笃定

#### (一)死亡是什么

生命教育是关于人的生活、生命与人生的教育，在生命教育中，“生”与“死”是核心议题，死亡教育实为生命教育的重要内容，孔子曾说：“未知生，焉知死。”把这句话倒过来就是：“未知死，焉知生。”我们只有从死亡出发才能理解生命、把握生命。

死亡是什么？费尔巴哈说：“最残酷的、最催心的真理，就是死。”庄子说：“死生，命也。其有夜旦之常，天也。人之有所不得与，皆物之情也。”马塞尔说：“去爱一个人就是去说‘你不应当死’。”长期以来，人们从不同的视角研究生死，研究成果闪耀着智慧和理性的光辉，给人以深刻的启迪。从医学的角度看，死亡是个有始有终的事件，医生的职责就是用药物和医疗技术治病救人；从生物学的意义上看，死亡是一种生命现象，就如同花开花落一样；从哲学和心理学的角度看，死亡则不可避免地和生存及生命联系在一起，死亡是生命的一部分。正如海德格尔所说：“刚一降生，人就立刻老得足以去死。”这里的“老”，不是量的规定，而是质的规定：人一出世，便立刻拥有了去死的资格即去死的可能性；此种去死的可能性不是作为一种空洞的、逻辑上的可能性悬挂在远处，而是作为一种每时每刻都如影随形地界定着人生命存在的可能性。即每个人都是向死而生的，都在经历着这独此一次、无法复制、不可重复的生命。且死亡是世界上最私有的东西，它是谁也替你考虑不了、代替不了的，是和别人毫无关联的，因此是一种最本己的、无所关联的可能性。死亡的这种本己性和无所关联性便将人从其隐蔽的和混迹的日常世界中逐出，发现自我，成为你自己。

培根指出：“成人畏惧死亡犹如儿童怕进黑暗；儿童对黑暗之天然惧怕因妄言传闻而增长，成人对死亡之畏怯恐惧亦复如此。”这种恐惧对人的生命既有负面的影响也有正面的意义，从负面影响看，人们对固有一死的确定性给当下的存在不可避免地带来了震撼与威慑，然而死亡却又是“暂时尚未”的东西，这一不确定性又给人以可乘之机，身沉于世界之中，忘记自己，忙碌于日常琐事，把死亡推迟到“今后有一天”去，从而使当下获得一种暂时的，但却是虚妄的安宁与平静，获得一种解开死亡羁绊的轻松感。这种非本真的向死而生，即不能死得无畏自由，也不能让自我在当下发挥自己的全部生存潜力。从正面意义看，正因为有了对死亡的恐惧，才使得人们更强烈地追问生命的意义，探寻存在的价值，才更加珍惜生命并让生命绽放光彩。

### (二)生命是最基本的价值

生命是最基本的价值，是人生其他一切价值的前提和基础。一个最简单的事实是，每个人只有一条命，在无限的时空中，再也不会有同样的机会，所有因素都恰好组合在一起产生这样一个特定的个体了。同时，生命又是人生其他一切价值的前提，没有了生命，其他一切都无从谈起。

由此得出的一个结论是，对于每个人来说，生命都是最珍贵的。因此，对于自己的生命，我们当知珍惜，对于他人的生命，我们当知关爱。

生命是我们最珍爱的东西，它是我们所拥有的一切的前提，失去了它，我们就失去了一切。生命又是我们最容易忽略的东西，我们对于拥有它实在太习以为常了，而一切习惯了的东西就容易被我们忘却。因此，人们在道理上都知道生命的宝贵，实际上却常常做一些损害生命的事情。如人们为虚名浮利而忙碌，却舍不得花时间来让生命本身感到愉快，来做一些实现生命本身价值的事情。往往是当我们的生命真正受到威胁时，我们才幡然醒悟，生命不可替代的价值才突现在我们眼前。但是，有时候醒悟已经为时太晚，损失已经不可挽回。

从生命的观点看，现代人的生活有两个弊病。一是文明为我们创造了越来越优越的物质条件，远超出了我们维持生命之所需，那超出的部分固然提供了享受，但同时也使我们的生活方式变得复杂，离生命在自然界的本来状态越来越远。二是优越的物质条件使我们容易沉湎于安逸，丧失面对巨大危险的勇气和坚强，在精神上变得平庸。我们的生命远离两个方向上的极限状态，向下没有承受匮乏的忍耐力，向上没有挑战危险的爆发力，躲在舒适安全的中间地带，感觉日趋麻木。

【心灵游戏】

### 生命中最重要的五样

(1) 设计理念：通过游戏，体会和反思自己的价值观，明白什么是对自己最重要的，并最终以积极的态度对待生命。

(2) 活动方法：想一想，在你独特的生命中，什么是对你最为重要的？这里有一个关于价值观的简单测试，即写下你生命中对你最为重要的五样。然后，在迫不得已的情况下，你不得不舍弃其中的一样，划掉这一项。接着，如果你必须舍弃第二样，把它划掉……如此一直划下去，到最后只能留一样。看一看，现在剩下的是什么？再结合你依次划下来的顺序想一想。现在你会了解，什么是对你真正重要的。

(3) 活动时间：15 分钟。

(4) 讨论分享：思考在你的人生中，什么是最重要的？在平日的生活中你又是怎么做的？今后该如何做？

## 二、让生命充满内在意义

在市声尘嚣中，生命的声音已经久被掩盖，无人理会。在这个时候，有一个声音振聋发聩，“代生命立言！”这个声音来自中国的绘画天才王川。他有浓烈的玄思倾向和宗教情怀，耽于对终极问题的追问，并通过绘画予以表达，其抽象艺术的成就得到了广泛赞誉。以下以王川的事例来探讨“让生命充满内在意义”的话题。

王川于 1998 年被诊断出胃癌第三期并做了胃切除 80%的手术，此后曾出现复发的迹象，这使他的生命时间始终处在极大的不确定中，他的感觉是佛家说的“分分秒秒正在死去”。对于潜伏在身边的死亡，王川最终找到了一种合宜的态度，不但不回避，不拒绝，与之和睦相处，而且把它当作一位导师，在它时时刻刻的提醒下思索人生。这正合海德格尔所说的“面向死亡而存在”的思路，使死亡由致人毁灭的负面力量变成促人净化的正面力量。他的感悟若用两个词来概括，就是当下和内在。生命大于肉身，死亡揭示了肉身的有限，却启示了生命的无限。生命的内在疆域无比宽阔，只要你能进入其中，每一个当下即是永恒。

一般人活在世上，对于未来会有种种期望和计划，并且为之忙碌。可是，倘若一个人意识到死亡近在咫尺，他就会明白，期待中的未来也许并不存在，唯一可把握的是当下。事实上，每一个人都可能突然遭遇没有明天的一天，可是世人往往为不可靠的明天复明天付出全部心力，而把一个个今天都当作手段牺牲掉了。“当下”和“内在”是我们善待生命的两个关键词。

把心放在当下，如何做，做什么？王川的回答是：“利用生命每一刻来转化内在，让生命充满内在意义。”人们为未来奔忙，多半有具体的名和利作为目标。精神的追求自然也可以设立某种目标，但是，精神性的目标只是一个方向，它的实现方式不是在未来某一天变成可见的现实，而是作为方向体现在每一个当下的行为中。也就是说，它永远不会完全实现，又时刻可以正在实现。因此，把心从未来收回到当下，也就意味着把心从外在的名利世界收回到内在的精神世界。对生命的正确思考和深度体验是实实在在的、最高级的、不可估量的东西，拥有了这个东西，就是“身在黄金岛，何须寻凡石”，能够从容度过充满内在意义的高质量人生。

**【想一想】**

生命的意义是什么？人活着又为了什么？

**【视窗 1】**

## 关于生命的故事

史蒂芬·霍金，出生于1942年1月8日，这个时候他的家乡伦敦正笼罩在战争的阴霾中。

霍金和他的妹妹在伦敦附近的几个小镇度过了他们的童年。多年以后，他们的邻居回忆说，霍金躺在摇篮车中非常引人注目，他的头显得很大，异于常人。这多半是因为霍金现在的名声与成就远远异于常人，邻居不由自主地要在记忆里重新刻画一下天才儿童的形象。

不过霍金一家在古板保守的小镇上的确显得与众不同。霍金的父母都受过正规的大学教育。他的父亲是一位从事热带病研究的医学家，母亲则从事过许多职业。霍金一家人有一辆破旧的二手车(汽车在当时尚未进入英国市民家庭)，这辆破旧的车子拓展了他们一家自由活动的天地。

霍金热衷于搞清楚一切事情的来龙去脉，因此当他看到一件新奇的东西时总喜欢把它拆开，把每个零件的结构都弄个明白。不过他往往很难再把它装回原样，因为他的手脚远不如头脑灵活，甚至写出来的字在班上也是有名的潦草。

霍金在 17 岁时进入牛津大学学习物理，但他不是一个用功的学生，他的学习态度与当时其他同学的学习态度是一致的，这是二战后出现的青年人迷惘时期——他们对一切厌倦，觉得没有任何值得努力追求的东西。霍金在学校里与同学们一同游荡、喝酒、参加赛船俱乐部，如果事情这样发展下去，那么他很可能成为一个庸庸碌碌的职员或教师。然而，病魔出现了。

**病魔出现了**

从童年时代起，运动从来就不是霍金的长项，几乎所有的球类活动他都不擅长。

到牛津的第三年，霍金注意到自己变得更笨拙了，有一两次没有任何原因地跌倒。一次，他不知何故从楼梯上突然跌下来，当即昏迷，差一点死去。

直到 1962 年霍金在剑桥读研究生后，他的母亲才注意到儿子的异常状况。刚过完21 岁生日的霍金在医院里住了两个星期，经过各种各样的检查，他被确诊患上了“卢伽雷氏症”，即运动神经细胞萎缩症。

医生对他说，他的身体会越来越不听使唤，只有心脏、肺和大脑还能运转，到最后，心和肺也会失效。霍金被“宣判”只剩两年的生命。那是在1963年。

起初，这种病恶化得相当迅速。这对霍金的打击是可想而知的，他几乎放弃了一切学习和研究，因为他认为自己不可能活到完成硕士论文的那一天。

**轮椅出现了**

霍金的病情渐渐加重。1970年，在学术上声誉日隆的霍金已无法自己走动，他开始使用轮椅。直到离世，他再也没离开过它。

永远坐着轮椅的霍金，极其顽强地工作和生活着。

1991年3月，霍金在一次坐轮椅回柏林公寓的路上被小汽车撞倒，导致其左臂骨折，头被划破，缝了13针，但48小时后，他就回到了办公室继续工作。

虽然身体的残疾日益严重，霍金却力图像普通人一样生活，完成自己所能做的任何事情。他甚至是活泼好动的，这听来有点好笑，在他已经完全无法移动之后，他仍然坚持用唯一可以活动的手指驱动着轮椅在前往办公室的路上“横冲直撞”；在莫斯科的饭店中，他建议大家来跳舞，他在大厅里转动轮椅的身影真是一大奇景；当与查尔斯王子见面时，他旋转自己的轮椅来炫耀，结果轧到了查尔斯王子的脚趾头。

当然，霍金也尝到过“自由”行动的恶果，这位量子引力的大师级人物，多次在微弱的地球引力左右下，跌下轮椅，幸运的是，每一次他都能顽强地“站”起来。

1985年，霍金动了一次穿气管手术，从此完全失去了说话的能力。他就是在这样的情况下，极其艰难地写出了著名的《时间简史》，探索着宇宙的起源。

**来自直觉的启示：黑洞不黑**

霍金的研究对象是宇宙，但他对观测天文从不感兴趣。与传统的实验、观测等科学方法相比，霍金的方法是靠直觉。

“黑洞不黑”这一伟大成就就来源于一个闪念。在1970年11月的一个夜晚，霍金在慢慢爬上床时开始思考黑洞的问题。他突然意识到，黑洞应该是有温度的，这样它就会释放辐射。也就是说，黑洞其实并不那么黑。

这一闪念在经过3年的思考后形成了完整的理论。1973年11月，霍金正式向世界宣布，黑洞不断地辐射出X射线、伽马射线等，这就是有名的“霍金辐射”。而在此之前，人们认为黑洞只吞不吐。

从宇宙大爆炸的奇点到黑洞辐射机制，霍金对量子宇宙论的发展做出了杰出的贡献。

## 第二节 大学生心理危机的表现

### 一、心理危机的定义与特征

#### (一)什么是危机

要讨论和定义心理危机，首先不能绕过危机这个重要的概念。关于危机的定义有多种说法，以下列出六种以供参考。这六种说法结合在一起可以很好地界定危机是什么，并可为理解心理危机及本章提出的其他理论概念提供基础。

(1)当一个人在追求重要生活目标的过程中遭遇到某一障碍时，我们便说他处于危机中。这里所说的障碍，是指用常规方法一时无法解决的问题。每当此时，当事人一定会经历一段时间的精神迷茫和情绪紊乱，其间还会针对障碍做出很多无效的努力。

(2)危机产生于通向生活目标的障碍，而这些障碍一定是当事人确信用通常的选择方案及行为方法是无法克服的。

(3)危机之所以是危机，就是因为当事人无从应对所面临的生活境遇。

(4)危机是当事人所面对的一个困境，这个困境不仅让当事人无能为力，而且使当事人完全失去对自己生活的主动控制力。

(5)危机是一种生活解体状态，在这种状态中，当事人经历着重要生活目标的挫折，或是他的日常生活全面崩溃，应对压力源的各种方法完全失效。通常，危机一词指的是对这种状态的恐惧、震惊及悲苦的感受，而不是这种状态本身。

(6)危机一般要经历四个不同的发展阶段：①当事人生活中出现某一重大变故，并做出判断，自己通常的应对机制能否顺利解决这一变故；②随着事态的发展，紧张和混乱的程度不断增加，远远超出当事人的应对能力；③随之产生的是对外部资源(如心理咨询)的需求；④必须求助于专门的心理治疗，才能解决当事人主要的人格解体问题。

综合上述定义可以认为，危机是当事人的一种认知或体验，即对某一事件或生活境遇的认知和体验远远超出了自己的当下资源及应对机制，而表现出无法解决的困难和无法忍受的痛苦。除非当事人得到某种解脱，否则，危机将有可能导致他出现严重的情感、认知及行为的功能障碍。

### (二)什么是心理危机

目前，学术界关于心理危机内涵的看法基本都与心理危机干预方面的鼻祖心理学家卡普兰(Caplan)的看法一致。卡普兰在心理危机领域做了很多开创性的工作，他于 1954 年开始对心理危机进行系统的理论研究，并于 1964 年首次发表心理危机干预理论，他对心理危机的定义至今仍被广为接受。卡普兰认为，当一个人面对困难情境，而他先前处理问题的方式及惯常的支持系统不足以应对眼前的处境时，即他必须面对的困难情境超过了他的能力时，这个人就会产生暂时的心理困扰甚至创伤性反应，这种暂时性的心理失衡状态就是心理危机。

心理危机标志着个体正在经历生命中的剧烈动荡和重大考验，它会暂时干扰或破坏个体惯常的认知模式、行为习惯和生活节律，在情绪上突出表现为高度紧张焦虑，伴发抑郁、指向自我的愤怒、挫折感和迷茫感。严重时还会引发个体的绝望感，使个体产生悲观厌世情绪，表现出自杀倾向而出现自杀行为。

心理危机的产生不但与应激事件有关，还取决于个体解决应激的有效资源及个体对困难情境的评估。因此，心理危机不是个体所经历的应激性事件本身，而是他对自己所经历的困难情境的认知评价、情绪反应状态和行为应对的总和。

### （三）心理危机的特征

#### 1.危险与机会共存

危机当然含有危险之意，因为它可以将当事人击垮，乃至造成严重的病态心理，甚至包括杀人及自杀。同时，危机也意味着机会，因为由危机造成的痛苦迫使当事人去寻求帮助。

遭遇危机时，人们可能会以下列方式之一做出反应。在理想的情况下，很多人能够独立而有效地解决危机，并从中获得经验，发展自我。经受危机洗礼之后，他们在积极的意义上发生变化，成长得更加坚定和成熟，更有勇气面对未知。也有人虽然表面看成功地度过了危机，但那是通过消极的自我防御机制换来的，即成功地将与危机相伴的有害情感阻隔于意识之外而不自觉，其结果是这种有害情感在未来生活中随时可能产生作用而困扰他们。还有一些人，在危机刚爆发时心理就彻底崩溃了，如果不接受及时而强有力的外源帮助，他们就不可能在生活上向前迈进。

#### 2.症状趋于复杂化

危机不是单一的事件，它往往错综复杂而难于把握，很难简单从因果关系的表象角度对其加以分析和处理。与突发性危机事件相伴而生的各种情况和关系盘根错节，并涉及当事人生活的方方面面。当某一事件演化到危机爆发的局面时，就有很多复杂的问题需要危机干预工作者从当事人生活的各个方面进行直接的干预。而当事人的生活环境又强烈地影响着危机干预的难易程度，就大学生而言涉及家庭背景、学校教育、人际关系、个人恋爱关系和情感体验等，所有这些都会直接影响到危机的解决及其效果。

#### 3.成长与变化的机缘

在与危机相伴而生的失衡状态中，总免不了焦虑情绪，正是焦虑情绪引起的不安为变化提供了动力。通常，焦虑情绪必须达到一个顶点，当事人才会承认问题失去了控制。这在学校心理咨询机构的学生来访者中相当普遍。主动前来求助的学生，大都表现出难以忍受的情绪痛苦和无法解决的内心冲突，并已经严重干扰到正常的学习生活，当事人凭借自身已有资源和应对机制已经无力承担，无法解决。这促使他们认识到问题已经严重到了足够的程度，并意识到必须接受咨询和帮助这个事实。

#### 4.不存在万验灵药或速效解决法

当人们处于危机中时，可以接受多种干预形式的帮助，其中一些方法被称为短程疗法。但是，对于那些痼疾，就不存在速效解决法。处于严重危机中的当事人或者当事人的家属或是当事人的危机指导者，往往都会急切地寻找并依赖于某种一劳永逸的速效解决法，而且通常是采用药物疗法。这里需要指出的是：对于严重而又紧急的心理危机，药物疗法是必要且必需的，它有助于缓解当事人极端的反应和过激的情绪，但它对于从根本上解决问题并不起决定性作用。因此，对于心理危机当事人及其家属而言，都要做好打持久战的准备，不仅要从药物治疗角度，也要从心理角度、社会支持角度给予长效的支持和援助。尤其对于当事人而言，更需要有一种带着问题生活的理念和观点。

5.选择的必要性

生活就是一个由各种危机和挑战密切交织在一起的过程，不管我们是否敢于面对并采取行动来迎接这些危机和挑战。就危机领域而言，不做任何选择本身就是一种选择，但就其长远效果来说，这种选择必将是消极的和破坏性的。当面对危机时，选择采取某种行动措施，这至少为成长和发展播下了种子，并为当事人提供了机会以设定目标、制订计划，从而开始解决所面对的困境。

6.普遍性与特殊性

危机不管是普遍的还是特殊的，都必然伴随当事人生活失衡和解体的状态。说危机是普遍的，是因为没人能完全幸免于危机的袭击，在特定事态的特定组合中，危机必然产生。说危机是特殊的，是因为即使面对完全相同的环境事态，有些人能够成功解决这一事态，有些人则不能。我们不能假定有人能完全免于精神打击，能够以一种稳定、冷静而又娴熟的方式成功地解决所有危机。在经历过越南战争以及两次海湾战争的美国退伍军人中，有数以万计的“坚强战士”因患有“创伤后应激障碍”而住进美国退伍军人事务部下属的各医院以及各种退伍军人心理指导中心和其他诊疗机构。这就证明了，不管一个人接受了多么完善的针对心理创伤的训练，当其面对一个严重的危机时，都有可能发生生活的失衡和解体，而且，其应对机制将完全失去效力而不起作用。

（四）应用性危机领域

关于心理危机的分类有二分法、三分法和四分法。在这里着重介绍影响较广的布拉默的三分法。Brammer 将应用性危机理论划分为三大领域：①发展性危机；②情境性危机；③存在性危机。受精神分析理论观点和创伤心理学的影响，我们在这里补充一个危机领域，即内源性危机。

1.发展性危机

发展性危机（development crisis）是个人在正常的成长和发展过程中，面对具有重大人生转折意义的事件所引起的异常反应。例如，初为人母、高中毕业进入大学、刚刚踏上工作岗位、人到中年而发生职业变化、从职业岗位上退休等事件都可引起发展性危机。每个人在不同的发展阶段需要完成不同的成长任务，当遇到困难及阻力时，便会产生压力，若压力得不到疏解就有可能转化为危机。因此，发展性危机一般被认为是一种正常的人生经历，不代表任何个人的问题。但是，发展性危机对每一个人的意义是各不相同的，所以，必须针对具体个体的独特情况和表现灵活地进行评估和处理。

2.情境性危机

情境性危机（situational crisis）是指个体因异乎寻常、突如其来的灾难性事件所引起的强烈的异常情绪反应。例如，当下列事件发生时，便可能使个体产生情境性危机：恐怖袭击、绑架、强奸、企业破产或失业、辍学、突遭重病、亲人意外亡故等。对大学生来说，失恋、突然得重病或其他的天灾人祸都可能导致情境性危机。区分情境性危机与其他危机的关键在于，情境性危机的发生是随机的、偶然的、突发性的、意料之外的、令人震惊的并会让人产生强烈的情绪反应，而且它的结果往往都是灾难性的。

3.存在性危机

存在性危机(exsistential crisis)是指由诸如人生目的、意义、价值、责任、独立、自由、献身等重大的人性事务所引起的内心冲突与焦虑。例如，当一个人 20 岁时苦恼于不知道以何种方式渡过此生；当一个人 30 岁时不知道接下来将要走向何方；当一个人 40 岁时认识到他将不可能在事业上有所作为；当一个人 50 岁时开始后悔未曾婚嫁并生儿育女，而现在已经完全丧失了这种可能性；当一个人 60 岁时终于绝望地认识到他只能碌碌无为地渡过此生。在这些时候，人们所体验到的都是生存性危机。对大学生而言，是出国还是留在国内、是考研还是工作、两个单位二选一的抉择、是否转专业、是否决定与某人发展恋爱关系等事件都有可能引发存在性危机。

4.内源性危机

内源性危机(environmental crisis)是指个体潜意识中所固有的某种心理问题的集中爆发。个体在成长的过程中，由于受到家庭环境、社会资源、人际关系、教育背景等方面的影响，可能会逐渐产生一些心理问题。比如，从小因为恶意比较和中伤而形成的自卑心理、因为父母过于严苛的要求而形成的强迫心理、从小在寄养和留宿家庭中成长而形成的过度敏感和安全感缺失心理等。这类心理问题具有潜伏时间较长、隐蔽性较高的特点，平常一般不会以外显的方式表现出来。但由于没有得到及时疏解，这类心理问题便会衍生出一系列未完成情结，以种种方式影响个体当下的生活，且往往会因为一些看似不经意的小事而呈现集中爆发态势。

## 二、大学生心理危机产生的原因、反应和表现

### (一)大学生心理危机产生的原因

1.个体与自我产生冲突引发心理危机

一是成长的烦恼。大学生的年龄大多在 18～22 岁，在此阶段，大学生处于生理发育基本成熟和部分心理发展相对滞后的时期，也是大学生人生观和价值观塑造和基本定型的时期。但同时其又有不成熟的一面，心理状态仍不够稳定，容易受到外界的各种影响而产生心理危机，突出表现为“迷茫与困惑”的精神状态。这种困惑不仅是由瞬息万变的知识经济时代所带来的，更是在当今功利化价值观面前个人理想、人生意义的迷失。二是人格发展不完善。有研究者认为容易陷入心理危机状态的个体在人格上有一定的特异性，表现为：看问题比较表面和消极；过分内向，做事瞻前顾后，犹豫不决；情绪不

稳定；自信心低；依赖性高；行为冲动等。三是自我价值取向单一化。在应试教育的影响下，许多大学生自我价值取向单一，把学习成绩看作是评价自己价值的唯一标准，而忽视其他各方面素质的培养，上大学后发现自己很多地方不如别人，容易产生自我认识偏差，从而引发心理危机。

2.个体与他人产生冲突引发心理危机

一是人际关系适应不良或交际困难。来自不同地方的同学之间，由于生活习惯、性格、兴趣的差异，不可避免地会产生摩擦或冲突，有的大学生不能正确处理这种冲突，导致心理失衡，产生自卑、抑郁、悲观、怨恨等负性情绪，从而引发心理危机。二是失恋或情感问题。当前，大学生谈恋爱的现象越来越普遍，但是大学生的身心发展还不成熟，由于缺乏经验，不能正确处理复杂的感情纠葛问题，一旦失恋有些大学生就会产生情感危机。三是心理支持系统的缺乏。大学生要维持自己的心理健康，需要有一个来自亲人、朋友、同学等多方面的社会心理支持系统。有很多大学生的心理比较封闭，即使有心理问题也不愿向周围的人倾诉，也不愿意求助专业人员，长久积累下去，一旦超越心理承受能力，必然引发心理危机。

3.个体与环境产生冲突引发心理危机

个体生活在各种外环境中，因此与环境产生的各种不协调也是引发心理危机的重要原因。而环境是由多种要素组成的，因此个体与环境的冲突也表现为多个方面：一是个体与社会环境的冲突。现代社会转型加速，科技和市场经济高速发展，导致社会竞争压力加大，使得不少大学生精神迷茫，信念迷失，常常陷入剧烈的心理冲突中。二是个体与学校环境的冲突。一方面来自学习压力，特别是医学院校，课业负担较重，技术性较强，其学生普遍具有较为沉重的学业负担。加之近年来就业形势严峻，大学生为增加就业机会拼命参加各种形式的等级考试和资格考试，使得部分大学生长期处于身心疲惫的状态，因缺乏相应的心理调适技巧而引发不同形式的心理危机。另一方面来自大学校园文化活动的多元性。大学与高中不同，更注重学生综合素质的培养和塑造，各种社团组织、学生活动都对大学生的综合素质提出了新的要求，使得部分在高中阶段只顾学习的大学生处于心理断层的状态，加剧了其自卑心理，从而引发心理危机。三是个体与家庭环境的冲突。一方面高校并轨招生以来，学费成为贫困生沉重的经济压力和心理负担，由此引发了贫困生的心理危机。另一方面，部分大学生与原生家庭存在种种隔阂与创伤，没有及时得到修复而滋生各种心理问题，最终引发心理危机。四是个体与网络环境的冲突。网络媒体构筑的虚拟空间易使人失去现实感，心理出现空化漂浮的状态。部分大学生长期沉溺于网络，以致分不清虚实世界，长期生活在自己构筑的虚拟空间中。另外，由于受网络暴力和网络色情的影响，部分大学生滋生了暴力倾向，自我与现实产生冲突，进而引发心理失调。

4.观念价值体系和文化价值体系的冲突引发心理危机

有学者指出，长期以来，人们对心理危机根源的理解一直存在着认识上的局限，将导致心理危机的事实本身看成心理危机的根源，进而又把人在社会生活中所遭遇的困难、冲突和创伤等同于心理危机本身，使得人们对心理危机根源的认识停留于表面。笔者认为，心理危机实质是观念价值体系与文化价值体系的冲突。通常所指的价值体系，一个蕴含于人们所生活的文化精神中，另一个存在于人的意识和观念中。价值观念是决定人的行为的心理基础，它规定着人们追求"什么是应当""什么是有意义"，而现代社会意义追求的物质化、主观化和禁锢化，使得人的观念价值体系的追求无法得到文化精神所做出的承诺，从而产生心理危机。

### (二)基于情感、生理、认知、行为表现、人际关系的一般性表现

当危机发生时，在情感、生理、认知、行为表现和人际关系方面，大学生通常会有抑郁、焦虑、震惊、暴力倾向、假适应等反应，具体见表 10-1。

**表 10-1　大学生心理危机的一般性表现**

| 类别 | 抑郁 | 焦虑 | 震惊 | 暴力倾向 | 假适应 |
|---|---|---|---|---|---|
| 情感 | 悲伤、无助 | 害怕、畏惧、快要崩溃 | 麻木迷惑 | 受伤害、愤怒 | 害怕、愤怒、内疚、受伤害等感觉被压抑着，看上去没有任何反应 |
| 生理 | 失眠、食欲不振 | 头痛眩晕、呼吸短促 | 手脚冰凉、头昏目眩、心跳加剧 | 心跳加剧、脉搏加速、血脉偾张 | 与平常无异 |
| 认知 | 脑海中不断浮现各种诱因，但没有动机或拒绝提及此事，因其认为做什么都是徒劳的 | 脑海中不断浮现诱因和不良后果，但却想不到解决的办法 | 可能暂时将自己抽离，或者说："这件事不是真的。" | 认为受他人伤害或愤怒源于他人；认为自己不对，将愤怒转向自己 | 危机对自己没有丝毫影响 |
| 行为表现 | 呆坐、没精打采 | 坐立不安、不停吸烟、饮酒、依赖药物、工作表现退步 | 口齿不清、眼神呆滞、听觉迟缓、无法集中注意力、步履不稳 | 意图恐吓，会伤害他人，做出自我伤害行为，如：酗酒、吸毒、自杀等 | 表面上对事情处理得十分好，但说话过于理性，如同放录音般机械或不带感情 |
| 人际关系 | 不愿与人交谈或见面 | 跟人沟通时无法集中注意力；与朋友见面少 | 无助，所以愿意接受他人意见 | 人际关系恶劣，经常责怪他人；人际关系欠佳，孤立自己 | 不能与人建立信任的关系 |

### (三)致命性危机：自杀及自杀倾向

1.自杀人群的特征

一个人自杀或杀人的内在动机究竟是什么呢？自杀学的创始人埃德温·施耐德曼总结了自杀者存在的十项共同特征，他所总结的这些特征可以归结为以下六个方面。

(1)境遇特征："导致自杀的刺激物，通常都是不能忍受的心理痛苦""导致自杀的压力源，通常是受挫的心理需求"。

(2)动机特征："自杀的目的通常是寻求解脱""自杀的目标通常是终止意识"。

(3)情感特征："与自杀相伴而生的情感特征是绝望和无助"。

(4)认知特征："自杀过程中的认知状态通常都是矛盾的，一方面是想实施自杀，另一方面又希望在自杀过程中得到别人的援救""一般在这种情况下，个体的理解力变

弱，选择范围变得非常狭窄，一叶障目，不见泰山，也就不会出现其他想法”。

(5)关系特征：“在自杀中，通常的人际关系特征是想要与别人沟通(让别人知道他的决定是合理的)”“自杀中的行为表现通常是出逃(只要当事人愿意，可以随时选择逃离现场或离家出走，或是有权自由地寻找结束自己痛苦的途径)”。

(6)连续性特征：“当事人在自杀中表现出的特征，与他终生形成用以应对严重的情绪不宁、悲伤、惊恐及心理痛苦等的方式，具有连续性、一致性”。

这些特征有助于我们对自杀的理解，但这并不意味着所有的自杀都是类似的。在使用“通常”这个词时，施耐德曼慎重地指出自杀从总体上看有许多类似的地方。他同时也提出，每个自杀事件都有其独特性，不存在对所有自杀事件而言的绝对或普遍的特征。

贯穿于所有这些特征以及所有自杀事件之中的共同特征，是个体情绪不安的感觉和致命性程度。情绪不安本身并不会导致自杀，许多人都会因为某些人或事而感到心烦，但是他们能从中恢复过来。但是，当情绪不安与一个人对死亡的态度相联系时，此人的致命性水平就会提高，从而倾向于自杀或杀人。

2.大学生自杀的类型

大学生自杀，对于个人和家庭都是一种悲剧，对社会也是极大的损失。大学生的自杀分为以下三种类型。

(1)权益性自杀。所谓权益，就是对权利的一种意识。年龄超过 18 岁，即可享受宪法赋予的各项政治权利，同时可享有婚姻自主权、家庭经济权、劳动权等民事权利，而大学生所受的教育，使得他们对这些权利的意识较其他人更强。但家庭和社会对大学生存在疑惑和担忧，往往对其权利拥有加以种种限制，这就容易与他们的自我权利意识发生矛盾。权益性自杀就是由这种矛盾激化而成，包括自主婚恋受阻、升学就业的限制、经济纠纷等苦恼引发的自杀。如有的大学生自由恋爱遭到家庭反对，结果导致一人或双双自杀；有的大学生由于就业时遭受歧视而自杀。

(2)自愈性自杀。自愈，是一种象征性的自我内省。在自愈的过程中，人体对于外界的事物或事件并未完全或真正了解，只是一种隐约的判断，并由此猜测出自我的范畴。自愈性自杀包括自尊性自杀和自怯性自杀两种，如与他人发生争吵被侮辱、与教师发生矛盾感觉自尊受到伤害而发生的自杀属于自尊性自杀；如有人因害怕即将到来的考试无法达到自己预期的目标，担心无颜面对父母和亲朋好友而发生的自杀属于自怯性自杀。

(3)胁迫性自杀。这类自杀是在外部压力使个体无法承受的情况下发生的，如有的学生由于所在的宿舍丢失东西而被怀疑，无法承受他人的异样目光，为表清白而自杀；有的学生生性软弱，长期被他人欺负甚至虐待，感觉孤独、无助、绝望，以自杀来解脱。

## (四)大学生自杀的相关性因素

1.家庭经历和早年体验所致创伤

个体在幼年遭遇重大的家庭变故或家庭结构改变将影响其成年后的生活，当该类生活事件未被妥善处理时负面影响更大。有自杀倾向的儿童及青少年经历的家庭负面生活事件包括：父母精神状态欠佳或患有精神疾病；家庭成员有自杀史；家庭成员有暴力倾向(儿童被暴力侵犯或性虐待)；父母或监护人对儿童照料不周；父母有争吵，家庭关系紧张；父母离婚、分居或去世；家庭时常搬迁，导致环境陌生；来自父母过高或过低的期望；父母或监护人过于无能或软弱，缺乏自信；父母忽略子女的情绪变化，未能及时解决子女的心理问题；领养家庭。

有证据显示，有自杀行为的年轻人，其家庭或多或少都存在着上述问题。

### 2.与自杀风险有关的躯体疾病

慢性躯体疾病使自杀风险增加。此外，在患有躯体疾病的人群中，精神病性障碍，尤其是抑郁症的发生率普遍较高，慢性病程、残疾及预后不良也都与自杀有关。

(1)神经系统疾病。癫痫与自杀风险增加有关，是由于癫痫发作伴发的攻击行为增加。脊髓和大脑损伤也会增加自杀的风险。有研究表明，在中风后尤其是导致严重残疾和身体损伤的患者中，有19%出现情绪低落且有自杀倾向。

(2)肿瘤。在肿瘤被诊断时及肿瘤开始恶化进入晚期时，自杀的风险最高。疼痛是自杀的重要影响因素。

(3)艾滋病感染和艾滋病。艾滋病感染和艾滋病是导致年轻人群自杀风险增高的因素。静脉吸毒者有更高的自杀风险。

(4)其他慢性疾病。如慢性肾病、肝病、骨关节病、心血管病和胃肠道疾病患者都可能有自杀倾向。运动功能的残疾、失明、失聪也会促发自杀。

### 3.较严重的精神心理异常

几乎所有的大学生自杀受害者都有某种心理疾病。其范围从情感的、行为的、注意缺陷、反社会人格和物质滥用到抑郁障碍等。这些大学生可能处于某种危险中，他们不能做到性别认同、最近遭遇过重要丧失、在学校或在家蒙羞、与男(女)朋友或父母有冲突，或者遭遇戏剧性的变化(如朋友死亡、怀孕、患生理疾病，或者被迫辍学等)。当面对这些冲突时，没有家人或同伴的理解与支持是导致其产生自杀意念的一个直接因素。有趣的是，先天的人格易感性也可能是一个很重要的因素。需要着重指出的是，预测个体自杀可能性最可靠的因素，应是他先前的自杀行为。

我国就自杀者的死因进行的调查显示，63%的自杀者都患有不同程度的精神障碍，但仅有 7%的自杀者在死前求助过心理医生。这一方面是因为我国缺乏真正从事心理咨询和心理治疗的专业人才；另一方面是认为进行心理咨询就意味着暴露隐私的传统想法，在很大程度上阻止了一部分有精神障碍甚至有自杀倾向的患者向心理医生吐露心扉。

(1)抑郁。抑郁症状及自我封闭同时出现被称为青少年自杀的前兆。

(2)焦虑。当一个人长期处于焦虑状态中，并且伴随由焦虑带来的痛苦感和绝望感，也可能导致其因无法继续忍受目前状态而自杀。

(3)酒精及毒品成瘾。青少年中酒精及毒品成瘾者自杀率比预计要高。

(4)饮食失常。因为许多青少年对自己的体型不满，所以经常节制饮食。其中 1%～2%患有厌食症或贪食症。患有厌食症的女孩也常伴有忧郁症，她们的自杀风险比同龄女孩高20倍。有研究表明，男孩也有患厌食症或贪食症的危险。

(5)精神疾病。虽然青少年患精神疾病如精神分裂症和狂躁抑郁症的比例不算太高，但青少年若患有重症精神病，则其自杀危险性极高。当这些患者同时伴有烟酒或毒品成瘾时，其自杀危险性大为提高。

(6)自杀未遂史。无论有无上述精神疾病，曾有一次或多次自杀未遂史都是极为重要的自杀危险因素。最近负性生活事件和应激性事件也是自杀行为的重要诱因。

4.部分带来主观伤害的社会性事件

有些人易把微小的冲突理解成具有伤害性和毁灭性的事件，而诱发焦虑过度反应。他们把常见的冲突看作是有损人格尊严的严重事件。可能带来严重伤害的事件有(客观上并非确实有伤害)：家庭变故；与同学、朋友绝交；自己敬爱的人或对自己有重要意义的人死亡；恋爱关系破裂；与他人的纷争；发生违法事件；受到同伴排斥或孤立；受人欺负或迫害；学习成绩不理想或考试不及格；在考试期间承受过巨大压力；失业或经济问题；堕胎；患艾滋病或其他性传播疾病；重病；自然灾害。

### (五)大学生自杀前的典型预兆

通常情况下，大学生自杀前有以下典型预兆。

(1)对周围人有意无意地诉说无助或有想死的念头。

(2)将自杀的意念在口误、日记、绘画中表现出来。

(3)情绪性格明显反常，焦虑恐惧，无故哭泣，有强烈的罪恶感，或不安全感。

(4)抑郁状态，食欲不振，失眠。

(5)个人卫生习惯的改变(肮脏)。

(6)回避与人接触，与集体不融合，过分注意别人。

(7)行为明显改变，如对生活麻木冷漠的人，突然变得敏感又热情。

(8)无故给亲人或朋友送礼物、请客，无来由地向他人道歉或致谢。

(9)学习成绩骤降，上课无故缺勤、迟到早退。

(10)对曾经的兴趣爱好、学习、着装打扮或自己的身体丧失了兴趣。

### (六)有关自杀干预的种种误解

对于自杀干预人们普遍存在着误解，应当对此进行充分了解。在评估具有潜在自杀倾向的当事人时应当具有科学的理念和审慎的态度。有关自杀干预的误解如下。

(1)与想自杀的人讨论自杀将诱导其自杀。事实上，一般应该和可能自杀的人讨论自杀。当个体自杀意愿相当坚决，进入自杀平静期之前，特别是在心理矛盾冲突期，个体的倾诉欲望是非常强烈的。与一个想自杀的人讨论自杀将有可能使其产生继续活下去的信心和勇气，能帮助他们正确处理一些重大问题，缓解他们的压力，使其愿意花时间重新获得控制。

(2)说要自杀的人不会自杀。事实上有80%的自杀死亡者自杀前曾对他人公开表达和暗示过自杀想法。谈论自杀是自杀前的一种预兆，一种求助信号，一定要认真对待，绝不可疏忽或轻视。

(3)自杀是一种不合理的行为。事实上从自杀者的角度看，几乎所有采取自杀行为的人都有充足的理由。因此，不应对有自杀意念或自杀倾向的个体表现出任何的歧视和排斥，应充分理解、尊重、接纳他们的感受。

(4)自杀者都有精神疾病。事实上仅有少部分自杀者患有精神疾病。他们中大多数是正常人，因为受过打击和创伤而处于不健康的情感状态，如抑郁、孤独、绝望、无助等，这种不良情绪的堆积可能使人产生自杀的念头。

(5)自杀发生在家族中，具有遗传倾向。虽然自杀的家族史是评判自杀危险性的重要因素之一，但应指出的是，自杀倾向并没有明确的可供研究支持的遗传性，它是习得的或是情境性的。

(6)想过一次自杀，就会总是想要自杀。事实上大部分人只是在他一生中某个时候产生过自杀意图。他们大多数人能从短时的威胁中恢复过来，学会适应与控制，使自己的生活丰富多彩，免受自我冲突的威胁。因此，要针对不同个体的具体情况，灵活地进行评估和判断。

(7)一个人自杀未遂后，自杀风险可能消除。事实上自杀最危险的时候可能是情绪高涨时期，当想自杀的人严重抑郁后情绪变得活跃起来，其自杀的风险性更大。一个危险的迹象是在抑郁或者自杀未遂后出现“欣然”期。如果企图自杀者自杀未遂后，其“心绪”仍未解开，则自杀威胁依然存在。

(8)一个想自杀的人开始表现得慷慨和分享个人财产，这种个人财产的安排有时类似于最后的愿望与遗嘱，应当引起高度重视。

(9)自杀是一种冲动行为。事实上自杀有些是冲动行为，有些则是在仔细考虑之后实行的。自杀一般有四个发展阶段：自杀意念形成阶段；内心生死矛盾冲突阶段；自杀行为平静阶段；自杀计划实施阶段。

(10)一般人不会有自杀念头。事实上一般人也会有自杀念头。据国外调查资料显示，30%～50%的学生有过一次或多次自杀意念。

(11)自杀是无法防范的。事实上自杀是有规律可循的，注意捕捉预兆，对有自杀危险的人及时进行危机干预，使其情绪得到充分的宣泄和疏导，则可有效防范自杀。

(12)想要自杀的人是真的想死。事实上很多人并不是想死，他们只是想逃离那个令人无法忍受的境遇，大部分曾经想过自杀的人现在都很高兴地活着。他们当时并不是想要结束自己的生命，而是想终止无法忍受的痛苦，或觉得山穷水尽、走投无路而不得已将自杀作为一种解决问题的办法。因此，找到合理的、替代性的问题解决策略对有自杀倾向的人无疑是一剂良药。

## 三、心理危机的发展阶段和转移状态

### (一)危机发展的四阶段论

这里所指的危机，主要是针对致命性危机自杀而言的。自杀行为的发展过程分为如下四个阶段。

⑴自杀动机或自杀意念的形成阶段。在很多自杀的案例中，自杀被自杀者当作一种逃避现实生活或在遇到一种自以为难以克服的挫折或打击时使自己得到解脱的手段。如有人觉得生活没有意义了，便决定以自杀作为解脱的方法。有人则将自杀作为对自己做错了事而产生的悔恨、自责自罪心理的补偿。如学生因学习成绩不好，感到有负家人的殷切希望和培养，产生强烈的自责自罪心理，并在其驱使下想通过自杀行为而达到“谢罪”的目的。自杀还常常被自杀者用来报复与自己有关的人，以使他们感到内疚、后悔和不安，如青年男女在失恋后，其中一方可能通过自杀来使对方背负道义上的包袱以达到报复的目的。

⑵矛盾冲突阶段。在这一阶段，自杀者虽然已有自杀的意念，但求生的本能和对世事的牵挂常常使自杀者在做出最后决定前陷入生与死的剧烈矛盾冲突中。此时，自杀者经常会与人讨论有关自杀的话题，反复通过各种隐晦的语言透露或暗示自己的自杀可能，或以自杀威胁他人，表现出直接或间接的自杀意图。事实上，这一切均可被看作是自杀者向他人寻求帮助或引起注意的信号。这种信号如果能及时被周边的人察觉到，使自杀者得到及时的关注，或通过外界帮助找到解决问题的办法，自杀者的自杀企图就有可能被减轻甚至打消。而这也是自杀行为可以预防和救助的心理基础所在。

⑶自杀的平静阶段。在这一阶段，自杀者似乎已从所面临的困扰中解脱，不再讨论或暗示自杀，抑郁情况有所减轻，表现得轻松平静，这使得周围的人们以为其心理状态真的好转，从而放松警惕。事实上，这可能是一种假象，因为自杀者已经做出了坚决的自杀决定，不再为生与死的抉择而苦恼，认为自己终于找到了解决问题的方法。他们不再谈论和暗示自杀，甚至表现出各方面情况的好转。如长期忧郁的人突然变得很健谈、很开朗，主动找人聊天，主动给亲人朋友打电话，一个人大笑等，这都是相当危险的自杀前信号。

⑷自杀计划的实施阶段。当个体的自杀意念已经形成，自杀意愿坚决而果断，便进入了自杀行为的最危险阶段——自杀计划的实施阶段。此阶段，个体基本摆脱了周围的人阻断或干预其自杀行为的可能，所要做的事情是为自杀进行最后的准备：考虑自杀方式，准备自杀工具，如买绳子、买安眠药、寻找高楼等，并等待一个合适的时机来结束自己的生命。值得强调的一点是，如果一个人的自杀行为已经发展到了自杀计划的实施阶段，则表明此人的危险性达到了顶峰，需要进行住院治疗或接受 24 小时看管。

### (二)什么是危机转移状态

危机的时程是有限的，一般来说最多持续 6～8 个星期，其后，当事人的主观不适感将逐渐趋于消失。但是，当事人若没有接受及时准确的心理危机干预而自身又缺乏必要的心理调适技巧，那么他所经历的危机事件就有可能转变为一个潜在的致病因素，并逐步转化成一个慢性的、具有较强隐匿性的、长时程的疾病状态。尽管当事人相信危机事件已经解除，问题也得到了某种程度的解决，但由于危机事件所引发的情绪没有得到及时疏解，当事人深层信念没有得到重建，情绪性表现和问题性行为是被强行压抑到意识阈之下，故当新的压力源出现时，仍然有可能将当事人重新带回危机状态。这种致病的情绪气质有可能在相当长的时间(一般是数月至数年)内反复出现。譬如，一个大学生对前女友心怀愤怒，而这一愤怒的情感又未曾得到解决，那么现在他就有可能将这一愤怒的情感迁移到其他女孩身上，在这种情况下，我们就可以说他处于一种危机转移状态中。

【视窗 2】

## 名人名言

能将自己的生命寄托在他人的记忆中，生命仿佛就加长了一些。

——孟德斯鸠

生命是美好的，一切物质是美好的，智慧是美好的，爱是美好的！

——杜加尔

人生是要活的，必须活得兴致勃勃，充满好奇心，无论如何也决不要背对着生活。

——安娜·罗斯福

有理想、充满社会利益的，具有明确目的的生活是世界上最美好和最有意义的生活。

——加里宁

生命很快就过去了，一个时机从不会出现两次。必须当机立断，不然就永远别要。

——罗曼·罗兰

愿你们每天都愉快地过着生活，不要等到日子过去了才找出它们的可爱之点，也不要把所有特别合意的希望都放在未来。

——居里夫人

没有人生活在过去，也没有人生活在未来，现在是生命确实占有的唯一形态。

——叔本华

若要享受生命，现在正是时候——不是明朝，不是明年，不是死后的来世。为了明年有更好的生活，最佳的准备是今年有个充实、完全、和谐而快乐的生活。

——陶玛士·锥尔

人的一生只是一刹那。所以我们要珍惜它，在世上一天就要过好一天，切莫虚度了年华。

——里克特

趁年轻少壮去探求知识吧，它将弥补由于年老而带来的亏损。智慧乃是老年的精神养料，所以年轻时应该努力，这样年老时才不致空虚。

——达·芬奇

人生最大的快乐，是自己的劳动得到了成果。农民劳动得了收获、工人劳动出了产品、医生劳动治好了病、教师劳动教好了学生，其他工作都是一样。

——谢觉哉

确定了人生目标的人，比那些彷徨失措的人，起步时便已领先几十步。有目标的生活，远比彷徨的生活幸福。没有人生目标的人，人生本身就是乏味无聊的。

——姚乐丝·卡内基

# 第三节　大学生心理危机的预防与干预

## 一、危机干预中的评估

危机干预中的评估不是在长时程临床治疗中经常用到的形式化评估程序，而是干预者的一个自觉、灵活、迅速而连续的评估过程。在危机干预中，评估活动极为重要，因为它可以帮助危机干预工作者确定：①危机的严重程度；②当事人当下的情绪状态，即当事人情绪的能动性或无能动性的水平或程度；③可供选择的行动方案、应对机制、支持系统及当事人可以利用的其他资源；④当事人自杀或杀人的可能性。

### （一）评估当事人的功能活动状态

因为危机情境中的评估通常都是在事情极为紧迫的情况下自发、主观、互动地进行的，因此它要求危机干预工作者积极果断、主动连续地进行评估、倾听且系统化地行动，以帮助当事人尽可能恢复到危机前的平衡状态、能动性和自主性。平衡（equilibrium）和能动性（mobility）以及它们的反义词失衡（disequilibrium）和无能动性（immobility）是我们首先需要了解的，因为它们经常被危机干预工作者用来描述当事人的功能活动状态。

(1) 平衡：有机体内部一种精神或情绪的稳定、均衡状态。

(2) 失衡：有机体内部情绪稳定、均衡状态的失却或破坏。

(3) 能动性：一种生理状态，在这种状态下，人能够针对不同的心境、感受、情绪、需要、条件、影响等自动产生变化；对物理世界及社会世界的灵活性或适应性。

(4) 无能动性：一种生理状态，在这种状态下，人不能针对不同的心境、感受、情绪、需要、条件、影响等自动产生变化；不能对当下的物理世界及社会世界产生适应。

一个健康的人应该处于大致的平衡状态，就像一个驾驶员驾车一样，在人生的道路上有启动、有停顿。驾驶员开着车在行进过程中不时会碰到坑坑洼洼的路面，但也不至于将汽车轴承颠坏，除了偶尔做些调整外，驾车员可以在驾驶室保持一个基本稳定的驾车姿势。相比之下，处于危机中的人，不管他的危机是急性的还是慢性的，都会在人生道路上既控制不了自己，又不能辨明道路的方向。他至少是暂时地处于失控状态，不能恰当地利用自己及周围的各种资源，保证自己安全地行驶在心理道路上。

关于平衡状态及能动性这个类比，可以应用到几乎所有的危机情境。譬如，每一个危机干预工作者都需要帮助危机当事人重新坐回心理汽车的驾驶座上。这有时意味着让当事人离开驾驶座，由危机干预工作者来代他驾驶；有时意味着危机干预工作者要坐在副驾驶的位置上，指导当事人如何驾驶、如何识别路标；有时又意味着放手让当事人自己驾车前行。

### （二）危机干预评估之 ABC

一般来说，危机干预工作者不可能有时间进行全面的程序化诊断或是对当事人生活史进行深度了解。因此，在这里提供一个快速的评估程序，即三维评估体系。它可以帮助危机干预工作者快速判断危机当事人在情感(affective)活动(包括感受和情绪)、行为(behavioral)活动(行动或心理-运动性活动)、认知(cognitive)活动(思维方式等)等领域的当下功能状态。将这三个方面简称为危机干预评估之ABC。

(1)情感状态。情感的异常或遭到破坏是当事人进入失衡状态的最初表征。情感异常可表现为过于激动而失去控制，也可表现为过于退缩而不愿见人。通常情况下，危机干预工作者可以通过帮助当事人以适当而现实的方式表达自己的感受来恢复其对情感的掌控。在这方面，需要注意几个问题：当事人的情感反应是否表明他试图否认危机情境的存在或试图回避卷入其中？相对于危机情境，当事人情感反应的性质是否合乎逻辑？当事人的情绪状态在多大程度上由别人引起或因受别人的影响而被夸张了？在某一特定情境中，是否人们都典型地表现出当事人的这种情感反应？

(2)行为功能。危机干预工作者一般都非常注意当事人的所作所为：做了些什么、是否主动采取了某些行动、行为方式如何等。在危机干预中，让当事人恢复主观能动性最便捷的(通常也是最有效的)方法，就是促使当事人以当下能立即采取的行动方案积极行动起来。那些曾成功度过危机后来又以积极方式经历危机的人都报告说，当置身于危机中时，最好的办法就是参加一些具体的、即时的活动。但是，危机干预工作者必须要记住一点，要想使已失去能动性的当事人独立而自主地行动起来可能非常困难，即使这些行动是他当下最需要做的。在这种情况下，危机干预工作者可以向当事人询问以下问题以促使其积极地采取建设性的行动方案：“过去，在类似的情况中，哪些行动有助于你重新获得对事情的控制力？现在，你必须做些什么才能对事态加以控制？或者你必须做些什么才能让自己感觉好受些？是否存在有些人，假如你现在跟他们联系，他们对于你度过这场危机具有支持意义？”失去主观能动性，其问题的实质就是失去了对事态的控制力。一旦当事人行动起来，做些具体的事情，这就向积极的方向迈出了第一步，其也就恢复了一定对事态的控制力，并在一定程度上恢复了主观能动性，营造了不断向前进步的氛围。

(3)认知状态。危机干预工作者对当事人思维方式的评估有助于回答一系列的重要问题：当事人关于危机的认识，其真实性和合理性如何？当事人在多大程度上是在进行合理化或夸大化的解释？是否有过多的非理性思维？当事人进行危机思考已有多长时间？当事人改变关于危机情境的信念并以更积极、更冷静、更合理的方式重新理解危机情境的可能性有多大？

## 二、危机干预的六步骤模型

通常情况下，危机干预由六个步骤组成：①明确问题；②确保当事人的安全；③提供支持；④诊察可利用的应对方案；⑤制订计划；⑥获得承诺。其中，前三个步骤主要是倾听活动，而不是实际的干预行动；后三个步骤主要是危机干预工作者实际采取的行动，由于倾听活动贯穿于评估的全过程，因此它也贯穿于后三个步骤。六个步骤的施行应以危机干预工作者的评估为背景。

### 1.明确问题

危机干预的第一步，是要从当事人的角度明确并理解其所面临的问题是什么。危机干预工作者必须站在当事人的立场，从当事人的角度来感知和理解危机情境并尝试定义问题性质，否则采用的任何干预策略都将没有实际意义。如果主观臆断，甚至会对当事人的危机处理起到反效果。在危机干预的这个起步阶段，共情、真诚、接纳、无条件积极关注等心理咨询的技术将对准确定义危机情境起到至关重要的作用，它们必将极大提高危机干预第一个阶段的工作效果。

2.确保当事人的安全

在危机干预过程中，确保当事人的安全是首要目标，这是毋庸置疑的。所谓确保当事人的安全，简单来说就是将当事人身体和心理上对自己或他人造成危险的可能性降到最低。评估危机事件对当事人心理和躯体安全的伤害性、危险程度，失去能动性的情况或严重性。对安全问题进行评估并确保当事人及他人的安全是危机干预工作中最重要的，无论怎么强调都不为过。

3.提供支持

危机干预的第三个步骤，强调通过与当事人沟通和交流，让当事人相信危机干预工作者是能够无条件接纳他(她)并给他(她)关心和帮助的人。危机干预工作者不要去评价当事人的经历与感受是否具有社会赞许性，而要让当事人相信“这里有一个人确实很关心你”。通过语言、声调和躯体语言向当事人表达危机干预工作者是以真诚的、积极的、不带批判性的方式无条件地接纳当事人的所有，不管当事人是否会对他们有所回报。真正能给当事人支持的危机干预工作者才能接纳当事人，并尊重当事人作为人的独特价值，而其他人未必能对当事人做到这一点。

4.诊察可利用的应对方案

严重受创而失去能动性的当事人，由于思维处于阻滞状态，他们往往不能理性分析所处情境，不能恰当判断出什么是对他们而言的最佳选择。事实上，有些当事人已经认为他们的情况无可救药了。危机干预工作者应帮助当事人认识到，他还拥有很多积极的资源，有许多可变通的应对方式可选择，帮助当事人探索他可以利用的解决方法。促使当事人积极地搜索可以获得的环境支持和可利用的应对方式，发掘积极的思维方式。帮助当事人认识到哪些人现在或以后能关心自己，找到当事人可以用来战胜目前危机的行动、行为或环境资源；使当事人用积极的思维来改变自己对问题的看法并降低应激与焦虑水平。

5.制订计划

制订计划是第四个步骤的自然延伸。危机干预工作者与当事人共同制订行动计划来矫正当事人情绪的失衡状态。制订计划时需注意以下两点。

(1)确定有另外的个人、组织团体和有关机构能够提供及时的支持。

(2)提供当事人现在能够采用的、积极的应对机制，确定当事人能够理解和把握的行动步骤。根据当事人的应对能力，计划应着重于切实可行和系统地帮助当事人解决问题。计划的制订应该与当事人合作，让其感到这是他自己制订的计划，这一点非常重要。制订计划的关键在于让当事人感到没有剥夺他们的权利、独立性和自尊。计划制订中两个核心的问题是当事人的控制力和自主性，让当事人将计划付诸实施的目的定为恢复他的自制能力与自我支持能力，让他感觉他没有因危机而变得过于依赖他人(如危机干预工作者)。

6.获得承诺

获得承诺是第五个步骤的自然延伸，而且，第五个步骤中的两个核心问题，即当事人的控制力和自主性，同样也是本步骤的核心问题。在这个步骤中，要力图使当事人向自己承诺采取确定的、积极的行动步骤，这些行动步骤必须是可以帮助自己的，从实现的角度看是可以完成的或是可以接受的，通过实施这些行动步骤，能帮助当事人在一定程度上恢复到危机前的平衡状态。要结束危机干预前，危机干预者应该从当事人那里得到诚实、直接和恰当的承诺。需要注意的是，危机干预工作者要强调当事人对于实施计划的执行力。要确保实施计划的当事人和危机干预工作者之间达成合作协议，以增加当事人的内在约束感。

## 三、危机干预的基本技术和策略

### (一)危机干预的三大技术

1.建立良好沟通和互信关系的技术

如果危机干预工作者不能和当事人建立良好的沟通和互信关系，干预及有关处理的策略则难以得到执行和贯彻，就达不到干预的最佳效果。如果与当事人建立和保持了良好的沟通和互信关系，则有利于当事人恢复自信和减少对生活的绝望感，保持心理稳定和有条不紊的生活，以及改善人际关系。

建立良好的沟通和互信关系需注意以下几点。

(1)消除内部“噪声”(或干扰)，以免影响双方的诚恳沟通和表达能力。

(2)避免双重矛盾的信息交流，如：危机干预工作者口头上对当事人表示关切和理解，但态度和举止却不给予关切和理解。

(3)避免给予太多保证，尤其是那种“夸海口”式的承诺，因为一个人的能力是有限的。

(4)避免使用难懂的专业性或技术性语言，多用通俗易懂的语言交流。

(5)具备必要的自信，利用可能的机会改善当事人的自我内省和自我感知。

2.支持技术

支持技术主要是危机干预工作者给予当事人精神和情感支持。这类技术的应用旨在尽可能地解决目前的危机，使当事人的情绪得以稳定，可以应用暗示、保证、疏泄、环境改变、药物镇静等方法。如有必要，可考虑短期的住院治疗。有关的指导、解释、说明主要应用在使当事人放弃自杀的观念上，而不是对自杀原因进行反复评价或解释。同时，在干预进程中应注意，不应带有教育的目的，教育虽说是危机干预工作的任务，但是应放在危机解决之后，在康复过程中进行。

3.干预技术

危机干预的主要目标之一是让当事人学会应对困难和挫折的一般方法，有助于当事人渡过当前的危机及以后的社会适应。

### (二)危机干预的基本策略

(1)主动倾听并热情关注，给予当事人心理上的支持。

(2)提供宣泄机会，鼓励当事人将自己的内心情绪表达出来。

(3)解释危机的发展过程，使当事人理解当前的境遇、理解他人的情感、树立自信。

(4)给予希望，使当事人保持乐观的态度和心境。

(5)培养兴趣，鼓励当事人积极参与有关的社交活动。

(6)注意社会支持系统的作用，鼓励当事人多与家人、亲人、同学接触和联系，减少孤独和心理隔离。

(7)帮助面临逆境的当事人学会解决问题的方法。这是解除危机的一个较有效的方法，尤其是帮助他们按以下步骤进行思考和行动，常能取得较好效果：①明确存在的困难和问题；②提出各种可能解决问题的方法；③罗列并分析各种可能方法的利弊及可行性；④选择最可取的方法(即做出决定)；⑤考虑并计划具体的完成步骤或方案；⑥付诸实践并验证结果；⑦小结和评价问题解决的结果。

## 四、基于学校的自杀危机预防和干预

### (一)自杀的线索、风险因素、预测因素和紧急致命因素

对学校的危机干预工作者而言，最重要的准则是：不管是什么类型的危机当事人，都要评估他们现存的关于自杀的线索和致命性的危险因素。非常幸运的是，几乎所有的自杀者都会显露出某些线索或迫切需要帮助的信号。这些线索可能是言语的、行为的、情境的或综合性的。

(1)言语线索：通过口头或文字来表达，可能是直接的(如“现在我想自杀”)，也可能是间接的(如“我对任何人都没有用了”)。

(2)行为线索：可以是为自己买一块墓碑，或者买一个骨灰盒，甚至用割腕作为一种练习或自杀的态度。

(3)情境线索：涵盖的范围相当广泛，如痛苦的躯体疾病或不治之症、失恋或其他生活状况的剧变。

(4)综合线索：包括各种自杀性症状，如抑郁、孤独、绝望、依赖，以及对生活状况的不满等。

不管这些线索表现得如何微妙或隐晦，都可看作是当事人对帮助的迫切需求。

美国自杀学协会(American Association of Suicidology)、贝特、托雷、伯纳德和吉里兰德、哈泽尔和勒温、赫什、克里克、斯通、韦伯和格里菲斯做了大量研究，总结了大

量关于自杀的风险因素，在评估自杀倾向时这些结论可为危机干预工作者提供帮助。如下因素可评估一个人是否具有自杀倾向。

(1)显示自杀或杀人的冲动和严重意向。

(2)家庭中其他人有自杀、伤害的威胁，虐待他人。

(3)有自杀未遂史。

(4)已经规划好一个详细而精确的自杀计划。

(5)最近经历了分手。

(6)作为家庭的一分子，由于各种丧失、吸毒或暴力而备受打击。

(7)由于某人的周年祭日而陷入极度的悲伤中。

(8)是精神病患者(也可能已经停止服用处方药)。

(9)有药物或酒精依赖史。

(10)最近经历过躯体或心理创伤。

(11)有失败的治疗史、慢性疾病或不治之症。

(12)独居，且与他人断绝来往。

(13)患了抑郁症或正在抑郁症恢复期，也可能正在接受抑郁症治疗。

(14)送掉宝贵的财产或是有序地安排个人事务。

(15)特有行为或情感的剧变，如变得冷漠、退缩、孤立、易激惹、惊恐、焦虑，或是社交、睡眠、膳食、学习、衣着、修饰、工作习惯上的改变。

(16)彻底感到绝望或无助。

(17)无法摆脱以前在躯体、情感或性方面被虐待的阴影。

(18)显示出一种或多种强烈情绪，如愤怒、挑衅、孤独、内疚、敌视、悲伤或失望，这些都不是个体正常情绪行为的特征。

(19)声明或暗示即使自己死掉，也不会有人怀念。

(20)忍受着慢性或急性的压力源。

当一个人表现出以上风险因素中的四项或者五项特征时，那么在自杀倾向方面，此人具有高度危险性。

在实际工作中，对长期自杀风险和紧急自杀风险进行区分非常必要，这将为危机干预工作者对个体提供个性化建议和干预起到指导作用。一系列研究实践表明，预测个体自杀最有用的三个指示因子为：①个体不久前尝试过严重的自杀行为。②个体存在危险的、可能导致自杀的精神病性症状。③个体在访谈过程中流露出自杀意图，表明自己已经拥有成熟的近期自杀计划(或是个体周围的可靠人员告知有这样的计划存在)。个体存在其中任意一个因素，都在提醒危机干预工作者个体有可能在近期采取自杀行为。在这种情况下，依据职业操守以及出于维护校园稳定运转的目的考虑，即便本人强烈反对，危机干预工作者也需要将其强制送入医院进行治疗。依据美国著名自杀心理研究专家肖恩·克里斯托弗·谢伊的观点，三因素中的最后一个，才是最重要的自杀危险性指示因子，而这个因素也是在自杀评估的访谈以及测评过程中最容易被忽略的。

### (二)进行青少年自杀危机干预的若干可行性策略和建议

对于任何一个人来说，如果接触到一名可能要自杀的青少年或大学生，可以考虑采用以下策略和建议。

(1)相信你的怀疑，那个年轻人可能会伤害自己。

(2)告诉那个年轻人你很担心他，接着以一种不加判断的、支持的态度倾听。

(3)询问一些直接问题，包括那个年轻人是否考虑要自杀，如果是这样，是否已经有了计划。

(4)不要被那个年轻人所告诉你的信息吓坏。不要争论自杀是正确的还是错误的，或者在不够资格的情况下为那个年轻人咨询。不要承诺为他的意图保密。保持镇静和支持，鼓励那个年轻人讨论下去。

(5)如果你认为自杀的危险马上就会发生，那就不要让那个年轻人独处。

(6)向一个胜任的咨询师、治疗师或其他负责人寻求帮助时不要保持缄默或感到不好意思。

(7)保证那个年轻人是安全的，保证通知到负责的、合适的成人，保证与那个年轻人积极而主动地交谈。

(8)无论什么时候，若那个年轻人自杀的愿望变得强烈，就要告诉他，生活是一步一步、一天一天的，帮助就在身边，以一种直接的方式求助是必要的。

(9)以一种积极的态度来保护处于风险中的孩子。这是危机，需要适用的、直接的指导和管理。在那个年轻人已经明显解决了高风险的危机之后，要密切监控事态的进展。因为，很多自杀受害者在似乎已经重获新生或变得坚强之后突然自杀。

(10)主动承认自杀作为一个选择的现实性，但是不要把自杀“规定”为一个好的选择。

(11)如果那个年轻人极度激越，一直没有吃东西、疲惫或脱水，或者有其他恶化的生理变化，就要考虑住院治疗。

(12)如果没有心理健康专业人员的评估和批准，就不要让那个年轻人返回学校。这可以保证那个年轻人接受必要的治疗，同时也能避免自杀的可能。

### (三)基于学校的青少年自杀危机预防及处理

学校的自杀危机干预应该结合自杀预防、干预以及事后处理等几个方面，使其更为全面、系统、有针对性和可操作性。麦雷(Malley)等建议，基于学校的青少年自杀预防、干预以及事后处理应包括以下几个方面(图 10-1)。

(1)书面的、正式的自杀评估。

(2)明确说明并保证处于危险中的学生安全的书面程序。

(3)全体教职员工要对危险信号和处于危险中的学生的报告加以注意。

(4)确认心理健康专业人员在场或者危机干预小组能够迅速赶到。

(5)预防材料要分发给学生、家长和社区，并且在教室进行讨论。

(6)对处于危险中的学生的心理检查、确认和咨询的程序。

(7)对任何一起实施的自杀事件进行事后处理。

(8)为处理危机工作者评估一名潜在的自杀学生的致命性制定书面标准。

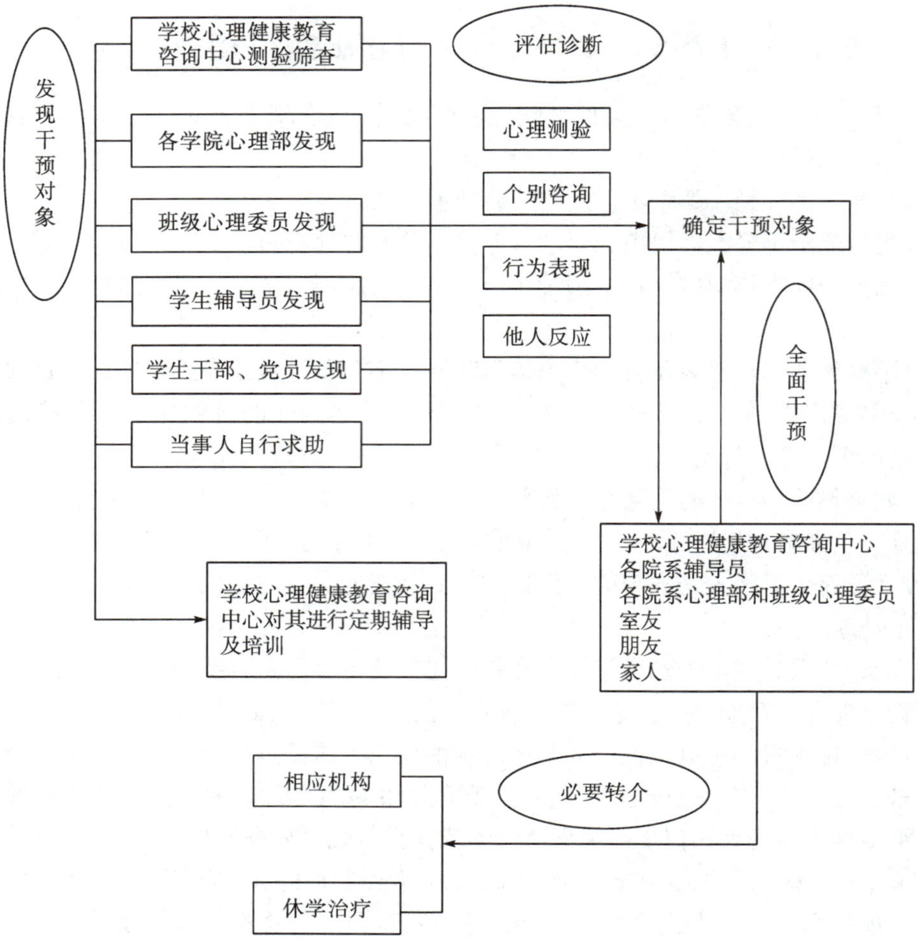


图 10-1　心理危机干预流程图

(9)对学生自杀的预防、干预以及事后处理计划如何评估形成书面的条款。

**【练一练】**

## 危机事件压力经验分享小组模式

危机事件压力经验分享小组的启动通常在危机发生后约 24 小时内进行。全过程包括以下六个阶段。

(1)前言阶段：介绍团体的目标与保密原则。

(2)事实阶段：适当公开事实真相，了解当事人自杀背后的真正原因。

(3)感受阶段：团体成员描述对此事件的客观与主观经验。

(4)症状阶段：团体成员描述对此事件的生理症状、心理症状。

(5)教育阶段：描述压力反应的并发症状，强调创伤反应的正常性。

(6)返回阶段：建立可以沟通和信赖的关系，提供支持系统，帮助当事人获得生活控制感，回到正常生活。

【回顾与思考】

(1)如何珍爱生命？

(2)心理危机有哪些表现？

(3)如何预防与干预心理危机？

【扩展阅读】

## 人生哲理故事

1.从前，有两个饥饿的人得到了一位长者的恩赐，让他们在一根鱼竿和一篓鱼中选一样。其中，一个人要了一篓鱼，另一个人要了一根鱼竿，于是他们分道扬镳了。得到鱼的人原地就用干柴燃起篝火煮起了鱼，鱼熟后，他狼吞虎咽，还没有品出鱼的鲜香，转瞬间，连鱼带汤就被他吃个精光，不久，他便饿死在空空的鱼篓旁。另一个人则拿着鱼竿继续忍饥挨饿，一步步艰难地向海边走去，可当他已经看到不远处那片蔚蓝色的海洋时，他浑身的最后一点力气也使完了，他也只能眼巴巴地带着无尽的遗憾撒手人间。又有两个饥饿的人，他们同样各自得到了长者恩赐的一根鱼竿和一篓鱼。只是他们并没有各奔东西，而是商定共同去找寻大海，饿了就煮一条鱼吃，他们经过长途跋涉来到了海边，从此，两人开始了捕鱼为生的日子，几年后，他们盖起了房子，有了各自的家庭、子女，有了自己建造的渔船，过上了幸福安定的生活。

**秘诀：**一个人只顾眼前利益，得到的终将是短暂的欢愉；一个人目标高远，但也要面对现实生活。只有把理想和现实有机结合，才有可能成为一个成功之人。有时候，一个简单的道理，却足以给人意味深长的生命启示。

2.雨后，一只蜘蛛艰难地向墙上已经支离破碎的蛛网爬去，由于墙壁潮湿，它爬到一定的高度，就会掉下来，它一次次地向上爬，一次次地又掉下来……第一个人看到了，他叹了一口气，自言自语：“我的一生不正如这只蜘蛛吗？忙忙碌碌而无所得。”于是，他日渐消沉。第二个人看到了，他说：“这只蜘蛛真愚蠢，为什么不从旁边干燥的地方绕一下爬上去？我以后可不能像它那样愚蠢。”于是，他变得聪明起来。第三个人看到了，他立刻被蜘蛛屡败屡战的精神感动了。于是，他变得坚强起来。

**秘诀：**有成功心态者处处都能发觉成功的力量。

3.一个老人在高速行驶的火车上，不小心把刚买的新鞋从窗口掉了一只出去，周围的人倍感惋惜，不料老人立即把第二只鞋从窗口扔了出去。这举动更让人大吃一惊。老人解释说：“这一只鞋无论多么昂贵，对我而言已经没有用了，如果有谁能捡到一双鞋子，说不定他还能穿呢！”

**秘诀：**成功者善于放弃。

# 第十一章　构筑积极心理　乐享阳光生活

**【内容导读】**　幸福是什么？可能每个人的答案都不一样，有人说有爱就有幸福，有人说有钱就有幸福，有人说有汽车、别墅才叫幸福，有人说拥有健康的身体就是幸福。但是当我们真正拥有了这些后，却发现得到的幸福非常有限。事实告诉我们，当住房和食物这些基本需要得到满足后，额外的财富对增加幸福感的作用可谓微乎其微。那么如何才能获得幸福呢？学习完本章知识，你就会知道与其关注如何获得幸福，不如关注幸福本身，即问自己："我怎样才能更幸福？"

**【核心词汇】**　积极情感；情感过程忽略；幸福感

## 第一节　获得快乐的心理学

### 一、大学生现状

近年来，在校学生抑郁、自杀事件频发。每每看到这样的消息，都不禁为那些学生感到惋惜，也很难理解，究竟是什么原因让他们痛苦不堪，难以自拔，甚至走到放弃自己生命的地步。这是每个人都需要深思的问题，更是心理工作者需要不断探索的问题。以下是一些大学生或是中学生对"他们的生活中，最重要的事是什么""他们所向往的生活是怎样的"的回答。

"我的生活中唯一重要的事就是好好学习，考所好大学，以后找个好的工作。"

"我希望以后能过得快乐，不管能不能挣很多的钱，我都希望我和我的家人幸福。"

"我觉得不论在哪儿生活都很痛苦，也许我可以躲到一个没有人打扰的地方生活。"

"我讨厌学习，我想早些工作，那样就可以摆脱痛苦的学习生活。"

虽然他们处在相似的生存环境中，但对生活的理解和期望却大相径庭。令人惊讶的是，众多答案中，反映能够享受生活乐趣的人并不多。在很多成年人眼中，现在的学生大多都是"蜜罐"中长大的，不需要为任何事情担忧，只要认真学习就好，应该非常幸福。但是在学生眼中，答案却不是这样。2005 年，某附属中学高中一年级的几名学生对本年级的同学进行了一个"幸福指数"调查，结果显示：在 0～100 分的幸福感自评中，有六成学生的自评分在 80 分以下，而他们最不满意的方面是"自己"。

另一项对大学生生活满意度的调查研究显示：大学生对生活非常满意的占 0%，满意的占 6.8%，稍微满意的占 16.2%，态度模糊不清的占 7.0%，稍微不满意的占 29.6%，不满意的占 30%，非常不满意的占 10.4%。上述数据也表明有 23%的大学生对自己的生活总体上持满意或肯定的态度，而有 70% 的大学生对自己生活的满意程度较低，处于中等偏下水平。

不论是对中学生还是对大学生的调查与了解，都显示出同样一种特点，那就是大多数学生并不认为自己的生活是幸福的，虽然现在的生活水平在不断提高，但是他们的生活满意度并没有相应地提高，这个结果的确与人们的主观判断是背道而驰的。父母们都希望通过自己不断的努力，让孩子们可以无忧无虑地享受学习生活，而现实却告诉我们，仅仅是优渥的物质生活根本无法让孩子们感受到幸福。父母们又该做何选择呢？在家长的教育下，学生认为只要好好学习就会有好的工作和幸福的生活，但在现实生活中那些学习好的学生经常也无法如愿以偿，而那些学习上总是落后于人的学生无论怎样努力也经常做不到“笨鸟先飞”，这时候他们又该如何做呢？

## 二、生活的困惑

每个人在生活中都会或多或少地经历困难、挫折的考验，有时会对生活感到厌倦，甚至感到痛苦。生活中的困扰包括教育、工作和情感等方面的困扰。当下很多人时常会受到低落情绪的困扰，生活中出现的各种负面因素都会或多或少地吞噬人们的幸福感。

每个人生活中都有苦恼，如果我们在生活中某一方面体会到的快乐太少，那么参与与之相关的活动便会成为很痛苦的事情。那是因为快乐是人发展的重要动力之一，只有在学习与成长中体会到快乐，我们才会产生学习与成长的内在动机。

你呢，你的生活幸福吗？可以通过本章的“测一测：主观幸福感问卷”来测试你的主观幸福感。

## 三、支持系统

面对成长的种种困惑，学生自身的力量是很有限的，所以需要外界的支持和帮助。在学校和家庭的生活几乎占据了学生的全部时间，但遗憾的是学校、家庭能为学生提供的帮助差强人意。学校，作为学生受教育的场所，由于它特定的教学目标，把目光主要放在了学生的学业成绩方面，对学生在校学习过程中是否心情愉悦、是否承担着巨大的身心压力、是否有健康的人际关系却是无暇顾及，在中国尤其如此。在学习阶段或社会生活中，我们都在承受着各种各样的压力，家庭本应作为我们成长过程中最重要的支持系统。然而，事实却是，由于年龄关系我们与父母的交流存在代沟。父母的生活经验更加丰富，所以父母通常情况下善于使用说教的方式来帮助我们，当我们进入青春期，我们就开始在尝试着脱离父母的束缚，实现自我的成长。步入成年期后，我们更需要尽可能依靠自身的力量寻求人生的意义，适应社会的挑战。这个过程中，我们在努力证明自己的成熟的同时，也需要外界的帮助，既希望证明自己的独立能力，同时也会留恋父母的呵护。这让我们与父母的距离在忽远忽近间摇摆，父母如果在这个阶段缺乏对孩子的了解，缺乏与孩子有效的交流，即使很想帮助孩子走出心理困境，也往往会适得其反。

值得庆幸的是，近年来，青少年的心理健康已经引起了社会越来越多的关注。作为专业支持系统的心理学工作者，我们也很想从我们的“百宝箱”中搜寻到一个完美的工具，易于理解，安全有效，能够成为人们在成长中遇到心理困境时的好帮手，成为人们的快乐加油站，但这的确很难。经过多番筛选，最后我们把目光停留在了积极心理学这个具有独特风格的“工具”上，它已在国外吹起了一阵强劲的旋风，给无数的人带来了欢乐和幸福。

众所周知，客观发生的生活事件无法改变，但是这些生活事件会在不同程度上给人们造成心理应激(压力)。而积极心理学，通过主观调节人们对于客观生活事件的认知从而使人们逃离压力，获得快乐。

**【测一测】**

## 主观幸福感问卷

指导语：请你仔细阅读下列每个题目，然后判断该题所描述的情况与你的真实情形的符合程度。1 代表“完全不符合”，2 代表“不太符合”，3 代表“有点符合”，4 代表“大都符合”，5 代表“完全符合”。

| 题目 | 1 | 2 | 3 | 4 | 5 |
|---|---|---|---|---|---|
| 1.与很多人在一起我会觉得不舒服。 | | | | | |
| 2.我总是以乐观的态度去面对生活中的烦恼。 | | | | | |
| 3.我认为我周围的世界是灰色的。 | | | | | |
| 4.我讨厌看到镜子中的自己。 | | | | | |
| 5.我相信我可以让自己喜欢的人幸福。 | | | | | |
| 6.我在同伴里很有影响力。 | | | | | |
| 7.与同学在一起的时候，我常常充当二流角色。 | | | | | |
| 8.我不喜欢自己的性格。 | | | | | |
| 9.我认为大多数教师都很喜欢我。 | | | | | |
| 10.无论在学校、逛街还是旅行，我都很有安全感。 | | | | | |
| 11.我觉得自己不像大部分人那样讨人喜欢。 | | | | | |
| 12.我相信“活着就是一种幸福”。 | | | | | |
| 13.我总是连续几天无所事事。 | | | | | |
| 14.我处理事情的能力很差。 | | | | | |
| 15.我喜欢参加校友联谊会。 | | | | | |
| 16.期末临考前的准备总是让我神经衰弱。 | | | | | |
| 17.我有能力实现自己的理想。 | | | | | |
| 18.我对未来的每天都非常憧憬。 | | | | | |
| 19.我对自己的身高非常满意。 | | | | | |
| 20.我担心自己的收入养活不了自己。 | | | | | |
| 21.我长得很帅气/漂亮。 | | | | | |

续表

| 题目 | 1 | 2 | 3 | 4 | 5 |
|---|---|---|---|---|---|
| 22.遇到困难时，我总是能得到朋友的支持与帮助。 | | | | | |
| 23.看上去很多同学不太喜欢我。 | | | | | |
| 24.我和父母在一起时开心事很多。 | | | | | |
| 25.只要肯努力，我就能成功。 | | | | | |
| 26.我在交谈时老是怕说错话。 | | | | | |
| 27.我是一个很受欢迎的人。 | | | | | |
| 28.在我家里有一种和谐、幸福的氛围。 | | | | | |
| 29.我与同龄人相处得不好。 | | | | | |
| 30.与别人第一次见面时，我通常会给别人留下个好印象。 | | | | | |
| 31.关于自己的烦恼有口难言。 | | | | | |
| 32.我总是觉得自己很糟糕。 | | | | | |
| 33.在集体中我能随意地展现自己。 | | | | | |
| 34.我能把自己的想法准确地表达出来。 | | | | | |
| 35.总的说来，我快乐的时候更多。 | | | | | |
| 36.别人总是故意和我作对。 | | | | | |
| 37.相信我的存在对别人是有价值的。 | | | | | |

计分方式：

1、3、4、7、8、11、13、14、16、20、23、26、29、31、32、36 题是反向计分题，选择 1 计 5 分，2 计 4 分，3 计 3 分，4 计 2 分，5 计 1 分。其他题目为正向计分，选择几就计几分。然后将所有分数相加得到你的主观幸福感总分。

对总分的解释：

非常不幸福(37～105 分)说明你认为自身状况(如自我成长、自我目标实现、自我接受、自我健康、财富、形象等)和社会关系(如家庭关系、室友关系、朋友关系、恋爱关系、师生关系等)与他人比较起来处于较低的地位，和自己的理想差距很大，认为自己以及自己的生活很不完美，而且这种状况难以改变。情绪不稳定，极易体验到消极情绪。

比较不幸福(106～125 分)说明你认为自身状况和社会关系与他人比较起来处于较低的地位，和自己的理想差距较大，认为自己以及自己的生活不太完美，努力寻求改变，但是效果不佳。情绪不稳定，比较容易体验到消极情绪。

有点幸福(126～145 分)说明你认为自身状况和社会关系与他人比较起来没有优越感，和自己的理想有点差距，有时可能情绪不太稳定，对自己的评价波动性较大，希望自己的生活状况能够有所改变。既能体验到积极情绪，又能体验到消极情绪。

比较幸福(146～161 分)说明你认为自身状况和社会关系与他人比较起来处于相对较高的地位，虽然和自己的理想有一定差距，但是认为通过自己的努力可以达到自己理想的状况。生活比较完美，情绪状态比较稳定，很容易体验到积极情绪。

非常幸福(162～185 分)说明你有强烈的幸福体验，非常认可自己的生存状态，对自己有一个非常客观的评价。也许你在别人的眼中并不是特别幸福，但是你能体会到生活的真谛，能从平凡的生活中体会到幸福的存在。情绪状态稳定，积极乐观。

# 第二节　积极情绪与幸福感

## 一、积极情绪

### (一)积极情绪的概念

什么是积极情绪目前还没有统一的定义，但不同研究者已从不同的角度对其进行了描述。孟昭兰认为，积极情绪与某种需要的满足相联系，通常伴随愉悦的主观体验并能提高人的积极性和活动能力。分立情绪理论的观点认为，积极情绪包括快乐、满意、兴趣、自豪、感激和爱等。情绪的认知理论则认为，积极情绪就是个体在目标实现过程中取得进步或得到他人积极评价所产生的感受。积极情绪能够激活一般的行动倾向，对于认知具有启动和扩展效应，能够建设个体的资源，降低消极情绪的激活水平。积极情绪也是心理健康的重要组成部分。

文化观念可能是导致积极情绪研究滞后的重要因素。在很多国家，享受和休闲被视为罪过，任何让人感觉良好的事物都只会让人分心，它们被看作是琐碎的、微不足道的，也因此是不必要的。人们认为只有通过艰苦的工作，才能证明自己的真正价值。拥有这种世界观的个体通常回避所有可能产生愉悦感的活动，如运动或跳舞，而倾向于漫长的工作和勤俭的生活。在这种世界观指导下产生的文化，颂扬努力、坚持不懈和竞争。人们相信“一分耕耘，一分收获”，那些未能享有成功事业和更高成就的人，必定是腐朽的、懒惰的、低人一等的。然而，积极情绪不仅是人们成功与健康的标志(或副产品)，而且能够促使人们更加成功与健康。

### (二)积极情绪的功能

根据以往的情绪研究经验，人们认识到，从功能和作用来认识情绪的基本性质，可能是一条有效的途径。这一点对于认识积极情绪也不例外。很明显，快乐、兴趣、满意、爱和类似的情感是令人愉快的，但心理学家弗雷德里克森(Fredrickson)指出，积极情绪还有其他优点。为了说明积极情绪的功能，弗雷德里克森提出了积极情绪的扩展建构模型(broaden and build model of positive emotion)。

1.一般的活动激活倾向

研究认为情绪是有机体在进化过程中为了适应环境而被赋予的，尤其消极情绪是在应对威胁生存的环境中逐渐进化而来的。许多情绪心理学家建构情绪模型时把情绪定义为“与特定行动趋向相关联的一些东西”。例如，愤怒产生攻击欲求、恐惧产生逃离欲求、厌恶引发驱逐欲求等。这种特定行动的趋势对于应对危险和生存挑战是必需的和关键的。

但对于积极情绪，一般研究认为它并不伴随特定行动趋向，不产生具体的行动，而是激发个体一般的活动性(即接近或趋近倾向)，进而促进活动的连续性。例如：高兴与没有目标的激活相关、与专注的兴趣相关、与静止状态的满足相关；满意与放松的状态相联系；而兴趣与注意定向相联系，兴趣引起个体一种想要研究、探索或卷入的感觉，使其整合新的信息到自我中以及获得对于客体和他人的新经验。

在积极情绪状态下，个体会保持趋近和探索新颖事物，保持与环境主动的联结。Fredrickson 指出，除具有一般的活动激活倾向外，积极情绪也与特定的行动倾向相联系，如快乐使人产生游戏、冲破限制、创新的愿望；兴趣使人产生探索、掌握新的信息和经验并在这个过程中促进自我发展的愿望；满意使人产生保持现有的生活环境并把这些环境和自我以及社会的新观点融为一体的愿望；自豪使人产生想与他人分享成功和求得在将来取得更大成就的愿望；爱使人产生想再次与所爱的人一起游戏、探索的愿望。尽管如此，积极情绪所激发的行动趋向的广泛性已远远高于消极情绪。

2.扩展即时的思维-行动空间

消极情绪会限制一个人在当时情境下的思维-行动空间(thought-action repertoire)，即促使个体在当时情境下做出由进化固定下来的某些特定行为，如逃跑、攻击、躲避等。当人处于危险情境时，恐惧、害怕等消极情绪的“特定行为倾向”限制了他们的思维-行动空间，使他们的思考和行动局限在以保护自己生命为核心的几种特定行为方式上，从而保证在很短的时间内(往往是自动地)做出保存生命的特定行为。显然，消极情绪对思维-行动空间的限制作用具有很强的生存价值。

相反，积极情绪能扩展个人即时的思维-行动空间(momentary thought-action repertoire)。积极情绪能够拓宽个人的注意力范围，增强认知灵活性，扩展个体的认知地图。比如，快乐、兴趣和满意等情绪能让我们产生前进的动力，变得更有创造力，更愿意去探索人生，寻求新的体验。总之，积极情绪不仅仅是快乐环境中的产物，它还能鼓励个人成长和促进社会联系。

Fredrickson 等研究人员准备了四组分别能诱发喜悦(joy)、满意(contentment)、害怕(fear)和愤怒(anger)的视频，为了进行比较还同时准备了一组诱发中性情绪的视频为控制条件，每组视频持续的时间约为 15 分钟。当被试看完一组视频后，要求被试想象自己也正处在那样的情境中(被试可以回忆自己过去具有同样情绪的一些生活场景)，以此来确保被试沉浸在相同的情绪体验中。然后让被试根据自己当时的想法，把“我想要”句子补充完整，共 20 条。结果表明：在喜悦情绪状态下，被试平均列出 14.4 条；在满意情绪状态下，被试平均列出 13.5 条；在害怕情绪状态下，被试平均列出 9.8 条；在愤怒情绪状态下，被试平均列出 8.5 条；在中性情绪状态下，被试平均列出 11.9 条。这一实验结果验证了积极情绪的扩展理论：在喜悦和满意情绪状态下的被试比中性情绪状态下有更大的注意广度。这一实验结果还表明，积极情绪和消极情绪本身的不同强度(即唤醒水平的高低)对个体思维-行动空间的扩展或收缩程度也有一定影响：积极情绪的强度越大，其扩展功能越强；同样，消极情绪的强度越大，其收缩功能越强。

3.促进问题解决

积极情绪能够促进联系感，促进创造性问题解决，还可以缩短解决问题的时间。例如，在组织环境下，积极情绪能影响管理者的决策制定、冲突的解决、团体行为、对工作任务的感知等。这些研究表明，积极情绪增加了个人以多种方式组织想法的能力。在阿什比(Ashby)等的研究中被试被随机分到中性情绪组和积极情绪组，用各种简单方法诱发积极情绪，完成不同的用以检验创造性问题解决的任务，得到的结果较为一致。另外，积极情绪还对单词联想、言语流畅性、人际问题解决、决策等有促进作用。在这些过程中认知的拓宽效应可表现为首次联想的多样化、言语流畅性的增加和克服习惯化反应能力的增强、解决方案的全局性的增加、决策质量的改善和决策制定的全面性和有效性的增加等。

## 二、影响幸福感的因素及提高分析

幸福感是指人类基于自身的满足感与安全感而主观产生的一系列欣喜与愉悦的情绪。

对于幸福的追求方式，前现代时期主要表现为哲学家的思辨和个体生活方式的选择，到现代时期出现了付诸社会运动和制度建构，这体现了一种历史性的进步。现代化给人类带来的一个重要成就无疑是物质生活条件的不断改善和生活质量的日益提高。然而，现代化又是一个充满悖论的进程，与客观福祉的提高形成比照的是主观幸福并没有呈现相应程度的上升，这无疑构成了现代化的一种困境。

### （一）幸福感的影响因素

究竟什么使人幸福？关于这个问题有许多的推论和常识性的假设。对于主观幸福感的测量在20世纪60年代后期到80年代中期，成为心理学的一个热点研究领域。心理学家对于主观幸福感的探讨更多地来自生活质量、心理健康和社会老年学三个学科领域。由于社会学家和经济学家加入幸福感研究的行列，幸福感的丰富内涵和表现形式得到了更多揭示。

作为社会心理体系一个部分的幸福感，受到许多复杂因素的影响，主要包括：经济因素如就业状况、收入水平等；社会因素如婚姻质量等；人口因素如性别、年龄等；文化因素如价值观念、传统习惯等；心理因素如民族性格、自尊程度、生活态度、个性特征、成就动机等；政治因素如民主权利、参与机会等。

1.性别与幸福感

一直都有人疑惑到底是女性更能感受到幸福，还是男性更能感受到幸福？在美国，女性抑郁患者的比率是男性的两倍。这似乎表明男性比女性更快乐。然而，男性嗜酒的可能性至少是女性的两倍。饮酒可能是男性免于抑郁的一种方式。因此，男性和女性抑郁的真实比率可能是相近的。研究者只有通过实际的研究才能解答幸福感的性别差异问题。迈克洛斯(Michalos)收集了来自39个国家共18 033名大学生的数据，他发现男性和女性评价自己对生活满意的比率是相同的。

2.年龄与幸福感

更有可能感受到幸福感的是年轻人、中年人，还是老年人？我们通常认为某个年龄段感受到的压力可能比其他年龄段更大，如中年危机或青春期压力。这会让我们认为人生的某个年龄段会比其他年龄段更幸福。英格尔哈(Inglehart)特选取来自 16 个国家的 169 776 名被试对该问题进行了研究。结果发现，能使人感到幸福的环境因素随年龄而改变。例如，对老人而言，有经济保障和健康是非常重要的，或说是让人感到幸福的；而对青少年而言，学业、工作顺利和满意的亲密关系对幸福感而言是非常重要的。研究结论认为，就总体幸福感而言，没有明显的证据表明人在人生中的某一时间段比其他时间段更快乐。然而，相较于其他年龄段而言，18～35 岁是人们感到压力较大的一个阶段，因为在这个年龄阶段人们将经历非常多的生活事件(毕业、就业、结婚、生子等)。这些重大的生活事件都会给人带来不同程度的心理应激，从而使人感受到压力。

3.健康与幸福感

许多人认为健康状况是决定幸福感水平的一个重要因素。他们猜测，如果一个人突然失明或瘫痪了，他一定不会快乐，所以身体不健康的人就一定一直处在不快乐的状态中。研究证明并不是如此，那些突然遭受严重身体疾病(如脊髓受伤)的人会短时不快乐，但他们能很快适应并在几星期内显示出接近正常水平的幸福感。值得注意的是，重度瘫痪者(颈部以下全身瘫痪)中，有 93%的人说很高兴能活着，84%的人认为他们的生命质量达到甚至高于平均水平。

就幸福感而言，主观的健康感受比实际的健康状况更重要。人们对自己健康状况的主观评分与幸福感相关，由医生给出的客观健康评分则与幸福感不相关(那些严重残疾的人除外)。主观的健康评分更多地受到人格特征的影响，比如，神经质和应对方式(如否认或观念重构等)。高度神经质的人可以痛苦地抱怨自己有健康问题，而在医生看来他的身体状态根本就是健康的。相反，医生认为很不健康的人可能报告自己感觉相当好，因为他们使用否认或观念重构的方式应对自己的身体疾病。同时，积极情绪提高了人们对疼痛的忍耐能力。除了严重残疾的人外，绝大多数人采用的自我知觉能够相对较快地适应自己的身体疾病，并变得与他们的幸福水平一致。

总体来说，健康的人要比身体羸弱的人更幸福。要解释这一点并不困难，因为生理疾病或多或少会影响到心理状态。然而，两者间相关反映的可能部分是一种相反方向的效应：幸福的心境可以降低患病的可能性。幸福感可以通过影响免疫系统而对人体健康产生影响。幸福的人比那些不幸福的人的免疫系统更能够有效地运转。此外，幸福的人会比悲伤的人更少报告自己生病，报告的自身症状也相对较少，甚至在两者的患病情况相当时也是如此。

4.财富与幸福感

当被问到什么会使你幸福时，许多人回答的是“有钱就会幸福”。如果你认为钱会使你幸福，那么多少钱才会让你真正感受到幸福呢？根据一家报社的调查，每年赚 2.5 万美元的人认为每年赚 5 万美元会使他们幸福；每年赚 5 万美元的人说每年赚 10 万美元就够了；每年赚 10 万美元的人认为他们需要大约 20 万美元。可以发现人对金钱的欲望是无限的。

这也从某些方面证实了，财富超过一定水平之后对幸福感的提升几乎毫无作用，但是贫困却对幸福感有着极大的影响。经济水平处在最底层的人患抑郁症的比率最高。经济困难属于生活事件(心理应激源)，会引发心理应激，让人产生压力。另一项研究发现，财富和健康之间存在交互作用：显然有许多穷人过得很幸福，而许多身体不健康的人也很幸福，但是如果你既贫穷，身体又不健康就很难感到幸福。

综合目前的研究可以得出如下结论：①几乎没有证据表明富人会比财富处于平均水平的人幸福得多，但也不能证明财富不能使人更幸福，仅仅是没有证据支持财富能够使人幸福而已。如富人组对比平均收入水平组在某些方面没有差异，这可能是真的不存在差异；但也可能存在差异，只是当前的测量不够精确，未能识别出差异。②财富的增加可能提高幸福感，但财富增加带来的幸福感提升被与之相伴的其他因素抵消了。财富的增加在某种程度上提升幸福感，它能降低挫折带来的负面影响，提高自己的生活掌控感。但相关 Kahneman 等的研究也发现高收入与更长的工作时间和更少的休闲时间存在着关联。与高收入相伴随的更高的工作压力，更少的休闲时间，更少的与家人、朋友交往的机会可能导致了幸福感的降低。③纵然财富不能带来幸福，但贫困确实会使人不幸福。当一个贫困的人周围都是经济条件比较好的人，或者在他同时身患疾病的情况下，由贫困带来的不幸福感会更为明显。④财富给人带来的幸福感主要在于收入的改变，而不是财富的总量(极度贫困的情况除外)。当一个人突然获得一笔意外之财的时候，他会瞬间体验到强烈的幸福感。但是一旦他适应了这种新处境，幸福感就会回到先前的水平。

5.性格与幸福感

幸福感在多大程度上是我们被动地从生活中接受的，而在多大程度上又是由我们自己决定或自主创造的呢？美好的生活事件使人幸福，而不幸的生活事件使人不幸福。在心理应激模型中可以发现，生活事件是客观存在的，但是个性作为一个影响因素，会直接影响生活事件是否会使人产生心理应激和不适应现象。极端情况下，外部情境明显起关键作用。一个人被关进监狱后不可能是逍遥自在的，在刚中彩票后也不可能是悲哀的。但后来逐渐累积的证据显示：在使人幸福的因素中，生活事件的影响要比人们预期的小。即便在看上去决定快乐的“强烈情境”中，快乐程度也有显著的个体差异。人口学变量，诸如性别、年龄、种族和收入等，只能解释幸福感变异的 10%～15%。一方面，如果性别、年龄、教育程度，甚至健康、财富对幸福感影响不大，那么人们的幸福、快乐从何而来？另一方面，人与人之间的差异很大，有些人即使生命中充满了坎坷与失望，依然会过得幸福快乐。如何解释人与人之间巨大的幸福感差异？

心理学家科斯塔(Costa)和麦克雷(McCrae)推测，人格对特定个体幸福感的产生或许具有一定作用。他们认为，幸福感是指在人的一生中表现出相对较高的积极情感和相对较低的消极情感。外向性和神经质影响着人们的情感，他们预测外向性决定了个体的积极情感，而神经质则决定了个体的消极情感。他们的假设得到了进一步研究的支持。外向性和神经质能预测人们生活中积极和消极情绪的数量，因此能很好地解释主观幸福感。事实上，在解释幸福感的变异时，外向性和神经质的解释力是所有人口学变量(如收入、性别、教育程度、种族、宗教)解释力之和的三倍多。拥有恰当的人格特质组合(高外向性和低神经质)，似乎比拥有恰当的人口学变量更能产生幸福感。在科斯塔(Costa)和麦克雷(McCrae)的研究之后，又有众多研究重复验证了外向性、神经质与幸福感的密切关系。但相关研究并不能确定人格是否可以保证个体以一种会让人感到幸福的方式生活。例如，一种观点认为神经质会让个体成为担忧者或抱怨者，而他人并不喜欢被一个过分担忧或抱怨的人纠缠，所以人们可能会避开他(她)。因此，这个人会是孤独的、不开心的。这个人的神经质导致了特定的生活情境，比如，使其他人感觉不舒服，而他人感觉不舒服的情境又使得他(她)不开心。

除上述影响因素外，对主观幸福感的理解还涉及许多分析层面，主要包括认知与情感、个体与群体、横向与纵向、时点与时段等。在主观幸福感与社会心理体系诸多因素和层面之间的密切联系中，以下几点是十分独特而重要的。

(1)心理参照系。就社会层面而言，其成员的幸福感将受到他们心理参照系的重大影响。例如在一个封闭社会中，由于缺乏与其他社会的比照，即便这个社会的物质发展水平不高，但由于心理守常和习惯定式的作用，其成员便可能知足常乐，表现出不低的幸福感；而一个处在开放之初的社会，面对外来发达社会的各种冲击，有了外在参照，此时其成员的幸福感便可能呈现下降趋势。

(2)成就动机程度。人们的成就需要决定他们的成就动机程度，成就动机程度又决定其预期抱负目标。其中人们对于自身成就的意识水平是一个重要环节，如果人们意识到的自身成就水平高于预期抱负目标，便会产生强烈的幸福感；反之，则不会有幸福感。

(3)本体安全感。本体安全感指的是个人对自我认同的连续性、对生活的社会环境表现出的信心。这种源自人和物的可靠感，对于个体形成信任感是极其重要的，而对于外在世界的信任感，既是个体安全感的基础，也是个体抵御焦虑并产生主观幸福感的基础。因此，人的幸福感有时与其经济状况或收入水平之间并未呈现出简单的正相关关系，在现实生活中，一些经济状况不佳的人，其幸福感却不低，而有些百万富翁却整日忧心忡忡。一些调查结果表明，人们对社会问题的关心更倾向于与民生有关的领域，民生问题成为大多数社会成员最关切的社会问题。这种关注重点的变化，反映了人们对于社会发展态势的判断。而对于民生问题关注程度的上升，尤其反映了体制改革与社会发展正在对人们的生存条件和生活质量产生强有力的影响。这一切深刻地影响着人们的本体安全感，具体表现为对社会生活保障需求的增强，从而影响到人们的幸福感。

### (二)幸福感的提升

幸福如此诱人，那么可不可以主动提高自己的幸福感呢？遗憾的是，Lykken 和 Tellegen 的研究认为提高幸福感非常困难，几乎不可能实现。甚至有研究者认为，幸福感就像胆固醇水平一样，是一个受遗传影响的特质，遗传的基因为我们设定了一个稳定的幸福基点。但正如胆固醇水平会受饮食和锻炼的影响一样，幸福感在某种程度上也受个人的控制。柳博米尔斯基(Lyubomirsky)给出了一个关于幸福感的公式：

幸福感=基点+生活情境+意志活动

“基点”对任何特定的个体而言都像人格一样很难发生改变，而很多“生活情境”也是我们无法控制的。“意志活动”是公式中比较有意思的一个部分。虽然幸福感不仅仅是意志的产物，但是意志至少能够引导我们去做更多的事情，因此会产生更多的幸福感。对幸福感有重要影响并受人们“意志活动”控制的一些因素如下。

1.良好的人际关系

从当前众多的心理学研究来看，良好的人际关系对幸福感有非常显著的影响。迪纳和塞利格曼以 222 名大学生为被试，将“幸福的人”与“最幸福的人”(“幸福感量表”测评得分最高的 10%的大学生，约 22 名)和“最不幸福的人”(“幸福感量表”测评得分最低的 10% 的大学生，约 22 名)进行比较。幸福与最幸福两组大学生在所考察的对幸福感有重要影响的所有变量上都得到了高分，没有显著差异，只有一个变量例外：与他人良好的人际关系。最幸福组中，所有人都与他人有非常亲密的关系。最不幸福组大学生的人际关系显著差于幸福组大学生。一项针对美国中年人的调查也发现，大多数人认为他们与家人及朋友的关系是生活满足感的最主要源泉。心理学研究中一般很少能发现对于某些事情的“必要”条件。但是从迪纳和塞利格曼的研究来看，良好的人际关系似乎是高幸福感的必要条件。

如何理解良好人际关系与幸福感之间的联系呢？首先，幸福的人更可能被别人选做朋友和信任对象，因为他们比愁眉苦脸的人更具竞争力(具备热情、开朗等品质)，而且他们会更多地帮助别人。其次，良好人际关系满足了人的归属需要，因此令人感到幸福和满意。再次，良好人际关系使个体相信自己随时都可以得到一定的社会支持和关怀，而被支持和关怀总会让人有一种愉快的感觉，因而也就能更多地感受到幸福。最后，我们常常与自己关系良好的人(如家人、朋友、熟人等)一起做一些彼此都感兴趣的事情，如散步、打球、喝茶等。这些活动是双方都感兴趣的，能使双方在活动中相互支持，从而给双方带来愉快的体验。显而易见，人际关系与幸福感之间的影响总是双向的：幸福感会促进良好人际关系的形成，而良好的人际关系又会增加幸福感。

幸福感提升建议：第一，制订能够与家庭保持亲密接触的生活计划。这种计划既包括年度计划中的各个阶段，也包括生活中的长期规划。如在离家的日子里，可以通过电子邮件、电话、录像、在线视频等方式与家庭成员保持联络。保持与家庭成员之间的联系提高了社会支持，这不仅能为个体带来幸福感，而且提高了个体免疫系统的机能。第二，结交几个要好的朋友并与他们保持密切的联系。如果你想结交好朋友，你选择的工作和休闲娱乐活动应当让你有可能遇到与你兴趣相投、能力相当、境况相似、阅历相仿的人，因为两个相似的人之间的友谊，比两个不相似的人之间的友谊要深厚得多。在彼此适宜的方面将你独特的技能、人格和风格，与未来的朋友的需要或偏好做一个匹配。在友谊开始阶段，这个匹配很重要。如果你的特征和潜能很独特，并切合新朋友的需要，那么你被取代的可能性就很小。用进化论的观点来说就是：你比你的竞争者更适合担当那个人的朋友角色。第三，与熟人合作而非竞争。与熟人(既非家人也非朋友)合作不仅能建立信任，同时还可避免因与熟人竞争而引发的种种不快。只要牢记你将不得不与熟人长期共处，并肩工作会比独自单干带来更多的个人利益，你就会更乐意合作。在所有重要的关系中，都应保证自己做出平等互惠的行为而不是自私自利的行为。如果别人给你帮助或恩惠，你要用同等的(不是较少的)恩惠和帮助回报对方。互惠行为建构信任，非互惠行为破坏信任。第四，扩大社交圈，做外向的人。那些自我剥夺与他人交往机会的人更可能忧郁。尽可能多地与家人或朋友在一起。尽可能认识不同的人，参加能分享自己兴趣的俱乐部、社会活动或其他团体活动。注意多微笑，使自己更外向些。当微笑所牵涉的面部肌肉活动时，你的情绪会得到改善。微笑的、友好的人更有吸引力，也更容易结识新朋友。

2.喜爱的工作

鉴于人们经常抱怨自己的工作，也许不能期望工作是幸福感的重要来源，但事实与此相反。迪纳(Diener)的研究表明，工作满意度与幸福感有中上程度的相关，其相关系数约为 0.4。幸福人士的普遍特征是，有一份能带来满足和成就感的工作。对幸福的人来说，工作本身的奖励比薪水更有意义。

众多研究表明，有职业的人比未就业的人更幸福，而且从事专业技术工作的人比从事非技术工作的人更幸福。这可能是由于工作使人有机会获得快乐，满足自己的好奇心和发展技能，扩大自己的社会支持网络，提高自己的认同感和目标感。

目前，尚未发现有什么生活事件可以在长时间内大大提高一个人的幸福感，不过某些生活事件确实能起到相反的作用。其中一个事件就是失业。

如果你失去的是一份自己喜欢的工作，一份在你长期职业生涯中一直引以为豪的工作，这件事会给你带来更大的伤害。一项针对 24 000 多名德国工人的研究发现，他们在失业后的生活满足感急剧下降，然后会随着时间推移而恢复。但是就平均情况来看，其生活满足感直到 15 年后都无法恢复到先前的水平，即使他们已获得了一项新的工作。

幸福感提升建议：第一，找一份令自己满意的工作。在令自己满意的工作中，通常有良好的个人-环境适应状态。在从事这样的工作时，人们各负其责，工作环境与他们的技能、天分和爱好相匹配。人们喜欢那些运用自己熟练的技能才能完成的、完全由其内在价值决定的和那些能够带来社会收益的工作。其他与工作满意度相关的因素包括清晰的角色定位、支持性的管理、与同事之间交流的机会、有价值的社会地位、身体安全和经济保障。第二，尽可能避免失业，如果无法做到这一点，那就尽可能避免长期失业。

3.目标与意义

实验证明，拥有明确目标的人相较于没有明确目标的人，更能体会到幸福。阿德勒认为，人的基本动机是“追求优越”，而不同的人会以不同的方式来追求这个目标。根据阿德勒的理论，最健康的、最有可能带来满足感的追求优越的方式，就是立志于去争取比你自身更崇高的东西，如社会的进步、在公平秩序下的世界和平、人类知识的发展。幸福的人心中的典型目标包括使世界在某种意义上变得更好，如改善环境或者促进人类和平与正义事业的发展。

人们在达到较高成就目标时比达到较低成就目标时报告的幸福程度更高。与目标相关的幸福感可能是由人格特质等因素共同决定的。外向的人在完成了令人兴奋的事情时会更幸福，而内向的人则在完成了令自己满意的事情时更为幸福。人们在把目标和愿望协调一致地组织起来后才得以实现的幸福，比还没把这些目标和愿望考虑清楚的时候更高。相互冲突的目标，或者对某一目标模棱两可的理解降低了幸福感。

4.运动和锻炼

运动和锻炼不仅是增进人体健康的手段，也有助于提升人的幸福感。阿盖尔(Argyle)等对经常运动、看电视和听音乐的人以及不怎么从事这三种活动的人进行了调查，结果发现经常运动的人的幸福感显著高于不常运动的人，而在其他两种活动方式上未发现显著差异。

短期的锻炼带来积极的情绪状态，长期的锻炼则产生更强的幸福感。塞耶(Thayer)发现，散步 10 分钟能减轻紧张和疲劳感，并带来随后两个小时的精力充沛。另外一些研究也发现，早晨锻炼 1 个小时之后，被试普遍会感到一整天都精力充沛，而且减少了紧张、烦恼、抑郁、恼怒和疲劳感。经常锻炼，例如，一周四次，连续十周，会产生更多持久的积极心理状态。

短期锻炼带来积极情绪状态的原因在于锻炼会促使大脑产生内啡肽和类吗啡，这些物质能使运动者产生一种欣快的感觉。长期锻炼带来幸福感的持续提升是因为有规律的锻炼减少了抑郁和焦虑情绪，提高了我们工作的准确性和效率，优化了我们的自我概念，促进了心血管的健康和机能。整个成年时期有规律地锻炼能够降低心脏病和癌症的发生率，使人更加长寿。另外，有规律的锻炼的人经常和别人结伴运动、愉快交往，因此他们也能从这种额外的社会支持中获得幸福感。

5.提升幸福感的其他建议

(1)管理好时间。幸福的人总能驾驭自己的生活，他们通常从合理支配自己的时间中受益良多。管理自己的时间有助于个人确立目标并把总的目标分解为每天的工作。尽管我们经常高估自己某一天能完成的工作量(这使我们灰心)，但也总是低估我们一年中能完成的很多任务，只要你每天都取得一点进步。

(2)关注自我以外的人和事，帮助那些需要帮助的人。我们都会在生活中遇到难题。当我们向需要帮助的人伸出援手时，常常会觉得自己能够控制周围的环境。快乐会增加助人行为(好心情做好事)，而做了好事也会使人感觉心情好。要是大家都能这么做，我们就可以创造一个积极的社会环境。伸出援助之手，既可以帮助别人，也有利于提升自己的幸福感。

(3)关注当下，投入地生活。幸福存在于当下，而不是不确定的将来。把过去和消极事件都抛诸脑后，不要过分担心明天。如果你现在不快乐，你的未来可能也不会快乐。过幸福的生活就是要学习最大限度地进行内心体验，控制内心的体验，使我们从事某种活动时心情愉快。全神贯注地投入一种活动，会让我们产生圆满的感觉。

(4)不要焦虑，显得快乐些。焦虑是幸福的大敌。记住，你控制不了大多数使你焦虑的事。研究显示个体担心的事有 90%不会发生。有时，我们的行为表现能影响我们的心理感受。当我们皱着眉头，整个世界似乎都阴沉下来；而当我们微笑，我们会感觉更好。所以要面带笑容，讲话时要充满自信。通过这些举动可以引发愉快的情绪。

(5) 心存感激。心存感激的人，每天都会反思生活的积极方面(健康、朋友、家庭、自由、教育、意义及自然环境等)，体验到很高的幸福感。很多人都在寻找如何持续幸福生活的答案，如果你和多数人一样，你可能会经常说：“如果……我的生活会幸福得多。”这种句子通常要补充的是诸如变得漂亮、读完大学、找到满意的工作、结婚、生小孩、中彩票或其他的东西。可以看出，其中没有哪个条件能使我们永久幸福。即使在乌托邦式的环境里，一成不变的幸福也是不可能发生的。幸福依赖改变，持续不变时它会消失，持续的幸福需要我们动用“意志活动”让“好事”不断地发生在我们身上。

**【想一想】**

(1) 我们在幸福时微笑，是因为将幸福传达给别人会使我们自己也得到一些好处，为什么这种交流是有益的？它会不会也有害处(或者说，在某些时候，我们是不是应该抑制自己的微笑)？

(2) 你所认识的最幸福的人是谁？他有什么特征？为什么你认为他是最幸福的？

(3) 在你的生活中已经拥有哪些有利于幸福的因素？还缺哪些幸福因素？

# 第三节 积极心理治疗的理论

## 一、积极心理治疗理论的来源

积极心理治疗是一套有特定理论与方法的心理治疗体系，由诺斯拉特·佩塞施基安创立。佩塞施基安本来是一位神经科专家，后来他在瑞士、德国和美国等地接受了多年的心理治疗训练。1969 年，佩塞施基安在德国正式开设了自己的心理治疗诊所，他在吸取其他心理治疗方法理念的基础上，凭借自身的知识和经验，逐渐发展出独具特色的积极心理治疗，应用于大量临床病例并取得明显的治疗效果。这种治疗方法的特点在于关注人的积极力量和积极品质。

在积极心理治疗出现之前，心理治疗一直存在一种病理性治疗模式的倾向，也就是关注对患者问题的评估与治疗、心理问题的识别与分类，研究精神病理的发生、发展与纠正，把心理问题看作是身体问题的类似物。但是医学的评估是非常直接的，心理学则需要通过很多外显的行为来间接地完成。如医生可以搞清楚身体问题的生理机制，并对症治疗，但是，心理学家却没有办法确定心理问题的生理机制，比如，不知道强迫症患者是因为感染了某种病毒还是因为神经系统的哪个部分发生了病变，所以无法对症治疗。这种传统的身心问题类比的观念实际上阻碍了心理治疗的效果与发展。

塞利格曼认为心理治疗应该把重点放在培养患者心理的积极力量上，而不仅仅帮助患者学会一些摆脱问题的方法与技巧。只有培养个体的积极力量才有可能真正防止心理问题的出现。也就是说，要培养个体自身对抗心理疾病的能力，而不仅仅在出现问题时才给予治疗。

佩塞施基安的积极心理治疗反对以问题为中心的病理性心理治疗，倡导用积极的心态看待个体的心理或行为问题，并在此基础上增进和培养个体自身各种潜在的积极力量，以使个体成为一个健康人。积极心理治疗的预设是患者有生病的能力也有保持健康的能力，心理治疗的目的不仅是消除患者的问题，更重要的是帮助其开发与促进保持健康的能力。所以，从积极心理治疗的观点看，我们生病或者健康都是可以自己选择的，每个人都有能力对抗疾病，保持健康，只是很多人都没有认识或者运用这种能力，积极心理治疗就是帮助我们发掘这种积极能力，并学会将它运用到生活中。

佩塞施基安到过许多国家与地区讲学，还曾四次来到中国。接触多种文化的经历使他发现寓言、神话故事、谚语等具有独特的跨文化价值，在解决人的心理困惑方面有着重要的作用。这些东西都含有一定的积极成分，而任何一个民族都有自信、自尊、追求快乐等积极品质，对故事中的积极成分都能够产生共鸣而受其影响。例如，全世界读过《海的女儿》的人都会感动于小美人鱼对人类灵魂的执着追求，而产生对美好生活的向往与珍惜。因此，佩塞施基安将许多神话故事、谚语、寓言等作为重要的治疗媒介来影响患者，关注心理冲突、烦恼的积极方面，使其加深自我认识，增进积极品质，建立自我信任与安全的生活模式。

积极心理治疗是典型的人本主义心理治疗范式，可以说佩塞施基安从人本主义心理治疗获益良多。所谓人本主义心理治疗，即以人为本，其思想基础是对人性的深刻理解和对人的尊重和信赖，认为人有追求美好生活和为之奋斗的本性。积极心理治疗受罗杰斯的“来访者中心疗法”与格拉塞的“现实疗法”的影响最大。

### （一）来访者中心疗法

来访者中心疗法也称为求助者中心疗法，是 20 世纪 60 年代兴起的，由罗杰斯倡导。来访者中心疗法的基本假设是人性本善，人是完全可以信任的，且具有自我实现和成长的能力，有很大的潜能理解自己的问题，而无须咨询师进行直接干预，如果处在一个特别的咨询关系中，人能够通过自我引导而成长。罗杰斯认为咨询师的态度和个性以及咨询关系的质量是首要的，咨询师的理论和技能是次要的，相信来访者有自我治愈的能力。

罗杰斯认为来访者中心疗法的成功进行需要以下六个条件。

(1) 心理沟通，指建立双方都能相互影响与理解的关系。这种关系是治疗的基础。

(2) 不协调，指个体需要认识到自身所存在的不协调状况，即自己的认识与实际体验之间的不协调，自己的问题所在。在明确问题的基础上，才能真诚地面对治疗体验。

(3) 平等和真诚，指咨询师以真实的自我与来访者交往，坦诚地对待来访者，理解来访者的体验，以积极的态度看待来访者，与来访者能够平等沟通、相互影响。

(4) 无条件的积极关注或接受，指咨询师无条件接受来访者的任何本来状态，而不论其想法、行为如何古怪。需要注意的是，接受并不意味着赞同，而是指对来访者的行为不进行价值判断，对来访者人格的尊重与信任，鼓励来访者充分表现自我、认识自我，并积极发挥自身的潜力，自我成长，朝积极的方向发展。

(5)移情，指进入来访者的内心世界，站在来访者的角度考虑问题。以一种新奇和不惧的眼光去看来访者感到害怕的东西，并以这种感受与来访者沟通，以这种正确的感受来引导来访者，拓展其观念和看法。

(6)对移情和无条件接受的知觉，指来访者要对移情和无条件接受有所知觉，才能真正取得疗效。在此过程中，来访者会在某种程度上觉得自己被社会所接受，从而促进疗效的获得。

可见，积极心理治疗与来访者中心疗法有许多共同之处，比如，注重来访者在治疗中的主体地位。两者间的不同在于来访者中心疗法的核心概念是咨询师对来访者的移情，积极心理治疗则是一种反移情，也就是说，让来访者感受咨询师的积极认识和积极情感而激发出自身的积极力量，使自己的原有观念被新的积极观念所取代，从而达到保持自身健康以及充分发挥自身潜力的目标。

### (二)现实疗法

现实疗法(reality therapy)是美国加州精神病医生威廉·格拉塞(William Glasser)于 20 世纪 60 年代创立的。这是一种以存在主义和人本主义观点为基础的心理疗法，认为心理行为问题是由于人不能负责任所导致。其中心任务是帮助来访者承担起个人的责任，积极解决现实的问题。

1961 年，格拉塞在《心理健康还是心理疾病》一书中首次谈到现实疗法的一些基本思想和实践尝试。自此以后，现实疗法就以其一些受欢迎的特色迅速受到咨询师和来访者的关注，并推广开来。

现实疗法的一个基本假定是每个人都力求较好地控制自己的生活，以达到一种“成功的统合感”(success identity)。格拉塞认为人有一些基本需要。在早期理论中，格拉塞提出两种需要：爱的需要和自我价值感需要。一个人需要爱人，也需要被人爱；需感到自己在别人眼里是重要的，体验到自己是一个有价值的人。20 世纪 80 年代以后，格拉塞提到人有五种基本需要：生存需要、归属需要、力量感需要、乐趣需要和自由需要。这些需要都得到较好满足的人，就能体验到成功的统合感。与具有成功的统合感的人形成对照的是具有“失败的统合感”的人，他们相信没有人爱自己，觉得自己卑微渺小，没有能力做任何有意义的事情，对自己的问题也无能为力。在格拉塞看来，有心理困难，需要咨询和治疗帮助的人就是具有失败的统合感的人。

一个人总是生活在现实的世界中，他(她)要满足基本需要，体验到成功的统合感，就必须在现实环境中有合适的行为。只有他(她)做出合适的选择、合适的行为，他(她)才有可能从与环境的关系、与他人的关系中获得他(她)需要的东西。从这个意义上说，一个人的命运取决于他(她)自己，必须自己对自己负责。换言之，环境中总是存在社会评价、社会期望、奖励和惩罚的力量，一个人要满足自己的基本需要，必须依赖环境和他人，而自己能控制的是自己的行为，自己能够决定自己做或不做、怎样做某些事情，使自己的行为既符合自己的需要，同时又不剥夺他人满足自身需要的机会。这样的行为才是现实的、负责的行为。

现实疗法认为改变一个人的关键是改变一个人的做法和想法，而不能总是着眼于人的主观感受。现实疗法主要有以下三个特点。

(1) 反医学模式。格拉塞认为精神分析是一种典型的医学式心理治疗，关注来访者的经历，而不引导来访者对自己负责、关注当下、进行自我控制。现实疗法理论认为来访者的症状表现不是人对外部事件的心理反应，而是人为了试图控制自己周围环境或事件的一种主动选择，其中包含着一定的积极意义，反映了来访者自我控制的意愿。所以，心理治疗不应把来访者的问题看作一种客观的因果必然，而应看作一种主观现象，只是个体控制不当的结果。比如，一个人青少年时期被他人欺负而留下的心理创伤并不一定导致他产生抑郁，而是当他为了获得他人的关心以及帮助，决定选择抑郁这种方式时才会抑郁。

(2) 强调自己决定自己。在治疗过程中用动名词如“抑郁”“焦虑”来替代形容词如“抑郁的”“焦虑的”，以此来突出来访者的主动性和自我决定性，暗示来访者自己是有选择权的，也可以选择另一种更积极的状态。

(3) 强调个体同一性的获得。现实疗法强调个体在主动选择时必须承担起行为的责任，即寻求一种最有效的应对方式。这种方式必须具有个体同一性，即最大限度满足自身需要的同时又不妨碍他人，相信自己能给予别人爱，也能从别人那里获得爱，感到自己在别人心目中是重要的。

## 二、现实能力：认知能力和爱的能力

积极心理治疗主要致力于促进患者的现实能力。现实能力是指个人经历和人与人之间共同生活中的有效因素。现实能力一直以来都存在，但没有得到人们应有的重视。现实能力这个概念的提出是为了指明对人的心理起决定作用的社会因素，主要可以分为两种基本能力：认知能力和爱的能力。积极心理治疗认为，人的心理疾病正是由于这两种基本能力在不同的文化中分化为每个人的现实能力时发生冲突的结果。

### （一）认知能力

(1) 积极心理治疗强调患者的自助，使患者自己感悟到对问题的积极认识。但是让来访者看到自己行为的合理面，并不意味着鼓励其保持这种行为，而是鼓励其保持积极的态度，真诚地面对自己的问题，从而摆脱心理阴影，有能力改变自己的行为。

(2) 积极心理治疗不承认人有所谓的消极心理，认为各种消极心理是人在积极发展各种心理保护模式来降低自己受到更多伤害的可能性，即是一种保护性心理。这样，患者对自己的行为就不会有批判性的观点，而能够自我接受。比如，“我很笨”的自卑心理就有其保护性作用：降低了对自己的期望，当遭遇失败时不会再受到严重的伤害；同时，也降低了别人的期望，不会给自己太大压力，对自己的失败也能够接受，而且超过了别人的期待，还能获得别人的敬佩。

### （二）爱的能力

积极心理治疗认为，人生而高贵，因为人与生俱来拥有两个基本能力——爱的能力和认知能力。爱的能力包括爱人与被爱的能力，佩塞施基安把这种能力称为第一能力，主要包括爱、耐心、榜样、交往、信任、性、希望、怀疑、信仰、肯定等。认知能力可分为学习和表达的能力，佩塞施基安把这种能力称为第二能力，主要包括守时、清洁、礼貌、条理、诚实、忠诚、正义、节俭、认真等。第一能力与第二能力都是在一定的关系中发展的。个人的亲情关系，尤其是与父母的关系对第一能力的发展有着至关重要的作用，因为这是人所发展的第一种亲密关系，是以后发展其他关系的基础。

第一能力可被具体分解为四种基本关系：与自我的关系——真实的自我与自我意识的关系，也就是事实上的我与我认为的我是怎样的关系；与他人的关系——自己与周围个体的关系；与群体的关系——自己与利益集体、社会群体甚至整个人类的关系；与原始我们的关系——自己与宗教、世界观和生活哲学的关系。佩塞施基安认为，第一能力并不比第二能力更重要，只是因为第一能力更接近一个人的情感领域，能直接引起一个人的情绪变化，构成了第二能力与之相关的基础现象。第二能力发生紊乱时所引起的巨大情绪冲动，只有在感情关系的基础上才能理解，第一能力就是这种关系的表现。

从内容上说，第一能力以人们在第二能力方面获得的体验为准，比如妻子因为丈夫不可靠和不准时，而丧失对丈夫的信任。第二能力在第一能力的基础上获得感情共鸣。比如，一个人缺乏耐心，会因为别人不准时而感到恼火，而恼火本身就是感情的表现。

积极心理治疗常用积极情感来消解第一能力四种关系中产生的消极情感，或者在其中寻找积极的成分，使这些情感成为个人的长久资源而得以自我恢复和自我实现。比如，用“如果……会怎么样？”的问话引导来访者产生积极的情绪体验，融入积极的感觉，从而产生对情境的掌控信心和掌控能力。

**【案例】**

来访者：我患有严重的抑郁症和焦虑症，三年来一直接受药物治疗。我曾在精神病院住院治疗了四周，我的精神难以集中。我和我的男友不能很好地相互理解，他做的那些事情简直令我发疯，那些事太……

咨询师：您指的是什么事情？

来访者：您想想看，他不是从下往上挤牙膏，而是从中间挤；他刮胡子时用完往脸上打肥皂的刷子，洗也不洗就放在那里，要我去替他弄干净；他小便时，总是把尿撒在马桶沿上，他要是拉肚子，马桶里的东西冲也冲也不下去，他就让那些东西留在马桶里，他从来不用刷子把马桶刷干净。我看到这些情形就恶心，这让我受不了。我一看到他就想起这一切。他从来就不关心厕所的清洁，这能让我彻底发疯。可是对我来说，光把盥洗池洗干净还不行，我还得把它擦干擦亮。我有时想为什么偏偏要我来干这些事情？你自己来干吧！可是每当我看到肮脏的刮胡刀和厕所，我就完全坐不住了。我最后还得亲自把它们搞干净。

这名来访者是位 29 岁的研究生，她的问题在于片面关注部分现实能力，如清洁、条理，过分强调这些第二能力的价值，而忽视了其他的现实能力，因而对男友过度批评，导致冲突，难以相互理解。第二能力的紊乱影响了第一能力，包括爱与信任，因而，她感到抑郁与焦虑。咨询师应帮助她鉴别分析自身对现实能力的评价，重新建立更积极的观念，引导积极的情感体验，改善自己的态度，最终改善与男友的交往状况。

## 三、微小精神创伤

压力可能来源于一个突发的较大的生活事件，也可能来源于一系列的生活琐事。很多心理问题可能来源于强度上很强的事情，也可能来源于长度上很长的事情。所以一系列的微小精神创伤对于人来说也是非常不愉快的体验，甚至会带来心理困扰或心理障碍，如父母不断要求孩子勤奋学习，对孩子来说就是一种微小精神创伤。当微小精神创伤与自我价值感、恐惧相联系时，更容易对个体造成伤害。

在心理学上，一再重复的、片面的学习会导致行为或者体验的强化，长久积累后，当在一定条件下，这些体验自行扩大，急剧爆发，将达到无法控制的地步，导致冲突的发生。

微小精神创伤表面上看起来无足轻重，往往使人们忽视其在心理问题发生中的重要作用，而无法找到真正的问题原因，但即使重大精神创伤，也是在由微小精神创伤制造的观念和期望的基础上发生的。这些观念削弱了个体的承受能力，而产生一种扩大作用。微小精神创伤会发生一种从量到质的变化，如同滴水穿石。对它们的认识是进行预防性心理治疗的一个前提。

**【案例】**

一个35岁的妇女自述，她时常和家人发生冲突。咨询中发现，在其小时候，如果她不打扫自己的房间那么她的母亲就会对她说："如果你不打扫自己的房间，我们就要丢掉你这个不听话的孩子。"这使她感到非常恐惧。现在她已经结婚了，但总是过分拘泥于细节，因而常常和她的丈夫、孩子发生冲突。

母亲的严格要求对她造成了微小精神创伤，多年积累导致这位妇女的自我价值感偏低，情绪焦虑，对压力的承受力降低，容易与他人发生冲突。因为与家人相处时间久，接触多，产生矛盾的机会大，而且她在家人面前无须掩饰自己的情绪，所以更容易发生冲突。

## 四、影响积极心理治疗效果的关键因素

### （一）直觉

很多人说自己直觉很准，但是直觉来自哪里、如何作用，却无理可循。人的直觉是种本能，是人最基本的或者最原始的心理运算，是一种大胆的判断、选择和推测。它具有简单明了、迅速、果断的特征，不需要精密复杂的分析推理。一般认为，直觉属于无意识心理。无意识心理常常对人的外在行为产生隐秘的、不被觉察的，然而又是重要的、深刻的

影响。积极心理治疗认为，每个人的心灵深处都有实现自我和寻找人生意义的内在需要，许多人没有意识到这种需要而产生心理问题，是因为在现实中遇到困扰，把这种需要压制在了无意识层面。积极心理治疗的原理就在于帮助患者意识到自己内在的这种需要，把直觉中的无意识内容提到意识层面，从而外化为行为的意向，改变自己的生活状态。

### (二)想象

每个人都有想象的能力，也都有过无数次各种各样的想象。从理论上的定义来说，想象是人对大脑中储存的表象进行加工而形成新形象的心理过程。想象以已储存的表象与客观现实为基础，但更加依赖于主体对客观现实的理解，想象具有对事物的认识功能和满足主体自身需要的功能。比如，天上一朵白云本身的颜色和形状是客观现实，不同的人会把它想象成不同的形态。积极心理治疗正是利用想象的这些特点，用一定的故事引导患者进行积极的想象。这些故事不与患者的观念发生直接冲突，但体现出对问题的积极解释，以帮助患者形成积极的想象，使其对自己的行为或观念产生新的积极理解，进而建立起新的、健康的行为模式。

### (三)跨文化性

人与人的交往都存在一个跨文化的问题。如果患者能够了解同样的行为在不同文化中评价的尺度是不一样的，可能被认为是异常的，也可能被认为是值得赞赏的，他的视野会更加开阔，对自己的问题的认识会更客观。每个人生活的社区与家庭都是文化背景的一部分，这些差异都会形成个体问题的独特性。因此，积极心理治疗的一个重要方法是对个体的文化现象做出具体分析，在跨文化的基础上激发个体自身的积极体验。家庭治疗模式和社区治疗模式是积极心理治疗常用的模式，也就是以家庭或者社区为单位进行治疗，跨文化的方法使治疗效率更高。

### (四)冲突

积极心理治疗认为，在个体受到不同的环境和文化影响时，两种基本能力在对现实的作用过程中所派生出的现实能力会出现不一致(如观念和行为之间的不一致)，也就是产生冲突。积极心理治疗按照不同的冲突内容把冲突分为四种：躯体感觉冲突、成就冲突、交往冲突和未来冲突。躯体感觉冲突是以心身疾病的方式或以觉察自己躯体的方式来反映冲突，也就是身体没有疾病，但总是觉得自己身体有病。成就冲突指个体的成就与自我概念发生偏差，具体表现为逃避工作或者逃避成就。交往冲突表现在与家庭、伴侣或社会群体的关系上。未来冲突指个体的直觉和幻想超越了现实，但自己把直觉和幻想当作了现实，并以此作为生活行动的原则。以上四种冲突正是产生各种心理问题的前提。

### (五)积极人格

积极心理治疗关注个人的积极人格特质，期望通过培养积极人格特质来增强、巩固个体内在、持久的积极力量。积极心理治疗认为，通过激发和强化个体的各种现实能力，当某种现实能力成为一种习惯性方式时，积极人格特质就形成了。

# 第四节　积极心理治疗的实施

积极心理治疗的实施过程包括初始谈话、辅助性治疗、主导治疗三部分。前两部分主要为第三部分奠定基础，还能够巩固第三部分取得的成果，第三部分则是整个积极心理治疗的核心。

## 一、初始谈话

初始谈话是咨询师与来访者的第一次见面，是整个治疗的基础。通过初始谈话，咨询师需要了解问题相关的具体情况，如发生症状的时间、频度、强度等。然后，要与来访者建立良好的关系，创造相互理解的心理氛围。综合上述情况，为来访者制订合适的治疗方案。同时，初始谈话本身也是一次初步治疗。根据谈话重点，初始谈话可分为以下三个阶段。

### (一)建立紧密的联系

建立紧密的联系是积极心理治疗中非常重要的一个环节，其中包含以下三个重要因素。

1.尊重

在价值、尊严、人格等方面与来访者平等，把来访者作为有思想感情、内心体验、生活追求、独特性与自主性的活生生的人来对待。应当体现为对来访者现状、价值观、人格和权益的接纳、关注和爱护。

2.真诚

真诚指咨询师在咨询过程中对来访者真挚诚恳，不特意取悦对方，不因自我防御而掩饰，不回避自己的失误和短处，直截了当地表达自己的想法。真诚能换取信任和喜爱，还能给来访者一种安全感，但要注意，不能把真诚简单理解为说实话，咨询师的言行要有助于来访者的成长。

3.共情

共情是指体验别人内心世界的能力。它包括以下三个方面的含义。

(1)咨询师借助来访者的言行，深入对方内心去体验他的情感、思维。

(2)咨询师借助知识和经验，把握来访者的体验与他的经历和人格之间的联系，更好地理解问题的实质。

(3)咨询师运用咨询技巧，把自己的共情传达给来访者，以影响来访者并取得反馈。共情需要理性，不能代替来访者做感性判断。共情不代表乱用同情心，只是为了帮助来访者导入积极、乐观、向上的情绪。

## （二）鉴别分析

本阶段要分析来访者心理冲突发生的社会背景，包括两方面：一是评估冲突的性质和程度；二是确定心理冲突和心理症状的具体内容。咨询师的提问应主要基于前面介绍的现实能力，以便弄清来访者的现实问题，以及其对现实问题的承受能力。

佩塞施基安建议在这个阶段使用“鉴别分析调查表”来分析来访者的问题，如表 11-2 所示，它主要用来鉴别来访者对自己现实能力的主观评价以及对冲突伙伴现实能力的评价。表中的“+++”表示对现实能力的最高评价，“+-”是中等评价，“---”表示对现实能力的最低评价，“--”“-”“+”“++”分别表示相应程度的评价。

表 11-2 鉴别分析调查表

| 现实能力 | 来访者对自我的评价 | 来访者对冲突伙伴的评价 | 来访者的自发陈述内容 |
|---|---|---|---|
| 条理 | +++ | +- | （略） |
| 服从 | | | |
| 礼貌 | | | |
| 诚实/坦率 | | | |
| 忠诚 | | | |
| 公正 | | | |
| 勤奋/成绩 | | | |
| 节俭 | | | |
| 可靠/准确 | | | |
| 爱 | | | |
| 耐心 | | | |
| 时间 | | | |
| 信任/希望 | | | |
| 交往 | | | |
| 性欲、性生活 | | | |
| 准时 | | | |
| 清洁 | | | |
| 信仰、宗教 | | | |

除此之外，还有很多心理评估测试量表，需要心理咨询师选择更为适合来访者的量表来进行鉴别与评估。

## （三）分离与整合

在这个阶段，咨询师要根据了解与掌握的各种情况，以及在此过程中做出的判断和结论进行整合分析，最终形成一个完整的诊断报告。这个诊断是咨询师对来访者情况的一个初始印象，是下步采取治疗措施的依据。这个阶段的一个显著特点是来访者与咨询师是分离的，所以称为分离与整合阶段。

## 二、辅助性治疗

前面已提及，神话故事、寓言、谚语等在解决人的心理困惑方面有重要的作用。积极心理治疗的一个突出特点就是用讲故事的方法进行心理治疗。讲故事并不是心理治疗本身，而是一种辅助手段。许多神话故事和寓言能够激发来访者的联想，揭示社会生活中自己有问题的态度和行为，启发来访者与咨询师就有关的冲突领域进行交谈。在治疗过程中，来访者往往不愿意放弃自己的基本观念，因为这些基本观念是长期以来形成的。而讲故事的方式可以充当咨询师与来访者之间的媒介，使来访者能够放弃神经症的保护机制，缓解治疗中观念的对立。通过讲故事，咨询师向来访者提供了处理冲突的补充观念和反观念，在轻松友好的气氛中，容易得到来访者的认同。另外，生动形象的故事便于理解和记忆，能够发挥持久的影响作用。

## 三、主导治疗

主导治疗是积极心理治疗的核心部分，主要包括五个阶段：观察和保持距离、调查、处境鼓励、语言表达和扩大目标。

### (一)观察和保持距离阶段

如果可能的话，尽可能用书面方式让来访者表达他对当下冲突的观点。咨询师用暗喻进行跨文化的积极诠释，会让来访者从自己的问题中抽离出来，拉开距离，以一种更全面的视角来看待自己的问题。

这里的观察和保持距离指的是来访者而不是咨询师。观察是指来访者观察自己在什么情况下与同伴发生冲突和争吵，导致了什么样的结果。咨询师应提醒来访者将自己的观察记录下来，以便来访者更多地进行思考，使观察发挥更长久的影响。同时，这种记录必须是对事件的具体描述，而非泛泛之谈，以使来访者能够对自己的情况进行有效分析。比如，一位母亲说女儿“邋遢、懒惰”，就应该具体为“从来不自己整理房间，经常一个星期都不换衣服”。

有效的观察要求来访者能够从一定距离来看待自己的处境。如果个人觉得自己写另一个人有某种关系，特别是有某种责任关联时，就会带着自己的主观态度去看待这个人，把自己的期望加诸给这个人，对这个人有种强烈的感情投入，进入对方的生活，并对其进行干涉。两个人关系越亲近，这种感情投入的程度就越深。深度的感情投入使当事人对对方的个别特征特别关注，形成一种片面主观的个性图像，就像从哈哈镜中看人的形象。这种偏离客观角度的心态，几乎是所有心理或社会冲突产生的前提。

帮助来访者保持一定距离对自己进行观察，需要注意以下两点：①让来访者全面观察发生冲突和争吵的情况，并做好记录。记录能够使人们更加理性、更富逻辑性地做出认识与评价，而减少与冲突伙伴习以为常的交往方式的影响。②让来访者用对冲突伙伴的观察代替批评。因为批评本身是一种带有消极情绪的行为，会增加冲突的程度或范围，使个体的认知能力带有情绪化。

### （二）调查阶段

要求来访者详细说明在过去五年里发生的十个重要事件，并且解释他是如何处理和解决这些问题，以及从哪里学习到解决这些问题的能力的。在这个阶段，来访者的社会心理和精神观点都将得到细查。

在初始谈话中，咨询师与来访者已经完成了一份鉴别分析调查表，用来对来访者进行诊断。本阶段用与之类似的分析调查表进行心理治疗。具体来说，咨询师在两次治疗期间要求来访者按照咨询师制作的分析调查表格式，对自己和冲突伙伴的现实能力进行一个鉴别分析，一般让来访者先进行自我评价，再对冲突伙伴进行评价。这是一个自助过程，来访者应该独立进行，咨询师不应把自己所做的鉴别分析表给来访者看，也不应与其对其中的问题进行任何讨论。来访者可以通过这个调查，更全面客观地了解自己与冲突伙伴的品质、行为方式和能力。

这个过程就是一种治疗，评价自己和冲突伙伴使来访者体验到与评价内容相应的情绪，而产生一种新的认识，比如“原来我的伙伴并不那么糟糕，他有许多不错的地方，甚至比我更好”。在完成分析调查之后，咨询师要与来访者一起讨论这两份鉴别分析表。通过双方的共同评析，来访者会对自己及其冲突伙伴的品质有更客观深刻的了解。同时，还能经由咨询师的分析了解自己产生心理紊乱的原因，即片面地重视个别现实能力，而忽视了其他能力。

在认清了存在的问题之后，咨询师要与来访者一起分析问题的生活来源史，使来访者认识到自己有问题的态度并不是天生的，而是自己在生活史中逐渐形成的，现在它也能影响自己的冲突，应对其加以控制和改变。

### （三）处境鼓励阶段

把个人的资源作为焦点，对于那些仍未解决的问题，鼓励来访者去发现解决方案。咨询师在这个阶段应问来访者：你已经解决了哪些问题？你从解决这些问题的过程中得到了什么？

处境鼓励的意思是指来访者在一定的场合要对自己的冲突伙伴进行各种形式的鼓励。来访者在这一阶段的角色是自己周围环境特别是自己冲突伙伴的咨询师，所以必须与冲突对象建立起新的、良好的相互信任关系。建立关系的第一步是让来访者主动肯定冲突伙伴的积极品质，不是泛泛的肯定，而是当冲突伙伴做好某件事情时，即时鼓励，强化其具体的积极行为。

但是，这里强化积极行为的目的并不是消除行为问题，而是通过对冲突伙伴积极品质的肯定来帮助来访者改变与冲突伙伴的交往方式，促进彼此间的信任，改变来访者的态度。所以，在此阶段，来访者唯一要做的事情就是表扬和肯定。咨询师要让来访者在一定的时间内多次练习，以帮助来访者摆脱旧的交往习惯和态度，并且与来访者就责备与夸奖对冲突进行公开讨论，引导来访者用积极的解释来取代既往的消极解释。重要的并不是他人的实际行为，而是来访者对他人行为的解释与态度。

### (四)语言表达阶段

这个阶段的治疗目标包括找出来访者隐藏在冲突之后的动机。例如，来访者的哪一个冲突仍旧未得到解决？哪一个问题需要在下一个周期内解决？总之，就是对未被处理的冲突进行加工，并且教给来访者一些特殊的技术，如平衡模式等，带着积极的目标帮助来访者解决自己的问题。

人际关系出现问题的大多数原因是沟通出现了问题，其中，语言误解是一个极其普遍的情况。佩塞施基安认为，语言误解的发生主要是因为语言经常存在形式和内容上的歪曲。在形式上，生活中常用的电文式和自白式语言风格容易导致冲突。电文式语言是指像“是的”“没有”“也许”这样简短、不完整的语言形式，它们在不同场合会产生不同的意义，使沟通时对方的理解具有片面性。而且这类语言意义含糊又简短有力，容易被认为带有抗拒性，而引来对方的不满与批评，导致冲突的发展。自白式语言是指一直喋喋不休，不给对方任何说话的机会，使双方的交流成了一方的独白，而引起对方情绪上的反抗与不满。这两种语言形式都不能实现沟通者的本意，而造成语言的误解，导致冲突。在内容上，沟通双方对不同的现实能力常有不同的评价，但这种区别并不能常常被双方所意识到，从而造成语言的歪曲。

积极心理治疗主张在这个阶段要帮助来访者学会消除语言误解的能力。具体可以通过分析和鉴别冲突内容，讨论分析产生冲突的各种语言形式，以及在此基础上制订适当的练习计划等来培养来访者形成良好的语言沟通习惯。

语言表达本身也具有心理治疗功能。首先，用准确的语言将自己的问题与冲突表达出来即具有治疗的意义，这需有面对自己的勇气，可以增进来访者对自我的观察与了解。咨询师要在对语言形式和内容进行分析的基础上帮助来访者对自己进行重新认识。其次，语言表达也是治疗目的，如果来访者能够运用语言与他人良好沟通，就不易出现人际关系问题。用语言来把握冲突、寻求解决方法的过程也就是帮助来访者提高语言能力的过程。而且，用讲故事的治疗手段也能够提升来访者的语言能力。语言表达还可以影响来访者的社交行为与技巧。对人际交往风格的背景、形式和结果的讨论能帮助来访者掌握新的可取的交往形式，使来访者提高自己的社交技能，发展以往欠缺的能力，从而改善交往状况，建立更加具有适应性的交往方式。

### (五)扩大目标阶段

在来访者的问题得到解决后，为了唤起来访者向前看的意识，咨询师会问及：当没有需要解决的问题时，你希望会是什么状态？你下一个四年的生活目标是什么？请重新制订新的目标。积极心理治疗强调要扩大目标而不能限制目标。扩大目标就是应该注意到伙伴关系不仅仅受眼前冲突的影响，还受许多其他关系的影响，也就是拓展来访者的视野，不要让他仅仅关注冲突，而是把冲突转移到其他行为领域。这个阶段一个重要的具体治疗内容就是克服来访者对自己目标的限制，要他知道：人不仅要努力工作，也要参加娱乐活动。任何人都没有权利要求对方只做他认为应该做的事情，如要求子女只准好好学习，不准出去玩。

在这个阶段要注意的是，首先，咨询师要有意地把来访者的冲突伙伴纳入治疗中。人际冲突的一个特点就是目标受到限制，在这个过程中，来访者常把个别的现实能力当作对对方进行批判的标准(如只看到对方不守时等)。而且，目标受到限制的情况经常是双方同时发生的。所以，冲突双方共同参加讨论，有助于问题的解决，提高双方的爱的能力和认知能力。其次，要强调来访者的自助。因为来访者始终要靠自己去生活，去面对各种各样的问题。强调自助对来访者更具有生活意义。

扩大目标是整个积极心理治疗过程中最重要的阶段，因为大多数心理问题发生的原因都是目标受到了限制，来访者在经过这个阶段后，就要脱离咨询师的帮助，自己去与家人、朋友生活。咨询师在这个阶段之后要做的就是对整个治疗的效果进行评估。

根据临床实践结果可知，积极心理治疗对酒精及其他物质依赖、婚姻问题、教育问题、抑郁症、恐怖症、性障碍、心身疾患均有效。一般来说，经过 6～10 次访谈，即可明显改善或治愈。

上述五个阶段的顺序并不是不可变更的，咨询师需要根据实际情况进行调整。但无论怎样调整，整个治疗在本质上都是以鼓励来访者的积极品质、培养来访者的积极力量、激发来访者的积极潜能为主。

**【回顾与思考】**

(1)消极的情绪体验是否会影响人的健康？

(2)影响幸福感的因素有哪些？

(3)结合本章知识，思考如何控制消极情绪体验和提高积极情绪体验。

**【扩展阅读】**

## 从今天起，做个幸福的人

想要世界发生怎样的改变，就先那样改变自己吧。

——甘地

积极心理让我们学会了提问。提问并不总是正确，而是要学会用积极的方式提出问题。因为我们提出的问题决定了探究的方向，如果我们老是问消极的问题，诸如“为什么这么多人都失败了”，我们就看不到每个人具有的伟大潜能；如果我们只是问“怎样才能提升人际关系”，我们就看不到周围人身上的奇迹与力量。我们应该有的提问方式是“为什么有那么多人成功了”“我的伴侣有什么优秀的地方”“什么事对我来说很有意义、能让我开心”。我们的人生，就是在解答一个一个的疑问，提问是一切的开始，人生的成败取决于所问问题的质量。这门课鼓励我们要自信。伟大的教师柯林斯女士，她很相信她的学生，她无条件的信赖铸就了教育界的奇迹：那些被公认教不好的学生，最终走上了人生正轨。这门课让我们学会接受失败。我们都是从婴孩开始学步的，既然我们允许孩子在学走路的时候摔倒，就应该允许自己在成长的过程中犯错误。用一种积极的态度去看待那些错误，从失败中学习。

积极心理让我们学会欣赏自己的爱人，去培养他，而不是寻找他。当我们懂得欣赏生活中的美好，欣赏人际关系中的积极因素，欣赏伴侣、朋友、同学的优点，美好之物就在慢慢成长。世界上本就无完美的个人、完美的关系，关键是将我们的目光聚焦在好的部分，欣赏它们，它们就会升值。

积极心理告诉我们：拥有一切梦想之物，并不等于就拥有了幸福和快乐；而且，我们追求的美好事物不能太多，美好的音乐不可以同时播放。也正因如此，我们要去简化自己的生活，对自己并不真正喜欢的事情说不，让我们有更多的时间和精力去做自己真正喜欢的事。

积极心理让我们学会培养关系，因为人不可能在孤独中获得幸福。而关系，是一门需要多花时间和心思去培养的学问，只有通过交流，才能让彼此更加了解对方，在积极的交流中，关系才能得到发展。

积极心理让我们重新爱上运动、爱上拥抱和冥想。

积极心理让我们学会了了解自己、展现自己，而不再去粉饰自己，让自己看起来很酷、很高深。

……

希望大家将甘地的“想要世界发生怎样的改变，就先那样改变自己吧”这句话作为座右铭。

从今天起，做个幸福的人。

# 主要参考文献


阿瑟·S. 雷伯, 1996. 心理学词典[M], 李伯黍, 译. 上海: 上海译文出版社.

埃米尔·迪尔凯姆, 1996. 自杀论[M]. 冯韵文, 译. 北京: 商务印书馆.

巴隆, 杜兰德, 2006. 异常心理学(第四版)[M]. 杨霞等, 译. 北京: 中国轻工业出版社.

车文博, 张林, 黄冬梅, 等, 2003. 大学生心理压力感基本特点的调查研究[J]. 应用心理学, 9(3): 3-9.

陈建文, 王滔, 2007. 自尊与自我效能关系的辨析[J]. 心理科学进展, 15(4): 624-630.

陈新华, 彭化生, 陈海洋, 等, 2000. 灾害事件后心理应激、社会支持与心血管病关系研究[J]. 健康心理学杂志, (2): 176-179.

程科, 2009. 健全人格取向大学生心理健康量表的编制[D]. 重庆: 西南大学.

从勇, 2018. 大学生情绪智力对人际关系的影响: 积极幻想的中介作用[D]. 西宁: 青海师范大学.

戴美霞. 杨文翰, 梁晶晶, 等, 2016. 大学生情绪注意偏向表现及其性别差异的实验研究[J]. 中国心理卫生杂志, (11): 858-863.

戴纽特·沃瑟曼, 2003. 自杀: 一种不必要的死亡[M]. 李鸣, 汤臻, 张丽娟, 等, 译. 北京: 中国轻工业出版社.

戴巧云, 2005. 青少年友谊与主观幸福感的相关性研究[D]. 上海: 华东师范大学.

邓凌, 陈本友, 2005. 大学生时间管理倾向、主观时间压力与抑郁的关系[J]. 中国心理卫生杂志, 19(10): 659-661.

丁红燕, 2007. 大学生时间管理倾向的干预研究[D]. 武汉: 华中师范大学.

樊富珉, 2003. “非典”危机反应与危机心理干预[J]. 清华大学学报(哲学社会科学版), 18(4): 32-37.

范引光, 叶冬青, 2006. 自杀现象及干预研究的现状[J]. 疾病控制杂志, 10(1): 68-71.

方伟, 2008. 大学生职业生涯规划咨询案例教程[M]. 北京: 北京大学出版社.

弗洛伊德, 阿德勒, 皮亚杰, 等, 2008. 心灵简史——探寻人的奥秘与人生的意义[M]. 吕陈君, 译. 北京: 中国言实出版社.

傅小兰, 张侃, 2019. 中国国民心理健康发展报告(2017～2018)[M]. 北京: 社会科学文献出版社.

葛明贵, 王军, 施玉琴, 2014. 大学生心理健康教育[M]. 北京: 教育科学出版社.

胡泽卿, 刘协和, 曹莉萍, 1997. 抑郁症与自杀[J]. 临床精神医学杂志, 7(3): 163.

黄希庭, 郑涌, 2007. 大学生心理健康与咨询[M]. 第 2 版. 北京: 高等教育出版社.

黄新红, 林川, 余琼, 2013. 新编大学生心理健康教育实用教程[M]. 天津: 南开大学出版社.

吉家文, 2012. 新编大学生心理健康教育[M]. 天津: 南开大学出版社.

加缪, 2003. 西西弗的神话[M]. 杜小真, 译. 西安: 陕西师范大学出版社.

姜凤云, 2012. 大学生心理健康教育[M]. 天津: 南开大学出版社.

金树人, 2007. 生涯咨询与辅导[M]. 北京: 高等教育出版社.

卡尔·门林格尔, 2004. 人对抗自己[M]. 冯川, 译. 贵阳: 贵州人民出版社.

卡罗尔·德韦克, 2017. 终身成长[M]. 楚祎楠, 译. 南昌: 江西人民出版社.

克劳特, 琼斯玛, 2005. 自杀与凶杀的危险性评估及预防治疗指导计划[M]. 周亮, 陈继萍, 罗丹, 译. 北京: 中国轻工业出版社.

库少雄, 2002. 自杀轻迹模式研究[J]. 社会科学研究, (6): 110-113.

黎志华, 尹霞云, 2015. 社会支持对大学生希望的影响机制: 自尊和自我效能感的中介作用[J]. 心理发展与教育, (5): 610-617.

李春玲, 2014. 大学生心理健康教育[M]. 武汉：武汉大学出版社.

林恩·亨德森, 2015. 害羞与社交焦虑症：CBT 治疗与社交技能训练[M]. 姜佟琳，译. 北京：人民邮电出版社.

林琳，刘瑜，张汛, 2014. 大学生团体辅导[M]. 西安：西安交通大学出版社.

刘艳华, 2017. 沟通心理学[M]. 天津：天津科学技术出版社.

刘瑜，林琳, 2014. 大学生团体辅导[M]. 西安：西安交通大学出版社.

龙瑞全，戴益信, 2014. 大学生心理健康教育[M]. 镇江：江苏大学出版社.

米歇尔·沃维尔, 2004. 死亡文化史[M]. 高凌瀚，蔡锦涛，译. 北京：中国人民大学出版社.

闵建雄, 1988. 自杀行为的心理分析[J]. 心理科学, (4): 48-51.

彭聃龄, 2001. 普通心理学(修订版)[M]. 北京：北京师范大学出版社.

彭馨媛, 2019. 情绪智力影响注意偏向的研究综述[J]. 心理学进展, 9(8): 1429-1434.

乔治·米诺瓦, 2003. 自杀的历史[M]. 李佶，林泉喜，译. 北京：经济日报出版社.

任俊, 2006. 西方积极教育思想探析[J]. 外国教育研究, 33(5): 1-5.

申武丹，李宏翰，巫春英, 2007. 影响大学生人际关系的因素分析[J]. 精神医学杂志, 20(1): 30-34.

沈渔邨, 2003. 精神病学[M]. 北京：人民卫生出版社.

时蓉华, 2002. 社会心理学[M]. 第 2 版. 上海：上海人民出版社.

叔本华, 1982. 作为意志和表象的世界[M]. 石冲白，译. 北京：商务印书馆.

孙一平，周章毅, 2012. 大学生心理健康教程[M]. 成都：四川大学出版社.

唐植文, 2010. 当代大学生心理健康教程[M]. 长春：东北师范大学出版社.

汪庆，陈莉，唐闻捷, 2011. 医学院校大学生情绪管理能力与情绪智力研究[J]. 医学与社会, 24(6): 83-85.

王磊，田晓红, 2013. 大学生心理健康教育[M]. 北京：人民日报出版社.

王求是，刘建新，申荷永, 2006. 国外自杀心理学研究与理论评介[J]. 心理科学进展, 14(1): 105-110.

温娟娟，郑雪，张灵, 2007. 国外乐观研究述评[J]. 心理科学进展, 15(1): 129-133.

吴飞, 2007. 自杀与美好生活[M]. 上海：上海三联书店.

希瑞尔, 2007. 解读自杀心理[M]. 聂晶，译. 北京：中国轻工业出版社.

谢一雪, 2007. 大学生时间管理倾向、自信心与自我和谐的相关研究[D]. 上海：上海师范大学.

辛素飞，时蒙，张夫伟, 2019. 中国大学生自杀态度变迁的横断历史研究[J]. 中国临床心理学杂志, 27(2): 401-405.

徐慧, 2010. 大学生时间管理倾向、主观幸福感、心理应激与心理健康的关系研究[D]. 长沙：中南大学.

许凯莉, 2012. 大学生心理健康教育[M]. 天津：南开大学出版社.

亚瑟·乔拉米卡利，凯瑟琳·柯茜, 2019. 共情的力量[M]. 王春光，译. 北京：中国致公出版社.

姚本先, 2011. 大学生心理健康教育[M]. 合肥：安徽大学出版社.

姚若松，郭梦诗, 2018. 社会支持对大学生社会幸福感的影响——希望的中介作用[J]. 心理学探新, 38(2): 164-170.

易锦海，李晓玲, 2004. 交际心理学[M]. 第 2 版. 武汉：华中科技大学出版社.

约翰·蒂斯代尔，马克·威廉姆斯，辛德尔·西格尔, 2017. 八周正念之旅——摆脱抑郁与情绪压力[M]. 聂晶，译. 北京：中国轻工业出版社.

翟书涛, 2000. 21 世纪自杀和自杀预防研究展望[J]. 健康心理学杂志, 8(1): 5-6.

翟书涛, 2002. 自杀的发生机制[J]. 临床精神医学杂志, 12(2): 97-100.

张迪, 2015. 不同生源地大学新生心理健康状况的变迁(2006～2013 年)[J]. 心理学探新, 35(6): 561-566.

张海燕, 2010. 大学生心理健康教程[M]. 上海：格致出版社.

张满堂, 2012. 心理与成长——大学生心理健康教育[M]. 天津: 南开大学出版社.

张敏, 连灵, 傅博娜, 2010. 高校心理危机干预应对策略与预警机制的构建[J]. 西安工程大学学报, 24(5): 683-686.

张旭东, 车文博, 2005. 挫折应对与大学生心理健康[M]. 北京: 科学出版社.

张昱, 1994. 大学生心理卫生[M]. 北京: 中国商业出版社.

张志杰, 黄希庭, 崔丽弦, 2004. 大学生时间管理倾向与学习满意度: 递增效度的分析[J]. 西南师范大学学报(人文社会科学版), 30(4): 42-45.

章志光, 1996. 社会心理学[M]. 北京: 人民教育出版社.

赵国秋, 2008. 心理危机干预技术[J]. 中国全科医学, 11(1): 45-47.

赵梅, 季建林, 2000. 自杀的国内外研究现状[J]. 上海精神医学, 12(4): 222-227.

赵雪莲, 2012. 大学生心理健康[M]. 长春: 东北师范大学出版社.

郑日昌, 1999. 大学生心理卫生[M]. 济南: 山东教育出版社.

郑雪, 严标宾, 邱林, 等, 2004. 幸福心理学[M]. 广州: 暨南大学出版社.

钟谷兰, 杨开, 2008. 大学生职业生涯发展与规划[M]. 上海: 华东师范大学出版社.

钟慧, 2003. 大学生时间管理倾向与成就动机的相关研究[J]. 心理科学, 26(4): 747-749.

周建国, 童星, 2002. 社会转型与人际关系结构的变化——由情感型人际关系结构向理性型人际关系结构的转化[J]. 江南大学学报(人文社会科学版), 1(5): 49-52.

周全新, 2014. 大学生心理健康教育[M]. 西安: 西安交通大学出版社.

周晓燕, 聂丽霞, 2011. 学习时间管理研究: 进展、成果及反思[J]. 基础教育, (3): 75-81.

Aguilera B D C, 1971. Crisis intervention: theory and methodology[J]. Aorn Journal, 38(1): 88.

Belkin G S, 1984. Introduction to counseling[M]. Dubuque LA: William C. Brown.

Brammer L M, 1974. The helping relationship: process and skills[J]. The School Counselor, 21(4): 320-321.

Caplan G, 1965. Principles of preventive psychiatry[J]. Social Work, 10(1): 122-123.

Carataairs G M, 1970. An approach to community mental health[J]. Journal of Neurology, Neurosurgery & Psychiatry, 33(2): 277.

Carkhuff R R, Berenson B G, 1980. Review of beyond counseling and therapy[J]. Counseling and Values, 25(1): 71-72.

Connor K M, Davidson J R T, Lee L C, 2003. Spirituality, resilience and anger in survivors of violent trauma: a community survey[J]. Journal of Traumatic Stress, 16(5): 487-494.

Costa P T, McCrae R R, 1980. Influence of extraversion and neuroticism on subjective well-being: happy and unhappy people[J]. Journal of Personality and Social Psychology, 38(4): 668-678.

Danto B L, 1974. Letter: American association of suicidology[J]. Clinical Toxicology, 7(6): 627.

Diener E, 1999. Introduction to special section on the structure of emotion[J]. Journal of Personality and Social Psychology, 76(5): 803-804.

Ellen H J，1984. Crisis counseling：a contemporary approach[J]. The American Journal of Nursing，84(8)：1066.

Fredrickson B L, 2004. The role of positive emotions in positive psychology. The broaden-and-build theory of positive emotions[J]. The American Psychologist, 56(3): 218-226.

Freeman B D, Danner R L, Banks S M, et al. , 2001. Safeguarding patients in clinical trials with high mortality rates[J]. American Journal of Respiratory and Critical Care Medicine, 164(2): 190-192.

Hills P, Argyle M, 1998. Positive moods derived from leisure and their relationship to happiness and personality[J]. Personality & Individual Differences, 25(3): 523-535.

Hotard S R, Mcfatter R M, Mcwhirter R M, et al. , 1989. Interactive effects of extraversion, neuroticism, and social relationships on subjective well-being[J]. Journal of Personality and Social Psychology, 57(2): 321-331.

Iacono W G, Lykken D T, Mcgue M, 1996. Psychophysiological prediction of substance abuse[J]. NIDA Research Monograph, 159(159): 129-149.

Kahneman D, Riis J, 2005. Living, and thinking about it: two perspectives on life[M]. Oxford: Oxford University Press.

Kirk W G, 1996. Adolescent suicide : a school-based approach to assessment and intervention[J]. Nature, 419(6902): 23-24.

Lyubomirsky S, King L, Diener E, 2005. The benefits of frequent positive affect: does happiness lead to success?[J]. Psychological Bulletin, 131(6): 803-855.

Malley P B, Kush F, Bogo R J, 1994. School-based adolescent suicide prevention and intervention programs: A survey[J]. School Counselor, 42(2): 130-136.

Maltsberger J T, 1986. The suicidal risk[M]. New York: New York University Press.

Maroulakis E, Zervas Y, 1993. Effects of aerobic exercise on mood of adult women[J]. Perceptual and Motor Skills, 76(3): 795-801.

Miller J K, Lloyd M E, Westerman D L, 2008. When does modality matter? Perceptual versus conceptual fluency-based illusions in recognition memory[J]. Journal of Memory & Language, 58(4): 1080-1094.

Phillip L R, 2000. 压力与健康[M]. 石林, 古丽娜, 梁竹苑, 等, 译. 北京: 中国轻工业出版社.

Richard K J, Burl E G, 2009. 危机干预策略[M]. 高申春, 等, 译. 北京: 高等教育出版社.

Rusting C L, 1998. Personality, mood, and cognitive processing of emotional information: three conceptual frameworks[J]. Psychological Bulletin, 124(2): 165-196.

Smith A P R, Henson R N A, Rugg M D, et al., 2005. Modulation of retrieval processing reflects accuracy of emotional source memory[J]. Learning and Memory, 12(5): 472-479.

Stone G, 1999. Suicide and attempted suicide: Methods and consequences[M]. New York: Carroll & Graf.

Thompson E A, Moody K A, Eggert L L, 1994. Discriminating suicidal idantion among high risk youth[J]. School Health, 64(9): 361-367.

Weisenberg M, 1998. Cognitive aspects of pain and pain control[J]. International Journal of Clinical & Experimental Hypnosis, 46(1): 44-61.

Wexler B E, Levenson L, Warrenburg S, et al. , 1994. Decreased perceptual sensitivity to emotion-evoking stimuli in depression[J]. Psychiatry Research, 51(2): 127-138.

Wissler C, 1938. Man and Culture[M]. New York: Thomas Y. Crowell Company.

Zhang J, Brown G K, 2007. Psychometric properties of the scale for suicide ideation in China[J]. Archives of Suicide Research, 11(2): 203-210.